U0879900

北京大学中国古文献研究中心集刊

第二十四辑

北京大学中国古文献研究中心　编

北京大学出版社
PEKING UNIVERSITY PRESS

图书在版编目 (CIP) 数据

北京大学中国古文献研究中心集刊 . 第二十四辑 / 北京大学中国古文献研究中心编 . —北京：北京大学出版社，2022.6

ISBN 978-7-301-33104-0

Ⅰ . ①北… Ⅱ . ①北… Ⅲ . ① 古文献学—研究—中国—丛刊 Ⅳ . ① G256.1-55

中国版本图书馆 CIP 数据核字 (2022) 第 106035 号

书　　名	北京大学中国古文献研究中心集刊　第二十四辑 BEIJING DAXUE ZHONGGUO GUWENXIAN YANJIU ZHONGXIN JIKAN DI-ERSHISI JI
著作责任者	北京大学中国古文献研究中心　编
责任编辑	王　应
标准书号	ISBN 978-7-301-33104-0
出版发行	北京大学出版社
地　　址	北京市海淀区成府路 205 号　100871
网　　址	http://www.pup.cn　　新浪微博：@ 北京大学出版社
电子信箱	dianjiwenhua@ 163.com
电　　话	邮购部 010-62752015　发行部 010-62750672　编辑部 010-62756449
印 刷 者	北京虎彩文化传播有限公司
经 销 者	新华书店
	787 毫米 ×1092 毫米　16 开本　23 印张　407 千字
	2022 年 6 月第 1 版　2022 年 6 月第 1 次印刷
定　　价	81.00 元

目 录

《周易集解》引注疏考

顾永新*

【内容提要】《周易集解》明清刻本之中，朱睦㮮聚乐堂刻本相对忠实于宋本，能够反映《集解》早期刻本系统的真实样貌和基本特征。我们以宋刻《周易》经注本和单疏本通校朱本《集解》所引王弼、韩康伯注和孔颖达疏全文，兼及敦煌唐写本、日系古写本、《经典释文》出文（或或本异文）、《群书治要》本、《周易举正》引文等能够反映唐代或唐前文本样貌的對校或他校资料，可知《周易》文本从写本时代到刻本时代大体保持稳定。《集解》所引注疏文本渊源有自，并未完全据注疏本整齐划一，所以至少在一定程度上能够反映唐代《周易》的文本样貌。《集解》引用注疏基本上照录原文，如避讳字、通假字、异体字、同源字等，大体可以认定其所据底本已然；至于实词、虚词的删省或易换，截取、节引、改写、缩写句子等，则多係主观改造而成。因此，对于《集解》所引注疏文本，要科学地判断其与刻本系统的关系。如惠栋、曹元弼据注疏本以改《集解》原文，如浦镗据《集解》以改注疏本原文，都是不可取的，二者互为他校资料，务须掌握合理的边界。

【关键词】《周易集解》 唐代《周易》文本 《周易》注疏 校勘

唐李鼎祚《周易集解》凡采汉唐《易》注三十五家之说，[①]自序所谓“集虞翻、荀爽三十馀家，刊辅嗣之野文，补（康）成之逸象”。[②] 四库馆臣以为，“盖古学既盛，汉《易》遂亡，千百年后学者得考见画卦之本旨者，惟赖此书之存矣，是真可宝之古笈也”。[③] 所引诸家之中今有完整传本者仅为魏王弼、晋韩康伯注和唐孔颖达等《正义》（疏），亦即后世正经注疏（《周易注疏》）之注和疏（以下分

---

* 本文作者为北京大学中国古文献研究中心研究员。

① 《集解》成书并进呈的时间是在唐代宗朝（清刘毓崧《通义堂文集》卷一《〈周易集解〉跋（上篇）》，民国间刘承幹编刊《求恕斋丛书》本）。

② 《北京图书馆古籍珍本丛刊》影印国家图书馆（以下简称国图）藏朱睦㮮聚乐堂刻本卷首李鼎祚《周易集解序》，北京：书目文献出版社，1988 年，第 1 册，第 2 页。

③ 《四库全书总目》卷一经部一《易》类一是书提要，中华书局影印乾隆六十年（1795）浙江杭州刻本，1965 年，第 4 页。

别简称王注、韩注和孔疏)。《集解》其书以引述诸家《易》注为主,间出己意,故对于其引文的体例和特点的研究自是《集解》研究题中应有之义。前人有关《集解》的研究成果甚夥,似无专门研究所引注疏者,故本文拟对此做一专题研究。

一、《集解》版本源流厘析

见存《集解》刻本,有十卷本和十七卷本两个系统,前者包括南宋嘉定五年(1212)鲜于申漕司刻本(原藏德国普鲁士国家图书馆,二战时运至波兰克拉科夫雅盖隆大学图书馆,今藏德国柏林国立图书馆,以下简称宋本)和明万历中沈士龙、胡震亨辑刻《秘册汇函》本(日本国立公文书馆藏本,简称胡本);后者则有嘉靖三十六年(1557)朱睦㮮聚乐堂刻本(国图藏本,简称朱本)、崇祯三年(1630)虞山毛氏汲古阁刻《津逮秘书》本(日本国会图书馆藏本,简称毛本),入清较为重要的版本则有乾隆二十一年(1756)惠栋校定、卢见曾刻《雅雨堂丛书》本(日本国会图书馆藏本,简称卢本)和嘉庆二十三年(1818)木渎周氏枕经楼刻本(简称周本)等。[①]

考校《集解》所引注疏,与正经注疏系统(唐高宗永徽四年(653)颁行"五经正义"以降,经注本和单疏本各自别行,析言之则称注、称疏,浑言之则称注疏)比对,先须厘清《集解》系统内部诸本的关系,而这有赖于对诸本所做的校勘。清人校勘《集解》的专著仅有李富孙《〈周易集解〉校异》(以下简称李校),校及影宋抄本[②]、朱本、胡本、毛本、卢本等,"兹复合诸本互为参校,并取唐宋《易》义所引雠勘,颇有增渻、不同之处。朱氏、毛氏皆据宋刻,影宋钞亦多讹,胡氏本尤舛脱不可读,间有胜于诸本者"。[③] 除了版本对校,李氏还特别注意到所引注疏与注疏本之异同。此外,清末曹元弼撰《〈周易集解〉补释》(民国十六年吴县曹氏刻本,以下简称曹本,校语简称曹校),虽然重点不在校勘,但间亦校及朱本、卢本、周本等。今人则有王丰先先生点校本《集解》,亦附有简要校记。

---

① 研究《集解》版本的论文有李致忠老师《唐李鼎祚〈周易集解〉略考》(《文献》2010 年第 4 期),谷继明《论李鼎祚〈周易集解〉的流传》(《周易研究》2012 年第 3 期),王丰先《关于〈周易集解〉的几个问题》(《儒家典籍与思想研究》第八辑,北京:北京大学出版社,2016 年),高树伟、张鸿鸣《德国柏林国立图书馆藏宋本〈周易集解〉新考》(《版本目录学研究》第十二辑,北京:国家图书馆出版社,2020 年)等。

② 影宋抄本系毛褒旧藏,凡十卷,行款是八行十八字,同于南宋嘉定刻本。毛扆《汲古阁秘本书目》有著录,陈鳣已指出"此即从嘉定本影写者"(《经籍跋文 · 宋本〈周易集解〉跋》,蒋光煦编,道光刊《涉闻梓旧》本)。张金吾亦以为"盖影写宋嘉定重刊本也"(《爱日精庐藏书志》卷一,嘉庆中木活字本)。陆心源《影宋本〈周易集解〉跋》著录卷数误作二十(《仪顾堂题跋》卷一,中华书局影印光绪十六年归安陆氏刻本,1990 年,第 11 页)。

③ 国图藏道光二年(1822)序刊本《〈周易集解〉校异》卷首李富孙《易传校异自序》。

鉴于今存嘉定本为残本(存卷五至卷一〇,附《略例》),继宋代刊刻之后最早的刻本是明嘉靖三十六年朱睦㮮聚乐堂刻本,系据宋本重刻,[①]故本文所引《集解》悉以朱本为底本(采用书目文献出版社1988年《北京图书馆古籍珍本丛刊》影印本)。用以参校之注疏本则有经注本(上下经六十四卦王注采用《四部丛刊》影印国图藏南宋淳熙抚州公使库刻递修本,《系辞》《说卦》《序卦》《杂卦》韩注采用文物出版社2017年影印国图藏清宫天禄琳琅旧藏南宋刻本,简称天禄本)和单疏本(采用《中华再造善本》影印国图藏傅增湘旧藏南宋刻递修本),统称注疏本。同时,凡涉及注疏本系统内部异文者另校以八行本(日本足利学校遗迹图书馆藏南宋初两浙东路茶盐司刻本)、十行本(美国柏克莱加州大学东亚图书馆藏刘承幹嘉业堂旧藏元刻元印本)及明刻诸本(京都大学人文科学研究所藏嘉靖中李元阳刻本,简称闽本;德国巴伐利亚国立图书馆藏万历中北京国子监刻本,简称监本;东京大学东洋文化研究所藏崇祯中毛氏汲古阁刻本,简称汲古阁本)。此外,兼及能够反映唐前或唐代《周易》写本面貌的敦煌写本(采用许建平先生整理本)[②]和日系古钞本(依据山井鼎、物观《七经孟子考文补遗》所迻录之古本异文,采用国立公文书馆藏享保十六年(1731)初刻本,简称《考文》)[③],以及唐陆德明《经典释文》(采用上海古籍出版社1985年影印国图藏宋刻宋元递修本)、魏征《群书治要》(采用日本宫内厅书陵部藏金泽文库旧藏镰仓写本)和郭京《周易举正》(采用东京大学东洋文化研究所藏嘉靖四年范氏天一阁刊《范氏二十种奇书》本)等他校资料。至于清人有关注疏的校勘成果,则有浦镗《十三经注疏正字》(台湾商务印书馆影印文渊阁《四库全书》本,简称《正字》)、卢文弨《周易》经传注疏校记(国图藏韩应陛旧藏汲古阁本《周易兼义》,简称卢校)和《群书拾补》(采用《续修四库全书》影印乾隆中抱经堂刊《抱经堂丛书》本,简称《拾补》)、阮元《周易注疏校勘记》(采用《续修四库全书》影印嘉庆十一年文选楼刻本,简称《校勘记》)。

通过校勘朱本与宋本及胡本、毛本、卢本诸本,可以发现朱本与宋本具有相当高的匹配度,就注疏部分而言,大体相同,甚或存在着朱本仅同于宋本或影宋本(间及胡本)而不同于他本的异文。例如:

1. 萃六二《小象》王注"众相殊",宋本、影宋本同,胡本、毛本、卢本众上有与字。李校:"朱本、影宋本脱与字。"曹校:"朱脱与字。"

---

① 朱睦㮮自序称"是编刻自宋季,人间希有存者。顷岁,予得之李中麓氏"(《北京图书馆古籍珍本丛刊》影印国图藏朱本卷首未见朱序,转引自王丰先点校本《周易集解》卷首《周易集解序》,北京:中华书局,2016年,第5页),则其得自李开先者当亦为嘉定本。

② 张涌泉主编、审订,许建平撰《敦煌文献合集·敦煌经部文献合集》,北京:中华书局,2008年,第1册,第1—95页。

③ 本文所引日系古钞本的异文信息均出自《考文》,简称日系古本,恕不一一出注。

2. 咸卦首《序卦》韩注“故夫子殷懃深述其义”，宋本、胡本同，毛本、卢本殷作慇。

3.《序卦》家人及卦首韩注“伤于外”，宋本、胡本皆同，毛本卦首亦同，《序卦》下有者字，卢本两处皆有者字。

4.《系辞下》“阳一君而二民”韩注“故阳爻画奇”，宋本同，胡本、毛本、卢本奇作一。注疏本亦作奇，《释文》出文“画奇”，“音获”。

5.《系辞下》“天地絪緼，万物化醇”孔疏“感应变化，而有精醇之生万物”，宋本同，胡本、毛本、卢本“万物”下有“自化”二字。①

上述诸例宋本、影宋本、朱本（或包括胡本）与注疏本或同或异，而胡本（毛本）以下晚出诸本始出现异文，其中如例1係据注疏本增添与字。朱本甚至连版式都有与宋本相同者，如中孚六三王注“惧见侵凌”，宋本惧字下空一格，朱本同。当然也有反例，如《序卦》“物不可穷也，故受之以未济”韩注“以己穷物，物穷则乖”，宋本二物字间空一格，朱本则无。《系辞下》“天地之大德曰生”孔疏“言天地之盛德常生万物”，宋本德字下空一格，朱本则无。这些空格的位置，原文并无缺脱，当系版片刊刻完成后，对于发现的衍文进行局部剜改造成的。这说明朱本忠实地据宋本翻刻，但亦有些许校订。如下所示朱本不同于宋本的异文11例，其中多系校订而成，间有无意错讹：

6. 夬九三《小象》王注“頄，面顴也”，毛本、卢本同；宋本、胡本顴作权，注疏本同，敦煌本略同（頄下有者字）。《释文》出文“面权”，“如字，字书作顴”。可知作顴始于朱本，所谓“字书作顴”，或系朱本所本。

7. 旅《彖传》王注“故曰‘旅之时义大矣哉’”，毛本、卢本同，宋本、胡本无哉字。

8.《系辞上》“辩吉凶者存乎辞”韩注“吉凶、悔吝、小疵、无咎，皆生乎变”，胡本、毛本、卢本同，宋本无作無。《集解》无多作無，宋本和明清诸本约略相同，此处朱本等作无，是为例外。注疏本则统一作无。

9.《系辞下》“阳一君而二民”韩注“君子之辩也”，毛本、卢本同，宋本、胡本辩作辨。

10.《系辞下》“天下同归而殊涂”韩注“百虑而尽矣”，毛本同，宋本、影宋本、胡本、卢本百作不。

11.《系辞下》“利用安身，以崇德也”韩注“妄其安身”，宋本、毛本、胡本、卢本妄作忘。李校：“朱本忘误妄。”曹校：“朱误妄。”

---

① 注疏本此二句作“万物感之变化，而精醇也”。李校：“朱本脱‘自化’二字，《正义》本无此句。”曹校：“朱脱‘自化’二字。”

12.《系辞下》“几者动之微，吉之先见者也”韩注“理而未形者”，毛本、卢本同，宋本、胡本无者字。《举正》作“而理未形”，亦无者字。

13.《系辞下》“天地之大德曰生”孔疏“自此以下”，胡本、毛本、卢本同，宋本以作已；“是其大德也”，胡本、毛本、卢本同，宋本无也字。

14.《系辞下》“《易》曰‘困于石，据于蒺藜’”孔疏“凶之象也”，毛本、卢本同，宋本、胡本无也字。

15.《说卦》“坤以藏之”孔疏“王肃以为互相备也”，毛本、卢本同，宋本、胡本互作于。

16.《说卦》“其于马也为美脊”孔疏“兑柔说”，毛本、卢本同，宋本、胡本说作悦。

据李校所揭示的影宋本的异文信息，知其大体上亦皆与宋本相同(如前揭例1、例10皆同于宋本)，间有异文。例如：

1. 讼《彖传》王注“何由得明”，宋本、毛本、卢本同。李校：“影宋本、胡本明误朋。”

2. 大有上九爻辞王注“己独乘柔”，宋本、毛本、卢本同。李校：“影宋本、胡本柔误思。”

3. 旅九四《小象》王注“不获平坦之地者也”，宋本、胡本、毛本、卢本同。李校：“影宋本坦误怛。”

4.《系辞上》“阴阳不测之谓神”韩注“欻尔而自造矣”，宋本同。李校：“影宋本、胡本、毛本欻作歘，卢本同。”

5.《系辞上》“圣人以此齐戒”韩注“洗心曰齐”，宋本同。李校：“影宋本、胡本、毛本齐作斋，卢本同。”

6.《系辞下》“几者动之微，吉之先见者也”韩注“不可以形睹也”，宋本、毛本、卢本同。李校：“影宋本、胡本作者也。”

7.《系辞下》“而异位”韩注“有外内也”，宋本、胡本、毛本、卢本同。李校：“影宋本有误存。”

8. 大壮《序卦》韩注“遯而后通”，宋本、胡本、毛本、卢本同。李校：“影宋本后作复。”

虽然影宋本所从出之底本为嘉定本，异文多所相同，但在传抄过程中出现讹误也是在所难免的，即如上述诸例。朱本与宋本的匹配度最高，尤其忠实于宋本，在很大程度上保存了宋本原貌。标志性的异文如例4，注疏本系统原本作歘，迄无变化，唯有宋本和朱本《集解》作欻，影宋本以下始从注疏本改作歘。例5宋本、朱本作齐与注疏本同，影宋本以下校改作斋。胡本虽然舛误最多，但与宋本和影宋本还是保持着一定的一致性(当即李校所谓“间有胜之诸本者”),其所据底本据称是焦竑家藏传抄本,当与影宋本相当。在宋本、影宋本异文信息缺失的情况下,或可印证朱本异文,如颐六四爻辞王注“察其所养则养阳”,胡本同,毛本、卢本阳作贤,当可推断宋本即作阳。毛本与朱本也具有较高的一致性,谷继明和王丰先二位先生认为毛本是在朱本的基础上参校家藏宋本刊刻而成的,良有以也。卢本与毛本也有较为密切的渊源关系,所以王先生认为卢本在文字上受毛本的影响很大,甚是。总之,传世《集解》明清刻本虽然有卷次不同的两个系统,但实际上同出一系,共同的祖本都是嘉定本。

值得注意的是,《集解》本身也存在着明显的讹舛,这既有可能是李氏原本之误,也有可能是宋代刻本才开始出现的,明刻诸本或加以諟正,或因仍其误。例如:

1. 讼《彖传》王注“不闲其源”,胡本、毛本、卢本闲作闭,与注疏本同。曹校:“朱误闲。”

2. 讼《彖传》王注“而有信窒惧者”,胡本、毛本同;卢本窒作塞,与注疏本、敦煌本同。作窒疑涉卦辞和《彖传》“窒惕”而误。王注“唯有信而见塞惧者”“故虽复有信而见塞惧”皆作塞,是以“塞惧”释“窒惕”。

3. 大有《彖传》王注“体无二阴,以阴而分其应”,胡本、毛本同;卢本无“阴而”二字,与注疏本同。李校:“毛本分上又误衍‘阴而’二字。”曹校:“此下朱衍‘阴而’二字。”

4. 贲六四《小象》王注“欲静则失初之应”,胡本、毛本、卢本同;注疏本失作钦,敦煌本同,十行本系统失误疑。

5. 夬九五《小象》王注“夬之至易”,宋本、毛本、卢本同;胡本夬作决,注疏本作决。李校:“朱本、影宋本、毛本决误夬,卢本同。《正义》本作决。”

6. 姤九二《小象》王注“非为犯应”,宋本、毛本、卢本同;胡本应作夺,与注疏本同。作应疑涉上文“应已之厨”而误,当作夺,与犯义近,构成复合词。

7. 井《大象》王注“上水之象也”,胡本、毛本、卢本同,注疏本上水作井。《正字》、李校皆客观地描述《集解》井作“上水”云云。依《大象》体例,似当作井。

8.《系辞上》“一阴一阳之谓道”韩注“故穷以尽神”,宋本、胡本、毛本、卢本同;注疏本穷下有变字,《举正》引同。若无变字,则与下句“因神以明道”不对仗,似可知其误脱。

9.《系辞下》“阳一君而二民”韩注“君子之辩也”,宋本、胡本、毛本同;卢本子作臣,与注疏本同。曹校:“朱误子。”

10.《系辞下》“子曰:天下何思何虑”韩注“百虑而尽矣”,毛本同;宋本、影宋本、胡本、卢本百作不,注疏本及日系古本同。宋本原本不误,朱本始误,毛本仍之。

11.《系辞下》“精义入神,以致用也”韩注“乃用元极也”,宋本、影宋本、毛本(描补作无)同;胡本、卢本元作无,与注疏本同。曹校:“朱误元。”

12.《系辞下》“利用安身,以崇德也”韩注“以殉功义”,宋本、胡本、毛本同;卢本义作美,与注疏本同。曹校:“朱误义。”作义或系形近而讹。

13.《系辞下》“知者观其彖辞”韩注“则愈滞乎有”,宋本、胡本、毛本、卢本同,注疏本有作形。李校:“《正义》本有作形。”曹校:“注本作形。”此句系解释上文“形之所宗者道”之“形”字,则作形近是。

14.《说卦》“神也者,妙万物而为言者也”韩注“明则雷疾风行”,宋本、胡本、毛本、卢本同,注疏本无明字。卢校:“则当作明。《集解》‘明则’并出,亦非。”《拾补》:“则当作明。《集解》作‘明则’,衍则字。”李校:“《正义》本无明字,疑衍。”

15.《序卦》大壮韩注“君也以远小人”,宋本、胡本、毛本、卢本同;卦首《序卦》也作子,注疏本、《举正》引同。李校:“朱本、胡本、毛本子误也。”曹校:“子,朱、卢误也。”

16.《系辞上》“不出户庭,无咎”孔疏“又当慎周密”,宋本、毛本同;胡本、卢本慎上有谨字,与注疏本同。曹校:“朱脱谨字。”

17.《系辞下》“君子见几而作”孔疏“故引《易》之六二以证之”,宋本、胡本同;毛本、卢本易作豫,与注疏本同。曹校:“朱误易。”

18.《系辞下》“天地氤氲,万物化醇”孔疏“能使‘万物一化醇’者也”,宋本、胡本同;毛本、卢本无一字,与注疏本同。曹校:“朱衍一字。”

19.《说卦》“震一索而得男”孔疏“以求乾坤为父母而求其子也”,宋本、胡本、毛本、卢本同,注疏本无上求字。李校:“《正义》本无求字。”曹校:“此下朱、卢衍求字。”

上述诸例之中4、7、8、13、14、15、19参校诸本皆同,而不同于注疏本,说明这是《集解》系统本身的异文。馀者多为早期刻本(宋本及反映宋本面貌的朱本)不同于注疏本,而胡本(毛本)以下明清诸本据注疏本回改,从而变为不存在异文。胡本虽然出自影宋抄本,多可与宋本、影宋本相印证,但已经出现了据注疏本回改的情形,如例5、6、11、16朱本、毛本皆同于宋本,胡本则已据注疏本回改(后2例卢本亦改),当然也有可能源于胡本所从出之影宋抄本。毛本多因仍朱本,甚至朱本的讹误亦一仍其旧,如例10宋本、胡本不误,朱本始误,毛本与之相同。不过,毛本亦有据注疏本回改者,如例17、18毛本始校改,卢本仍之。至于惠校卢本,颇多改窜,据注疏本回改则更为普遍,如例2、3、9、12宋本及明刻诸本悉同,卢本则已校改。总之,胡本、毛本和卢本都存在着不同程度地据注疏本回改的现象，只有朱本不作校改，当最接近于《集解》原始文本的样貌。当然，朱本本身也存在着讹误，如例1唯有朱本显误，其馀各本皆不误（宋本阙如，故无从判断是否与之相同；但从胡本来看，宋本当不误）。

综上所述，在明清刻本之中，朱本刊刻尚不苟，较之胡本、毛本，无论卢本，最忠实于宋本，在最大程度上存宋本之旧，理论上存真复原的程度是最高的，也是最为可靠的。那么，宋刻以下刻本系统又在多大程度上保存了写本的文本样貌，换言之，宋代刊刻之时所做的校订文本的工作如何？有否据五代、北宋先后刊行的经注和单疏刻本回改原文呢？我们发现了一个具有标志性和特异性的切入点，那就是《集解・序卦》引韩注与卦首《序卦》所引有10例重出（卦首《序卦》有注者11例，咸卦韩注仅见于卦首，《序卦》不重出）。重出的韩注除小过全同外，馀者9例皆有异文，如下所示：

1. 小畜“故曰‘小畜’，而不能大也”，注疏本同，卦首删省“而不能大”四字，畜下有也字。

2. 随“众之所随也”，卦首无也字，与注疏本同。

3. 遯“宜与时升降”，卦首时作世，与注疏本同。

4. 大壮“君也以远小人”，卦首也作子，与注疏本同。

5. 大壮“何可终邪”，注疏本同，《举正》引亦同，卦首邪作耶。

6. 家人“必反诸内矣”，卦首矣作也，注疏本反下有修字，无矣/也字。

7. 夬“故必决也”，注疏本同，卦首也作矣。

8. 革“宜革易其故也”，日系古本同；卦首无也字，与注疏本同。

9. 鼎“既以去故”，注疏本同，卦首无既字。

10. 鼎“鼎所以和齐生物”，注疏本同，卦首无以字。曹校：“下脱以字。”

11. 既济“可以矫世励俗”，卦首励作厉，与注疏本同，《举正》引亦同。

除例6重出二处皆不同于注疏本外，馀者10例异文卦首和《序卦》分别同于注疏本者各占其半，均为5例。这个统计数字很有意义，一方面说明写本具有个性化和不稳定性的特征，所以才存在着相当数量不同于宋刻本以下刻本系统的异文，另一方面也说明宋代校刻之时当做过整齐文本、据通行刻本回改原文的工作（当然这有一个前提，那就是李氏编纂《集解》之时，所据经注本《序卦》并无二本，也就是说他所迻录的文本本身并无二致，这在理论上是成立的），只是做得并不彻底，所以才出现两处重出的异文与注疏本同者参半的现象。其中例3具有标志性，李氏原本当作时，避唐讳，而卦首作世显系经过校改。然而，我们今天所见《集解》均为宋刻以下刻本系统各本，无从获见唐写本的原始样貌，所以，从写本到刻本这个环节我们只能忽略不计，理论上把刻本系统的文本认定为李氏原本。

二、《集解》称引注疏综论

《集解》所引注疏，计有王注 57 例、韩注 61 例（其中 10 例《序卦》注与卦首《序卦》重出）、孔疏 43 例（其中《说卦》“坤为牛，震为龙”2 例合为 1 例），合计约 7100 字。其中，绝大多数皆可与注疏本相对应，不见于注疏本者仅有《说卦》“其于马也”引孔疏 1 例，其文有曰：“乾、震、坎皆以马喻，乾至健，震至动，坎至行，故皆可以马为喻。坤则顺，艮则止，巽亦顺，离‘文明而柔顺’，兑柔说（宋本作悦），皆无健，故不以马为喻也。唯坤卦象（宋本、胡本同，毛本、卢本脱象字）‘利牝马’，取其行不取其健，故曰‘牝’也。坎亦取其行不取其健，皆外柔，故‘为下首、薄蹄、曳’也。”《正字》：“案《集解》引孔疏云云九十字，今并脱去。”李校：“案今《正义》本无此条。”我们认为，存在着两种可能性，一是确如浦氏所云，系今本误脱，不过《集解》成书于永徽四年“五经正义”颁行天下之后，虽说写本是个性化的，但此例字数颇多，北宋国子监校刻单疏本之时删削或缺漏的可能性似乎并不大；二是李氏援引之时误署作者，这在《集解》之中亦非孤例，相对而言，这种可能性更大。

对于《集解》所引注疏，我们的研究方法是先据朱本辑出王、韩注和孔疏全文，次校以注疏本（经注本和单疏本），并参照敦煌本、日系古本及《释文》《治要》《举正》等他校资料。对于朱本与注疏本有异文者，再校以宋本、胡本、毛本和卢本。通过系列校勘，可以得出两个基本结论：《集解》所引注疏大体可与五代以降通行的、以刻本为中心的注疏本相合，说明唐宋时代《周易》文本虽经历了从写本到刻本的切换，但大体保持稳定，并无根本性的改易或变动。此其一也。其二，《集解》与注疏本还是存在着相当数量的异文，这说明李氏在引用、迻录注疏的过程中，确实也做了一定程度的改窜。这也正是本文所要解决的核心问题。

为了探究《集解》所引注疏与注疏本之异同，首先要将二者各自剥离开来，亦即认定《集解》和注疏本各自分别是相对独立、封闭的系统。对于《集解》，我们需要预设两个前提，一是《集解》不同于注疏本的异文并非李氏迻录或其书传刻过程中无意错讹造成的（事实上，这两种可能性都是存在的，考虑到研究的确定性和客观性，暂且忽略不计），而是李氏有意为之，或有所本。二是《集解》同样经历了由唐写本到宋刻本的文本递嬗过程，但传世各本均为刻本（或源出宋本的抄本，如李校所引影宋本），并无写本可资比勘。所以，除前揭朱本不同于宋本的 11 例异文外，理论上馀者均可认定为李氏原本样貌，亦即李氏所据底本不同于注疏本之处。也就是说，我们权且忽略《集解》从唐写本到宋刻本切换过程中造成的文本异同，而且在传刻过程中造成的系统内部的异文也不纳入考虑范围，均不出校。至于注疏本，自五代、两宋进入刻本时代，从写本到刻本的切换是其文本递嬗过程中最为重要的一环，无论刻本本身所经历的，从经注本、单疏本到注疏合刻本的切换，系统内部也存在着异文。鉴于此，注疏本本身的异文概不出校，只选择早期刻本的文本进行比勘；考虑到写本的不稳定性，写本或他校资料相对于刻本的异文亦皆不出校。

李氏《集解》援引注疏分隶于《周易》经、传文之下，又析分《序卦》分别冠于各卦之首（屯卦以下），知其所取用者亦为王弼经传参合本，亦即《彖》《大象》和《小象》分附卦辞和爻辞之下（乾卦除外）。所引诸家之说，冠以某某姓名；出以己意，则冠以"案"字。通校《集解》所引王注、韩注、孔疏，知其与通行刻本系统的注疏本总体上还是一致的，异文所占比例约为20%左右（以句为单位）。这说明《集解》引用注疏还是比较严格地遵照原文的，大体上据实迻录。有一个典型的例子，讼《彖传》王注"其在二乎"，李氏案曰："夫为讼善听之主者，其在五焉。……年代绵流，师资道丧，恐传写字误，以五为二，后贤当审详之也。"可见李氏虽已考知二当作五，但其所据经注本即作二，所以他只是客观地说明个人理校的结论，并未擅改原文，足见其援引诸家之说的态度是审慎而严谨的。当然，《集解》是一部独立的《易》学著作，李氏也有自己的《易》学思想，所以引用注疏时十分注意各句之间的逻辑关系，审辞气，务求文理通顺，语气连贯，句式整饬，对于原文即有节略、删省、窜易等多种不同的改造方式。

《集解》对所引注疏的改造主要是字词和句子，所出位置及所释对象一般并无不同。引用王、韩注一般因仍经注本旧式，以整条注释为单位，置于相应经、传文之下，所出位置相同，内容并无分合。但也有例外，如下所示：

1. 蒙六四爻辞王注首句"阳称实也"实为《小象》注，馀者为爻辞注，《集解》爻辞下所引王注实乃合并爻辞和《小象》注而成。

2. 观九五《小象》王注"观我生，自观其道也"，原为上九王注（注疏本也上有者字），解释九五爻辞"观我生"和上九爻辞"观其生"之不同。《集解》拆分至此，并删省首句"居于尊位"。

3. 家人《彖传》王注"谓二、五也"，实乃"谓二也""谓五也"两条注合并而成。

4. 需初九、六四，讼九五，同人九四，豫六三，随六三，蛊九三，观初六、九五、上九，贲六四，复六二，颐六五，离初九，睽六五，解九四，夬九三、九五，姤九二、上九，萃六二，旅九四，巽六四，涣六三，节六三，中孚六三爻辞下王注皆移置《小象》之下。

5.《序卦》大壮韩注："遯，君也以远小人，遯而后通，何可终邪？阳盛阴消，君子道胜也。""何可终邪"以上数句是传文"物不可以终遯"句注，后二句是传文“故受之以大壮”句注，实为合并而成。

孔疏原本是以《周易》自然构成单元（如卦辞、《彖传》《大象》、爻辞及其《小象》以及《系辞》《说卦》的章节等）为单位，疏文归总出于其末。《集解》所引疏文大多是节引其中专门解释某句经、传文者，故其位置即出于此句经、传文之下，例外者有三：

6. 乾《文言》“见龙在田，天下文明”孔疏实为九二王注之疏文。

7. 坤《文言》“《易》曰‘括囊，无咎，无誉’，盖言谨也”孔疏实为九四爻辞之疏文。

8. 井《彖传》孔疏实为卦辞之疏文。

这实际上反映了李氏对注疏的认知和判断，所以才对原文进行整合，或更易其所出位置。

三、字词异文

为了研究便利，我们根据《集解》与注疏本的异文的字数进行简单分类，大体分为字词（我们把单音词称作字，以别于复合词。此类以字的异文为主，间有个别复合词，不包括词组）异文和句子异文两种类型，每一大类之下再根据异文的不同形式以类相从，细分类目进行研究。具体方法是先录出底本（朱本《集解》）文字，然后再揭示注疏本异文（为避免繁复，略去“注疏本”字样），他本或他校资料之异文更附于后。这些异文的产生，无外乎两种可能性，一是李氏所据注疏本既已如此，李氏照录原本；二是李氏在迻录过程中对注疏本的原始文本加以改造而成。这实际上是两个层级的问题，两种可能性应该都是客观存在的，不过因为文献不足征，所以我们无法将其剥离开来。

（一）句末虚词之有无或改易

作为唐写本的标志性特征之一，句末虚词相较于后世刻本系统多有增减或改易，这也是写本的个性化和不稳定性所造成的。《集解》所引注疏即多有增减或改易句末虚词的情形，这也从一个侧面说明其文本尚保存写本时代的样貌和特点。本文旨在客观地描述《集解》句末虚词与注疏本之异同，实际上包含两个层次的逻辑关系，其一以注疏本为标准，《集解》相对于注疏本而有所增减、改易；其二《集解》所反映的文本样貌是唐代写本的，五代和北宋国子监校刻群经经注本和单疏本之时所做的、正定文本的工作，其中当即包括规范和统一句末虚词。

1. 乾用九爻辞王注“坤利在永贞矣”，无矣字。日系古本矣作也。

2. 乾《文言》"乾元用九,天下治也"王注"不为妄也",也上有者字。

3. 蒙六四爻辞王注"故曰吝",下有也字。

4. 需初九《小象》王注"可以保常",下有也字。

5. 需六四《小象》王注"顺以听命也",也上有者字。

6. 讼《彖传》王注"犹不可以为终",下有也字,敦煌本同(残存也字)。

7. 师卦辞王注"故吉乃无咎",下有也字,敦煌本与《集解》同。

8. 泰初九爻辞王注"拔其根而相牵引也",也上有者字。

9. 泰初九爻辞王注"故以其类,征吉也",无也字。

10. 大有上九爻辞王注"故系辞具焉也",无也字。

11. 随六三《小象》王注"志在丈夫也",无也字。

12. 随六三《小象》王注"故曰'系丈夫,失小子'",下有也字。

13. 蛊初九《小象》王注"故意承而已也",无也字。

14. 蛊九三《小象》王注"终无大咎矣",无矣字。

15. 噬嗑六五爻辞王注"黄,中",下有也字。

16. 噬嗑六五爻辞王注"能行其戮也",也上有者字。敦煌本残存"能行"二字,下缺四字,知其当亦有者字。

17. 贲六四《小象》王注"内怀疑惧",下有也字,敦煌本同。

18. 大畜上九爻辞王注"乃天之衢,亨",下有也字,敦煌本略同(也上有者字)。

19. 颐六四爻辞王注"故曰'颠颐,吉'",下有也字,敦煌本同。

20. 离初九《小象》王注"错然",下有者字,敦煌本同。

21. 家人《彖传》王注"以内为本者也",无者也二字;"故先说女矣",矣作也。

22. 家人九三爻辞王注"为一家之长",下有者也二字。

23. 家人九三爻辞王注"行与其慢也""家与其渎也",并无也字。

24. 解《彖传》王注"非治难时也",无也字,敦煌本、日系古本与《集解》同;"故不言用也",无也字,敦煌本同,日系古本与《集解》同;"故不曰义也",无也字,敦煌本、日系古本与《集解》同(古本或有也上有者字者)。

25. 夬九三《小象》王注"谓上六矣",矣作也,敦煌本同。

26. 夬九五《小象》王注"以君子除小人也",也上有者字。

27. 姤九二《小象》王注"故称鱼也",无也字,日系古本与《集解》同。

28. 姤九四爻辞王注"是以凶矣",矣作也。

29. 萃六二《小象》王注"然后乃吉而无咎""殷春祭名",下并有也字。

30. 困《大象》王注"则水在泽下也",无也字。

31. 困九四《小象》王注"下谓初",下有也字。

32. 旅九四《小象》王注“不获平坦之地者也”，无者也二字，日系古本与《集解》同。

33. 旅九四《小象》王注“故其心不快”，下有也字。

34.《系辞上》“故君子之道鲜矣”韩注“君子体道以为用”，下有也字，《治要》本略同(也上有者字)。

35.《系辞上》“阴阳不测之谓神”韩注“而况之神矣”，无矣字。

36.《系辞上》“六爻之义易以贡”韩注“以告吉凶也”，无也字，日系古本同。

37.《系辞上》“圣人以此洗心”韩注“洗濯万物之心者也”，无者也二字，日系古本与《集解》略同(无者字)。

38.《系辞上》“故君子之道鲜矣”韩注“不亦鲜矣乎”，无乎字，《治要》本无矣字有乎字。

39.《系辞下》“阳一君而二民”韩注“故阳卦曰君子之道也”，无也字。

40.《系辞下》“《易》曰‘憧憧往来，朋从尔思’”韩注“不思而至也”，无也字。

41.《系辞下》“精义入神，以致用也”韩注“感而遂通者也”，无者也二字，日系古本与《集解》同。

42.《系辞下》“几者动之微，吉之先见者也”韩注“不可以形睹也”，也上有者字，《举正》引略同(无以字)。

43.《系辞下》“知者观其彖辞”韩注“而一以贯之者也”，无者也二字，日系古本与《集解》同。

44.《系辞下》“凡易之情，近而不相得则凶”韩注“必有乖违之患也”，无也字。

45.《说卦》“神也者，妙万物而为言者也”韩注“故能万物既成”，下有也字。

46.《序卦》离韩注“极陷则反所丽”，下有也字。

47.《序卦》遯韩注“有时而遯者也”，也上无者字。

48.《序卦》大壮韩注“阳盛阴消，君子道胜也”，无也字，《举正》引与《集解》同。

49.《序卦》小过韩注“而以信为过也”，无也字，日系古本同；“故曰小过”，下有也字。

50.《序卦》未济韩注“以己穷物”，下有者也二字；“故受之以未济”，下有也字。

51.《杂卦》“离上而坎下也”韩注“火炎上，水润下也”，无也字。

52. 乾《文言》“见龙在田，天下文明”孔疏“即是‘阳气发见’之义也”，无也字。

53.乾《文言》“见龙在田，天下文明”孔疏“与此不殊也”，无也字。

54.《系辞上》“以行其典礼，系辞焉以断其吉凶”孔疏“得则为吉也”，无也字；“失则为凶矣”，矣作也。

55.《系辞上》“是故谓之爻”孔疏“故上章云‘爻者，言乎变也’”，也上有者字。

56.《系辞上》“劳谦，君子有终吉”孔疏“故引谦卦九三爻辞以证之矣”，矣作也。

57.《系辞上》“挂一以象三”孔疏“以象三才”，下有也字。

58.《系辞上》“是故天生神物，圣人则之”孔疏“以为卜筮者也”，也上无者字。

59.《系辞下》“《易》曰‘公用射隼于高墉之上’”孔疏“故引解之上六以证之矣”，无矣字。

60.《系辞下》“天地絪缊，万物化醇”孔疏“能使‘万物一化醇’者也”，也上无者字(无一字)。

61.《说卦》“故水火相逮”孔疏“而气相逮及”，下有也字。

62.《说卦》“雷风不相悖”孔疏“明虽相薄而不相逆者也”，无者字。

63.《说卦》“乾为马”孔疏“故为马”，下有也字。

64.《说卦》“坤为牛”孔疏“故为牛”，下有也字。

65.《说卦》“震为龙”孔疏“故为龙”，下有也字。

66.《说卦》“兑为羊”孔疏“故为羊”，下有也字。

67.《说卦》“为耳痛”孔疏“听劳则耳痛”，下有也字。

上述诸例大多为句末虚词也、矣、者也之增减，间有也、矣互易者，如例21、25、28、54、56；亦有作为判断句标志的单一“也”字和“者也”二字连用互易者，如例2、8、16、26、47、55、58。作为先于刻本系统的唐写本，敦煌本与《集解》具有可比性；值得注意的是，敦煌本句末虚词大多皆不同于《集解》而(略)同于注疏本，如例6、16、17、18、19、20、24(其二)、25，与《集解》同者仅有例7、24(其一、三)。而且，能够反映唐写本文本样貌的《治要》《举正》亦与注疏本略同(例34、42)，这似乎说明《集解》句末虚词的增减或改易当主要出在李氏迻录的过程之中，多系主观改造的结果，而非其所据底本已然。同样也具有一定的唐写本渊源的日系古本，则与敦煌本有所不同，大多与《集解》相同或约略相同，如例1、24、27、32、37、41、43，不同者仅有例36、49。这又似乎说明《集解》句末虚词也并非完全出于李氏改造，也有相当一部分反映了《集解》所从出之底本的旧貌。因为写本是个性化的，所以我们认为，《集解》所引注疏与注疏本句末虚词的异文的产生，李氏照录底本和主观改造这两种可能性都是存在的。句末虚词之有无，虽然无关文义，但有时甚至可以改变上、下句的逻辑关系，如例 23 涉及对王注的理解，分别连属上句或下句。至于作也、作矣，则分别为判断句或陈述句，句式和语气亦皆不同。

(二) 避讳改字

晁公武既已注意到"唐李鼎祚《集解》经皆避唐讳"，①朱本卷首朱睦㮮序亦称"鼎祚解经多避唐讳"。现将《集解》引注疏字涉避讳者胪列如下：

1. 乾《文言》"乾元用九，天下治也"王注"非天下之至治"，治作理(无之字)。日系古本亦有作治者，可与《集解》相互印证。

2. 大有上九爻辞王注"居丰富之代"，代作世。

3. 豫六三《小象》王注"承动逸之主""若其睢盱而逸""逸之所疾"，逸并作豫。

4. 观上九《小象》王注"为人所观也"，人作民(也上有者字)。

5. 大畜上九爻辞王注"畜极则亨"，亨作通，敦煌本同。

6.《序卦》遯韩注"宜与时升降"，时作世。

7.《序卦》大壮韩注"遯而后通"，通作亨，《举正》引同。

8.《说卦》"昔者圣人之作易也"孔疏"据今而称上代谓之'昔者'"，代作世(下有也字)。

除例 5 外，其馀诸例《集解》皆因避讳(世和民、治、亨、豫分别避太宗、高宗、肃宗、代宗讳)而改字，注疏本则已回改原文。② 例 5 亨作通，当亦为避肃宗讳而改字，但与例 7 相反，注疏本改字(由敦煌本可知唐写本已改为通字)，而《集解》未改。《集解》明刻诸本如朱本、胡本和毛本尚一仍其旧，保留避讳改字，至卢本如例 3 则已回改作豫(缺笔)。

(三) 通假字、异体字、同源字

作为早期文本的特征之一，《集解》相较于《周易》刻本系统保留了一定数量的通假字、异体字、同源字等。

1. 需初九《小象》王注"虽不应机"，机作几。

2. 需六四《小象》王注"见侵则避"，避作辟，《释文》出文同。

3. 随六三《小象》王注"故捨初系四"，捨作舍，《释文》出文同。

---

① 《郡斋读书志校证》卷一《李氏集解》解题，上海：上海古籍出版社，1990 年，第 18 页。陈鳣《经籍跋文》引作"《集解》皆避唐讳"(咸丰中蒋光煦校刊《涉闻梓旧》本)，无"经"字。

② 国图藏清初席氏酿华草堂影宋抄本《五经文字》卷首田敏《国子监重刊书序》明确记载五代监本《周易》对唐讳已"添正"。

4. 观卦辞王注“莫盛乎盥也”，乎作于。

5. 离初九《小象》王注“敬慎之貌也”，敬作警，敦煌本同，《释文》出文亦同。

6. 旅《彖传》王注“岂非智者有为之时”，智作知。

7. 中孚六三王注“非三所剋”，剋作克，敦煌本同。

8. 中孚六三王注“惧见侵凌”，凌作陵，敦煌本凌作淩。

9. 中孚六三王注“自强而进，进而碍敌”，碍作阂，敦煌本同，《释文》出文亦同。

10.《系辞上》“阴阳不测之谓神”韩注“欻尔而自造矣”，注疏本欻作歘，《释文》出文、日系古本亦同。

11.《系辞上》“阴阳不测之谓神”韩注“莫不独化于太虚”“是以明两仪以太极为始”，太并作大。

12.《系辞下》“《易》曰‘憧憧往来，朋从尔思’”韩注“必归于一”，于作乎。

13.《系辞下》“利用安身，以崇德也”韩注“则为弥多而理愈失”，注疏本为作伪。李校：“卢本为改伪。”

14.《序卦》睽韩注“其弊必乖者也”，弊作敝（无者字）。

15.《序卦》鼎韩注“鼎所以和齐生物”，齐作济，《释文》出文与《集解》同。

16. 乾《文言》“见龙在田，天下文明”孔疏“先儒以为九二当太簇之月”，簇作蔟。

17. 坤《文言》“由辩之不早辩也”孔疏“此文诫君父防臣子之恶也”，诫作戒。

18. 坤《文言》“《易》曰‘括囊，无咎，无誉’，盖言谨也”孔疏“以譬心藏智也”“闭其智而不用”，智并作知。

19.《系辞下》“凡易之情，近而不相得则凶”韩注“相须而偕凶”，偕作皆。

20.《系辞下》“《易》曰鼎折足”孔疏“智小谋大而遇祸也”，智作知。

21.《系辞下》“天地氤氲，万物化醇”孔疏“氤氲，气附着之义”“唯二气氤氲”，氤氲并作絪缊。

22.《说卦》“昔者圣人之作易也”孔疏“案《下系》云‘古者庖牺氏之王天下’”，庖作包（句首无“古者”二字，句末有也字）。

知和智、大和太、为和伪、碍和阂、皆和偕、极和穷为同源分化字，欻和歘、簇和蔟、氤氲和絪缊为异体字，馀者多为通假字。作为可与《集解》相参照的《释文》出文和敦煌本，其用字多与注疏本同，而不同于《集解》（例 15 例外），这说明注疏文本渊源有自，从写本到刻本一脉相承，大体保持稳定。前揭通假字、异体字和同源字等当出现在《集解》迻录注疏的过程中，或为所据底本本身的歧异，或为李氏迻录之时加以改造而成。

(四) 同义、近义或意义相关字词易换

除避讳字、通假字、异体字、同源字外，《集解》引用注疏还有以同义、近义或意义相关字词易换，以及形近、音近(同)而讹者。例如：

1. 需初九《小象》王注“最远于险”，险作难，《释文》出文同。

2. 讼《彖传》王注“应其任矣”，其作斯，日系古本同。

3. 同人九四《小象》王注“违义伤礼”，礼作理。

4. 大有上九爻辞王注“居丰富之代”，丰富作丰有。

5. 豫六三《小象》王注“悔亦至焉”，至作生。

6. 贲六四《小象》王注“不获交通”，交通作通亨，[①]敦煌本同。

7. 复六二《小象》王注“得位居中”，居作处，敦煌本同。

8. 复六二《小象》王注“比初之上”，比作在，敦煌本同。

9. 颐六四爻辞王注“履得其位”，履作居，敦煌本同。

10. 颐六四爻辞王注“观其自养则养正”，下养字作履，敦煌本同。

11. 观九五《小象》王注“百姓有过”，过作罪，《治要》本同。

12. 噬嗑六五爻辞王注“以柔承刚”，承作乘，敦煌本同(残存乘字下部)。下文“然处得尊位”下，注疏本重出“以柔乘刚”四字，敦煌本同，《集解》本则无。曹校：“当为乘。”

13. 家人九三爻辞王注“以阳居阳”，居作处。

14. 夬《彖传》王注“刚德浸长”，浸作齐，敦煌本同，《释文》出文亦同。

15. 夬九三《小象》王注“遇雨若濡有愠”，愠作恨。

16. 姤上九《小象》王注“不与物牵”，牵作争，《释文》出文同。

17. 萃六二《小象》王注“己独履正”，履作处。

18. 旅九四《小象》王注“客子所处，不得其次”，子作乎。

19. 巽六四《小象》王注“莫若三品”，若作善。

20. 中孚六三王注“非三所克”，三作己。

21. 《序卦》姤韩注“必有喜遇”，喜作嘉(句末有也字)。

22. 《系辞上》“辩吉凶者存乎辞”韩注“吉凶之状存乎爻”，存作见。

23. 《系辞上》“非天下之至神，其孰能与于此”韩注“则不能与于此

---

① 如上所述，《集解》避肃宗讳亨字，则此例当亦有避讳改字之考量。

也”，能作得，此作斯。

24.《系辞下》“几者动之微，吉之先见者也”韩注“故言吉之先见”，言作为(句末有也字)。

25.《系辞下》“凡易之情，近而不相得则凶”韩注“相须而偕凶”，须作顺。

26.《系辞下》“凡易之情，近而不相得则凶”韩注“随事以考之”，随作存。

27.《系辞下》“凡易之情，近而不相得则凶”韩注“刚柔相摩、变动相逼者也”，逼作适。

28.《序卦》履韩注“故既畜则须用”，须作宜。

29.《序卦》离韩注“物极则变”，极作穷。

30.《序卦》睽韩注“唯严与敬”，唯作虽。

31. 乾《文言》“见龙在田，天下文明”孔疏“先儒以为九二当太簇之月”，先儒作诸儒。下“先儒此说”同。

32. 乾《文言》“见龙在田，天下文明”孔疏“似圣人渐进”，进作出。

33. 乾《文言》“见龙在田，天下文明”孔疏“阴阳相关”，关作间。

34. 乾《文言》“见龙在田，天下文明”孔疏“尚有阴气”，气作存。

35. 否《大象》孔疏“不可重受官爵也”，官爵作官赏(无也字)。

36. 否《大象》孔疏“不可自重荣贵而骄逸也”，荣贵作荣华(自重作重自)。

37. 谦《彖传》孔疏“故曰‘君子之终’也”，曰作云。

38.《系辞上》“鸣鹤在阴，其子和之”孔疏“上略明拟议而动”，略作既。

39.《系辞上》“劳谦，君子有终吉”孔疏“欲求外物之应”，之作来。

40.《系辞下》“《易》曰‘公用射隼于高墉之上’”孔疏“是有利也”，是作而。

41.《系辞下》“天地氤氲，万物化醇”孔疏“气附着之义”，气作相。

42.《说卦》“坤以藏之”孔疏“乾坤与天地同功也”，同作通。

43.《说卦》“坤以藏之”孔疏“王肃以为互相备也”，以为作云。

上述诸例，大多互易之字词不但意义相近或相同(例 14 浸、齐作为副词，意义有所不同，说明李氏对于王注解释传文的认知容有不同；例 33 关、间二字意义差别较大，胡本、毛本直至卢本、曹本亦皆作关，我们认为间字近是)，而且词性(例 19 若作善，动词变为形容词；例 40 是作而，代词或系词变为连词；例 34 气作存，名词变为动词；41 气作相，名词变为副词)和句子成分(例 39 之作来，“应”词性发生变化，句子结构亦相应地发生变化)亦皆相同。他如意义相关者，如例 20 三和己，数词和名词互易，所指代对象同为六三爻，把己具体化为三。形近、音近(同)而讹者,如例 18 乎(十行本系统作于)讹作子,例 12 乘讹作承。此外,《集解》和注疏本用字习惯有所不同,如例 7、9、13、17《集解》用履、居字,而注疏本则用居、处字,尤多用处字(例 10 履正作养正,或出于与下句“察其所养则养阳”对仗的考虑而径改,当然也存在着涉上文养字而误的可能性);例 37、43《集解》分别用曰和以为,而注疏本统一作云。

(五) 删省或增益实词

除易换字词外,《集解》引用注疏还有删省或增益字词的方式,包括实词和虚词。删省或增益实词者如下:

1. 讼九五《小象》王注“处得尊,讼之主”,尊下有位字,讼上有为字,敦煌本同。

2. 小畜《彖传》王注“成卦之义在此一爻者也”,无一字(无者字),敦煌本同。

3. 观九五《小象》王注“为众观之主”,无众字,《释文》出文同。

4. 噬嗑六五爻辞王注“故虽厉而无咎也”,厉上有贞字,敦煌本同。

5. 家人九三爻辞王注“是以家虽‘嗃嗃,悔厉’”,家下有人字。

6. 睽六五《小象》王注“有应,故悔亡”,无悔字,日系古本同。

7. 夬九三《小象》王注“而三独应上助小人”,上下有六字,敦煌本同。

8. 夬九三《小象》王注“若不与阳为群”,阳上有众字,敦煌本同。

9. 夬九五《小象》王注“苋,草之柔脆者也”,苋下有陆字,《释文》出文“苋”“陆”同。

10. 姤九四爻辞王注“四故失之也”,无四字。

11. 萃六二《小象》王注“可以省薄于鬼神矣”,于上有荐字(可上有故字,矣作也)。

12. 《系辞上》“阴阳不测之谓神”韩注“故阴阳不测”,故下有曰字,《治要》本略同(句末有也矣二字)。

13. 《系辞上》“阴阳不测之谓神”韩注“言变化而称”,称下有极字,《释文》出文同。

14. 《系辞上》“阴阳不测之谓神”韩注“夫唯天之所为者”,唯下有知字。

15. 《序卦》屯韩注“故为万物之始生也”,无万字。

16. 《序卦》履韩注“所以适时用也”,无时字。

17. 乾《文言》“见龙在田,天下文明”孔疏“此九二爻当建丑、建寅之间”,无爻字,当下有据字。

18. 乾《文言》“见龙在田,天下文明”孔疏“建巳之月已来”,上有至字。

19. 坤《文言》"由辩之不早辩也"孔疏"此文诫君父防臣子之恶也"，无文字(无也字)。

20. 谦《象传》孔疏"卑者有谦而不逾越"，无有字(不下有可字)。

21. 谦《象传》孔疏"言君子能终其谦之善"，善下有事字。

22. 谦《象传》孔疏"而又获谦之福"，之下有终字。

23.《系辞上》"以行其典礼，系辞焉以断其吉凶"孔疏"以定一爻之通变，而有三百八十四"，爻上无一字，四下有爻字。

24.《系辞上》"以行其典礼，系辞焉以断其吉凶"孔疏"以断其吉凶"，断下有定字。

25.《系辞上》"鸣鹤在阴，其子和之"孔疏"此中孚九二爻辞也"，此下有引字。

26.《系辞上》"初六，藉用白茅，无咎"孔疏"则物来应之"，物上有外字。

27.《系辞上》"是故天生神物，圣人则之"孔疏"谓生蓍龟"，生上有天字。

28.《系辞下》"《易》曰'困于石'"孔疏"欲上于四"，于上有干字。

29.《系辞下》"《易》曰'困于石'"孔疏"何崇之有"，崇下有德字。

30.《系辞下》"《易》曰'困于石'"孔疏"上章先言'利用安身，可以崇德'"，无言字。

31.《说卦》"雷风不相悖"孔疏"若相薄而相悖逆"，若上有动字。

32.《说卦》"乾为马"孔疏"乾象天，行健"，重天字。

33.《说卦》"震一索而得男"孔疏"坤二得乾气为坎"，二下有求字，下四句"坤三得乾气为艮""乾初得坤气为巽""乾二得坤气为离""乾三得坤气为兑"同。

34.《说卦》"为耳痛"孔疏"坎，劳卦也"，坎下有为字。

《集解》删省或增益实词(以删省者居多)，包括名词、动词、形容词、数词等。至于具体的方式，既有删省复合词为单音词或增益单音词为复合词，如例1、3删省偏正式复合词而成单音词，例9删省并列式复合词而成单音词；例2、19增益单音词而成偏正式复合词。或删省体词，如例32无"天"字，则下一分句无体词，上、下分句合为一句；例7为求文辞简省计，删省六字，文义不变。例10增益四字，与二对文，则更为明确，注疏本盖以其出于九四之下，故省略。例19有无体词"文"字则具体所指容有不同。或删省谓词，如例4"贞厉"原本是述补结构，爻辞及《小象》皆有"贞厉无咎"句，注疏本化用此句，而《集解》删省"贞"字，径用占断之词"厉"和"无咎"作为谓词，说明程度之浅深。例28或出于句式整饬之考量而删省干字，则"上"由状语变为谓语。由于删省或增益实词，句子结构或发生变化，如例 12 之类省略曰、云、称等，主、谓、宾结构变为主谓结构；例 14 删省谓词“知”，述宾结构变为主谓结构。句子结构发生变化的同时，还可导致其他词的词性发生变化，如例 17 删省谓词“据”字，则当字由副词变为动词。

（六）删省、增益或易换虚词

1. 蒙六四爻辞王注“亦鄙矣”，亦下有以字。

2. 讼《彖传》王注“犹复不可以终”，无以字，敦煌本同。

3. 讼《彖传》王注“而有信窒惧者”，而下有令字，敦煌本同，《释文》出文亦同。曹校：“朱脱令字。”

4. 讼《彖传》王注“乃得其中吉”，无乃字，敦煌本同。日系古本与《集解》同。

5. 讼《彖传》王注“必有善听主焉”，主上有之字。

6. 讼九五《小象》王注“刚则无所溺，公则无所偏”，无二则字。敦煌本残存“所溺，公无所偏”六字，知其亦无则字。

7. 大有上九爻辞王注“己独乘柔”，上有而字。

8. 随六三《小象》王注“则得其求矣”，求上有所字。

9. 观初六《小象》王注“最远朝美”，上有而字。

10. 观九五《小象》王注“当观民也”，当作乃，《治要》本同。

11. 观上九《小象》王注“天下所观者也”，上有为字。

12. 噬嗑六五爻辞王注“噬不服”，噬下有虽字。敦煌本与《集解》同。

13. 贲六四《小象》王注“履正位”，上有虽字，敦煌本同。曹校：“朱脱虽字。”

14. 贲六四《小象》王注“则终无尤也”，无则字，敦煌本同。

15. 贲六四《小象》王注“未果其志”，未下有敢字（句末有也字），敦煌本同。

16. 颐六四爻辞王注“其欲逐逐”上有故字，敦煌本同。

17. 颐六四爻辞王注“乃得全其吉而无咎矣”，上有“然后”二字（无矣字），敦煌本、日系古本略同（矣作也）。

18. 离初九《小象》王注“将进其盛”，其作而，敦煌本同。

19. 离初九《小象》王注“故宜慎所履”，慎下有其字，敦煌本同。

20. 夬九三《小象》王注“而三独应上助小人”，助下有于字。敦煌本与《集解》略同（小人作其少）。

21. 夬九五《小象》王注“夫以至尊而敌于至贱”，无夫字、于字。

22. 萃六二《小象》王注“众相殊”，上有与字。

23. 旅《象传》王注"物失其所居之时也"，失上有皆字。

24. 巽六四《小象》王注"得位承五"，上有然字。

25. 咸《序卦》韩注"莫大夫妇"，大下有乎字。

26.《系辞上》"故君子之道鲜矣"韩注"百姓日用而不知"，姓下有则字。

27.《系辞上》"故君子之道鲜矣"韩注"可以语至而言极矣"，上有始字(矣作也)。

28.《系辞上》"阴阳不测之谓神"韩注"不思玄览"，思下有而字。

29.《系辞上》"非天下之至神，其孰能与于此"韩注"非忘象者"，上有夫字。

30.《系辞上》"非天下之至神，其孰能与于此"韩注"则无以极数"，无则字。

31.《系辞上》"故君子之道鲜矣"韩注"故'常無欲以观妙'"，妙上有其字(無作无)。

32.《系辞下》"知者观其彖辞"韩注"夫彖举立象之统"，彖下有者字。

33.《系辞下》"知者观其彖辞"韩注"过乎半之益"，过下无乎字，益下有者字。

34.《系辞下》"凡易之情，近而不相得则凶"韩注"义可见矣"，上有则字。

35.《系辞下》"凡易之情，近而不相得则凶"韩注"相须而偕凶"，下有者字。

36.《说卦》"神也者，妙万物而为言者也"韩注"莫不自然相与而为变化"，无而字。

37.《序卦》比"则争无息"，息上有由字。

38.《序卦》履韩注"有用须礼也"，须上有则字。

39.《序卦》履韩注"履，礼也"，履下有者字。

40.《序卦》中孚韩注"宜信以守之矣"，上有则字(无矣字)，日系古本略同(之下有者字)。

41. 否《大象》孔疏"若据诸侯公卿而言"，上有此字，而言作言之。

42. 否《大象》孔疏"是辟时群小之难"，时作其(无是字)。

43. 否《大象》孔疏"辟阴阳厄运之难"，辟下有其字。

44. 谦《彖传》孔疏"是君子之终也"，终上有所字。

45. 谦《彖传》孔疏"而又获谦之福"，无而字。

46. 井《彖传》孔疏"故就人言之凶也"，无之字。

47.《系辞上》"是故谓之爻"孔疏"爻者"，上有夫字。

48.《系辞下》"《易》曰'困于石'"孔疏"上章先言'利用安身,可以崇德'",上有以字。

49.《系辞下》"《易》曰'公用射隼于高墉之上'"孔疏"前章先须'安身,可以崇德'",上有以字。

50.《系辞下》"《易》曰'鼎折足'"孔疏"言不能安身",安下有其字。

51.《说卦》"昔者圣人之作易也"孔疏"始作八卦",上有"于是"二字。

52.《说卦》"坤以藏之"孔疏"则明雷风与震巽同用",无则字。

53.《说卦》"为血卦,为赤"孔疏"犹地之有水",注疏本无之字(下有也字)。

《集解》删省、增益或易换的虚词包括连词、代词、介词、副词、语气词等,在句中起连接、指代、修饰等作用。易换的虚词往往词性相同,亦有个别例外,如例 18 将代词其改为连词而,当与删省下句"未在既济"有关,考虑到上、下句逻辑关系的严密性。再如例 42 将名词时改换为代词其,时字更为具体,似觉优长。《集解》之所以对虚词进行改造,当与其引文多系节引原文有关,如例 3、4 上句删省令字,于是下句增益乃字,以使语气相呼应、关联,当出于文气一贯、文理通顺之考量。又如例 10 改易修饰谓语的能愿副词,实与上句改造"以察己道"为"欲察己道"直接相关,因为上句既为虚拟句式,则下句须作当,不得作乃。再如例 24 盖以删省首句"乘刚悔也",故而"然"字亦并删去。删省或增益虚词可能会影响到句义的变化,如例 15 有能愿副词"敢"则表示未然,如无则表示已然,判然有别。删省虚词往往会造成句子结构的变化,如例 5"主"原为名词,通过"之"连接定语和中心语,使之整体成为一个偏正式的名词性结构;而《集解》删省"之"字,"主"字则变为动词,"主焉"成为述补结构。例 37"息"字原为动词,删省由字,改变句子结构,息字词性也变成名词。又如例 11 原本系"为……所"句式,删省为字,则句子结构发生了变化,由被动句变为主动句。再如例 20 有无"于"字,句子结构不同,一为述宾结构,一为述补结构;例 41 言字下添加代词,整体而言是连谓结构。总之,上述删省、增益或易换虚词诸例,多可认定为《集解》引用时所做的主观改造,有意为之。当然,虚词之有无,有时并无直接的证据证明究係删省抑或脱文,如例 31 注疏本及帛书、刻本《老子》原文皆有其字,那么就存在着李氏迻录或后世传刻过程中脱误的可能性。

四、句子异文

上文以字词为单位揭示了《集解》不同于注疏本的异文,兹以句子为单位,考察《集解》截取、删节或改造、改写句子的情形。就句子异文而言,敦煌本、《释文》出文、《治要》本及日系古本亦多同于注疏本,这与前揭字词异文的规律是完全一致的(个别同于《集解》的异文,也恰可证明《集解》确系唐代文本之孑遗)。我们认定这些异文本非《周易》文本本身所有,基本上都是李氏引用时改造而致,大体包括以下三种情形:

(一)截取、删节原文

《集解》引用注疏多非整条从头至尾完整地迻录,而是对原文有所截取、删节,我们推想这一方面出于简省篇幅之考量,另一方面更重要的当与李氏对于原文的理解,以及以之解释相应卦爻辞或《易传》内容的匹配程度有关。以下所录《集解》截取、删节注疏原文诸例,只限于引文中间整句删节者,截去首尾、取其中间者不与焉。

1. 坤《大象》"《象》曰'地势坤'"王注"地形不顺矣",顺下有"其势顺"句,无矣字。敦煌本、日系古本皆兼有上下二句,矣作也。

2. 小畜《彖传》王注"以分其应"下有"故上下应之也"句,敦煌本同。

3. 同人九四《小象》王注"而得吉者"上有"不克则反,反则得吉也。不克乃反"三句。《释文》出文"反则得则,得则则吉也","一本作'反则得,得则吉也'"。可知《释文》出文及或本亦有与注疏本近似的表述,虽然不尽相同。

4. 大有上九爻辞王注"履信者也"下有"虽不能体柔,而以刚乘柔,思顺之义也"三句。

5. 豫六三《小象》王注"逸之所疾"下有"位非所据,而以从豫"二句。

6. 观初六《小象》王注"最远朝美"下有"体于阴柔,不能自进"二句。

7. 观九五《小象》王注"光于四表"下有"观之极者也"句,《释文》出文"观之盛也"略同。卢校:"当作'盛也'。"

8. 观九五《小象》王注"犹风之靡草"下有"故观民之俗,以察己道"二句,《治要》本同。

9. 观上九《小象》王注"最处上极"上有"不在于位"句,下有"高尚其志"句。

10. 复六二《小象》王注"得位居中"下有"最比于初。上无阳爻,以疑其亲。阳为仁行"数句,敦煌本同。

11. 大畜上九爻辞王注"畜极则亨"下有"大畜以至于大亨之时"句,敦煌本、日系古本略同(句末有也字)。

12. 颐六四爻辞王注"履得其位"上有"体属上体"句,敦煌本同。

13. 颐六四爻辞王注"威而不猛"下有"不恶而严,养德施贤,何可有利"数句,敦煌本略同(严下有也字)。

14. 颐六五《小象》王注"拂颐之义也"下有"行则失类,故宜居贞也"二句，敦煌本同。

15. 夬九三《小象》王注“而三独应上”上有“夬为刚长”句，敦煌本同。

16. 巽六四《小象》王注“得位承五”下有“卑得所奉，虽以柔御刚”二句。

17.《序卦》逦韩注“何可终邪”下有“则小人遂陵，君子日消也”二句。

18. 乾《文言》“见龙在田，天下文明”孔疏“九五为建申之月”下有“为阴气始杀，不宜称飞龙在天”二句。

19. 乾《文言》“见龙在田，天下文明”孔疏“上九不得言与时偕极”下有“于此时阳气仅存，何极之有”二句。

20. 乾《文言》“见龙在田，天下文明”孔疏“即是‘阳气发见’之义也”下有“乾卦之象，其应然也”二句。

21.《系辞上》“鸣鹤在阴，其子和之”孔疏“上略明拟议而动”下有“若拟议于善，则善来应之；若拟于恶，则恶亦随之”数句。

22.《系辞上》“挂一以象三”孔疏“就两仪之中”，中作间，下有“于天数之中”句。

23.《系辞下》“《易》曰‘困于石’”孔疏“此章引困之六三”，“此”上有故字，“章”下有“第一节”三字，六三下有“危辱之事以证之也。困之六三”数字。

24.《系辞下》“《易》曰‘困于石’”孔疏“是困于九二之蒺藜也”，“于”下有“九四之石也。三又乘二，二是刚物，非己所乘，是据于”二十字。

25.《系辞下》“《易》曰‘困于石’”孔疏“又有入于其宫”上有“六三又无应”句，又有作是，无于字。

26.《说卦》“昔者圣人之作易也”孔疏“即伏羲也”上有“此圣人”三字，下有“不言伏牺而云圣人者，明以圣知而制作也”二句。

27.《说卦》“震一索而得男”孔疏“索，求也”上有“此一节说乾坤六子，明父子之道。王氏云”三句。

《集解》节引注疏，大多采用整句删省的方法，为求与上下文相衔接计，个别的还对所截取文句进行改造。如例 22 因删省下句“于天数之中”，故将原文间字改作中；例 23 盖以删省上文，“故”字无有着落，故删去，又合并下句，简省为一句。例 25 删省上句“六三又无应”，故在下句补足“又”这一层意思，将“是”字改作“又有”。清人不明李氏节引之意，妄臆补足《集解》原文，颇失旧貌。如例 1 李氏实为截取二分句之一，明刻诸本至卢本尚不误，周本、曹本径改矣字为“其势顺”句。例 24 宋本、胡本、毛本皆与朱本同，卢本、周本、曹本据以增补二十字。曹校：“‘九四’以下二十字朱脱。”事实上《集解》原文并无不通，只是对于孔疏的理解略有异同。

（二）增益、改造总括语或删省标示起止语、提示语

注疏解《易》有其相对固定的体式，注、疏文终了往往会有一归纳、总结的句子，多冠以“故”“故曰”或径录原文作结，我们称作总括语。疏文解经传、注文，皆须标示所释内容之起讫，多作某某至某某，我们称作标示起止语；同时，疏文起首往往会有一提示、领起的句子，后缀以结构助词“者”，我们称作提示语。《集解》对于总括语，多进行改造或增益，以与经传原文相呼应；对于标示起止语和提示语，则多删省，以简省文字。

1. 乾《文言》“故乾乾因其时而惕”王注“故乾乾因其时而惕”，故下无“乾乾”二字。

2. 需初九《小象》王注“故无咎”，无此句。《集解》增益总括语以呼应爻辞和《小象》“恒无咎”句。

3. 豫六三《小象》王注“位不当也”作“宜其然矣”。《集解》改写成总括语以呼应《小象》“盱豫有悔，位不当也”之辞。

4. 观卦辞王注“故‘观，盥而不荐’也”，不下有观字。《集解》改造总括语使之悉同卦辞。

5. 大畜初九爻辞王注“故利已”（曹校：“已，止也。”），无此句。爻辞和《小象》皆有“有厉利已”句，且《集解》上文“已则利也”已改写为“有厉则止”，故增益此句以为总括语。

6. 大畜上九爻辞王注“道大行也”，无此句。《集解》增益总括语以呼应《小象》“何天之衢，道大行也”之辞。

7. 颐六五《小象》王注“故宜居贞，顺而从上，则吉”作“故可守贞从上，得颐之吉”，敦煌本颐作顺，吉下有也字。《释文》出文“得颐”，“一本作‘得顺’”。或本恰与敦煌本相合。《集解》改造总括语以呼应《小象》“居贞之吉，顺以从上也”二句。

8. 家人九三爻辞王注“犹得吉也”，吉也作其道；“失家节也”，失家作乃失其。《集解》改造总括语分别呼应爻辞和《小象》各一句。

9. 睽六五《小象》王注“故有庆也”，无此句。《集解》增益总括语以呼应《小象》“往有庆也”句。

10. 解九四《小象》王注“然后朋至斯孚而信矣”，无“斯孚”二字，敦煌本略同（矣作也）。《集解》增益“斯孚”二字作为总括语，以合爻辞“朋至斯孚”句。

11. 夬九三《小象》王注“而终无所咎也”，无终字。《集解》增益总括语终字，以呼应《小象》“终无咎也”句。

12. 姤九二《小象》王注“故不及宾”作“故不利宾也”。《集解》改造总

括语以呼应《小象》"义不及宾也"句。

13. 姤上九《小象》王注"故曰'上穷吝也'"作"其道不害，故无凶咎也"。《集解》改造总括语以呼应《小象》之辞。

14. 旅《彖传》王注"故曰'旅之时义大矣哉'"，无此句。《集解》增益总括语以呼应《彖传》"旅之时义大矣哉"之辞。

15. 巽六四《小象》王注"故曰'有功也'"作"故曰悔亡"。《集解》改造总括语以呼应《小象》"有功也"之辞。

16. 涣六三《小象》王注"故得无咎"作"故得无悔也"，敦煌本略同(无也字)。《集解》所改造的总括语不与爻辞"涣其躬，无悔"相呼应。

17. 节六三《小象》王注"故曰'又谁咎'矣"作"故曰无咎也"，敦煌本同。《集解》改造总括语以呼应《小象》"又谁咎也"句。

18. 中孚六三王注"歌泣无恒，位不当也"作"不量其力，进退无恒，惫可知也"，敦煌本略同(恒误桓，知下无也字)。《集解》改造总括语以呼应爻辞"或鼓或罢，或泣或歌"和《小象》"或鼓或罢，位不当也"之辞。

19. 否《大象》孔疏"言君子于此否时"上删省提示语"'君子以俭德辟难'者"句。

20.《系辞上》"极数知来之谓占"孔疏"谓穷极蓍策之数"上删省提示语"'极数知来之谓占'者"句。

21.《系辞上》"是故谓之爻"孔疏"谓此会通之事而为爻也"上删省提示语"'是故谓之爻'者"及"以是之故"句。

22.《系辞上》"劳谦，君子有终吉"孔疏"欲求外物之应"上删省提示语"'劳谦，君子有终吉'者"句。

23.《系辞上》"亢龙有悔"孔疏"上既以谦得保安"上删省提示语"'亢龙有悔'者"句。

24.《系辞上》"不出户庭，无咎"孔疏"又明拟议之道"上删省提示语"'不出户庭，无咎'者"句。

25.《系辞上》"《易》曰'负且乘，致寇至'"孔疏"此又明拟议之道"上删省提示语"'《易》曰"负且乘，致寇至"'者"句。

26.《系辞上》"挂一以象三"孔疏"就两仪之中"上删省提示语"'挂一以象三'者"句。

27.《系辞上》"是故天生神物，圣人则之"孔疏"谓生蓍龟"上删省提示语"'是故天生神物，圣人则之'者"句。

28.《系辞下》"天地之大德曰生"孔疏"自此以下"上删省提示语"'天地之大德曰生'者"句。

29.《系辞下》"《易》曰'公用射隼于高墉之上'"孔疏"前章先须'安身，

可以崇德’”上删省标示起止语“‘《易》曰公用射隼于高墉’至‘语成器而动者也’”数字。

30.《系辞下》“《易》曰‘鼎折足’”孔疏“言不能安身”上有“此第六节”句，其上删省标示起止语“‘子曰德薄而位尊’至‘不胜’”数字。

31.《系辞下》“君子见几而作”孔疏“前章云‘精义入神’”上有“此第七节”句，其上删省提示语兼标示起止语“‘子曰知几其神乎’至‘万夫之望’者”句。

32.《系辞下》“天地氤氲，万物化醇”孔疏“以前章‘利用安身，以崇德也’”，上有“此第九节也”句，其上删省标示起止语“‘天地絪缊’至‘勿恒凶’”数字。

33.《系辞下》“天地氤氲，万物化醇”孔疏“故此章明得一之事也”，章作节，其下删省提示语“‘天地絪缊，万物化醇’者”句。

34.《说卦》“离为雉”孔疏“故离为雉”作“故为雉也”。《集解》改造总括语以呼应传文。

35.《说卦》“为寒，为冰”孔疏“取其西北冰寒之地”上删省提示语“为寒，为冰”四字。

36.《说卦》“为釜”孔疏“取其化生成熟，故为釜也”上删省提示语“为釜”，熟下有也字，无末四字句。

37.《说卦》“为吝啬”孔疏“取地生物而不转移，故为吝啬也”上删省提示语“为吝啬”，取下有其字，无而字，移下有也字，无末五字句。

38.《说卦》“为大舆”孔疏“取其能载，故为大舆也”上删省提示语“为大舆”，载下有“万物也”三字。

39.《说卦》“为绳直”孔疏“取其号令齐物如绳直也”上删省提示语“为绳直”，绳下有之字，直下有木字。

40.《说卦》“为白”孔疏“取其风吹去尘”上删省提示语“为白”。

41.《说卦》“为高”孔疏“取木生而高上”上删省提示语“为高”，作“取其风性高远，又木生而上也”。《集解》将两句合并为一句。

42.《说卦》“为血卦，为赤”孔疏“人之有血”上删省提示语“为血卦”及“取其”二字。

43.《说卦》“为血卦，为赤”孔疏“赤，血色也”上删省提示语之“为”字，血上有“亦取”二字，下有之字，句末无也字。

上述诸例的规律性是相当明确的，即于王注则增益或改造总括语，于孔疏则删省提示语或标示起止语。李氏援引注疏，颇为重视文理的完整性和逻辑性，尤其是与被释经、传文的呼应和衔接。增益或改造总括语，即根据经、传文自撰或改换、改写原文而成总括语。孔疏亦有一例，例 34 总括语系据原文改写而成。而且,《集解》总括语在文字上严格地照录原文,如例 1 增添“乾乾”二字,例 4 不下删观字,例 10 增添“斯乎”二字,例 11 增添终字,皆与原文相合。仅例 16 例外,注疏本总括语“故得无悔也”呼应爻辞“涣其躬,无悔”之辞,而《集解》作“故得无咎”则否,与爻辞及《小象》皆不呼应。至于《集解》删省标示起止语或提示语,盖以其所引疏文直接置于相应经、传文之下,故大多从省,一般是直接删除,间有删除连带词句者,如例 21、42、43。此外,特例如 36、37,系将提示语改写成总括语,出在疏文之末。

(三)改写、缩写、省并句子

《集解》改造所引注疏还有一个重要的方式,那就是改换表述方式,亦即加以改写、缩写、省并,这样的结果不外乎两个,或其义一也,二者并无不同;或二者不尽相同,时有轩轾。

1. 需初九《小象》王注“不犯难行”作“以远险待时”。敦煌本残存险字,当与注疏本同。

2. 需六四《小象》王注“四处坎始”作“处坎之始”。

3. 师卦辞王注“无功则罪”作“无功罪也”,敦煌本同。

4. 师卦辞王注“丈人,严庄之称,有军正者也”,无“有军正者”四字,敦煌本同。

5. 否《大象》孔疏“言君子于此否时”,“否时”作“否塞之时”。

6. 同人九四《小象》王注“履非其位,与三争二”,下句作“以与人争”;“二自应五,三非犯己”,上句作“二自五应”。

7. 同人九四《小象》王注“势虽乘墉,义终不(毛本、卢本不作弗)克”作“故虽乘墉,而不克也”。

8. 同人九四《小象》王注“而得吉者,以困而反正则也”作“其所以得吉,困而反则者也”。

9. 大有上九爻辞王注“物不累心”作“而不以物累其心”。

10. 观初六《小象》王注“失位处下”作“处于观时”。

11. 观初六《小象》王注“处大观之时而为(曹校:“卢、周无为字。”)童观,趣顺而已。小人为之,无可咎责。君子为之,鄙吝之道”作“趣顺而已。无所能为,小人之道也,故曰‘小人无咎’。君子处大观之时而为童观,不亦鄙乎”。

12. 观九五《小象》王注“当宣文化”作“宣弘大化”。

13. 观九五《小象》王注“欲察己道”作“上为化主,将欲自观”,《治要》本同。

14. 观上九《小象》王注“不可不慎”作“可不慎乎”,上有“其志未为平易”句，当据上文“最处上极”下删省的“高尚其志”句改写而成。

15. 贲六四《小象》王注“三为寇难”作“而阂于三，为己寇难”，敦煌本同。

16. 贲六四《小象》王注“匪缘寇隔，乃为婚媾”作“三为刚猛，未可轻犯，匪寇乃婚”，敦煌本同。

17. 大畜初九爻辞王注“进则灾危，有厉则止”作“故进则有厉，已则利也”，敦煌本同。

18. 大畜上九爻辞王注“犹可畜也”作“犹云何畜”。

19. 颐六四爻辞王注“下交近渎，则咎矣”作“下交不可以渎”，敦煌本同。

20. 颐六四爻辞王注“而尚敦实”作“尚敦实也”，敦煌本同。

21. 睽六五《小象》王注“往必见合”作“往必合也”。

22. 夬九五《小象》王注“未为光益也”作“未足光也”。

23. 萃六二《小象》王注“故必待五引”作“故必见引”。

24. 萃六二《小象》王注“四时之祭省者也”，之祭作祭之。《释文》出文“之省”，知其与注疏本同。

25. 井《大象》王注“水以养而不穷也”作“上水以养，养而不穷者也”。

26. 旅《彖传》王注“物失所居，则咸愿有附”作“咸失其居，物愿所附”。

27. 中孚六三王注“三、四俱阴，金木异性”作“三居少阴之上，四居长阴之下，对而不相比”，敦煌本同。《释文》出文“长阴”“相比”，知其与注疏本同。

28. 中孚六三王注“自强而进，进而碍敌”作“欲进者也，欲进而阂敌”，敦煌本同。《释文》出文“而阂”，知其与注疏本同。

29. 中孚六三王注“四履正位”作“四履正而承五”，敦煌本同。

30. 中孚六三王注“四履谦巽，不报敌雠（宋本、胡本同，毛本、卢本敌雠作雠敌）”作“四履乎顺，不与物校，退而不见害”，敦煌本同。

31.《系辞上》“辩吉凶者存乎辞”韩注“故大小之义存乎卦”，大小作小大。

32.《系辞下》“《易》曰‘憧憧往来，朋从尔思’”韩注“思以求朋未能，寂寂以感物”作“思以求朋，未能一也，一以感物”。

33.《系辞下》“精义入神，以致用也”韩注“理入寂一，则精义斯得，乃用元极也”作“故能乘天下之微，会而通其用也”。

34.《系辞下》“而异位”韩注“有外内也”，外内作内外。

35.《系辞下》“二多誉，四多惧”韩注“四近于君”作“位逼于君”，《举正》引同。

36.乾《文言》"见龙在田,天下文明"孔疏"阳气见地"作"阳气发见"。

37.乾《文言》"见龙在田,天下文明"孔疏"物有生者"作"初有出者"。

38.坤《文言》"由辩之不早辩也"孔疏"由君父不早辩明故也"作"由君父欲辩明之事,不早分辩故也"。

39.坤《文言》"《易》曰'括囊,无咎,无誉',盖言谨也"孔疏"不与物忤,故无咎;功名不显,故无誉也"作"功不显物,故曰'无誉';不与物忤,故曰'无咎'"。

40.井《彖传》孔疏"但此喻人德行不恒,不能善始令终"作"以喻人之修德不成,又云但取喻人之德行不恒,不能慎终如始"。

41.《系辞上》"极数知来之谓占"孔疏"逆知将来之事,占其吉凶也"作"豫知来事,占问吉凶"。

42.《系辞上》"亢龙有悔"孔疏"上既以谦得保安","得保安"作"德保位"。

43.《系辞上》"挂一以象三"孔疏"分挂其一于最小指间",无"于最小指间"五字。

44.《系辞上》"是故谓之爻"孔疏"效诸物之变通",变通作通变。

45.《系辞下》"天地之大德曰生"孔疏"言天地之盛德"下"常生万物而不有生,是其大德也"二句作"在乎常生,故言曰生若不常生,则德之不大。以其常生万物,故云大德也"。

46.《系辞下》"《易》曰'困于石'"孔疏"凶之象也"作"所以凶也",上有"死期将至"句。

47.《系辞下》"天地氤氲,万物化醇"孔疏"感应变化,而有精醇之生万物"作"万物感之变化,而精醇也"。

48.《系辞下》"天地氤氲,万物化醇"孔疏"若天地有心为一"作"天地若有心为二"。

49.《系辞下》"巽,德之制也"孔疏"此上九卦,各以德为用也"作"自此已上明九卦各与德为用也"。

50.《说卦》"昔者圣人之作易也"孔疏"非谓文王也"作"非文王等"。

51.《说卦》"坤以藏之"孔疏"此又重明八物,八卦之功用也"作"此一节总明八卦养物之功"。

52.《说卦》"震为龙"孔疏"震象龙动"作"震为龙,震动象龙动物"。

53.《说卦》"兑为羊"孔疏"兑为说"作"兑为羊。兑,说也"。

54.《说卦》"为寒,为冰"孔疏"取其西北冰寒之地",冰寒作寒冰(句末有也字)。

上述诸例,多为句子整体性的差异,但也有删省或改易句中个别字词者,如例

5、35、36、42；例 48 若字位置不同，例 24（孔疏释作“四时之祭最薄者也”，则《集解》文本似为优长）、31、34（上文“言象所以明小大”，下文“事有小大”，皆以小大为词，当可认定《集解》误乙）、44、54 二字互乙。[①] 经过改写或缩写，大多只是改变表述方式，意义并无根本变化，如例 45 系经过高度概括、提炼缩写而成，文辞简明，意义明确，不过还是存在着细微的差异。他如例 22，较之注疏本，《集解》意义更加明确。例 23 虽改换一二字，相当于把五引二具体化，只是表述方式不同，所指并无不同。例 46 改变表述方式，旨在与上文“据于蒺藜”“入于其宫”“不见其妻”诸象相对应。例 35 表述更为具体、明确，意谓近于九五之君位。当然，亦有经过改写后意义出入较大者，如例 11 经过较大幅度的改写，当出于呼应《小象》“小人道也”之考量。其中“处大观之时而为童观”之有无主语及先后次序发生了变化，涵义即有变化，注疏本谓君子，《集解》则兼指君子和小人。他如例 13 盖以其上文删省“故观民之俗，以察己道”二句，故此处改写为“欲察己道”，把逻辑关系从已然改造成未然。例 42 得通德，安作位，注疏本重在解释爻位，《集解》则着眼于其意义。除改写、缩写外，还有省并者，如例 25 注疏本实为两句，《集解》把两句省并为一述宾结构句。他如例 15、38 亦皆把两句省并为一句，例 27 则为既省并又改写例。《集解》引文虽以简省为主，但也有增益者，如例 4 增益“有军政者”四字，为敦煌本直至注疏本所无；例 29 增益“而承五”，除原有履正位之义，又增添承五之义；例 43 增益“于最小指间”，说明挂的具体位置。此外，《集解》引用注疏还十分注意解释经传的贴合性，亦即与被释经、传文相对应，如例 39 改造两组句子前后次序，以符合爻辞固有次序，文字亦有不同。

为了简省文本，《集解》除缩写或省并句子外，还会用到另一种方法——删省句子成分，可以是必需的，也可以是非必需的。

1.《文言》“故乾乾因其时而惕”王注“惕，怵惕也”，也上有之谓二字，《治要》本同。

2. 大有上九爻辞王注“履信者也”，者作之谓。

3. 旅《彖传》王注“旅者，物失其所居之时也”，“旅者”下有“大散”二字。

4.《系辞下》“几者动之微，吉之先见者也”韩注“故能玄照”，“玄照”上有“朗然”二字，《举正》引同。

5.《系辞上》“《易》曰‘负且乘，致寇至’”孔疏“故引解六三爻辞以明之矣”，解下有卦字，无“爻辞”二字（矣作也）。

---

① 上述诸例改易字词者之所以没有列入前揭字词异文，是因为其着眼点多在于句子，而非单个复合词的易换，表现为改易前后未必尽皆为复合词。

6.《系辞上》"初六，藉用白茅，无咎"孔疏"欲求外物来应"上有"此章"二字。

7.《系辞上》"初六，藉用白茅，无咎"孔疏"故引大过初六'藉用白茅，无咎'之事以证谨慎之理也"，引下无"大过初六"四字(句末无也字)。

8.《系辞上》"亢龙有悔"孔疏"故引乾之上九'亢龙有悔'证骄亢不谦之义也"，无"之义"二字。

9.《系辞上》"不出户庭，无咎"孔疏"故引节初周密之事以明之也"，"节初"作"节之初九"(句末无也字)。

10.《系辞下》"《易》曰'公用射隼于高墉之上'"孔疏"故此明'藏器于身，待时而动'"，此下有"第二节论"四字，明下有先字。

11.《系辞下》"《易》曰'鼎折足'"孔疏"故引鼎九四以证之矣"，鼎上有易字，下有卦字，句末无矣字。

12.《系辞下》"君子见几而作"孔疏"此明知几入神之事"，"此明"作"故此章明"。

13.《说卦》"为耳痛"孔疏"又主听"，又下有"北方"二字。

14.《说卦》"兑为羊"孔疏"羊者，顺从之畜"，上有"王廙云"三字。

句子简省的方式各有不同，如例1、2或删省或改换"之谓"等字，变为更加单纯的判断句；例9则是将偏正式词组简省为复合词；例10、12简省复杂的主谓宾结构，删省主语，以代词"此"替代。至于删省句子成分，或结合上下文，如例3涉下文删省谓语，使之与下句组合而成一判断句；例13涉上文省略主语，以与上文"坎，劳卦也"衔接。而例6删省提示性主语，例4删省状语，例5、11删省"卦"字或"易"字，则可以视作非必需句子成份。句子经过简省，尤其是删省非必需句子成分，虽语气有变化，但多不影响文义，例外者如例14删省"王廙云"，则原本王廙所云判断句"羊者，顺从之畜"就变成了孔颖达的解释。当然，也有个别增益句子成分者，如例7增益卦名和爻题，例8增益"之义"，使宾语变成偏正结构。

五、清人对于《集解》作为他校资料的利用

《集解》所引王、韩注和孔疏，对于《周易》注疏的校勘而言，无疑是相当重要的他校资料。清人较早地重视并加以利用的是浦镗，举凡《集解》与明代"十三经注疏"汇刻本《周易兼义》有异文者，其《正字》大多出校，不仅校异同，而且多明确按断是非。例如：

1. 讼《象传》王注"犹复不可以终"，无以字，句末有也字。《正字》："脱

以字,从《集解》校。""下衍也字。"

2. 同人九四《小象》王注"而得吉者,以困而反正则也"作"其所以得吉,困而反则者也"。《正字》:"脱者、以二字,正则误则者。"

3. 大有上九爻辞王注"居丰富之代",丰富作丰有。《正字》:"富误有。"

4. 大有上九爻辞王注"履信者也",者作之谓。《正字》:"者误'之谓'二字,从《集解》校。"

5. 大有上九爻辞王注"故系辞具焉也",无也字。《正字》:"脱也字。"

6. 随六三《小象》王注"志在丈夫也",无也字。《正字》:"脱也字。"

7. 随六三《小象》王注"则得其求矣",求上有所字。《正字》:"'则得所求矣',得下衍其字,从《集解》校。"

8. 贲六四《小象》王注"不获交通",交通作通亨。《正字》:"'通亨',当依《集解》本作交通。"

9. 颐六四爻辞王注"观其自养则养正",下养字作履。《正字》:"养正误履正,从《集解》校。"

10. 颐六五《小象》王注"故宜居贞,顺而从上,则吉"作"故可守贞从上,得颐之吉"。《正字》:"案《集解》作云云。"

11. 离初九《小象》王注"敬慎之貌也",敬作警。《正字》:"敬误警。"

12. 家人九三爻辞王注"为一家之长"下有者也二字。《正字》:"下衍'者也'二字,从《集解》校。"

13. 夬九三《小象》王注"遇雨若濡有愠",愠作恨。《正字》:"按《集解》作云云。"

14. 夬九三《小象》王注"而终无所咎也",无终字。《正字》:"案《集解》作云云。"

15. 萃六二《小象》王注"已独履正",履作处。《正字》:"履误处,从《集解》校。"

16. 旅九四《小象》王注"客子所处不得其次",(抚本)子作乎,十行本系统子作于。《正字》:"子误于,从《集解》校。"

17. 中孚六三王注"三、四俱阴,金木异性"作"三居少阴之上,四居长阴之下,对而不相比"。《正字》:"案《集解》作云云。"

18.《系辞上》"故君子之道鲜矣"韩注"不亦鲜矣乎",无乎字。《正字》:"脱乎字,从《集解》校。"

19.《系辞下》"阳一君而二民"韩注"以明臣体必二",宋本、毛本同,胡本体作道,注疏本作体同,《正字》:"道误体,从《集解》校。"

20.《系辞下》"精义入神,以致用也"韩注"理入寂一,则精义斯得,乃用元极也”作“故能乘天下之微，会而通其用也”。《正字》：“案《集解》作云云。”

21.《系辞下》“知者观其象辞”韩注“而一以贯之者也”，无“者也”二字。《正字》：“脱‘者也’二字，从《集解》校。”

22.《说卦》“神也者，妙万物而为言者也”韩注“莫不自然相与而为变化”，无而字。《正字》：“脱而字，从《集解》校。”

23.《序卦》睽韩注“过在失节”，宋本、毛本及注疏本同，胡本在误则。《正字》：“则误在，从《集解》校。”

24.《序卦》睽韩注“其弊必乖者也”，弊作敝（无者字）。《正字》：“弊误敝。”

25.《序卦》既济“可以矫世励俗”，励作厉。《正字》：“励误厉。”

26.乾《文言》“见龙在田，天下文明”孔疏“先儒以为九二当太簇之月”，先儒作诸儒。下“先儒此说”同。《正字》：“诸儒，案李鼎祚《集解》作先儒，是也。下同。”

27.乾《文言》“见龙在田，天下文明”孔疏“似圣人渐进”，进作出。《正字》：“进误出。”

28.坤《文言》“《易》曰‘括囊，无咎，无誉’，盖言谨也”孔疏“不与物忤，故无咎；功名不显，故无誉也”作“功不显物，故曰‘无誉’；不与物忤，故曰‘无咎’”。《正字》：“案《集说》（当作《集解》）本如此，是也。”

29.否《大象》孔疏“是辟时群小之难”，无是字。《正字》：“脱是字。”

30.否《大象》孔疏“不可重受官爵也”，爵作赏（无也字）。《正字》：“爵误赏。”

31.否《大象》孔疏“不可自重荣贵而骄逸也”，贵作华（自重作重自）。《正字》：“贵误华。”

32.谦《彖传》孔疏“言君子能终其谦之善，而又获谦之福，故曰‘君子之终’也”，善下有事字，无而字，福上有终字。《正字》：“而误事，福上衍终字，从《集解》校。”

33.《系辞下》“天地絪縕，万物化醇”孔疏“气附着之义”，气作相。《正字》：“气误相。”

34.《系辞下》“天地絪縕，万物化醇”孔疏“若天地有心为一”作“天地若有心为二”。《正字》：“一误二。”

35.《说卦》“昔者圣人之作易也”孔疏“非谓文王也”作“非文王等”。《正字》：“也误等。”

其馀客观地描述《集解》异文(径称《集解》作某某)者不再一一罗列。[①] 由上述明确按断诸例可以明显看出,浦氏过分迷信《集解》,对于《集解》与通行本(《正字》所据底本是毛本,参校本有监本等)有异文者大多以为《集解》是而通行本非。事实上这些异文涉及通假字、同义或近义词易换,增删句末虚词,乃至改写、缩写句子等,多无关是非,而浦氏据他校资料校改本文,颇为不当。而且,《正字》所据《集解》本是讹舛最多的胡本,如例 19 胡本体误道,例 23 胡本在误则,朱本、毛本及明刻诸注疏本皆不误,浦氏反以为《集解》胡本作道[②]、作则是,知其妄信胡本,不辨是非。这是《正字》存在的一个十分突出的问题。此外,如例 7 胡本、毛本皆与朱本同,有其字无所字,注疏各本则并有其、所二字,浦氏殆以为注疏本其字乃衍文,但《集解》并非无其字,知其误校。值得注意的是,《正字》也有个别据优质刻本校正《集解》及明刻诸本讹误者,如《序卦》姤韩注"必有喜遇",注疏本喜作嘉,句末有也字,明刻诸注疏本脱也字。《正字》:"脱也字,嘉误喜,从卢本校。"所谓"卢本"即明卢复辑、崇祯中钱塘卢氏溪香馆刻《三经晋注》本《周易》。[③]

继浦氏之后,卢文弨校勘《周易》注疏,对《集解》也颇为重视,或直接校录《集解》异文,径称"李"云云;或通过《正字》转引,多称"沈"(间称"浦")云云。但与浦氏相比,卢氏更为客观、审慎,其中多为客观地校异同,但也存在着一定数量的从《集解》校者。试举例说明:

1. 师卦辞王注"丈人,严庄之称,有军正者也",无"有军正者"四字。《正字》:"'之称'下,案《集解》有'有军政者'四字。"《拾补》:"《集解》有'有军正者'四字,在也字上。"

2. 同人九四《小象》王注"与三争二"作"以与人争","二自应五"作"二自五应"。《正字》:"'以与人争',《集解》作'与三争二'。'二自应五',应五字误倒。"《拾补》:"'履非其位,以与人争',《集解》下句作'与三争二',其馀亦多可从。"

3. 贲六四《小象》王注"欲静则失初之应",胡本、毛本、卢本同;经注本失作钦,敦煌本同。十行本系统失作疑。卢校:"钦字似当作歆,字义同。大壮上六疏中'有应于三,钦之不已',宋板、钱本并作钦字,今亦改为疑字矣。"《拾补》:"案大壮上六疏云'有应于上,钦之不已',宋本、钱本亦并是

---

① 《正字》所谓"案(按)《集解》作云云",我们揣摩浦氏之意当亦以为《集解》可从,故而亦视作按断。

② 卢校体字旁注道字,"沈云:李今亦作体"。揭示了《集解》系统内部的异文。四库本《正字》并无此条校语,则卢氏所见本或与四库本不尽相同,盖其书编入《四库全书》时又有修订、节略。

③ 王晓静《清代浦镗〈周易注疏正字〉"卢本"发覆》,《天一阁文丛》第 16 辑,第 66—74 页。

钦字，其非误可知。《集解》引此注作失，当亦后人所改。”

4. 旅《彖传》王注“物失所居，则咸愿有附”作“咸失其居，物愿所附”。《拾补》：“‘旅者大散’，此段《集解》引云云。较注疏本明顺。”

5.《系辞下》“二多誉，四多惧”韩注“四近于君”，四近作位逼。《正字》：“近误逼，从《集解》校。”卢校近字旁注逼字，“李非”。

6.《说卦》“神也者，妙万物而为言者也”韩注“明则雷疾风行”，无明字。卢校：“‘则雷疾风行’，则当作明。《集解》‘明则’并出，亦非。”《拾补》：“则当作明。《集解》作‘明则’，衍则字。”

7. 谦《彖传》孔疏“卑者有谦而不逾越”，无有字，单疏本不下有可字，十行本系统更脱者字。《正字》：“脱‘者有’二字，从《论语》疏校。”卢校于“卑谦”二字间旁注“者有”二字，“二字见《论语》疏并《集解》”，“当增，沈依李”。《拾补》：“《集解》作‘卑者有谦’，《论语疏》所引正同。”

8. 谦《彖传》孔疏“是君子之终也”，终上有所字。《正字》：“所字衍。”下文“言君子能终其谦之善，而又获谦之福，故曰君子之终也”数句，《正字》：“而误事，福上衍终字，从《集解》校。”《拾补》：“（‘卑谦而不可逾越’）下亦当从《集解》作云云（曰作云）。”

9. 井《彖传》孔疏“但此喻人德行不恒，不能善始令终”作“以喻人之修德不成，又云但取喻人之德行不恒，不能慎终如始”。《拾补》：“案此下（卢校此下作此处）多衍文，当以《集解》正之，云云。”

10.《系辞下》“《易》曰‘困于石’”孔疏“欲上于四”，于上有干字。卢校：“‘欲上干于四’，疑于衍。”

卢氏所据《集解》当为卢本，证据是《序卦》履韩注“履，礼也”，宋本及毛本、胡本皆与朱本同，卢本传文增“履者，礼也”四字，而将注文“履，礼也”三字删除。注疏本履下有者字，四字亦为注文。卢校：“（‘履者，礼也’）四字《集解》是经文，《略例》亦见。”由是知其所称引者实乃卢本。虽然卢氏对于前揭《正字》据《集解》回改本文、明确按断是非者多不之从，但如例4、9还是明确地采信《集解》异文，而且对于《正字》间亦有取，如例7《正字》据《论语》疏以与《集解》相互印证，卢氏从之。例2、8《正字》认为注疏本有乙文、衍文、误字，卢氏虽未认同其说，但亦以为《集解》可从。对于无从判断优劣、是非者，卢氏则加以客观描述，如例1《拾补》与《正字》虽然都揭示异文，但表述方式容有不同，《正字》似包含判断在内，《拾补》则是纯客观的。至有明确指出《集解》之误者，如例5、6；或者指出《集解》为后人所改，如例3（当然，卢氏本人前后观点有所变化，卢校以为当作歆，《拾补》则以为作钦是）；或者于《集解》和注疏本皆所不取，如例10。总之，较之浦氏，卢氏对待《集解》作为他校资料的态度是科学的，并非一味迷信、盲从。

阮元《校勘记》十分重视并充分吸纳《正字》和卢校的校勘成果，但在对待《集解》的问题上，较之卢氏又进了一步，更加客观，校语往往只是客观描述异文，少有据之回改本文者。如家人九三爻辞王注“行与其慢也”“家与其渎也”，并无也字。《正字》：“脱二也字，校同上。”《校勘记》：“‘行与其慢’‘家与其渎’，《集解》、古本下有也字。”浦氏以为脱文，而阮校只是客观描述有无也字。至有指出《集解》之误者，如姤上九《小象》王注“不与物牵”，牵作争。《校勘记》：“‘不与物争’，《集解》作‘不与物牵’，非也。”争、牵二字意义具有一定的关联度，虽作牵未必非是，但阮校不迷信《集解》的态度是可取的。值得注意的是，阮校注意到日系古本的异文颇有可与《集解》相互印证者，基于古本系伪造的认知，遽以为古本采自《集解》。如下所示：

1. 睽六五《小象》王注“有应，故悔亡”，无悔字。日系古本与《集解》同。《正字》：“‘故悔亡’，脱悔字。”《校勘记》：“‘有应，故亡’，古本、足利本亡上有悔字。按《集解》有悔字，《正义》本同，是古本之所据也。”

2. 旅九四《小象》王注“不获平坦之地者也”无“者也”二字，日系古本与《集解》同。《校勘记》：“‘不获平坦之地’，古本下有‘者也’二字，采《集解》。”

3.《系辞上》“阴阳不测之谓神”韩注“数尔而自造矣”，数作欻，日系古本亦同。《集解》本仅宋本和朱本作数，胡本、毛本以下皆作欻。《校勘记》：“古本数作欻，采《集解》。”

4.《系辞下》“精义入神，以致用也”韩注“感而遂通者也”，无“者也”二字。日系古本与《集解》同。《校勘记》：“古本下有‘者也’二字，采《集解》。”

例1、2、4日系古本皆同于《集解》，例3盖以卢氏所据《集解》为卢本，故而致误，实则日系古本与注疏本同。至于阮校以为古本异文采自《集解》，我们认为，日系古本兼有唐写本的渊源和明经博士家的学术传统，并参校宋刻本，[①]所以与《集解》相同的异文恐非据之改订，这些异文恰可说明《集解》在一定程度上反映了唐写本的面貌，这也正是其弥足珍贵之处，也正是作为他校资料的价值所在。

李校对于《集解》与注疏本（称作“《正义》本”）的校勘最为完整、最为系统，凡有异文者基本上皆已校出。李氏亦秉持科学、客观的态度，出校者基本上都是客观地描述“《正义》本”的异文，这一点与《校勘记》是一致的。如《系辞下》“几者动之微，吉之先见者也”韩注“故言吉之先见”，言作为（下有也字）。《正

① 参见拙作《日系古钞、古活字〈周易〉经注本研究》，《国学研究》第46卷，北京：中华书局，2021年。

字》:"言误为,从《集解》校。"《校勘记》:"《集解》故为作故言。"李校:"《正义》本言作为,见下有也字。"《校勘记》只是选择性校勘重要的异文,而李校则力求完备、全面,故句末虚词之有无亦皆出校。当然,李校也有少量明确按断的校语:

1. 夬九三《小象》王注"故曰烦也",烦作权。《正字》:"烦误权。"李校:"烦误权。"

2.《说卦》"神也者,妙万物而为言者也"韩注"明则雷疾风行",无明字。李校:"《正义》本无明字,疑衍。"

3. 谦《彖传》孔疏"是君子之终也",终上有所字。《正字》:"所字衍。"下文"言君子能终其谦之善,而又获谦之福,故曰君子之终也"数句,《正字》:"而误事,福上衍终字,从《集解》校。"《拾补》:"……下亦当从《集解》作云云(曰作云)。"《校勘记》:"《集解》无所字,事作而,无福上终字,之作有。"李校:"《正义》本之下有所字,(善)下有事字,无而字,之下有终字,曰作云。"

例3是一个典型的例子,《正字》从《集解》回改本文,《拾补》亦以为当从《集解》,而《校勘记》只是描述异文,但校语不够准确、完整,只有李校客观、完全、准确地反映出《集解》与"《正义》本"之异同。由此可见,清代校勘学不断进化,校勘理念渐趋科学。阮元批评惠栋"其改字多有似是而非者。盖经典相沿已久之本,无庸突为擅易;况师说之不同,他书之引用未便据以改久沿之本也,但当录其说于考证而已"。① 他一方面注意到经典(《周易》)文本的稳定性和连续性,另一方面也提出了他校资料的利用原则,可谓不刊之论。

至于曹本,并无特定底本,大抵择善而从;曹校出校条目不多,但颇有据注疏本回改本文者,其中大多因袭自卢本,如《集解》豫皆作逸,乃避唐代宗讳,卢本尽皆回改,曹本仍之;大有《彖传》王注"体无二阴,以阴而分其应",胡本、毛本同,卢本无"阴而"二字,与注疏本同,曹本仍之。曹校:"此下朱衍'阴而'二字。"《系辞下》"《易》曰'困于石'"孔疏"是困于九二之蒺藜也",注疏本于下有"九四之石也。三又乘二,二是刚物,非已所乘,是据于"二十字。卢本据以增补,曹本仍之。曹校:"'九四'以下二十字朱脱。"《系辞下》"阳一君而二民"韩注"君子之辩也",宋本、胡本、毛本同,卢本子作臣,与注疏本同,曹本仍之。曹校:"朱误子。"《系辞下》"利用安身,以崇德也"韩注"以殉功义",宋本、胡本、毛本同,卢本义作美,与注疏本同,曹本仍之。曹校:"朱误义。"当然,亦有卢本未尝校改而曹本改者,如《系辞上》"一阴一阳之谓道"韩注"故穷以尽神",注疏本

① 《宋本十三经注疏校勘记·周易注疏校勘记序》,《续修四库全书》影印文选楼本,第180册,第289页。

穷下有变字。曹本径添变字，曹校："朱、卢无变字。"《说卦》"震一索而得男"孔疏"以求乾坤为父母而求其子也"，注疏本无上求字。曹本删省求字，曹校："此下朱、卢衍求字。"《序卦》大壮韩注"君也以远小人"，注疏本也作子。曹本作子，曹校："子，朱、卢误也。"上述三例朱本与宋本、胡本、毛本、卢本悉同，而曹本均据注疏本回改本文。除径改外，亦有虽未改篡本文，但明确注明以注疏本为是者，如萃六二《小象》王注"可以省薄于鬼神矣"，于上有荐字（可上有故字，矣作也）。曹校："下脱荐字，注疏本有。"乾《文言》"见龙在田，天下文明"孔疏"物有生者"作"初有出者"。曹校："当为初。"总之，曹氏校勘《集解》所引注疏多以注疏本为正，甚至据以回改本文，沿着惠栋校刊卢本的路数走得更远，违背了校勘学的基本原则，相对于卢、阮、李诸家校勘学，实际上是历史的退步。

需要注意的是，清人校记所及不同于《集解》的异文，其中有一些实际上是刻本系统本身的异文，这是因为他们未能获见早期刻本（如宋刻经注本或八行本，甚至连元刻明修十行本都见者寥寥），所据者多为毛本或元刻明修十行本。例如：

1.《系辞上》"阴阳不测之谓神"韩注"由神而冥于神者也"，宋元经注本已有分化，如天禄本有者字，岳本无者字，至十行本亦无者字，而明刻诸本均有者字。《校勘记》："'由神而冥于神也'，岳本、宋板、足利本同，闽、监、毛本也上有者字，《集解》同。"

2.《系辞下》"几者动之微，吉之先见者也"韩注"理而未形者"，天禄本作未同，十行本系统未作无。《正字》："未误无。"

3.《系辞下》"凡易之情，近而不相得则凶"韩注"近况比爻也"，天禄本作况同，十行本亦同，明刻诸本况误凡。李校："《正义》本况作凡。"

4.《序卦》大壮韩注"阳盛阴消，君子道胜也"，天禄本作胜同（无也字），十行本亦同，明刻诸本胜始误作盛。《正字》："脱也字，胜误盛，从《集解》校。"《拾补》："'君子道盛'，旧各本俱作胜，《集解》作'胜也'。"

5.《序卦》巽韩注"以巽则得所入也"，天禄本同，十行本系统所误出。《正字》："所误出。"李校："《正义》本所作出，疑误。"

6. 否《大象》孔疏"以居禄位"，单疏本作禄同，元刻元印十行本似作行字，明修补十行本及明刻诸本则已误作幸。《正字》："禄误幸，从《集解》校。下同。"李校："《正义》本作'幸位'。"

7. 否《大象》孔疏"辟阴阳厄运之难"，单疏本作厄同，十行本系统厄误已。《正字》："厄误已。"

8. 谦《彖传》孔疏"卑者有谦而不逾越"，单疏本无有字，不下有可字，十行本系统更脱者字。《正字》："脱'者有'二字，从《论语》疏校。"

9.《系辞上》"是故谓之爻"孔疏"谓此会通之事而为爻也"，单疏本作谓同，十行本系统谓作议。《正字》："谓误议。"

10.《系辞下》"《易》曰'困于石'"孔疏"履非其位"，单疏本作位同，元刻元印十行本亦同，至明修补十行本以下位误地。李校："《正义》本位作地。"

11.《说卦》"昔者圣人之作易也"孔疏"明是伏羲"，单疏本作明同，元刻元印十行本亦同，至明修补十行本以下明始误作言。《正字》："明误言。"

浦氏《正字》和卢校所据底本为毛本，阮氏《校勘记》所据底本为元刻明修十行本，李氏《校异》用以参校之注疏本(《正义》本)当为明刻诸本之一，上述诸例所谓注疏本异文皆晚出，一般而论，宋元刻经注本或单疏本不误，异文多自十行本或明刻诸本始。

结　语

现存南宋嘉定刻本《集解》已非全帙，所幸天佑斯文，朱本忠实于宋本，在最大程度上存宋本之旧，理论上可以代表早期刻本，亦即相对接近于李氏《集解》文本之原始样貌；而后出之胡本(毛本)以下各本，均不同程度地据注疏本回改本文，文本自然文从字顺，且与注疏本相符，但实际上违背了校勘学存真复原的根本原则。所谓存真复原，所存之真、所复之原为李鼎祚之真、之原，并非王弼、韩康伯和孔颖达之真、之原。而且，经过回改，《集解》原本不同于注疏本的异文变成与之相同，实际上已经失去了作为他校资料的价值。相对而言，胡本虽然讹舛最为严重，但也在一定程度上保存了宋本原貌，可与朱本相互印证，足可宝贵。毛本大体上因袭朱本，但又有讹误和回改；卢本大体上因袭毛本，但更多地据注疏本回改本文。[①] 至于清人所称道的周本，[②]回改则更为普遍。总之，在传世诸本之中，相对接近于李氏《集解》原貌，能够代表《集解》早期刻本系统的真实样貌和基本特征的只有朱本。由此往上追溯，就引出了一个令人困惑的问题，那就是《集解》从写本系统进入刻本系统是否曾据注疏本回改本文？就《集解》所引注疏而言，这种回改虽不能说不存在，但从前揭《易传》部分《序卦》和卦首《序卦》重出韩注的异文来看，并未做统一的整齐文本的工作，所以

① 清人如陈鳣、阮元、臧庸等对卢本改字多所批评，前揭谷继明和王丰先等先生文中皆有论及，兹不赘述。

② 李道平《周易集解纂疏·凡例》曰："唯木渎周氏枕经楼本，据儒先论定，多所改正，较诸本为完善。"(潘雨廷先生点校本，北京：中华书局，1994年，第10页)可知清代《集解》研究最为著名的大家李道平即秉持这一观点，后来曹元弼每所因循，并付诸实践，不能不说都是一个遗憾。

我们还是可以认为宋刻本系统《集解》文本基本上保持了李氏原本的样貌。

我们以宋刻经注本和单疏本通校《集解》所引注疏全文，可知《集解》大体上照录原文，李氏所据唐写本《周易》经注本和单疏本文本与刻本系统整体上并无二致，虽然还是存在着相当数量的异文。在默认这些异文均非李氏无意造成的错讹（笔误）的前提之下，如果不把后世传写或刊刻过程中产生异文纳入考虑范围的话，那么只存在两种可能性，一是李氏所据底本既已如此，《集解》不过照样迻录而已，并无改易；二是《集解》所引注疏毕竟是其书所纂集之前人《易》注的一部分，李氏为求全书体例统一或上下文理、文义一贯，因此对引文进行一定程度的改造、简省。鉴于此，我们须对不同类型的异文加以区分，类型不同则异文的成因容有不同，如避讳字、通假字、异体字、同源字类型的异文大体可以认定为李氏所据底本已然，多非主观改造；而截取、节引或缩写、改写则主观性较强，大体可以认定为李氏本人所做的改造；至于字词易换、增减句末虚词等则介于二者之间，两种可能性兼而有之。

对于《集解》所引王、韩注，除通校宋刻经注本外，我们更校以敦煌本、日系古本、《释文》出文（或或本异文）、《治要》本、《举正》引文等，[①]从中可以发现比较明确的规律性，那就是六朝以降通行的《周易》经注本的文本相当稳定，不但从唐前写本（《释文》包含唐前写本的异文信息）到唐写本总体上保持一致，而且从写本时代进入刻本时代亦相对稳定，这都可以在以《集解》所引王、韩注为参照系的异文校勘中得到验证，《集解》引文不同于宋刻本者往往也不同于唐前或唐写本，而宋刻本往往与唐前或唐写本相同。也就是说，这些异文大多恐非《周易》文本本身所有，而是李鼎祚在迻录过程中主观改造而成的（当然也存在着出现在后世传写或刊刻过程中的可能性）。以此类推，《集解》所引孔颖达等《正义》（疏），唐、五代通行本乃单疏写本，北宋国子监校刊而有单疏刻本，从写本到刻本文本当亦大体稳定，所以我们可以认定《集解》所引孔疏与单疏本的异文大多也是由李氏改造而成的。当然，这个推理过程并不具有必然性，只是大概率如此，这也是写本的个性化和不稳定性所决定的，理论上某些类型异文的全部或部分同于《集解》引文的可能性也是存在的。尤其是前揭《集解》引文同于敦煌本、日系古本等诸例，更可说明《集解》文本渊源有自，并未完全据

---

① 所谓"《举正》引文"系指《举正》称引"今本"亦即唐代通行本的文本，文中所引诸例大多与刻本系统的注疏本相同，而不同于《集解》，这说明《集解》不同于注疏本的异文主要出自李氏改造，当非唐代《周易》文本的原始样貌。至于《举正》所谓王、韩手写"定本"则既不同于注疏本，亦不同于《集解》。如讼《象传》王注"不闭其源，使讼不至"，注疏本同，《举正》："得字误作不字。"《系辞上》"一阴一阳之谓道"韩注"在阴为无阴，阴以之生；在阳为无阳，阳以之成，故曰'一阴一阳'也。"注疏本同，《举正》："注'在阴为无阳'阳字误作阴字；'在阴（谦牧堂影宋抄本、毛氏汲古阁刻本、四库本作阳）为无阴'阴字误作阳字。"《序卦》既济"礼过乎俭"，注疏本同，《举正》："用字误作礼字。"这说明所谓定本于古无征，恐係无稽之谈。详参拙作《〈周易举正〉考》（《中国文化》第53期，2021年5月）。

注疏本整齐划一，所以至少在一定程度上能够反映唐代《周易》文本的样貌。

李氏自序称《集解》“采群贤之遗言”，“各列名义”，“先儒有所未误（胡本、毛本误作详），然后辄加添削，每至章句，佥例发挥[①]。俾童蒙之流，一览而悟；达观之士，得意忘言”。[②] 虽不明确，但似有曾对先儒文本有所改造之义。清人明确提出《集解》所引注疏有所改窜的是李富孙，如下诸例所示：

1. 姤九二《小象》王注“故不及宾”作“故不利宾也”。李校：“《正义》本作‘故不利宾也’。资州入《象辞》，故窜易之。”

2. 姤上九《小象》王注“故曰‘上穷吝也’”作“其道不害，故无凶咎也”。李校：“《正义》本作‘其道不害，故无凶咎也’。资州亦入《象辞》。”

3. 巽六四《小象》王注“故曰‘有功也’”作“故曰悔亡”。李校：“《正义》作‘故曰悔亡’。资州入《象辞》，窜易之。”

4. 节六三《小象》王注“故曰‘又谁咎’矣”作“故曰无咎也”，敦煌本同。李校：“《正义》本作‘故曰无咎也’。资州入《象辞》，窜易之。”

5. 坤《文言》“由辩之不早辩也”孔疏“此文诫君父防臣子之恶也”，无文字，句末无也字。李校：“《正义》本无文字、也字。案资州所引王注、孔疏，颇多窜易。”

前4例为改造总括语以呼应《小象》之辞，盖以援引王注所出位置从爻辞下移至《小象》下。例5则为总结《集解》引用注疏的一般规律，李氏笼统地概括为“窜易”，又鉴于校记的体例，未尝展开论述。如上所述，所谓“窜易”当然并不是十分准确和周延，但毕竟是率先注意到这个问题，开创之功至伟。本文的核心旨趣就是解决这个问题，旨在明确揭示《集解》是如何引用注疏的，有窜易，有改造，有简省，有增益，不一而足。

具体而言，《集解》引注疏与注疏本的异文可按字词和句子进行分类。字词如避讳字反映了唐写本的原始面貌，后世刻木则多已回改；通假字、异体字、同源字一般则可认定为李氏所据底本旧貌，这也是写本的个性化特征所决定的（当然也不能排除李氏根据自己的理解或书写习惯而易换的可能性）；同义、近义词或相关字词易换，当出于李氏改造的可能性更大；至于增删句末虚词，则上述两种可能性都是存在的，有李氏底本不同于注疏本者，亦有李氏迻录之时考虑到句式、语气、文理等因素而增删者。至于删省实词、虚词（或有增益者），当多出于简省语句之考量，间及句式整饬，逻辑严密，文理通顺，当以李氏主观改造者居多，当然应该也有其所据底本已然的异文。

① 曹校：“例当为列。言每至章句先儒未详之处，并列案语以发挥之。”

② 《北京图书馆古籍珍本丛刊》影印国图藏宋本卷首李鼎祚《周易集解序》，第1册，第2页。

至于句子异文，则以李氏改造者为主，其中较为常见的是对原文加以截取、删节，除了简省文本之考量，当亦有使引文对所释经、传文的解释更有针对性的目的。从注疏的结构性特征来看，《集解》多改造或增益注、疏文的总括语，以求符合经传原文（还有一个直接的原因，那就是《集解》有多处将原本出于爻辞之下的王注移置《小象》之下，进而改造成与《小象》之辞相合的总括语）；对于疏文的标示起止语和提示语，则多删省。另一个改造句子的方式就是改写、缩写、省并，包括删省句子成分，表述方式经过改换，句义或并无变化，或发生或大或小的变化。总之，李氏为求文句简省，上下文气一贯，对注、疏文的部分句子曾加以改造，有节引，有改写，有删省，这部分基本上都没有文本依据，确系李氏主观改易。

清人全面利用《集解》来校勘《周易》注疏，以浦镗《正字》为先，但他忽视了本校和他校的边界，没有注意到李氏引文颇有主观改造的情形，过分迷信《集解》，并以之回改本文。卢文弨较之有了较大进步，校及《集解》大多是客观地描述异文，当然也有《集解》节引、改写注疏本的异文，他还是认为文义明顺可从者。阮元则对《集解》作为他校资料的性质有着科学的认知，所以举凡《集解》有异文者，只是客观地胪列异同而已，对于《正字》以《集解》为正的按断多未之从。李富孙和曹元弼则以注疏本来校勘《集解》，李氏一同阮校，绝大多数皆为客观地描述异文，绝不据之回改本文，而且还注意到李氏引文颇有“窜易”；曹氏则多据注疏本改易《集解》文本（直接依据当为卢本），不能不说在《周易》校勘学上是历史的倒退。当然，清人所揭示的注疏本异文基本上都是明刻诸本或十行本的，其中不乏十行本乃至明刻诸注疏本始出现的异文，而早期刻本（如本文参校之抚本、天禄本、单疏本）原本不误，同于《集解》（如浦氏《正字》所用《集解》是胡本，本身讹误最多，则更多变量）。

综上所述，李氏《集解》引用注疏虽然基本上照录原文，但还是存在着相当数量的异文，一方面李氏所据底本当为唐写本，而从写本时代进入刻本时代注疏文本经过五代、北宋国子监的校定，已有变化，如避讳字、通假字、异体字、同源字等；另一方面李氏引用注疏还是进行了不同程度的改造，其中有实词、虚词的删省或易换，有截取、节引，有改写、缩写，等等。因此，我们对于《集解》所引注疏文本要审慎、客观地加以利用，既不能迷信，也不能忽视，要科学地判断其与传世刻本系统文本的关系。如惠栋、曹元弼据注疏本以改《集解》原文，如《正字》据《集解》以改注疏本原文，都是不可取的，二者互为他校资料，务须掌握合理的边界。本文通过通校《集解》所引注疏得出的义例和规律，对于此类双向校勘以及他校资料的利用当不无参考和借鉴作用。而且，《集解》援引注疏分隶于《周易》经、传文之下，一同其馀汉唐诸家之例，所以这些义例和规律当亦适用于其他各家。

国家图书馆藏明钞本《东坡先生易解》考述

丰子翔*

【内容提要】 苏轼的《东坡先生易解》是《周易》学术史上的要籍，虽成书于北宋，但无宋元刻本传世。国家图书馆藏明钞本《东坡先生易解》抄写于明初，递经钱谦益、钱曾、胤祥、弘晓、潘祖荫等人收藏，在卷数、避讳和经文顺序等方面保留了一定的宋本特征。通校目前存世的十二种《东坡先生易解》版本，可发现明钞本中保存了不少特有的异文，其中有六处为明钞本独是。明钞本在《东坡先生易解》的版本系统中，占有重要地位，值得关注。

【关键词】 《东坡先生易解》 明钞本 《周易》 苏轼

苏轼是北宋著名的思想家，《东坡先生易解》是苏轼在苏洵[①]、苏辙[②]的研究基础上撰写的针对《周易》的注解，[③]是苏轼晚年学术成就的代表作，[④]更是一部《周易》学术史上的要籍。

《东坡先生易解》在两宋之交已经广为流传，但现存最早的刻本刻于明万历二十二年，此外还有六种明刻本。这七种明刻本均存在着不同程度的讹误，[⑤]离宋本的面貌较远（详后）。

中国国家图书馆（以下简称“国图”）藏明代钞本《东坡先生易解》九卷（以下简称“明钞本《易解》”），半叶十行，行二十字，红格，白口，左右双边。明钞本《易解》钞写工整，字体挺秀，曾经名家递藏，保留了宋本的部分特征，在异文方

---

* 本文作者为北京大学中文系古典文献学2020级博士研究生。

① 苏洵曾作有《易传》十卷，及其易箦时仍未完稿，于是命苏轼绍述其志。事见〔宋〕张方平撰《乐全先生文集》卷三九《文安先生墓表》，台北“国家图书馆”藏明山阴祁氏澹生堂钞本。及〔宋〕苏辙撰，陈宏天点校《栾城后集》卷二二《亡兄子瞻端明墓志铭》，北京：中华书局，1990年，第1127页。

② 在苏轼撰写《易解》时，苏辙曾将自己的成果送给苏轼参考。见〔宋〕苏籀记《栾城先生遗言》，《丛书集成初编》，上海：商务印书馆据清百川学海本排印，1936年，第2页。

③ 《东坡先生易解》又称《苏氏易传》《东坡易传》等，为行文清晰，本文统一称为《东坡先生易解》。

④ 《与滕达道书》：“一二年间，欲了却《论语》《书》《易》……虽拙学，然自谓颇正古今之误，粗有益于世，瞑目无憾也。”又《答苏伯固书》：“抚视《易》《书》《论语》三书，即觉此生不虚过。”见〔宋〕苏轼撰，孔凡礼点校《苏轼文集》卷五一、五七，北京：中华书局，1986年，第1482、1741页。

⑤ 版本名称见本文第三部分列举的校本，兹不重复。

面，更有胜于他本之处，是研究《东坡先生易解》不可或缺的本子。明钞本《易解》自20世纪中期入藏国图以来，一直没有得到学界的关注。有鉴于此，笔者将从递藏过程、宋本特征和关键异文三个方面，对明钞本《易解》进行文献学角度的研究。

一、明钞本《易解》的递藏过程

明钞本《易解》无序跋，首叶钤有“安乐堂藏书记”“明善堂览书画印记”以及“北京图书馆藏”三印。三印中的前两印都是清朝怡亲王的印鉴，可知明钞本《易解》曾被怡府收藏。但事实上，明钞本《易解》在进入怡府之前，以及从怡府流出之后，还曾庋藏于其他著名藏书家的架上，不少藏书家还为明钞本《易解》撰写了解题。探讨明钞本《易解》的递藏源流，不仅可以确认其真实性，还可以借以考察藏书家们对明钞本《易解》文献价值的认识。

怡府首任、次任亲王所对应印章的关系，学界经常不加分别。[①] 为了探究明钞本《易解》入藏怡府的时间，笔者认为有必要对这个问题稍加探讨。

“安乐堂藏书记”是首任怡亲王胤祥的印鉴，而“明善堂览书画印记”是胤祥之子、次任怡亲王弘晓的印鉴。证据有二：

1. 台北“国家”图书馆藏有一部清钞本《直音傍訓周易句解》。所用稿纸的版心下方题“安乐斋”，首叶钤有“安乐堂藏书记”。《直音傍训周易句解》作者是元代的朱祖义，所以此清钞本玄字缺笔，应是避康熙讳，而弘字不避乾隆讳，可知《直音傍训周易句解》应当钞写于乾隆朝之前。

弘晓生于康熙六十一年(1722)，雍正去世时，弘晓年仅十四。[②] 最多十四岁的少年，特意钞写《直音傍训周易句解》这样一部稀见书，[③]殆无可能。所以“安乐堂”“安乐斋”应当是其父亲胤祥的室号。

2. 现存藏在各处的经怡府收藏过的书籍，若“安乐堂藏书记”“明善堂览书画印记”同时出现，“安乐堂藏书记”多居于叶面右下角这一优势位置。有时因为“安乐堂”占据了为数不多的空白处，“明善堂”印只能盖到字上(如图1)。可见“安乐堂藏书记”钤盖的时间要早于“明善堂览书画印记”。

根据弘晓所写的《恩赐御书明善堂匾额恭记》一文，“明善堂”是乾隆皇帝

---

① 比如，杨廷福《清人室名别称字号索引》，上海：上海古籍出版社，2001年，第157页。

② 弘晓《明善堂诗集初刻自序》：“乾隆丙辰，余年十有五。”，见〔清〕弘晓《明善堂诗集》卷首《明善堂诗集初刻自序》，《续修四库全书》第1444册，上海：上海古籍出版社据乾隆四十二年刻本影印，2002年，第534页。

③ 《四库全书总目》与《中国古籍善本书目》皆不载。

在乾隆五年(1740)赐给弘晓的室名,[①]在这之前,弘晓的室名叫“侍萱斋”。乾隆元年时,弘晓的两位老师林令旭、沈景澜在给弘晓的诗集作序时,还称“侍萱斋诗”“侍萱斋主人”。[②]《明善堂诗集》中,乾隆元年弘晓的《自序》后面有不少印章,亦没有“安乐堂”字样的。可见在“明善堂”之前,弘晓应该没有使用过“安乐堂”之号,“安乐堂藏书记”当是胤祥的印鉴。

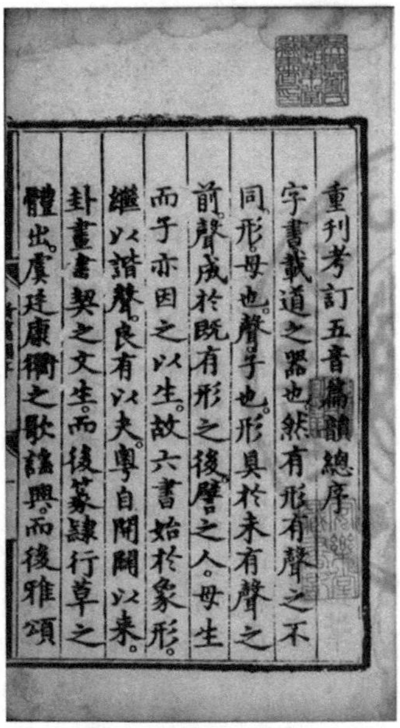
重刊考訂五音篇韻總序
字書載道之器也然有形有聲之不
同形母也聲子也形具於未有聲之
前聲成於既有形之後譬之人母生
而子亦因之以生故六書始於象形
繼以諧聲良有以夫粤自開闢以來
卦畫書契之文生而後篆隷行草之
體出虞廷康衢之歌謠興而後雅頌

图 1-1　台北“国家图书馆”藏明成化刻《五音类聚四声篇》

尚書說約序
兩朝三代垂書立極儒
修實行致君澤民亘千
齡原本經術闡揚大業

图 1-2　台北“国家图书馆”藏明崇祯刻《尚书说约》

《八旗通志》载胤祥薨于雍正八年(1730),[③]而明钞本《易解》上又有“安乐堂藏书记”,则明钞本《易解》入藏怡府的时间应该在雍正八年以前。

怡府收入明钞本《易解》后,将其妥善保存。写于弘晓去世后的《怡府书目》,[④]著录“《东坡易解》一部,四本”,[⑤]正是此书。而写于道光年间的《影堂陈

---

① 〔清〕弘晓《明善堂文集》卷二《恩赐御书明善堂匾额恭记》,《续修四库全书》第1445册,上海:上海古籍出版社据乾隆四十二年刻本影印,2002年,第138页。

② 〔清〕弘晓《明善堂诗集》卷首《序》,第536—537页。

③ 〔清〕纪昀等《钦定八旗通志》卷八二,《景印文渊阁四库全书》第665册,台北:台湾商务印书馆,1985年,第551页。

④ 侯印国《清代稀见私家藏书目录研究》,南京:南京大学出版社,2020年,第83页。

⑤ 《怡府书目》,煮雨山房辑《中国著名藏书家书目汇刊 明清卷》第22册,据国图藏清代钞本影印,北京:商务印书馆,2005年,第250页。

设书目录》,[①]著录"《东坡先生易解》,四本",[②]则对书名的记载更加准确,可见怡府在书籍大规模散出前,仍旧收藏着明钞本《易解》。

以怡府为枢纽,笔者将讨论明钞本《易解》在进入怡府之前和怡府藏书流散之后的递藏状况。

明钞本《易解》入藏怡府以前,是钱谦益和钱曾的旧藏。证据有二:

1. 钱谦益《绛云楼书目》载有《东坡易解》一部九卷,[③]绛云楼之书多入钱曾之家,而钱曾《读书敏求记》云:"《苏东坡易解》九卷。明初人钞本,缮写极精好。"[④]钱曾所说的"明初人钞本,缮写极精好",从明钞本《易解》所具有的绵纸、朱丝栏等特点来看,符合钱曾的判断,且与《藏园群书经眼录》对明钞本《易解》"明宣德大字精写本"的记载相似,应当是同一本。

2. 关于怡府藏书的来源,陆心源在《宋椠婺州九经跋》中说:"绛云楼未火以前,其宋元精本大半为毛子晋、钱遵王所得,毛、钱两家散出,半归徐健庵、季沧苇。徐、季之书,由何义门介绍归于怡府。"[⑤]杨保彝在《南北诸家藏书源流记》中说:"虞山绛云之藏,一传述古、汲古,为延令、传是楼,再传纳兰,而后归怡府。"[⑥]

钱谦益和钱曾是怡府藏书主要来源的观点,在陆心源和杨保彝处得到了相互印证,应当可信。同时,陆、杨二人的说法也有一些旁证可做参考。上海图书馆藏宋明州刻本《集韵》[⑦]和国家图书馆藏影宋钞本《潜虚》[⑧]上,皆有"安乐堂藏书记"与"虞山钱曾遵王藏书"二印,足以证明怡府中曾有钱氏的旧藏,明钞本《易解》也应当是这批旧藏之一。至于明钞本《易解》是否曾经徐乾学和季振宜之手,则没有明证。

---

① 侯印国《清代稀见私家藏书目录研究》,第 86 页。

② 《影堂陈设书目录》,《南京图书馆藏稀见书目书志丛刊》第 26 册,据南京图书馆藏清代稿本影印,北京:国家图书馆出版社,2017 年,第 76 页。

③ 〔清〕钱谦益撰,〔清〕陈景云注《绛云楼书目》卷一,《丛书集成初编》,上海:商务印书馆,1935 年,第 3 页。

④ 〔清〕钱曾著,管庭芬校证,佘彦焱标点《读书敏求记校证》卷一,《中国历代书目题跋丛刊(第二辑)》,上海:上海古籍出版社,2007 年,第 4—5 页。

⑤ 〔清〕陆心源著,冯惠民整理《仪顾堂书目题跋汇编》,《书目题跋丛书》,北京:中华书局,2009 年,第 257 页。

⑥ 刘敏《清宗室怡府藏书来源考——读杨保彝〈南北诸家藏书源流记〉》,《山东图书馆学刊》2016 年第 3 期,第 110—112、117 页。

⑦ 《上海图书馆藏宋本图录》,上海:上海古籍出版社,2010 年,第 53 页。

⑧ 见中华古籍资源库:http://read.nlc.cn/allSearch/searchDetail?searchType=1002&showType=1&indexName=data_892&fid=411999013103,2022 年 2 月 21 日。

明钞本《易解》在怡府藏书散出以后，归潘祖荫滂喜斋所有。

咸丰十一年(1861)，第六任怡亲王自尽，怡府藏书于三十年间陆续散出。[①]潘祖荫对此事评价道："怡邸所藏，无一不精，惜十年来散尽，现寥寥无几。"[②]而潘祖荫的滂喜斋，就是怡府散出珍本的归宿之一。《滂喜斋藏书目录》云："《东坡易解》九卷，明宣纸红格大字精钞本。有'安乐堂藏书记''明善堂览书画印记'。订作四册。"[③]正是国图现藏的明钞本《易解》。

潘祖荫祖籍吴县，早年因中探花，以翰林院编修起官，故而在京城和苏州有两处宅邸，据傅增湘说，此书便是藏在潘氏京城宅邸的。[④] 1890 年潘祖荫去世后，家眷南归，潘氏藏书因此出售过一部分，剩下的藏书归其兄潘祖年，潘祖年于 1925 年去世，滂喜斋之书则归潘承厚、潘承弼的宝山楼收藏。

1929 年，傅增湘亲眼见到了此书，《藏园群书经眼录》云："《东坡易传》九卷，宋苏轼撰。明宣德大字精写本，钤有安乐堂、明善堂印(自注：滂喜斋藏书，丁卯)。"[⑤]需要注意的是，傅增湘的这段话和《滂喜斋藏书目录》的话很相似，有相承关系，由此可知《滂喜斋藏书目录》的钞手将"宣德"误钞成了"宣纸"。

抗战爆发后，宝山楼藏书散出，1941 年，傅增湘又在北京琉璃厂见到了此书。《藏园群书经眼录》云："《东坡先生易解》八卷(笔者按，当为九卷之误)，宋苏轼撰。旧写本，绵纸朱格，十行二十字。钤有明善堂、安乐堂藏印。(自注：潘氏滂喜斋遗书，辛巳十一月六日见于翰文斋)。"[⑥]

翰文斋是北京琉璃厂中一家书肆，1886 年开业，创始人韩心源深得精通目录学的书贾徐苍崖之传，缪荃孙称赞此店"自摆摊至开铺，自小铺至拓广厦，不过数年已与至大之书铺鼎立"。[⑦] 而明钞本《易解》也在进入翰文斋后的十余年间，不知所终。

直到 1959 年 9 月，中华书局出版的《北京图书馆善本书目》上才又出现了这部明钞本《易解》。[⑧]

根据上述研究，明钞木《易解》可考的递藏过程可表示为：

---

① 〔清〕震钧《天咫偶闻》卷三，北京：北京古籍出版社，1982 年，第 65 页。

② 〔清〕潘祖荫著，潘景郑整理《郑堂书札》，《中国历史文献研究集刊》(第三集)，长沙：岳麓书社，1983 年，第 9 页。

③ 《滂喜斋藏书目录》，煮雨山房辑《中国著名藏书家书目汇刊 近代卷》第 6 册，据国图藏民国钞本影印，北京：商务印书馆，2005 年，第 3 页。

④ 〔清〕莫友芝撰，傅增湘订补，傅熹年整理《藏园订补郘亭知见传本书目》卷一，北京：中华书局，2009 年，第 11 页。傅熹年过录傅增湘语为："明宣德间大字精写本。钤有清怡亲王府明善堂、安乐堂藏印。为潘氏滂喜斋留京邸书。"

⑤ 傅增湘《藏园群书经眼录》卷一，北京：中华书局，1983 年，第 11 页。

⑥ 同上书，第 12 页。

⑦ 孙殿起辑《琉璃厂小志》，北京：北京古籍出版社，1982 年，第 103、116 页。

⑧ 《北京图书馆善本书目》卷一，北京：中华书局，1959 年，第四叶 A 面。

钱谦益绛云楼→钱曾述古堂→怡亲王府→潘氏滂喜斋(宝山楼)→翰文斋→国家图书馆

从钱曾、潘祖荫等人为明钞本《易解》撰写的解题来看,行格特殊,钞写精美,具有较高的鉴赏价值,这是明钞本《易解》能够辗转于名家之手,流传至今的重要原因。但正如孙从添在《藏书记要》中所说的:"明人钞本,各家美恶不一,然必有用之书。或有不同常本之处,亦皆录而藏之,然须细心细绎,乃知其美也。"①为了进一步把握明钞本《易解》的文献价值,还必须通过详细的考证,来揭示其与"常本"的不同之处。

二、明钞本《易解》保留的宋本特征

明钞本《易解》在分卷、避讳字和注文的顺序上都保留了一定的宋本的特征,而这些特征大部分是今存的明刻本所不具有的。

(一) 分卷

《东坡先生易解》,在宋代已流传很广,很多书目皆有著录,不过在著录书名和卷数时,各家并不完全一致:

《中兴馆阁书目》:《易传》九卷。②
袁州本《郡斋读书志》:《毗陵易传》十一卷。
衢州本《郡斋读书志》:《东坡易传》十一卷。③
《直斋书录解题》:《东坡易传》十卷。④
《玉海》:《东坡易传》十一卷。⑤

以上的宋代书目,只有《中兴馆阁书目》这一官藏书目著录为"九卷",但"九卷"才是苏轼自定的卷数。苏轼《黄州上文潞公书》云:"端居深念,若有所得,遂因先子之学,作《易传》九卷。"⑥又,《与王定国》云:"某自谪居以来,可了得《易传》九卷。"⑦可证。

---

① 〔清〕孙从添《藏书记要》,清嘉庆十六年吴县黄丕烈刻《士礼居丛书》本,第八叶A面。

② 据《厚斋易学(附录)》引。〔宋〕冯椅《厚斋易学(附录)》,《景印文渊阁四库全书》第16册,第829页。

③ 〔宋〕晁公武撰,孙猛校证《郡斋读书志校证》卷一,上海:上海古籍出版社,1990年,第39页。

④ 〔宋〕陈振孙撰,徐小蛮《直斋书录解题》卷一,上海:上海古籍出版社,1987年,第12页。

⑤ 〔宋〕王应麟(合璧本)《玉海》卷三六,京都:中文出版社,1977年,第726页。

⑥ 〔宋〕苏轼撰,孔凡礼点校《苏轼文集》卷四八《黄州上文潞公书》,第1380页。

⑦ 〔宋〕苏轼撰,孔凡礼点校《苏轼文集》卷五二《与王定国》,第1519页。

书名不合苏轼自称，或是后世偶然改易，[①]而卷数的差异则涉及版本系统的不同，关系较大。宋代书目中，或作十卷，或作十一卷，可见当时的版本系统已较为复杂，卷数与苏轼自定不合的本子，必然在成书过程中经历了相对多的改动。

比如万历二十二年(1594)冰玉堂刻本《苏氏易解》八卷，它的第八卷题为“苏氏易系辞解下卷第八”，由《系辞下》《说卦传》《序卦传》《杂卦传》四部分组成。《系辞下》因在卷端的卷题中已有交代，所以正文开始时可以不另出小标题，但《说卦传》的正文是紧接着《系辞下》的正文的，《说卦传》正文开始时没有任何小标题，这与在同一卷的《序卦传》《杂卦传》的正文在开始前皆有单独的一行“序卦传”“杂卦传”的小标题的体例不同，读者无法直观地确定《说卦传》的位置，这是刊刻的失误。

在明钞本《易解》中，第八卷题为“东坡先生易系辞解下卷第八”，没有小标题。第九卷题为“东坡先生易说卦解卷第九”，合《说卦传》《序卦传》《杂卦传》为一卷，《说卦传》因在卷题中已有体现，故而没有小标题，《序卦传》《杂卦传》则皆有。将明钞本《易解》和冰玉堂刻本《苏氏易解》的分卷情况作比较，笔者发现，冰玉堂本的八卷本，只是将九卷本的第八卷和第九卷机械地合二为一，删除了九卷本第九卷的大标题，又没有给《说卦传》补上小标题，因此导致了上述问题。

所以就分卷上看，明钞本《易解》继承了宋本的面貌。

(二) 文字的避讳与顺序

明钞本《易解》避宋讳有二，一为北宋真宗赵恒之讳，一为仁宗赵祯之讳。明钞本《易解》避“恒”字很严，避“贞”字则较为宽松。比如，在卷四上的《恒》卦中，所有的“恒”字皆缺末笔避讳，而“贞”字皆不避。但卷八“刚柔者，立本者也”经文下，苏轼注文“贞，正也”“王侯得一以为天下贞”“故胜者，贞之衰也”三句，“贞”字皆缺末笔避讳，而“夫贞者之于天下也”一处的“贞”字，又不避。明钞本《易解》存有宋讳，这便是保存有宋本面貌的直观特征。

《周易·系辞上》“大衍之数五十”一段，是《周易》中颇为重要的内容，思想家多借以发挥天人性命之学，程颐、苏轼、朱熹也不例外。

程颐曾认为“大衍之数五十”一段的上下文有错误，朱熹继承了程颐的说法，在《周易本义》中调换了若干句经文的顺序。笔者下文所使用的十一种《东

---

① 如陆游《跋苏氏易传》云：“此本先君宣和中入蜀时所得也。方禁苏氏学，故谓之‘毗陵先生’云。”见〔宋〕陆游《渭南文集》卷二八《跋苏氏易传》，《中华再造善本》据宋嘉定十三年溧阳学宫刻本影印，北京：北京图书馆出版社，2004年，第一叶A面。

坡先生易解》的校本(简称"参校诸本"),在"大衍之数五十"一段,全部使用了朱熹调整过顺序的经文,唯独明钞本《易解》还保留着使用王弼本的面貌。

明钞本《易解》的经文作:

> 大衍之数五十,其用四十有九。分而为二以象两,挂一以象三,揲之以四以象四时,归奇于扐以象闰。五岁再闰,故再扐而后挂。天数五,地数五,五位相得而各有合。天数廿有五,地数卅,凡天地之数五十有五。此所以成变化而行鬼神也。乾之策二百一十有六……子曰:"易有圣人之道四焉者,此之谓也。"天一地二天三地四天五地六天七地八天九地十,子曰:"夫易何为者也?夫易开物成务,冒天下之道,如斯而已者也。"

参校诸本的经文作:

> 天一地二天三地四天五地六天七地八天九地十。天数五,地数五,五位相得而各有合。天数二十有五,地数三十,凡天地之数五十有五。此所以成变化而行鬼神也。大衍之数五十,其用四十有九。分而为二以象两,挂一以象三,揲之以四以象四时,归奇于扐以象闰。五岁再闰,故再扐而后挂。乾之策二百一十有六……子曰:"易有圣人之道四焉者,此之谓也。"子曰:"夫易何为者也?夫易开物成务,冒天下之道,如斯而已者也。"

明钞本《易解》同王弼本,[①]而参校诸本同朱熹《本义》本。[②] 明钞本《易解》与参校诸本的不同,反映出明人普遍尊崇朱熹《本义》,甚至以《本义》经文改宋本《东坡先生易解》的顺序。参校诸本就是明人改动的产物,这一点,可以从参校诸本移走经文而造成经注文的矛盾处得见:

在明钞本《易解》经文"如斯而已者也"下,苏轼注先说"所谓斯者,指此十者,而学者不以此十者求之,则过矣",随后又对天一、地二等词作了详细解释,这就说明了苏轼所谓的"十者"乃指从一到十的天地之数。参校诸本移走了"天一地二天三地四天五地六天七地八天九地十"二十字,但在"如斯而已者也"下仍旧保留了与明钞本《易解》相同的注文。按照参校诸本的文字顺序,注文"指此十者"意义不明,且经文方说"开物成务",而注文则释远在前文的天地之数,也不合注书之法。

曾有学者使用明刻本做研究,认为当年改动了这段经文的是苏轼本人,[③]根据明钞本《易解》所保留的宋本特征,这种说法尚可商榷。

---

① 《开成石经》,《西安碑林全集》卷一〇九,广州:广东经济出版社、深圳:海天出版社,1999 年,第 278—285 页。

② 〔宋〕朱熹《周易本义》卷五,《中华再造善本》据国家图书馆藏宋咸淳元年吴革刻本影印,北京:北京图书馆出版社,2003 年,第十三叶 B 面。

③ 叶国良《宋人疑经改经考》,台北:台湾大学出版委员会,1980 年,第 34 页。

三、明钞本《易解》异文举要

笔者以明钞本《易解》为底本，通校了现存全部的七种明刻本，以及两种清刻本和两种清钞本。基本囊括了《东坡先生易解》重要的本子。为方便下文讨论，先列各本书名、卷数、版本及其简称如下：

1.《苏氏易解》八卷，明万历二十二年南京陈所蕴冰玉堂刻本（简称“陈本”）

2.《苏长公易解》八卷，明万历二十四年武林吴之鲸刻本（简称“吴本”）

3.《东坡先生易传》九卷，明万历二十五年金陵毕三才刻《两苏经解》本（简称“毕刻《两苏经解》本”）

4.《东坡先生易传》九卷，明万历三十九年江西顾直指刻《两苏经解》本（简称“顾刻《两苏经解》本”）

5.《易传》八卷，题明万历末吴兴闵齐伋刻本（简称“闵本”）

6.《大易疏解》十卷，明崇祯九年会稽钱受益、武林顾宾刻本（简称“顾本”）

7.《苏氏易传》九卷，明崇祯间虞山毛晋汲古阁刻《津逮秘书》本（简称“《津逮秘书》本”）

8.《苏氏易传》九卷，清嘉庆十年虞山张海鹏刻《学津讨原》本（简称“《学津讨原》本”）

9.《苏氏易传》九卷，清道光十五年朝邑刘学峻刻《青照堂丛书（次编）》本（简称“《青照堂丛书》本”）

10.《东坡易传》九卷，清乾隆间文渊阁《四库全书》本（简称“《四库》本”）

11.《东坡易传》九卷，清乾隆间摛藻堂《四库全书荟要》本（简称“《荟要》本”）

同时，《永乐大典》纂修完成于永乐六年（1408），其据以钞写的《东坡先生易解》的本子至少成书于明初，早于以上所有参校本，弥足珍贵。以下异文若见于现存的《永乐大典》残卷，①本文也予以标明，作为对校勘结果的佐证。

本次校勘得出的异文很多，明钞本《易解》与参校诸本不同而又当以明钞本《易解》为是的六条异文，最能体现出明钞本《易解》的重要文献价值，故条举如下，并加考证。

---

① 《永乐大典》，北京：中华书局影印本，1986 年。《海外新发现永乐大典十七卷》，上海：上海辞书出版社，2003 年。近年来新发现的零本散见于各网站上（如 https://new.shuge.org/view/yong_le_da_dian/，2022 年 2 月 21 日）。

1. 师卦六四爻辞注:“王弼曰:‘行师之法,欲右背高。’”参校诸本“右背”误作“左皆”。

按:苏轼偶引王弼注来释经文,这是其中一例。孔颖达《正义》释王弼此注时说:“‘行师之法,欲右背高’者,此兵法也。故《汉书》韩信云:‘兵法,欲右背山陵,前左水泽。’”[①]是孔颖达所见王弼注本正作“右背”。

南宋抚州公使库刻本、天禄琳琅旧藏南宋刻本、南宋初建阳坊刻本《周易注》,及南宋两浙东路茶盐司刻八行本《周易注疏》中的王弼注皆作“右背”。可知诸本作“左皆”,是形近而讹。

2. 坤卦六二爻辞注:“夫顺生直,直生方,直方生大,君子非有意为之也。”参校诸本“方生”上脱“直”字。

按:《永乐大典》引“苏轼《传》”与底本同。[②]

此段注文释爻辞“直方大”。在此句之前,苏轼说:“循理无私而已,故其动也为直,据中而推其直为方,既直且方,非大而何。”按苏轼文意,“循理”所以“动也为直”,故而下文说“顺生直”;“推其直为方”,故而下文说“直生方”;依例推之,“既直且方,非大而何”,则下文应当作“直方生大”。

南宋林栗《周易经传集解》于坤卦六二爻下言:“顺生直,直生方;直则遂,方则广,故直方也者,大之所由生也。循理而行谓之顺。”[③]林栗的说法,应当是化用自苏轼,可作诸本“方生”上脱“直”字的旁证。

3. 贲卦六四爻《象传》注:“此四者,危疑之间,交争之际也。然卒免于侵陵之祸者,以四者之无不贞也。”参校诸本“以四”下脱“者”字。

按:《永乐大典》引“苏轼《传》”与底本同。[④]

贲卦初九爻注云“初九之应在四……初九自洁以答六四之好”,六二爻注云“九三无应而内之,无应而内之者,正也”,九三爻注云“初九之正配四也……九三之正配二也”,可知苏轼说“此四者”,指初、二、三、四,这四爻。初、四相配,二、三相配,阴阳相应,所以称为“四者之无不贞”。

《杂卦传》“贲无色也”下,苏轼曰:“贲自初至四,皆贞而不受污”(参校诸本“贞”误“贲”,与此段出文可以互校),正与“四者之无不贞”意义相同。

参校诸本无“者”字,“无不贞”的“无”字语义上便没有着落,若强为之解,

---

① 〔唐〕孔颖达《周易正义》卷四,《中华再造善本》据宋刻递修本影印,北京:北京图书馆出版社,2003年,第二叶B面。

② 《永乐大典》卷三五〇七,据明嘉靖隆庆间内府重写《永乐大典》本影印,北京:中华书局,1986年,第1988页。

③ 〔宋〕林栗《周易经传集解》卷一,《文渊阁四库全书》第12册,台北:台湾商务印书馆,1983年,第24页。

④ 《永乐大典》卷一三八七四,第5965页。

则六四一爻可使四爻皆正，也不符合贲卦其他爻下注文的意思。

4. 剥卦上九爻辞注："彼得志于上，必失其下。故君子去其上而出其下，可以得民。"参校诸本"失"误作"食"。

按：此段出文前，苏轼注云"上九之失民久矣……君子以为是不可食之果也而亟去之"。出文中的"彼"字，与下文"君子"对文，代指上九。前言"上九失民久矣"，后言上九"必失其下"，正与前言君子"亟去之"，后言"君子去其上"，一例。

参校诸本作"必食其下"，乃涉经文"上九，硕果不食"而误。苏轼云"硕而不见食，必不可食也"，则是苏轼以上九为"不可食"之果，若作"必食其下"，强为之解，则是以下爻为果，与注文意义不合。

5. 大畜卦《彖传》注："大者正也，谓上九也，乾之谓贤，贤者见畜于上九，所以为大畜也。"参校诸本"乾之谓"误作"故谓之"。

按：乾谓贤，"贤者见畜于上九"，即上九畜乾，上九为艮卦之主，即艮畜乾，下文云"乾知艮之有以畜我"，可证。此与小畜《彖传》注"巽之所以畜乾者，顺之而已"一例。

参校诸本作"故谓之"，是以贤字代指上九，若如此，"贤者见畜于上九"一句无法讲通。

6.《序卦》注："故曰蒙者蒙也，比者比也，剥者剥也。皆义尽于名者也。"吴本"比者比也"作"屯者屯也"，《青照堂丛书》本脱此句，其余参校诸本"蒙者蒙也"下衍"屯者屯也"四字。

按："蒙者蒙也""比者比也""剥者剥也"三句皆《序卦》文，苏轼于《序卦》首次出现"某者某也"之下言经文凡例，所以在《序卦》"蒙者蒙也"出注，且说"皆义尽于名者也"。

参校诸本有"屯者屯也"。根据《周易》卦序，屯卦当在蒙卦之前，但在参校诸本的注文中反位于"蒙者蒙也"之后。且《序卦》曰"屯者盈也"，开成石经已如此，[①]孔颖达《正义》引作"屯者盈也"，[②]天禄琳琅旧藏南宋刻本、南宋初建阳坊刻本《周易注》，及南宋两浙东路茶盐司刻八行本《周易注疏》也作"屯者盈也"。则"屯者屯也"四字，当是后人妄增。

此外，明钞本《易解》与参校诸本不同，又义可两通的异文，对研究《东坡先生易解》有重要的参考作用，也是明钞本《易解》文献价值的体现。比如，剥卦六二爻辞注："君子以上三爻为己，载己者床也，故三为床。"陈本、吴本、毕刻《两苏经解》本、《津逮秘书》本、《青照堂丛书》本"三为"作"初为剥"，顾刻《两苏

---

① 《开成石经》，《西安碑林全集》卷一一〇，第352页。

② 〔唐〕孔颖达《周易正义》卷一四，第八叶B面。

经解》本、闵本、顾本、《学津讨原》本（“下为”下有空格）、《四库》本、《荟要》本“三”作“下”。此类异文还有不少。这些异文拓展了研究《东坡先生易解》内容时可使用的材料，为探讨苏轼的思想提供了更多的方向。

四、结语

明钞本《易解》，递藏源流清晰，保留了一定的宋本特征，还具有独特的有校勘价值的异文，是研究《东坡先生易解》时应当详加利用的本子。

在校勘过程中，以明钞本《易解》为参照，笔者发现刊刻时间较早的两种明刻本尚能保留一些文本的原貌。比如，刻于万历二十二年的陈本和二十四年的吴本，虽然已经按朱熹本变乱了经文的顺序，但是“天数五，地数五，五位相得而各有合”“天数二十有五，地数三十，凡天地之数五十有五”两处的注文还没有随着经文一起移动，反映了明人变乱经文是一个渐进的过程。可见，明钞本《易解》的一些特征对于归纳《东坡先生易解》的版本系统，可发挥重要作用。

应当指出的是，明钞本《易解》不乏明显的讹误，或是底本已误，或是钞手粗心所致。明钞本《易解》虽然可读性不如后代的本子，但因为它成书较早，臆改成分较少，错误大多易于辨认，应该得到重视。

《毛诗注疏校勘记》"以例校经"现象论析

张　亿*

【内容提要】 所谓"以例校经",即根据校勘者所认识的古书内部规律校勘经典的方法。通观《毛诗注疏校勘记》,"以例校经"的例子比比皆是。在《校勘记》中,"以例校经"之法体现了校经者搜集异文、区分层次,无意无必、防止误改,有为而发、回应前人等校勘思路。与此同时,"以例校经"也存在区分层次尚欠严密,正反两可、难以确证,空发条例、校记可商,条例冲突、依违难定,过求划一、否定例外的弊端。段顾之争是清代学术史上的重要争论,《校勘记》由顾广圻初校,段玉裁等人审定而成,但是段玉裁、顾广圻意见相左的情况在《校勘记》中少有体现,究其缘由,应该在于二人对"以例校经"这一方法的认同。二人对各大条例的意见相对一致,这一定程度上消弭了二人在校勘实践中的争论。

【关键词】 《毛诗注疏校勘记》　以例校经　段顾之争

《毛诗注疏校勘记》(简称《校勘记》)是阮元《十三经注疏校勘记》之一,参与校勘工作的有顾广圻、段玉裁、严杰等人。[①]《校勘记序》云:"经有经之例,传有传之例,笺有笺之例,疏有疏之例,通乎诸例而折衷于《孟子》'不以辞害志',而后诸家之本可以知其分,亦可以知其一定不可易者矣。"[②]《校勘记序》所谓的"例",可以理解为校勘者所认识到该书内部的规律,而"通乎诸例"正是《校勘记》的"以例校经"之法。对此,清人谢章铤已有注意,认为《校勘记》"好立条

* 本文作者为北京大学中国语言文学系博士生。

① 对于《毛诗注疏校勘记》各学者的参与情况,学界多有讨论。据水上雅晴《顾广圻与〈十三经注疏校勘记〉——以〈毛诗释文校勘记〉为考察中心》(刘玉才、水上雅晴主编《经典与校勘论丛》,北京:北京大学出版社,2015年,第242—262页)一文脚注,最先是陈鸿森先生注意到《校勘记》具有复层结构,认为《校勘记》〇后校语出于段玉裁,学界基本认同此说。除此之外,李慧玲《阮刻〈毛诗注疏〉(附校勘记)研究》(华东师范大学博士论文,2008年)指出,《校勘记》在段玉裁之后,另有三校,三校者当是严杰。刘玉才教授据国图所藏《周易注疏校勘记》稿本确定了严杰曾参与《十三经注疏校勘记》最后的审定。

② 〔清〕阮元等撰,袁媛整理《十三经注疏校勘记·毛诗注疏校勘记》,北京:北京大学出版社,2014年,第1页。

例”。[①] 李慧玲《阮刻〈毛诗注疏〉附校勘记研究》有《〈毛诗注疏校勘记〉中的经文、注文、疏文之例》专节(以下简称李文),钩稽诸例,根据《校勘记序》归纳为:《毛诗》之例、毛传之例、郑笺之例、孔疏之例、其他杂例五种十八条。[②] 笔者拟在李文的基础上,对“以例校经”现象作进一步分析,并试图以“以例校经”为枢纽,厘清前人关于《校勘记》与段顾之争关系的认识。

一、“以例校经”现象及其校勘思路

通观《校勘记》,“以例校经”现象随处可见,今举例说明。《关雎》校勘记“怨耦曰仇”条:

> 案:《释文》云:“好逑,音求,毛云‘匹也’,本亦作‘仇’,音同,郑云‘怨耦曰仇’。”是《释文》本经、传作“逑”,笺作“仇”也。《正义》本笺字未有明文,当亦与《释文》本同。臧琳《经义杂记》云:“笺既不云‘逑’当为‘仇’,则说异而字同。”其说非也。凡笺于经字以为假借者,多不言读为,而显其为假借,有二例焉。一则仍用经字,但于训诂中显之,如“容兮遂兮”,笺“遂,瑞也”,以遂为璲之假借;“价人维藩”,笺“价,甲也”,以价为介之假借,是其类也。一则于训释中竟改其字以显之,如此经之“逑”,笺则曰“怨耦曰仇”,以“逑”为“仇”之假借;及“湜湜其止”笺之“小渚曰沚”,“山有桥松”笺之“槁松在山上”,“可以乐饥”笺之“可饮以疗饥”,皆其类也。二者皆不言“读为”也,于训释中竟改其字者,人每不得其例,今随条说之,以去其症结。其仍用经字,但于训诂中显之者,人所易晓,不悉说焉。臧琳又以为,遍考《毛诗》,《兔罝》《无衣》《皇矣》等逑匹之“逑”皆作“仇”,此经作“逑”,出后人私改,亦非也。凡毛氏《诗经》中之字,例不画一,如或用“害”,或用“曷”,而同训“何”;或用“肩”,或用“豣”,而同训兽三岁。其类众矣。他经用“仇”,此经用“逑”,不嫌同训,何可据彼改此。《说文》“逑”下云:“又曰‘怨匹曰逑’。”正说“逑”为怨匹字之假借,其《释文》所载“本亦作‘仇’”者,是依笺改经,出之于下意所不从。章怀注《后汉书》,李善注《文选》,虽经引用,要即所谓以破引之,实非毛氏《诗》旧文也。[③]

此条校记正是“以例校经”的典范,综合运用了四条条例。首先,《校勘记》引《释文》,离析出《释文》本、《正义》本,是用唐时经传文本差互例。《校勘记序》

---

① 〔清〕谢章铤《毛诗注疏毛本阮本考异序》,北京古学院编《敬跻堂丛书》本,北京:中国书店出版社,2011年,第1页。

② 李慧玲《阮刻〈毛诗注疏〉(附校勘记)研究》,第128—136页。

③ 《十三经注疏校勘记·毛诗注疏校勘记》,卷一,第10—11页。

云："至唐初而陆氏《释文》、颜氏《定本》、孔氏《正义》先后出焉，其所遵用之本，不能画一。"[①]有见于此，在校勘经文时，必先离析各本异文。此处，经文和传、笺作"逑"还是"仇"，《校勘记》根据《释文》认为，《释文》本经传作"逑"，郑笺作"仇"，而《正义》本虽无明文，也当与《释文》本同。其次，《校勘记》反驳臧琳郑笺作"逑"之说，用的是郑笺破字之例。臧琳认为郑笺破假借一定会用"读为"这一术语，既然此处郑笺不用"读为"，那应该郑笺与经、传同作"逑"。《校勘记》申明郑笺破假借，除了用"读为"外，另有二例：第一，仍用经字，于训诂中显之；第二，于训释中径改其字。而此处郑笺作"仇"，正是用"于训释中径改其字"之例。最后，《校勘记》反驳臧琳经文作"仇"之说，用的是"《毛诗》用字例不画一"和"古人引书常以破引之"二例。臧琳认为，除了《关雎》外，《毛诗》中逑匹之"逑"皆作"仇"，而古书中《礼记·缁衣》、《汉书·匡衡传》、《文选》注、《后汉书》注引亦作"君子好仇"，因此《毛诗》皆当作"仇"，作"逑"的文本出于后人私改。《校勘记》认为，《毛诗》经文用字本不画一，如"害"之与"曷"，"肩"之与"豜"，皆训同而字异。而他书中引《毛诗》此句，或出于后改之本，或是以破引之。因此，仅仅根据《毛诗》用字情况和他书引文情况，判定《毛诗》此句当作"君子好仇"，则证据不足。

细绎上文之例，可知《校勘记》"以例校经"方法之大概。至于《校勘记》中的条例，据上文李慧玲归纳已有五种十八条。虽仍觉纲举而目未尽张，但也已颇为纷繁复杂。不过，贯穿其中的校勘思路则无外乎以下三点：

（一）搜集异文，区分层次。最常规的搜集异文方法是将该书各个版本放在一起对校，《校勘记》卷首有《引据各本目录》，列举校勘所用的单经本（唐石经、南宋石经残本）、经注本（孟蜀石经残本、宋小字本、重刻相台岳氏本）、注疏本（十行本、闽本、明监本、汲古阁毛氏本）。但是，就《毛诗》及传、笺而言，对校所用版本的时代相对较晚，无法提供早期文本的异文信息，于是校经者将目光投向经注本身和其他相关文献。对于经注本身，可以利用毛传、郑笺推寻经文，也可以通过考察经、传、笺的文例，用字情况探求异文。对于其他相关文献，可以利用《毛诗》传、笺的注释性文本（如《经典释文》《毛诗正义》）和他书引文（《说文解字》、《文选》注、《后汉书》注等）搜集异文。可贵的是，《校勘记》在搜集异文的同时，又对异文的性质有深刻的认识。以《诗经》文本为例，《校勘记序》云：

> 考异于《毛诗》，经有齐、鲁、韩三家之异，齐、鲁《诗》久亡，《韩诗》则宋以前尚存，其异字之见于诸书可考者，大约毛多古字，韩多今字……《毛

---

① 《十三经注疏校勘记·毛诗注疏校勘记》，卷一，第1页。

诗》字有各异矣，自汉以后，转写滋异，莫能枚数。至唐初而陆氏《释文》、颜氏《定本》、孔氏《正义》先后出焉，其所遵用之本，不能画一。自唐后至今，锓版盛行，于经，于传、笺，于疏，或有意妄更，或无意讹脱，于是缪盭莫可究诘。①

此处，《校勘记》认识到了《诗经》文本的“复杂重叠构成”，②区分了《毛诗》与三家《诗》、《经典释文》、《五经定本》、《正义》本、后代版刻等共时和历时层次。而在具体校勘中，我们可以看到校经者的认识更为细致。如《淇奥》“会弁如星”条：

唐石经、小字本、相台本同。案《释文》云：“会，古外反，注同，郑注《周礼》则如字，《说文》作膾。”案《说文》“膾”下引《诗》“膾弁如星”，许君称《诗》当是毛氏，而今《毛诗》不作“膾”者，郑笺之本不与许同也。③

可见，《校勘记》除了认识到《诗经》有《毛诗》和三家《诗》文本之异外，还认识到即使是《毛诗》系统内部，也存在传本的差异（即李慧玲所谓“郑笺引《诗》与《说文》多异”之例）。在条例的指导下，《诗经》校勘获得了更丰富、更立体的异文材料。

（二）无意无必，防止误改。校勘的结果，无非是“有所改，有所不改”。而《校勘记》中的不少条例，最终指向的是“有所不改”。以《毛诗》及传、笺的校勘为例，上文论及，《校勘记》提出“《毛诗》用字不画一”之例，又提出“郑笺引《诗》与《说文》多异”之例，这就可以避免仅仅根据文例或他书引文而草率校改《毛诗》的情况。又，《校勘记》还提出了“《正义》自为文”的条例，见《采蘋》校勘记“则非礼也”条：

小字本、相台本同。案惠栋于“礼”下添“女”字，非也。笺说传“必先礼之”之礼，不更言礼女，其为礼女自明矣。《正义》云“则非礼女也”，乃《正义》自为文，不可据以改笺。凡《正义》自为文，其于注有足成，亦有檃栝，皆取词旨通畅，不必尽与注相应。④

《正义》为疏解经、注而作，因此大多数时候在意思乃至用字上会与经、注相互照应。因此，根据《正义》推寻经、注的文字，乃是校勘经、注的重要方法。此处惠栋正是据《正义》“则非礼女也”于“礼”下添“女”字。而《校勘记》提出“《正义》自为文”之例，乃是认识到在没有版本依据的情况下，这种操作容易产生

---

① 《十三经注疏校勘记・毛诗注疏校勘记》，第 1 页。

② 倪其心《校勘学大纲》，北京：北京大学出版社，2004 年，第 79 页。

③ 《十三经注疏校勘记・毛诗注疏校勘记》，卷一，第 76 页。

④ 同上书，第 29 页。

误改。

此外，对《正义》的校勘，《校勘记》提出了"《正义》称书名多用简称""《正义》引文多删改""《正义》所见本与今本不同"等条例，如《诗谱序》校勘记"放于此乎隐二年公羊传文"条：

> 闽本、明监本同。案：此不误，浦镗云"放，《传》作昉"，非也。《隶释》载汉石经《公羊》残碑字作"放"，版本作"昉"，郑《考工记》注引亦作"放"可证也。凡《正义》所引经典，有所见本如此，不容执今本以相比较者，此类是矣。①

今本《公羊传》隐公二年云："曷为贬，疾始灭也。始灭，昉于此乎。"由于《正义》认为《诗谱序》中的"放于此乎"乃是《公羊传》文，于是浦镗指出《公羊传》中"放"作"昉"。《校勘记》认为，放、昉二字皆于古有据，《正义》所见《公羊传》作"放"，不能据今本《公羊传》改《诗谱序》及《正义》。这正是"《正义》所见本与今本不同"之例。同样的，《校勘记》提出"《正义》称书名多用简称""《正义》引文多删改"二例，也意味着不能据某书严格的书名、某书今本的引文校改《正义》。

以上条例，都指向了《校勘记》"有所不改"的一面。《校勘记》认为，在仅仅有《毛诗》用字习惯、疏文、他书今本等证据，却没有唐宋古本作为依据的情况下，各仍其旧是最好的办法。这种无意无必的态度，是避免武断径改的保障。

（三）有为而发，回应前人。据《校勘记》卷首"引用诸家"，可知《校勘记》参考了陆德明、山井鼎、浦镗、陈启源、惠栋、戴震、段玉裁等七家成果，实际上《校勘记》参考的成果更多，而不少条例乃是为了回应前人的校勘方法而被提出。如上文《关雎》校勘记"怨耦曰仇"条论及的"《毛诗》用字不画一"之例、"郑笺破字"之例，正是为了批判臧琳《经义杂记》中利用《毛诗》用字习惯、郑笺破字习惯校勘《毛诗》郑笺的方法。又如，《诗谱序》校勘记"艺论所云"条：

> 闽本、明监本同。案：此不误。浦镗云："上当脱'六'字。"非也。"艺论"与"六艺论"互见，即其省耳，馀同此。详考浦书，失多而得寡，兹所采外，不胜驳正。以后所列，用为举例，推类求之，大略可知矣。②

如果纯用对校，此处并无异文，据《校勘记》判断，又属不误。若仅仅是为了校勘，此条大可不出。《校勘记》出此条的目的，乃是为了驳正浦镗之失。而《校勘记》提出"艺论与六艺论互见"，正是使用《正义》称书名多用简称之例。

又《关雎》校勘记"而民思忧"条：

---

① 《十三经注疏校勘记·毛诗注疏校勘记》，卷一，第2页。

② 同上书，第1页。

> 闽本、明监本、毛本“思忧”误“刚毅”。案浦镗校此下用《乐记》补数十字，皆非也。考《正义》引群籍，有引其意不全用其文，不可依本书改窜者，此类是矣。[①]

此处闽本、明监本、毛本有异文，而《校勘记》一笔带过，其重点仍是浦镗用《乐记》补《正义》的校勘方法，提出“《正义》引书多删改”例，也是为了驳正浦镗在校勘方法上的失当。

又如《硕人》校勘记“硕人其颀”条：

> 唐石经、小字本、相台本同。案《经义杂记》云：“《玉篇·页部》引作‘硕人颀颀’，据郑笺知《诗》‘颀’字本重文，六朝时犹未误。”其说非也。考经文一字，传、笺叠字者多矣，如“明星有烂”笺云“明星尚烂烂然”等是也。《玉篇》乃依笺叠字耳，非六朝时经有作“硕人颀颀”之本也。《释文》云“其颀，其机反”，《正义》云“有大德之人，其貌颀颀然长美”，皆经文作其字之证。[②]

此处各本并无异文，《校勘记》出此条，正是据传、笺叠字之例，驳《经义杂记》据《玉篇》而认定“颀”字重文。段玉裁《毛诗故训传定本》于“兴也，泛泛流貌”下注：“凡经文一字，传文叠字者例此。”[③]

一般而言，校勘记的作用是校正文字，但是《校勘记》却利用一条条校勘记，回顾了前人校勘方法的得失，并提出了自己的校勘条例和原则，这对后人继续校勘《毛诗注疏》无疑是具有参考价值的。

二、“以例校经”方法的问题

在《校勘记》中，“以例校经”的情况大多言之有据，能与古本、善本相合。但是，《校勘记》“以例校经”的方法也有值得商榷的地方，今略举五端。

（一）层次区分，尚欠细密。上文论及，《校勘记》区分了《毛诗》与三家《诗》、郑玄所见本与《说文》所引本、《释文》本、定本、《正义》本、俗本、石经本等共时、历时的版本层次。但是，《校勘记》对这些版本层次的认识未必准确。如对于定本、俗本、《正义》本，认为定本是颜师古所定的《五经定本》，俗本是当时通行之本，《正义》本则是作《正义》所遵用之本。对于《正义》本，程苏东《阮元〈十三经注疏校勘记·毛诗〉所称“正义本”考辨》指出：“《正义》中有不少对于

---

① 《十三经注疏校勘记·毛诗注疏校勘记》，卷一，第 6 页。

② 同上书，第 78 页。

③ 〔清〕段玉裁《段玉裁全书·毛诗故训传定本小笺》，卷三，南京：江苏人民出版社，2015 年，第 343 页。

分章、毛传、郑笺的疏解，实即二刘旧疏，而旧疏所据《毛诗》版本，与唐人编撰正义时所用版本有所不同，因此，阮校中所称的'正义本'，至少包括了二刘旧疏所据本与唐人《正义》所据本两个不同层次。"[①]如《敝笱》校勘记"亦文姜所使止"条：

小字本、相台本同。案：《正义》云："亦文姜所使，今定本云'所使出'，于义是也。"标起止云："至使止。"此笺当是定本有"止"字，《正义》本无耳。"出"是"止"字之讹，标起止当是后改也。[②]

查单疏本，"出"字正作"止"字，而标示起止亦有"止"字。《校勘记》发现此条《正义》引"亦文姜所使"，又引定本多"止（出）"字，认为《正义》所遵用之本作"亦文姜所使"。这一判断，自然是没有考虑到此段《正义》出自旧疏的可能。或许，旧疏所遵用之本作"亦文姜所使"，唐人作《正义》时，所用本作"所使止"，故标示起止作"所使止"，而未及删汰旧疏，导致《正义》与标示起止之间的矛盾。又如"定本"，据刘文淇《左传旧疏考正》，在熊安生、刘炫、陆德明之前已有定本，则定本并非全是颜师古《五经定本》。俗本的情况与此类似，如《礼记·文王世子》"诸父守贵宫贵室"，《疏》云："皇氏云俗本无贵宫者，定本有贵宫。"此处"俗本"乃是与"定本"相对的概念，皆是前朝旧本，并非唐时通行之本。[③]

可见，如果将唐人《正义》袭自六朝旧疏这一历史情境考虑进来，则《校勘记》中对定本、俗本、《正义》本层次的区分，尚欠细密。

（二）正反两可，难以确证。在《校勘记》中，条例服务于具体校勘实践，是判断异文的辅助性工具。但是，《校勘记》中部分条例的使用，也存在似是而非、正反两可的问题。如"《正义》自为文"之例，其核心在于不能根据疏文去更改经文、注文。但是，如果经文、注文在早期版本上已经有异文，那么《正义》中与异文相照应的文字是《正义》自为文，还是《正义》疏解经注，就存在正反两可的情况了。如《柏舟》"今不用而与物泛泛然"条：

闽本、明监本、毛本"与"下衍"众"字，小字本无，十行本初刻无，后剜

---

① 程苏东《阮元〈十三经注疏校勘记·毛诗〉所称"正义本"考辨》，《经典与校勘论丛》，第263页。

② 《十三经注疏校勘记·毛诗注疏校勘记》，卷二，第123页。

③ 刘文淇之说，见于《左传旧疏考正·自序》，日本学者野间文史《五经正义所引定本考》（《日本中国学会报》）第37集，1985年，证成其说。近年来，亦有学者提出不同意见，如申屠炉明《刘文淇〈左传旧疏考正〉中五经疏中的定本问题的再讨论》（许苏民、申屠炉明主编《明清思想文化变迁》，南京：南京大学出版社，2009年，第449—458页）指出《正义》中定本也有不少与颜师古定本相同之处，因此需要分别观之。张良《刘孟瞻六朝定本说抉疑》（《隋唐辽宋金元史论丛》第十辑，上海：上海古籍出版社，2020年）以《礼记正义》为例，证明《礼记正义》中的定本还应当属于颜师古校订的本子，认为刘文淇之说不成立。张良之说颇为有见，然《毛诗正义》中定本是否与《礼记正义》同，当另做考察。刘氏之说颇有影响，姑录于此。

> 添，相台本有“众”字，无“而”字。案笺上云“舟载渡物者”，下云“今不用而与物泛泛然”，二“物”字相承，不应有“众”字。《正义》云“亦泛泛然其与众物俱流水中而已”乃《正义》自为文，不可据添。岳氏《沿革例》云“间有难晓解者，以疏中字微足其义”，谓此类也，然其所足要未有当者。①

此条主要讨论的是郑笺是否有“众”字的问题，小字本无众字，相台本、闽本、明监本、毛本有。小字本、相台本同为较早版本，“众”字是不是衍文就不好根据版本来确定了。《校勘记》根据郑笺上下文皆是言“物”，不言“众物”，认为应当无“众”字。因此，认为《正义》中的“众物”乃是《正义》自为文，而相台本有“众”字，乃是根据疏文添加，即《沿革例》“间有难晓解者，以疏中字微足其义”的条例。实际上，《正义》有“众物”，是自为文，还是与郑笺相照应，是难以确定的，据此认为相台本据《正义》添“众”字更是证据不足。今检敦煌《毛诗传笺》残卷伯2538，郑笺正有“众”字，《群书治要》所引郑笺亦有。可知，唐时之本已有“众”字，非岳氏所添。

又如“《毛传》简古”之例，校经者认为，《毛传》文字简古，因此在校勘时，更倾向言简意赅的版本。如《葛覃》校勘记“妇人谓嫁曰归”条：

> 小字本、相台本同。案：《正义》云：“《定本》‘归’上无‘曰’字。”《释文》云“本亦无‘曰’字”。此依《公羊传》文，考此即楚人谓乳谷、谓虎於菟之类，毛传文古，故其语亦如此，当以定本为长。②

据《释文》及《正义》可知，在隋唐时期，已经存在有无“曰”字的异文情况。《校勘记》持“《毛传》文古”之例，认为没有“曰”字的版本跟《左传》“楚人谓乳谷、谓虎於菟”的文例是一致的，同属较为简古的文本形态，因此更为优长。“谓乳谷、谓虎於菟”之类的训诂术语，可以归纳为“谓甲乙”式，“妇人谓嫁曰归”之类，则可以归纳为“谓甲曰乙”式。“谓甲乙”式，见于《左传》，确实属于简古的训诂术语。但是“谓甲曰乙”式的出现也不晚，如《孟子·梁惠王》中即有“谓其台曰灵台，谓其沼曰灵沼”。在《毛传》之前，两种训诂术语已经存在，《毛传》不一定采用“谓甲乙”式。此外，《小雅·大东》“东有启明，西有长庚”，《毛传》曰：“日旦出谓明星为启明，日既入谓明星为长庚。”此处《毛传》采用“谓甲为乙”式训诂术语。总之，不能据“《毛传》简古”之例判定无“曰”字本为优长。

（三）空发条例，校记可商。《校勘记》中大部分条例都有根据，因此将这些条例运用到《毛诗注疏》校勘中，往往能达到求真复原的目的。但是，《校勘记》中也有部分条例乃是凭空而发，以此绳经，自是南辕北辙。如《卷阿》校勘记

---

① 《十三经注疏校勘记·毛诗注疏校勘记》，卷一，第42页。

② 同上书，第14页。

"如圭如璋"条：

> 闽本、明监本、毛本同，唐石经"圭"作"珪"，小字本、相台本同，注同。案唐石经是也。馀经作"圭"，乃用字不画一之例。此经及《正义》中字皆作"圭"，当是后人用他经所改。《考文》古本因此每改他经字作"珪"者亦非。〇按，"珪"者"圭"之古文也，《毛诗》不当用古，旧校非。[①]

作"圭"还是"珪"，顾广圻依据"《毛诗》用字不画一"条例，信从唐石经作"珪"。而段玉裁则据《说文》认为"珪"是"圭"的古文，而《毛诗》不当用古，以此否定旧校。通考《校勘记》，"《毛诗》不当用古"条例仅一见，并且与《校勘记序》是矛盾的。[②]《校勘记序》云："大约毛多古字，韩多今字。"[③]可见，这一条例本身即值得商榷。

（四）条例冲突，依违难定。一般而言，《校勘记》的条例贯穿《毛诗注疏》，多相互照应，层次谨严。但是，在具体处理问题时，条例之间会产生冲突。如《谷风》校勘记"毋发我笱"条：

> 唐石经、小字本、相台本同。案，《释文》以"無发我笱"作音，考《正义》引《角弓》笺及《说文》"毋"字为说，是《正义》本作"毋"也。考《唐石经·小弁》经作"無"，乃是经中用字不画一，当以《正义》本为长。〇按以《仪礼》古文作"無"，今文作"毋"例之，毛诗多古文，则作"無"是也，《正义》本作"毋"未是。[④]

此处讨论的是经文作"無"还是"毋"的问题。顾广圻根据《正义》"《角弓》笺云：'毋，禁辞。'《说文》云：'毋，从女，象有奸之者。'禁令勿奸，故毋为禁辞。"认为《正义》本作"毋"。又执"经中用字不画一"例，解释唐石经《小弁》经作"無"。而段玉裁则据《仪礼》中古文用"無"，今文用"毋"，认为二字在使用上有古、今之别，而"《毛诗》多古文"，认为当作"無"。二例相角，依违难定。实际上，据徐丹《也谈"無"、"毋"》，从我们能见到的出土文献的材料看，"無""毋"在公元前 4 世纪至前 2 世纪左右的文献中相通或混用，地域相当广阔，北从内蒙古（居延汉简）、河北（定州汉简）、山东（银雀山竹简），南到湖北（郭店楚简）、湖南（长沙马王堆帛书），出土文献里都有两字相通或相混的情况。[⑤]

---

① 《十三经注疏校勘记·毛诗注疏校勘记》，卷六，第 426 页。

② 从文字学上看，"圭"应当早于"珪"，李慧玲文中已辨之，笔者在此讨论的是条例问题，不旁涉。

③ 《十三经注疏校勘记·毛诗注疏校勘记》，第 1 页。

④ 《十三经注疏校勘记·毛诗注疏校勘记》，卷一，第 54 页。

⑤ 徐丹《也谈"無"、"毋"》，《语言科学》，2007 年第 3 期。

又如《无衣》校勘记“安且燠兮”条：

> 唐石经、小字本、相台本同。案，《释文》云“奥，本又作‘燠’”，《正义》标起止云“传燠暖也”，是《正义》本作“燠”。《小明》经作“奥”，经中用字不画一之例。《考文》古本作“奥”，采《释文》。①

此处唐石经、宋本皆作“燠”，《释文》出文作“奥”，并提示“本又作‘燠’”，可见《释文》本作“奥”，又作本与今本同。《校勘记》据《正义》标起止“传燠暖也”，认为《正义》所据本作“燠”。又指出《小明》“日月方奥”用“奥”字乃是经文用字不画一之例。可见，《校勘记》应当是以作“燠”字的文本为优长。实际上，按照《释文》，此处作“奥”、作“燠”乃是传本不同。《校勘记》用唐时《毛诗》文本参差之例，区分《正义》本，但是却未能认识到“燠”之与“奥”，乃是《正义》本、《释文》本的传本不同，将《正义》本直接等同于《毛诗》原本。因此又用“《毛诗》用字不画一”之例，解释《小明》用“奥”字。如果将“唐时《毛诗》各本参差”之例和“毛诗用字不画一”之例合观，可以发现，在此条校勘记中，同时使用这两条条例，得出的结果是矛盾的。

（五）过求划一，否定例外。所谓“例”，乃是根据文本对象总结的相对普遍的规律性认识，在校勘实践中，这些“例”主要起辅助判断的作用。“例”的特点在于其普遍性，而局限则在于存在例外。《校勘记》以例校经时，有时也会注意到例外的情况。如“《正义》易字之例”，即《正义》对于经注中的古字，在疏解行文中，会换成今字。这一条例的提出，源于校经者对《正义》中古今字问题的观察，《出其东门》“聊乐我员”条可为佐证：

> 案《释文》云“我员音云，本亦作云”，《正义》云“则可以乐我心云耳”，下文云“云、员古今字，助句辞也”，是《正义》本作员，以员为古字，云为今字，故易员为云而说之，自著其例如此也。凡易字者，依是求之而例可得矣。②

一般而言，经注用古字，《正义》改用今字。但是，如果在毫无版本依据的情况下，直接用这一条例校改古书，则失之武断。如《黍离》校勘记“故为忧思无所愬也”条：

> 闽本、明监本、毛本同。案“愬”当作“诉”，《正义》作“诉”，上文可证。《传》作“愬”，标起止可证。“愬”“诉”古今字，《正义》所易也。此一字不知者改耳，馀同此。③

---

① 《十三经注疏校勘记·毛诗注疏校勘记》，卷二，第 139 页。

② 同上书，第 112 页。

③ 同上书，第 92 页。

在没有任何版本依据的情况下，《校勘记》认为，“愬”“诉”是古今字，《正义》上文解“愬”为“告诉”，因此此处“愬”当作“诉”。今检足利学校所藏宋十行本，此处《正义》亦作“愬”。上文《正义》虽解“愬”为“告诉”，但此处《正义》并非解释“愬”字，直接用“愬”字，可能是据《毛传》为文。

此外，《正义》易字之例也常常被反用，即面对经注本中是今字的异文，《毛诗》校勘记会认为是据《正义》所改。《樛木》疏“令之次叙进御”条：

> 闽本、明监本、毛本同。案注作“序”，《正义》作“叙”，序、叙古今字，易而说之也，例见前。《考文》古本注亦作“叙”，是用《正义》以改注，由不悉《正义》之例故也。①

此条正是对《正义》易字之例的反用，由《正义》作“叙”反推经注中与之对应的字应是“序”，因此认定《考文》古本郑笺作“兴者，喻后妃能以意下逮众妾，使得其次序”之“序”作“叙”，是据《正义》改注。实际上，“叙”“序”，古书通用，如《周礼》即有“而以时御叙于王所”，而郑笺正作“御，犹进也，劝也，进劝王息亦相次叙”。可见，此处“序”“叙”的不同，仅是传本的不同，郑笺未必用“序”不用“叙”。

从单疏本、宋十行本的情况来看，《正义》将经注中的古字改成今字的情况多见，可见《正义》确有易字之例，但是不可据此认为毫无例外。如果偏执于条例，否定例外，则是为古人作修订本，无法达到存真复原的目的。

三、从“以例校经”角度看《校勘记》与段顾之争的关系

段顾之争是乾嘉时期重要的学术争论，学界多有讨论。② 概言之，二人在嘉庆六年(1801)至嘉庆十三年间针对若干校勘问题提出不同意见，二人由争论学术到攻讦人品，最终交恶。《校勘记》由顾广圻初校，段玉裁等人覆校、三校，顾氏于嘉庆六年承担《毛诗注疏》校勘，七年冬返回苏州，则顾氏校勘工作完成于嘉庆七年。段玉裁审定《十三经注疏校勘记》的工作持续到嘉庆十三年。③ 萧穆《敬孚类稿》有《记方植之先生临卢抱经手校〈十三经注疏〉》云：

> 《阮序》“臣复定其是非”。按，严云：“臣复定其是非，此语专为段氏驳《诗经》而设，因以施于群序云尔。”按，《校刊记》成，芸台寄与段懋堂复校，段见顾所校《诗经》引用段说未著其名，怒之，于顾所订，肆行驳斥，随即寄

① 《十三经注疏校勘记·毛诗注疏校勘记》，卷一，第17页。

② 可参漆永祥师《论段、顾之争对乾嘉校勘学的影响》，《古籍整理研究学刊》1991年第3期；王欣夫《王欣夫说文献学·顾广圻的校雠学》，上海：上海古籍出版社，2000年；刘跃进《段玉裁卷入的两次学术论争及其他》，《文史知识》2010年第7期等。

③ 刘盼遂《段玉裁先生年谱》于嘉庆十三年十月下书“作《十三经注疏校勘记》序”。

粤付凌姓司刻事者开雕，而阮与顾皆不知也。故今《诗经》独不成体，此事当时无人知者，后世无论矣。乙酉八月严厚民杰见告，盖以后诸经乃严亲赍至苏共段同校者也。”以上阮序“定其是非”句批记。①

若据方东树，则《校勘记》是段顾之争的阵地。对此，李慧玲认为，“方东树此说，似非空穴来风。”②李振聚认为：“严杰身历阮氏校经之事，于诸人往复龃龉之处，自当了然。方东树闻诸严杰，故应为可信”。③

笔者认为，根据行文来看，严杰原话如何已不得而知，仅凭方东树“严厚民杰见告”，就认定方东树所言非虚，颇有片言折狱之嫌。此外，方东树所言，无论是从事实上，还是个人立场上，都有值得怀疑之处。据方东树，段玉裁覆校《毛诗》之后，即赴开雕，则段玉裁乃是《校勘记》的最后经手人。实际上，《校勘记》中○之后内容，大部分出自段玉裁，也有不出自段玉裁者，可知在段玉裁之后，另有三校的存在。④ 此是方东树所言事实可疑之处。此外，方东树于汉学家多诋毁语，所著《汉学商兑》一书，充满“诟詈谩骂之词，令人难以卒读”。⑤ 就此批语而言，方东树攻讦段氏也是不遗余力。如针对《周礼注疏校勘记》“穹读为志无空邪之空”条，方东树批云：

段氏每盗惠氏之说，阮氏即载之，何也？盖阮为此《记》成，就正于段，故段多入己说，以掩前人而取名耳。又所改原文，多不顺适，真小人哉！⑥

此是方东树立场可疑之处。

此外，据刘盼遂《段玉裁先生年谱》，在嘉庆十二年四月，顾广圻作《刻〈释拜〉序》云“非欲用是酬知也，为后世求段氏学者将有涉于此也”，则在此之前，二人虽有学术观点不合之处，却未交恶。段顾交恶始于嘉庆十二年十一月，嘉庆十三年十二月之后则不了了之。在近一年时间里，段玉裁在论战之外，尚多方周旋，筹措刻《说文解字注》的资金，又多有著作，⑦未必有精力对《校勘记》中的顾氏观点作通盘驳斥，以致《校勘记》成“不成体”面貌。可见，要对《校勘记》覆校部分有一准确判断，是不能轻信方东树一面之词的。而要认定《校勘记》与段顾之争的关系，需要考察《校勘记》本身。

从数量上看，文选楼本《校勘记》共 7 卷，5689 条（卢宣旬补校除外），其中

---

① 〔清〕萧穆《敬孚类稿》卷八，续修四库全书本，第 47 页。

② 李慧玲《阮刻〈毛诗注疏〉(附校勘记)研究》，第 114 页。

③ 李振聚《〈毛诗注疏〉版本研究》，山东大学博士论文，2018 年，第 62 页。

④ 李慧玲《阮刻〈毛诗注疏〉(附校勘记)研究》，第 118—120 页。

⑤ 漆永祥师《方东树〈汉学商兑〉新论》，《文史哲》，2013 年第 2 期。

⑥ 〔清〕萧穆《敬孚类稿》，卷八，第 47 页。

⑦ 刘盼遂《段玉裁先生年谱》，《清华学报》，1932 年 6 月，第 38—39 页。

带"○"的校记149条,占总数的2.6%,而○后校语否定之前校勘意见的有108处,占总数的1.9%。《校勘记》前后不一致的地方不到2%,则《诗经》"不成体"之说不成立。从内容上看,段氏校语,虽然多有臆测成分,但也有精当之处。[①] 而否定顾广圻校勘意见,基本是以理服人,没有毫无根据而横加指责的情况。如《雄雉》"而作是诗"条:

> 小字本、相台本同,唐石经初刻无此四字,后改有。案:有者是也,《正义》标起止云"至是诗"可证○按据标起止为证,乃是《正义》所据本耳,他本之有不同者,不必皆《正义》取据也,全书以此例之。[②]

初校据《正义》标示起止"至是诗",判定唐石经有"而作是诗"为是。覆校则明确指出,《正义》标起止仅仅是《正义》本的层次,不能以《正义》本作为去取标准。这一认识,正是段氏对唐时经传文本差互例的深刻脚注,作为覆校反驳初校,也是点到为止,而不是"肆行驳斥"。

至于否定词,据李慧玲统计,有"旧校非也",15次;"旧校非",7次;"旧校本殊误",2次;"旧校未确",1次;"此殊附会",1次;"旧校云……甚误",1次。合计28次。[③] 其中"殊误""甚误"勉强可以看成李慧玲所谓"口气之严厉,溢于文字",而"旧校非也"之类则是没有丝毫意气的。考察他经校勘记,段玉裁也用"甚误"之类用语,如《周礼·大司马》"故书畿为近"条,段玉裁也说"按前说甚误"。可见,段氏看似口气严厉的断语,也不专为顾氏而发。

综上,笔者认为,虽然在《校勘记》中确实存在覆校反驳初校的情况,但是这种反驳乃是条理清楚、实事求是的不同意见,而不是任意驳斥、无端指责的意气之争。此外,覆校反驳条目占全书的比例并不高,这说明在《校勘记》中段、顾二人虽然就具体问题意见略有不同,但是所持校勘方法是相对一致的。对于这种情况,除了段玉裁、严杰在覆校过程中作的文字统一工作外,还可以从"以例校经"的角度进行解释。

《校勘记》中有两类校勘记,一种是常规的版本比勘,依据旧本判断正误;另一种是版本比勘之外,再综合运用各类知识进行判断。前者较为客观,意见较为统一,后者较为主观,容易众说纷纭。而《校勘记序》通篇言《毛诗注疏》条例,又以"亦可以知其一定不可易者矣"作结,可见"以例校经"正是达到"一定不可易者"的重要手段。当需要综合运用各类知识来判断正误时,条例的作用就凸显出来了。一般而言,只要遵照条例,得出的结论大体不差。

《校勘记》中的条例,虽然是由顾广圻提出,但是大部分为段玉裁所认同,

---

① 李振聚《〈毛诗注疏〉版本研究》,第63—64页。

② 《十三经注疏校勘记·毛诗注疏校勘记》,卷一,第49页。

③ 李慧玲《阮刻〈毛诗注疏〉(附校勘记)研究》,第114页。

也见于段玉裁的著作中。上文所言"唐时《毛诗》各本差互"之例，见于段玉裁《与诸同志书论校书之难》；"《毛传》破字"之例，见于《诗经小学·葛覃》；"传笺叠字"之例，见于《毛诗故训传定本》。此外，另有以下二例。

（一）"唐石经避讳"之例。此例在《校勘记》中见于《閟宫》"又解后稷其名曰弃"条：

> 闽本、明监本、毛本"弃"作"棄"，下同。案《笺》字作"棄"，《生民》可证，《正义》自为文，亦用"棄"字，引《尚书》《史记》乃依彼作"弃"字。十行本尽作"弃"，闽本以下尽作"棄"，皆有误。凡唐石经于"棄"字皆作"弃"，以其中为世字，讳而避之也。《正义》避讳之例则不如此，如"泄"字，唐石经避作"洩"，而《正义》仍作"泄"，当是作《正义》时例但缺画也。①

此条讨论唐石经避讳之例和《正义》避讳之例的区别。唐石经避讳之例，又见于段玉裁《古文尚书撰异》："凡经典'棄'字，唐石经皆作'弃'，此因其字中有'世'字，故避讳从古文作'弃'。"②

（二）《毛传》同字为训之例。此例在《校勘记》中见于《北风》"虚虚也"条：

> 段玉裁云："经文作'邪'，郑始易为'徐'，毛意虚邪如《管子》之'志无虚邪'耳。'虚，虚也'者，谓此丘虚字，即空虚字也。'《正义》本非。"○按古之训诂有此一例，如《易大传》"比者，比也"，"剥者，剥也"，"蒙者，蒙也"，《说文》亦云"巳者，巳也"。经传不可枚数。或疑《毛传》内无此，因举"要之襋之"，《传》曰："要，褄也。"毛公时安得有"褄"字？"褄"本作"要"，谓此"要"非人要领之要，乃衣裳之要也。正与此"虚，虚也"一例。古者"虚"本训丘虚，因之训空虚，嫌其义之不可定也，故释之曰：此丘虚字，其义则空虚也。如《易》"蒙者，蒙也"，谓此蒙草名之字，其义则训蒙覆也。③

此条《校勘记》引段玉裁之说，见于《毛诗故训传定本》，以段说定《正义》本为非，足见《校勘记》对段说之倚重。○后之说当是段玉裁覆校所加，与前文互为脚注。又，段玉裁《说文解字注》云："虚本谓大丘，大则空旷，故引伸之为空虚。如鲁、少皞之虚，卫、颛顼之虚，陈、大皞之虚，郑、祝融之虚，皆本帝都，故谓之虚。又引伸之为凡不实之称。《邶风》：'其虚其邪。'毛曰：'虚，虚也。'谓此虚字乃谓空虚，非丘虚也。一字有数义数音，则训诂有此例。如许书'巳，巳也'，谓此辰巳之字，其义为已甚也。虚训空，故丘亦训空。如《汉书》丘亭是。自学

① 《十三经注疏校勘记·毛诗注疏校勘记》，卷七，第737页。
② 〔清〕段玉裁《段玉裁全书·古文尚书撰异》，卷一下，南京：江苏人民出版社，第66页。
③ 《十三经注疏校勘记·毛诗注疏校勘记》，卷一，第62页。

者罕能会通，乃分用'墟''虚'字。别休居、丘于二切。而虚之本义废矣。"[①]此处段玉裁更清楚地揭示了《毛传》同字为训的条件——必须要"一字有数义数音"。

对于未见于段氏著述的条例，除了"《正义》自为音"之例外，[②]段氏绝少提出反对意见，可见段氏对顾氏揭示的条例基本是认同的。而正是由于段顾二人对于《毛诗注疏》条例的认识相对一致，极大程度上避免了二人在需要综合运用古文献知识进行校勘的部分产生分歧，从而保证了《校勘记》绝大多数校记的精审得当。

---

① 〔清〕段玉裁《说文解字注》，八篇上，上海：上海古籍出版社，1988年，第386页。

② "《正义》自为音"乃是《校勘记》的重要发现，当来自顾广圻对十行本《陈谱》疏文"东不及明音孟猪"条"音孟"二字旁行细书这一现象的观察。此条顾广圻认为是"《正义》自为音，旁行细书之未误入正文者"，而"《正义》自为音"之例可以此类推。段玉裁持保留意见，在○后云："按，未可以一例百，且在句中者，容或有此例，如此'音孟'及《遵大路》之'山音反'是也，在句末者则文理可读，亦不尽同此例。"段玉裁更为谨慎，认为注音在句中、句末可能是两种情况，不能"以一例百"。

《四书章句集注》版本源流考论

殷漱玉*

【内容提要】 《四书章句集注》在流传过程中存在诸多版本，其中宋咸淳本、宋中字本今已亡佚，《毛扆手校〈四书集注〉》较为完整地保存了二本的校勘记，经辑录、比勘，二本当属于同一版本系统，与今存最早的宋本——淳祐本分属两个系统。后世传本元延祐本、袁又恺所藏元本属于宋淳祐本系统。元至正本、袁克文所藏元本、监本系统来源较为复杂，兼具宋淳祐、咸淳本两种版本系统的特点。

【关键词】 《四书章句集注》　版本源流　版本考论

关于《四书章句集注》的版本研究，古今学者均有所论及。古代学者限于对眼见版本的记录，尚未成系统。现代学者有所开拓，徐德明《〈四书章句集注〉版本考略》①、朱天助《朱子四书类著述二十一种版本考述》②均论及国内《四书章句集注》的版本情况。其中徐文略论版本源流，认为《四书章句集注》分为两个系统：宋本系统和监本系统。其推断有一定的合理性，但由于其眼见资料有限，其结论还需进一步修正。笔者在研究中发现前辈学者未关注之资料有《毛扆手校〈四书集注〉》（以下简称毛校本）及日本所藏元延祐《论语集注》。其中，毛校本以宋淳祐本、宋咸淳本、宋中字本校勘汲古阁本，并于天头详记校记，基本保留了三宋本之概貌。此三宋本，今只存宋淳祐本，其余二本亡佚。笔者取现存最早的宋本以及所目见的元、明、清本与毛校本所保存的宋咸淳祐、中字本校勘记一一对校，通过整理、分析异文，以期对《四书章句集注》版本源流有新的认识，试图对徐德明的结论有进一步完善和修正。

一、《四书章句集注》十一种版本叙考

当今所存的《四书章句集注》版本较多，笔者寓目之本有宋淳祐本（以下简

---

* 本文作者为山东大学儒学高等研究院博士生。

① 徐德明《〈四书章句集注〉版本考略》，《华东师范大学学报（哲学社会科学版）》1998 年第 4 期。

② 朱天助《朱子四书类著述二十一种版本述考》，《闽江学院学报》2014 年第 1 期。

称淳祐本）、元延祐本（以下简称延祐本）、元至正本（以下简称至正本）、袁又恺所藏元本（以下简称袁又恺藏本）、袁克文所藏元本（以下简称袁克文藏本）、明伊藩本（以下简称伊藩本）、明汲古阁本（以下简称汲古阁本）、文渊阁《四库》本（以下简称文渊阁本）、文津阁《四库》本（以下简称文津阁本）。另外，依毛校本校记及历代书目著录，可管见两亡佚宋本——咸淳本、中字本之概貌。

（一）宋本

1. 咸淳本

南宋咸淳癸酉（1273）衢守长沙赵淇刊于郡庠。二十六卷，包括《大学章句》一卷、《中庸章句》一卷、《论语集注》十卷、《孟子集注》十四卷。其中《大学章句》卷前有《大学章句序》，《中庸章句》卷前有《中庸章句序》，《论语集注》卷前有《补音释》《论语朱氏集注详说序》《读论语孟子法》《论语朱熹集注序说》，《孟子集注》卷前有《孟子朱熹集注序说》。《大学章句序》《中庸章句序》《孟子朱熹集注序说》《论语朱熹集注序说》，卷末均题"咸淳癸酉夏衢守长沙赵淇刊于郡庠"。

毛扆在《校入宋本凡三部》中略记其版式："板心下有'衢州官书'四字，行数、字数不复记忆矣。"[①]《天禄琳琅书目》则详载其刊刻、流传："咸淳癸酉，衢守长沙赵淇刊于郡庠，每版中有'衢州官书'四字。《中兴馆阁续录》秘书郎莫叔光上言：'今承平滋久，四方之人益以典籍为重。凡搢绅家世所藏善本，外之监司郡守搜访得之，往往锓版，以为官书，其所在各自版行。'宋时郡守刻书于此可证。此本淇为衢守所刊，时度宗九年。……又赵希鹄《洞天清禄》：'镂版之地有三：吴、越、闽。'衢郡属越，由来旧矣。琴川毛氏藏本印记最夥，其'鼎''元'双印，《秘殿珠林》内钱选《洪崖图》帧首有之，上有钱氏印，下曰'仲雅'。又见宋版《汉书》下曰'伯雅'，而此曰'季雅'，以昴弟行，好古鉴藏家也，馀无考。"[②]其跋后详录卷中十五枚藏印。其中，十枚为毛氏之印；另五枚："耕野曹之格新民印章"，为南宋书法家曹之格藏印；"季雅""鼎""元""半仙"，不知谁印。据此可推测，宋咸淳本为度宗九年衢州郡守赵淇所刻。南宋至清，此本曾在吴越之地流传，为曹之格、毛晋等旧藏，后流至宫中，至少在《天禄琳琅书目》成书[③]以前仍存于世。

---

① 〔宋〕朱熹集注，〔清〕毛扆批校《毛扆手校〈四书集注〉》《校入宋本凡三部》，《大学》卷首附，扬州：广陵书社，2007年，第1页。

② 〔清〕于敏中等《天禄琳琅书目》卷一《宋版经部》，《清人书目题跋丛刊》十，北京：中华书局，1995年，第19—20页。

③ 《天禄琳琅书目》成书于乾隆四十年（1775）。

2. 中字本

毛扆又称宋小字本，[①]该本流传至明末已残缺。毛扆手校本记其存佚及版式："又宋本一部末卷缺，不知何年所刊，字俱从正体。惜乎不全，《大学章句》后有《或问》，则《中庸》虽缺亦必有《或问》矣。但指为中字本，半幅八行，十六字。"[②]毛扆所谈中字本残缺情况并不全面，以《论语集注》为例，其于后八卷卷末均标所参入校本及对校时间，卷中天头亦出现"中字小宋本""小宋本""宋中字本"等字样，而前二卷无，据此推测前二卷可能残缺。王文进在《文禄堂访书记》过录宋浙刻本《孟子集注》的版本情况："存卷一、卷五至卷十四，半叶八行，行十六字，注双行。白口。板心上记字数，下记刊工姓名。宋讳'玄'、'匡'、'恒'、'树'、'敦'字皆缺笔。有'仁山兹泉'印。"[③]其版式、避讳与宋中字本合，王文进所见的本子或为中字本。这说明中字本至少在民国时期仍存在残本。

3. 淳祐本

此本或为现存最早宋本，[④]今存中国国家图书馆。二十八卷，包括《论语集注》十卷、《论语集注序说》一卷、《孟子集注》十四卷、《孟子集注序说》一卷、《大学章句》一卷、《中庸章句》一卷。与宋咸淳本比，部分篇次发生变化，例如，《补音释》此本中附《中庸章句》卷后。

每半叶八行，行十五字，经注皆大字，经文顶格，注文低一格。上下单边，左右双栏，白口，黑鱼尾，版心题书名、卷数，下记刻工。凡补版者，均于版心中出"重刊"二字。《大学章句》卷首有"瞿绍基藏书之印""罟里瞿镛""铁琴铜剑楼"三印。卷末题"从政郎提领江淮茶盐所准备差遣刘孟高校正"，卷首附淳祐十二年(1252)金华马光祖跋一则。跋云："当涂郡斋旧有文公《语孟集注》，注与本文皆大字，于老眼为宜，盖正肃吴公所刊，见谓善本。光祖竭来假守，依仿规制，取《中庸大学章句》并刊之，足成《四书》。《语》《孟》岁月浸久，间有漫灭，就加整治。是书在天地间，无穷达，老少皆不可一日废，熟复玩味，则施之行事，其有不敬且畏哉！淳祐壬子孟秋朔旦，金华马光祖敬识。"[⑤]

该本虽为宋淳祐十二年合刊本，但《四书》底本来源并非统一。《论语集注》《孟子集注》底本来源于宋嘉定十年(1217)当涂郡斋旧本，而《中庸章句》

---

① 毛扆在《孟子卷二》末批注："已丑三月三日从中字宋椠残本校一过。所谓大字本者，即咸淳癸酉衢州郡庠本也。小字本者，即此中字本也。惜乎残缺，仅存首二册尔。"

② 《毛扆手校〈四书集注〉》《校入宋本凡三部》，《大学》卷首附，第1页。

③ 王文进著，柳向春整理，吴格审定《文禄堂访书记》卷一《五经》，北京：中华书局，2019年，第56页。

④ 另外，徐州图书馆藏席鉴家藏本，此本经李致忠鉴定，为南宋末年的本子，是否早于宋淳祐本，目前还未确定。

⑤ 〔宋〕朱熹集注《宋本大学章句 宋本中庸章句》，北京：国家图书馆出版社，2016年，第1—3页。

《大学章句》的底本来源于何本，马光祖未详述。学者于此本称名不一。毛扆依《四书》合刊时间，称此本为宋淳祐本；瞿镛则认为《四书》底本均为当涂郡斋本，称该本为“嘉定十年当涂郡斋刻本，嘉熙四年(1240)、淳祐八年、十二年递修本”，其说法有失精当。徐德明加以修正，他认为《中庸章句》《大学章句》当为淳祐十二年当涂郡斋刻本。但跋中只是说《四书》为马光祖所翻刻，是否刊于当涂郡斋未可知，故而徐说亦未精当。朱天助则认为《四书》当依合刊时间，题作“淳祐十二年金华马光祖家刻本”为宜，朱说、毛说，较为妥当。笔者取毛氏、朱氏之说，依《四书》最后合刊的时间称该本为宋淳祐十二年本，简称宋淳祐本。

以上三种宋本，虽避宋讳，均非严格，存在不少讳而未避之处。如“弘”“桓”“殷”等字，在三本中均有不避之例。

(二)元本

1.延祐本

元延祐五年(戊午，1318)，温州路学赵凤仪稽古阁刊刻，今藏日本国立公文书馆内阁文库。赵凤仪，字瑞卿，号怡斋。汴梁(今河南开封)人。延祐四年任温州路总管，为官第二年，重修稽古阁、养源堂等，该本即刊于此时。

《论语集注》十卷，卷前有《论语朱熹集注序说》。四周单边，白口，黑双鱼尾，每半叶七行，行十五字，注文小字双行，版心有卷数、页码，版心下端署刻工姓名。刻工姓名有：潘宗玉、徐德俊、王朝佐、张云谷、王伯大、君泽、德明、邵宗奕等。卷首有“浅草文库印”“弘文学士院”等朱印，卷末有“昌平坂学问所”墨印。该本不避宋讳，且出现大量的俗体字，如：盻、泰、恡、辝、昬、冡、徃，等等。

涩江全善、森立之《经籍访古志》著录京师三角氏藏元延祐戊午刊本《论语集注》十卷。其行款、版式与日本公文书馆所藏悉合，但卷前附录有差异。其著录：“《论语集注》十卷，元延祐戊午刊本，京师三角氏藏。大板大字，每半版七行，行十五字。《序说》后有《读论语孟子法》九则。又有赵凤仪行书题辞，称‘余官京师，时士大夫之仕于温者，以泮宫四书见赠。会建稽古阁成，乃俾学录周习甫详加校正，大字缮写，聚工锓梓。通三百九十馀板，庋列于阁，愿摹者听焉’云云。末记‘延祐戊午长至日，古汴赵凤仪书’。”[①]可见，较于京师三角氏藏本，日本公文书馆藏本卷前缺《读论语孟子法》九则以及赵凤仪题跋。盖是摹者刊刻时有所遗漏所致。清江标《宋元本行格表》据《经籍访古志》亦著录该版

① [日]涩江全善、森立之等撰，杜泽逊、班龙门点校《经籍访古志》卷二《经部下》，上海：上海古籍出版社，2014年，第61—62页。

本，其云："元延祐大字本《论语集注》行十五字，小字双行，卷十，卷心有字数。"①

至于元延祐本在国内流传情况如何，又是何时流传至日本并为日本公文书馆所藏的，资料所限，尚待考证。

2. 至正本

元至正二十二年(1362)武林沈氏尚德堂刊刻，原本藏山东博物馆。十九卷本，包括《大学朱子章句或问》一卷、《中庸朱子章句或问》一卷、《论语朱子集注》十卷、《孟子朱子集注》七卷。《或问》正文前标黑框白底"或问"二字，以别于《章句》。《大学朱子章句或问》卷前有《大学章句序》《论语朱子集注序说》《读论语孟子法》，《中庸朱子章句或问》卷前有《中庸章句序》。较之宋淳祐本，元至正本多出《或问》篇而缺《补音释》，《四书》卷前的《序说》等排序亦有变化。

每半叶十一行，行二十字，注文小字双行。四周双边，黑口，黑双鱼尾，版心刻有卷数、页数。版框高 20.4 厘米，宽 12.9 厘米。《读论语孟子法》后有牌记"至正壬寅武林沈氏尚德堂刊"。该本保留不少宋讳，如："慎"作"谨"，"殷"作"商"，"匡"字阙笔，等等。较于宋本，该本亦存在讹、脱、倒、衍等现象。如：《学而》篇注"亦谓在所当改而可以未改者"，"在"下衍"于"；"近、远皆去声"，脱"近""皆"二字；《述而》篇注"冯，皮冰反"，"冰"讹作"水"，等等。在用字方面，出现不少俗体字，如："往""博""著""污""数""说""盖""美""覇""署""解""趍""寘""麄"等。

3. 袁又恺藏本

二十六卷本，卷数与咸淳本悉合。《论语集注》卷前附《论语朱熹序说》，《孟子集注》卷前附《孟子朱熹序说》，另《序》后及每卷末均附音考。《孟子集注》卷三、卷四配有清咸丰九年(1859)抄本。较于宋咸淳本，该本缺《读论语孟子法》及《补音释》。

每半叶七行，行十五字，注文小字双行。白口，双黑鱼尾。上下单边，左右双栏，行间有旁抹。版心题"晦庵大学""中庸""论语""孟子"等书名及页数。卷中藏印多枚："江苏第一图书馆善本书之印记""四库著录""万卷堂印""项氏少溪主人子信笃周家藏""鸿城蒋怀堂珍藏""袁又恺藏书""曾经八千卷楼所收""钱塘丁丙藏书""吴越钱氏鉴藏书画""介青""拳石山房"此书卷前有丁丙跋文，卷末有蒋培泽、高望增跋文。依此可见，此书经元至清，曾为明人项笃寿、清人钱曾、袁又恺、蒋培泽、高望曾、丁丙等藏书家所藏，后流转至江南第一

① 〔清〕江标《宋元本行格表》卷上，《四库未收书辑刊》第九辑，第九册，北京：北京出版社，2000年，第 766 页。

图书馆中，现藏于南京图书馆。

该本为宋本还是元本，学者有不同的看法。蒋培泽认为此本为宋淳熙本，莫友芝、江标、傅增湘均认同此说。丁丙则认为此本当为元刊宋淳祐本。原因有二：其一从校勘情况来看，该本合于宋淳祐本。"《大学》'维新'作'惟新'，《中庸》'蛟龙'作'鲛龙'……之类，皆与陈鳣《经籍跋文》所记淳祐本合。"[①]其二，此本不少信息透露了其为元刊本的证据。"又考杨士奇《东里文续编·四书集注跋》云：'句读、旁抹之法，兼取勉斋黄氏、北山何氏、鲁斋王氏、导江张氏诸本之长，宣城张师曾为之参校。加以音考，盖今最善本也。刻板在常州府学。'此则句读、旁抹、音考一一吻合。《中庸》末有'平江章有常刊'六字，其为常州版所出无疑矣。"[②]张师曾，字叔舆，元文宗天历二年(1329)举人，黄虞稷《千顷堂书目》收录其《〈四书集注〉注音考标题》，此书今已亡佚，此本保留了张师曾的《注音考》，同时也说明该本为元本无疑。元代，朱子《四书章句集注》成为官方指定的科举考试用书，为方便学子使用，不少本子附有音考。该本有之，恰好反映了元本的时代特征。

另外，经校勘，笔者发现该本运用大量俗体字，如"荅""汚""祕""虗""麄""戏""辤""李""僃""稟""强""声""関"等。此类俗体字在宋本使用频次较少，而在元本使用频次高。由此管见：大量运用俗体字或许是元本的特点。较于宋本，此本注文多衍注音，此现象在元以后的本子中很普遍，反映出科举考试用书的时代特点。书坊在翻刻过程中，为了方便学子应用，附加注音于注文中是难免的。以上两点均可证此本为元本而非宋本。

4. 袁克文藏本

三十卷，包括《大学章句》一卷、《大学或问》二卷、《中庸章句》一卷、《中庸或问》二卷、《论语集注》十卷、《孟子集注》十四卷。《四书》前均配《序说》。另附明魏庄渠手绘的《人之所得乎天图》一幅及其《批点四书刊》。

每半叶十一行，行十八字到二十二字不等。经、注皆大字，注文低一格，注音小字双行。左右双边，黑口，三鱼尾，版心刊卷名及页数。卷中亦有批点、旁抹。封面题："《宋椠四书十册》，明魏庄渠句读批抹，周九松旧藏，今归百宋书藏，寒云。"扉页附袁克文跋文。卷中有"周良金印""毗陵周氏九松迂叟藏书记""八经阁""寒云秘籍珍藏之印""寒云""袁克文""百宋书藏"等朱印。此本曾为明魏校、周九松、清袁克文旧藏，今藏上海图书馆。

傅增湘《藏园群书经眼录》记录一种宋元间刊本，曰："十一行，二十一字，

---

① 〔清〕丁丙《善本书室藏书志》卷四《经部八》，《宋元明清书目题跋丛刊》九，北京：中华书局，2006年，第446页。

② 〔清〕丁丙《善本书室藏书志》卷四《经部八》，第445—446页。

注大字低一格，黑口，四周单栏。钤印有‘周氏’、‘毗陵周氏九松迂叟藏书记’。”[①]行款、藏印与此本几乎吻合，但其所云“四周单栏”当为“左右双边”。该本由于年代久远，不少地方版框涣散不清，看起来很像四周单边。另外，宋初刊书，界栏有用四周单边，南宋至元，尤其是元代，很少用四周单边。[②]《四书章句集注》成书于南宋，非宋初的本子。傅氏云“四周单边”与之所断定的“宋元刊本”前后矛盾，属误录。

袁克文认为此本为宋本，“《四书集注》宋刊传世以淳祐本为最善，此南宋刊之绝精者，与淳祐本悉合，从未见著录”。[③] 经笔者校勘，袁克文本非与宋淳祐本悉合，存在不少异于宋淳祐本之处。《中国古籍总目》著录该本时，将其定为元本，上海图书馆同。以版本特征及字体特征观之，该本确属元本。其左右双边，黑口，三鱼尾，与元本版本特征契合。宋本虽有此特点，但版中多单鱼尾，三鱼尾者极少。元本与之相反，皖、赣等地还出现三鱼尾之本。[④] 其字体笔锋俏丽挺拔，字形方正工整，属柳体字，继承了宋末遗风。另外，该本使用的大量俗体字，亦出现于其他元本，而宋本不多见。据以上，可断该本当为元代流传于皖、赣等地的本子。

（三）明本

1. 伊藩本

此本据明司礼监本翻刻。二十六卷，[⑤]卷数与宋咸淳本悉合。各书前均有《序说》，《论语集注》亦有《读论语孟子法》。每半叶八行，行十四字。注文小字双行。黑口，双鱼尾，四周双边，版心记书名及页码。书前有丁丙跋，卷前有《伊国重刻四书集注序》。

丁丙跋中谈及此书刊刻的目的以及版本来源。“嘉靖戊申十月伊藩掌国正派体玄子亲笔撰序于钦赐正谊楼，云：‘予于嘉靖乙巳奏请颁降《五经》《四书》等书，以备观览。既而小儿辈少知向学，纪善、伴读等官持南版《四书》以进，纸粗字讹，有误后学。因命工正官将原颁官书翻刻，传之子孙，贻于后世

---

① 〔清〕傅增湘《藏园群书经眼录》卷二《经部二》，北京：中华书局，2009 年，第 97 页。

② 李清志据《中国版本图录》统计，南宋刻本 161 部中，大部分为四周双边，四周单边者仅 1 部；元版 51 部中，四周单边者无。详见李清志《古书版本鉴定研究》，台北：文史哲出版社，1986 年，第 91—101 页。

③ 〔宋〕朱熹《四书章句集注》，元本（袁克文藏本），《中华再造善本》金元编，北京：北京图书馆出版社，2006 年。

④ 李清志据《中国版本图录》统计，南宋刻本 161 部中，多单鱼尾，少数为双鱼尾，间或无鱼尾，没有出现三黑鱼尾的本子。据“中央”图书馆所藏南宋建本，21 部中，三鱼尾者仅有 1 部。而元代则出现多鱼尾，安徽、江西地区则出现三鱼尾者。

⑤ 南京图书馆作二十八卷，《论语集注序说》、《孟子集注序说》各为一卷，今从丁丙之说。

云。所谓原颁官本《四书》，即正统间司礼监所刊之《五经》《四书》也。行宽字大，摹印颇精，翻刻悉仍旧观，惟无《大学中庸或问》耳。'”[①]可见，此本据明正统司礼监本翻刻，目的是为后学提供较为精良的本子。

卷中有“四库著录”“江苏省第一图书馆善本藏书印”“虎”“游心经史”“循理乐善”“伊国图书”“八千卷楼藏书印”“丁氏八千卷楼藏书印”“钱唐丁氏正修堂藏书”等印。

2. 汲古阁本

该本底本为毛晋《四书六经读本》，此本因应时需而仓促付梓，错误甚多。毛扆鉴于此，于己丑(1709)、辛卯(1711)先后以宋咸淳九年衢州刻本、宋淳祐十二年刻本及另一残宋本(毛氏称中字本)校之，文字异同皆记于天头，不轻判各本优劣，较多保留了诸宋本之原貌。而宋本今存宋淳祐本，其余二本均已亡佚。依此手校本可略见亡佚宋本之貌，既而比较诸宋本，及其与元本、明本、清本之异同，判断各本优劣，重新厘定《论语集注》版本源流。另外，该本保留了毛扆手迹，极其珍贵，具有相当的文献及文物价值。

此本二十六卷，卷数悉合宋咸淳本。《四书》卷前均附有《序说》。《大学章句序说》前有《校入宋板凡三部》《朱子四书次序》，《论语序说》前附有《补音释》《论语朱氏集注详说序》《读论语孟子法》。每半叶九行，行十七字，注文小字双行。四周单边，版心记书名、卷数。卷中有毛扆手校旁抹以及“稽瑞楼”“常熟曹大铁鉴定印”“藤春馆”“大铁印”“曹鼎”“虞山毛扆手校”“建刚过眼”“菱花馆”等朱印。

此书曾被清陈揆稽瑞楼收藏，后流转至常熟曹大铁沪上。20世纪末，陈先行得以眼见，其编著《中国古籍稿钞校本图录》收录该本书影。此后，上海一位名为吴建刚的收藏者收此本于其架上，最后此本归至上海博古斋善本书库。2007年该书被广陵书社影印，傅熹年先生为该书题名，陈先行先生作序。

从毛扆校勘记来看，该本与明胡广本相合之处甚多，据此可判断该本源出明胡广本。较于宋元诸本，此本存在不少讹误。如：《八佾》篇注“季氏以大夫而僭用天子之礼”，“礼”下，衍“乐”字；《卫灵公》篇注“胡氏曰‘此章义疑，不可强解’”，“胡”字误作“谢”字；《阳货》篇注“施，陆氏作‘弛’，诗纸反”，脱“诗纸反”三字；《尧曰》篇注“犹岁时气节之先后”，“气节”作“节气”。总之，明汲古阁本讹误较多，这也是毛扆采三宋本校之之由。

(四)《四库全书》本(文渊阁本、文津阁本)

经校勘，文渊阁本几乎同于文津阁本。二本卷数、篇式、用字等几乎全同。

---

① 〔清〕丁丙《善本书室藏书志》卷四《经部八》，第446页。

为了方便论述，统称二本为《四库》本。

共十九卷，包括《大学章句》一卷、《论语集注》十卷、《孟子集注》七卷、《中庸章句》一卷。《四书》卷前均有《序说》，书前记校官姓名，并附《四书章句集注提要》。每半叶八行，行二十一字。四周双边，白口，单黑鱼尾，版心有书名及卷数。

较于宋、元、明诸刻本，《四库》本卷序发生变化，四库馆臣在《提要》中谈及《四书》合刊的渊源及次序变更。"《大学章句》一卷、《论语集注》十卷、《孟子集注》七卷、《中庸章句》一卷，通行本。宋朱子撰。案：《论语》自汉文帝时立博士。《孟子》据赵岐《题词》，文帝时亦尝立博士，以其旋罢，故史不载。《中庸说》二篇见《汉书·艺文志》，戴颙《中庸传》二卷、梁武帝《中庸讲疏》一卷，见《隋书·经籍志》。惟《大学》自唐以前无别行之本，然《书录解题》载司马光有《大学广义》一卷、《中庸广义》一卷，已在二程以前，均不自洛、闽诸儒始为表章。特其论说之详，自二程始；定著《四书》之名，则自朱子始耳。原本首《大学》，次《论语》，次《孟子》，次《中庸》，书肆刊本以《大学》《中庸》篇页无多，并为一册，遂移《中庸》于《论语》前。明代科举命题，又以作者先后，移《中庸》于《孟子》前，然非宏旨所关，不必定复其旧也。"[①]《四书》最初集结之次序由朱熹根据为学之法排定。朱熹认为学习入门当由浅入深、由易入难。就难易程度而言，朱熹认为《大学》最易，《论语》次之，《孟子》又次之，《中庸》最难。"某要人先读《大学》，以定其规模；次读《论语》，以立其根本；次读《孟子》，以观其发越；次读《中庸》，以求古人之微妙处。《大学》一篇有等级次第，总作一处，易晓，宜先看。《论语》却实，但言语散见，初看亦难。《孟子》有感激兴发人心处。《中庸》亦难读，看三书后，方宜读之。"[②]而后世或因便于刊刻，或因科举考试，次序发生变化。四库馆臣因循朱熹之法，恢复古序，按照《四书》最初集结成书的原始之序排列书次，意在强调读书之法。

四库馆臣亦谈及《四书章句集注》本之底本。《文溯阁四库全书提要》载"内府开雕有二本：其一夹注，即世所称监本者；其一仿宋板，注字亦大书单行，盖取淳祐中永泽书院本依刻，犹为精善。二本间有互异一二字，或至数十字。今海内童而习之，既并从夹注本，故缮录，篇式亦尽准之。"[③]《四库》本是据内府开雕的夹注本抄录，即《四书全书总目》所标注的通行本——监本。经校勘，笔者发现《四库》本多与监本系统合。较于宋淳祐本，《四库》本多用正字，少用俗字，盖其为官方抄本故也。

---

① 《景印文渊阁四库全书总目》卷三五《经部四书类一》，台北：台湾商务印书馆，1986 年，第 715 页。

② 〔宋〕黎靖德编，王星贤点校《朱子语类》卷一四《大学一》，北京：中华书局，1986 年，第 249 页。

③ 金毓黻辑《金毓黻手定文溯阁〈四库全书提要〉》卷二一《经部二十一》，北京：中华全国图书馆文献微缩复制中心，1999 年，第 170 页。

二、《四书章句集注》版本源流考论

关于《四书章句集注》版本源流，前人早有厘定。徐德明认为其版本系统有二：一为宋淳祐本系统，袁又恺藏本、袁克文藏本均源出此本；一为监本系统，源头为元至正本，明胡广《四书大全》本、明正统司礼监本、伊藩本、《四库》本等均源出此本。徐德明目见资料不全，亦没有细致比勘各本异文，难免推断失误。

笔者以《论语集注》为中心，将上述 11 个本子连并明胡广《四书集注大全》[①]一一对校，抽选 233 条异文，通过分析比较异文，继续深化认识《四书章句集注》的版本源流，以期对徐德明的结论进行完善和修正。

(一) 宋本源流考论

现存宋本为淳祐本，但据毛扆手校本亦可略见咸淳本、中字本之概貌。其中咸淳字为足本，中字本前二卷缺。在 233 条异文中，三种宋本共有 85 处异文，约占总异文数的三分之一，说明自宋代时，《四书章句集注》在流传过程中便已产生较多的文字差异。这也是后世传本文字差异的源头。

笔者将三宋本之异文两两比对，发现咸淳本与淳祐本共有 63 条异文，其中后八卷有 52 条，咸淳本与中字本共有 28 条异文，淳祐本与中字本有 56 条异文。由此可见，咸淳本与中字本差异较小，二本有较强的相关性，当同出一源；淳祐本与二本差异较大，当属另一个版本系统。能证明宋咸淳本与中字本有较强版本关系的例子，如：讹误之例，淳祐本《雍也》篇注“凡二十八章”，《雍也》篇实有二十八章，咸淳本、中字本误作“九”；改字之例，淳祐本《先进》篇注“随处充裕”，“裕”字，咸淳本、中字本作“满”；改误之例，淳祐本《子张》篇注“以俟之无道”，“俟”字当作“使”，淳祐本因二字形近而讹，咸淳本、中字本更正作“使”；脱文之例，淳祐本《先进》篇注“咏，歌也”，此注为经句“咏而归”之“咏”字训诂，咸淳本、中字本脱此三字；补脱之例，淳祐本《宪问》篇注“故三年之丧自天子达”后脱“于庶人”三字，咸淳本、中字本均有此三字。

通过比对三宋本异文两两相合之处，亦能论证三宋本的源流特点：

(1)淳祐本同于中字本而异于咸淳本的异文有 16 处，如下列举(以下例证以咸淳本为底本)：

---

① 明永乐年间胡广等人奉敕编纂，旨在为科举考试提供参考用书。该本为《四书章句集注》的注释本，不仅录人《四书章句集注》的经注，还采人元倪士毅《四书辑释》、陈栎《四书发明》等说。明官刻本如明正统十二年司礼监刻本、明正统经厂本、明嘉靖伊藩正统经厂本均来源于此。是梳理《四书章句集注》版本源流不可忽视的本子。

例 1. 故夫子悦其笃志。(《公冶长》,《论语集注》卷三)

"悦",淳祐本、中字本作"说"。

例 2. 今以他书考之。(《公冶长》,《论语集注》卷三)

"它",淳祐本、中字本作"他"。

例 3. 只是无纤豪私欲。(《雍也》,《论语集注》卷三)

"豪",淳祐本、中字本作"毫"。

例 4. 必于此而得之。(《泰伯》,《论语集注》卷四)

"此",淳祐本、中字本作"是"。

例 5. 灑扫应对。(《泰伯》,《论语集注》卷四)

"灑",淳祐本、中字本作"洒"。

例 6. 南宫括(《泰伯》,《论语集注》卷四)

"括",淳祐本、中字本作"适"。

例 7. 说见第十篇。(《子罕》,《论语集注》卷五)

"十",淳祐本、中字本作"七"。按:"说"指经文"何有于我哉"句,此句亦见于《述而第七》第二章,"十"当作"七",咸淳本误。

例 8. 摄而切之为脍。(《乡党》,《论语集注》卷五)

"摄",淳祐本、中字本作"聂"。按:当作"聂",含义为"薄切肉"。《礼记·少仪》:"牛与羊鱼之腥,聂而切之为脍。"[①]咸淳本误。

例 9. 此门弟子善问,直穷到底。(《颜渊》,《论语集注》卷六)

"此",淳祐本、中字本作"孔"。按:咸淳本误。

例 10. 冠上有冕。(《卫灵公》,《论语集注》卷八)

"冕",淳祐本、中字本作"覆"。按:咸淳本误。

例 11. 此以前章之说推之而知其当然也。(《季氏》,《论语集注》卷八)

淳祐本、中字本脱"也"字。

---

① 〔汉〕郑玄注,〔唐〕孔颖达疏《礼记正义》卷三五《少仪第十七》,《十三经注疏》标点本,北京:北京大学出版社,1999 年,第 1043 页。

例 12. 视思所蔽，则明无不见。(《季氏》，《论语集注》卷八)

“思”，淳祐本、中字本作“无”。按：“视无所蔽”与“明无不见”相对。“思”当作“无”，咸淳本误。

例 13. 好直不好学也，其弊也狡。(《阳货》，《论语集注》卷九)

“狡”，淳祐本、中字本作“绞”。

例 14. 莜，草器。(《微子》，《论语集注》卷九)

“草”，淳祐本、中字本作“竹”。

例 15. 故其犯法如，非迫于不得已，则陷于不知也。(《子张》，《论语集注》卷十)

“如”，淳祐本、中字本作“也”。按：咸淳本误。

例 16. 命驾而行，疾奔朱。(《公冶长》，《论语集注》卷三)

“朱”，淳祐本、中字本作“宋”。按：咸淳本因二字形近致误。

在宋本 85 条异文中，淳祐本、中字本仅有以上 16 处相合，约占总异文数的 19%。由于用字(古今字、异体字、通假字)不同而导致二本异文相合的，就有 6 处：例 1、例 2、例 3、例 5、例 6、例 13。这具有偶然性，首先，同时代的本子用字习惯大体一致；另外，用字的情况和排版者的主观选择有极大关系。如，宋淳祐本中“悦”“说”二字经常混用。因此，同一时代不同的本子，因用字而产生的异文并不能充分说明二本的相关性。除去此因素，能表明二本有较强版本联系的异文仅有 9 条，其中换用同义字有 2 例，例 4、例 14；改宋咸淳本之误有 7 处，例 7、例 8、例 9、例 10、例 12、例 15、例 16；脱字有 1 处，例 11。总体来说，淳祐本与中字本版本相关性较小。

(2)淳祐本同于咸淳本而异于中字本的异文有 11 处，如下所举(下文例证以中字本为底本)：

例 1. 而无毫发之疑也。(《公冶长》，《论语集注》卷三)

“毫”，淳祐本、咸淳本作“豪”。

例 2. 无所不说。(《公冶长》，《论语集注》卷三)

“说”，淳祐本、咸淳本作“悦”。

例 3. 推此以求脩己。(《公冶长》，《论语集注》卷三)

“脩”，淳祐本、咸淳本作“修”。

例 4. 盖骄者，吝之枝叶。(《泰伯》，《论语集注》卷三)

“枝”,淳祐本、咸淳本作“支”。

例 5. 盖天下归文王者六州,荆、梁、雍、豫、徐、扬也。

“扬”,淳祐本、咸淳本作“杨”。按:当作“扬”,指扬州。

例 6. 到此地位,工夫尤难。(《子罕》,《论语集注》卷五)

“工”,淳祐本、咸淳本作“功”。按:“工夫”同“功夫”。

例 7. 故为是不得已之辞。(《颜渊》,《论语集注》卷六)

“故”,淳祐本、咸淳本作“而”。

例 8. 而善于辞令者矣。(《宪问》,《论语集注》卷七)

“辞”,淳祐本、咸淳本作“词”。按:当作“辞”。

例 9. 三畏者,脩己之诚当然也。(《季氏》,《论语集注》卷八)

“诚”,淳祐本、咸淳本作“所”。

例 10. 对而不辩者。(《阳货》,《论语集注》卷九)

“辩”,淳祐本、咸淳本作“辨”。按:“辩”与“辨”义不同,“辨”为辨别之义,“辩”为争辩、辩论之义。据句义当作“辩”,“辩”与“对”相对,指口辩、争辩。淳祐本、咸淳本误。

例 11. 只是两字含蓄多少义理。(《阳货》,《论语集注》卷九)

“蓄”,淳祐本、咸淳本作“畜”。

淳祐本同于咸淳本而异于中字本仅有以上 11 例,其异文相合比重约占三种宋本异文总和的 13%,其中,不涉及文义区别的用字不同有 5 处(异体字、古今字、通假字):例 1、例 2、例 3、例 4、例 11;误字 3 处:例 5、例 8、例 10;换用同义字 2 处:例 7、例 9。除去 5 处因用字习惯而相合的例证,能表明淳祐本、咸淳本有较强版本联系的异文仅有 5 条。因此总体来说,淳祐本与咸淳本版本相关性较小。

(3)咸淳本同于中字本而异于淳祐本之处

咸淳本同于中字本而异于淳祐本的情况有 32 处,其中由于用字习惯和淳祐本失误而导致二本异文相合的情况仅有 12 处,其余 20 条属于讹、脱、倒、换用同义字等情况,下面举 5 例说明(以下例证以淳祐本为底本):

例 1. 凡二十八章。(《雍也》,《论语集注》卷三)

“八”,咸淳本、中字本作“九”。按:《雍也》篇有二十八章,“九”当作“八”。

例 2. 而诚意肃恭。(《乡党》,《论语集注》卷五)

"而",咸淳本、中字本作"则"。

例 3. 咏,歌也。(《先进》,《论语集注》卷六)

咸淳本、中字本无此句。

例 4. 三子规规于事。(《先进》,《论语集注》卷六)

咸淳本、中字本"规规"二字后有"之"字。

例 5. 可者,仅辞,言纲纪布也。(《子路》,《论语集注》卷七)

"纲纪",咸淳本、中字本作"纪纲"。

据以上分析,可较为充分地证明:宋咸淳本、中字本同出一源,宋淳祐本则源出其他。

(二)元本源流考论

关于元本的源流情况,徐德明认为至正本是后世监本的源头,而袁又恺本、袁克文藏本则源出宋淳祐本。其说法还应商榷。

笔者将四种元本与咸淳本、淳祐本一一比勘,发现延祐本、袁又恺藏本与淳祐本分别有 27 条、45 条异文,与咸淳本分别有 61 条、66 条异文,前者异文数量小于后者。这说明延祐本、袁又恺藏本与淳祐本有较强的相关性。

而袁克文藏本、至正本的版本情况则较为复杂。袁克文藏本与淳祐本、咸淳本分别有 64 条、57 条异文;至正本与淳祐本、咸淳本分别有 77 条、64 条异文,总体来说,二元本与两宋本的异文数相当,因此仅从以上数据难以判断它们究竟属于哪一版本系统。因此需要进一步比对分析。

为了进一步认清至正本、袁克文藏本与淳祐本、咸淳本系统的关系,笔者将袁克文藏本、至正本分别合于两种宋本的异文汇总如下表,通过比对分析异文进一步认清版本之间的关联。

表 1　宋、元本《四书章句集注》异文对比

篇章	宋淳祐本	宋咸淳本	元至正本	元本袁克文藏本
《论语集注序说》	1. 公山不扰	弗	弗	弗
	2. 但觉意味深长	气	气	气
《学而》	3. 马氏云:"八百家出车一乘"	无此句	无此句	无此句

续表

篇章	宋淳祐本	宋咸淳本	元至正本	元本袁克文藏本
《为政》	4.得于心而不失之谓也	脱"之谓"二字	脱"之谓"二字	脱"之谓"二字
	5.对武伯者	告	对	告
	6.脱"比,必二反"	比,必二反	脱此句	比,必二反
《八佾》	7.二者皆未合理	礼	理	理
	8.以俟众耦皆毕	降	降	降
	9.故以讽孔子	以后有"此"字	无此字	无此字
《里仁》	10.所谓与其得罪于乡党州闾,宁熟谏	孰	熟	熟
	11.即不敢更适西	则	即	即
《公冶长》	12.故夫子说其笃志	悦	悦	悦
	13.今以它书考	他	它	它
《雍也》	14.凡二十八章	九	八	八
	15.只是无纤毫私欲	豪	毫	豪
	16.在鲁北境上	竟	境	竟
	17.然质之胜文犹言甘可以受和	之	之	之
《述而》	18.德必修而后成	脩	修	脩
《泰伯》	19.南宫适	括	适	适
	20.十年学幼仪	岁	岁	岁
《子罕》	21.圣人之言,必降而自卑。	道	言	言
	22.说见第七篇	十	七	七
	23.而无毫发之间断也	豪	毫	毫
《乡党》	24.此一节记孔子居乡之事	夫子	夫子	孔子
	25.而诚意肃恭	则	而	而
	26.没堦趋	阶	阶	堦

续表

篇章	宋淳祐本	宋咸淳本	元至正本	元本袁克文藏本
《先进》	27. 告天丧己也	若	若	若
	28. 差之毫厘	豪	毫	豪
	29. 聪明才辨	辩	辩	辩
	30. 言我虽年少长于女，然女勿以我长而难言	汝、汝	女、女	女、女
	31. 咏，歌也	无此三字	咏，歌也	无此三字
	32. 随处充裕	满	满	满
	33. 无少欠缺	阙	阙	阙
	34. 三子规规于事	三子之规规于事	有之字	有之字
	35. 所以夫子叹息而深许之	故	故	故
《颜渊》	36. 且子夏知此	如	知	知
	37. 孔门弟子善问，直穷到底	此	孔	孔
	38. 无自辱焉	毋	无	无
《子路》	39. 死其难	卒死其难	有卒字	有卒字
	40. 言不善而莫之违	如	言	言
	41. 郢辞公卒，夫人立之	南子	夫人	夫人
	42. 可者，仅辞，言纲纪布也	纪纲	纲纪	纲纪
《宪问》	43. 毫忽之间	豪	毫	豪
	44. 仲尼此举	孔子	仲尼	仲尼
	45. 此艮卦之《象》	此艮卦之《象辞》	无“辞”字	无“辞”字
	46. 反己自修	脩	脩	修
	47. 则不待决于命而后安然也	泰	泰	泰
	48. 自天子达	自天子达于庶人	自天子达于庶人	自天子达于庶人
	49. 硁，苦耕反	古	苦	苦
	50. 以其自幼至老	长	长	长
	51. 任，而审反	衽	衽	衽

续表

篇章	宋淳祐本	宋咸淳本	元至正本	元本袁克文藏本
《卫灵公》	52. 冠上有覆	冕	覆	覆
	53. 叹其终不得而见也	叹其终不得而见之也	无“之”字	无“之”字
	54. 有官守者修其职	脩	修	脩
	55. 词,取达意而止	辞	词	辞
《季氏》	56. 此以前章之说推之而知其当然	此以前章之说推之而知其当然也	无“也”字	有“也”字
	57. 视无所蔽,则明无不见	思	无	无
《阳货》	58. 好知而不好学也,其弊也绞	狡	绞	绞
《微子》	59. 与大伯同窜荆蛮者	太	太	太
《子张》	60. 谢氏曰:“民之散也,以俟之无道”	使	使	使
	61. 故其犯法也非迫于不得已	如	也	也

据上表统计,至正本合于咸淳本而异于淳祐本的异文有 25 例,合于淳祐本而异于咸淳本的异文有 36 例,后者比前者仅多 11 例;袁克文藏本合于咸淳本而异于淳祐本的异文有 34 例,合于淳祐本而异于咸淳本的异文有 26 例,两者仅差 8 例。故而,通过分析比对至正本、袁克文藏本与淳祐本、咸淳本相合的异文,也很难判断至正本、袁克文藏本与两宋本系统的版本源流关系。这说明这两个元刻本来源较为复杂,其文本的形成吸收了淳祐本、咸淳本两个系统的特点。

综上校勘以及异文分析,我们可以得出这样的结论:延祐本、袁又恺藏本均源出于宋淳祐本系统;至正本、袁克文藏本来源较为复杂,兼具宋咸淳本、宋淳祐本两个系统的特点。

(三)监本系统源流考论

徐德明认为监本是别于宋淳祐本系统另有源头的最为通行的刻本。永乐年间,胡广等人奉敕编纂的《四书集注大全》是最为通行的本子,不少明刻本、清本均来源于此。“正统年间司礼监据《大全》本，删除他人之注，唯朱注是从，更是成为钦定教课书，官刻、家刻、坊刻均大量出现。”①而其后刊刻明正统经厂本据司礼监本翻刻，明伊藩刻本又据司礼监本翻刻，因此均源出明胡广本。那么，胡广本源出何本？徐德明认为，其当源出至正本。

经比勘分析，在 12 个本子 233 条异文中，胡广本、伊藩本、汲古阁本以及《四库全书》本异文相合之数为 130 条，占总异文数的二分之一以上。这说明以上五种本子具有很大的相关性，当属徐德明所谓的监本系统。那么监本系统同宋本、元本的关系如何呢？是否如徐德明所说，监本系统源自元至正本呢？监本系统与宋本系统分属两流呢？

1. 监本系统与宋本的关系

笔者将监本系统 130 条相合的异文与淳祐本、咸淳本的异文一一比勘，发现监本系统与咸淳本相合的异文有 45 处，与淳祐本相合的异文有 43 处。与两宋本相合数量相当，说明《四书章句集注》流传至明代以后，文本情况较为复杂。可以说，监本脱胎于宋本，但较之宋本，文本已经发生嬗变。

首先，监本系统吸收宋本之优，改宋本之误。如：淳祐本《为政》篇注“告武伯者，以其人多可忧之事”，“告”字误作“对”，按《论语》经文中“对”主要用于人物对话的语境中，“告”字则多用于第三者陈述，例证属于后者，监本系统据咸淳本改为“告”；淳祐本《八佾》篇注“二者皆未合礼”，“礼”字误作“理”，按：此句为经文“礼，与其奢也，宁俭；丧，与其易也，宁戚”句注，经文内容讲“礼”，注文作解，淳祐本注文“理”当作“礼”，监本系统据咸淳本改作“礼”；咸淳本《雍也》篇注“凡二十八章”，“八”字误作“九”，按《雍也》篇共“二十八”章，监本系统据淳祐本改；咸淳本《卫灵公》篇注“冠上有覆”，“覆”字误作“冕”，监本系统据淳祐本改，等等。

其次，监本系统也偶有承袭宋本之误的地方。如：淳祐本、中字本《宪问》篇注“自天子达于庶人”脱“于庶人”三字，监本系统承袭此二本之误。

另外，较之于宋本，监本系统出现大量的独特的异文。如：宋本《泰伯》篇注“不知有余在我”，“我”字监本系统作“己”；宋本《子罕》注“此《卫风・雄雉》之篇”，“篇”字监本系统作“诗”；宋本《卫灵公》篇注“不同，如善恶邪正之异”，“异”字监本系统作“类”；宋本《卫灵公》篇注“仁有甚于水火而尤不可一日无也”，监本系统“无”字下衍“者”字。

2. 监本系统与至正本、袁克文藏本的关系

据上文所论，至正本、袁克文藏本的来源复杂，监本系统的文本情况也较为复杂，它们经历了传抄和翻刻，文本中产生了大量的异文。那么，监本系统与至正本、袁克文藏本之间有无相关性呢？通过比勘，笔者发现，在 130 条异文中，至正本与监本系统共有 62 条相合之处，比重约占 1/2，这说明至正本与

---

① 徐德明《〈四书章句集注〉版本考略》，《华东师范大学学报(哲学社会科学版)》，1998 年第 4 期。

监本系统有较强的相关性；袁克文藏本与监本系统共有85处相合之处，比重在1/2以上，这说明袁克文藏本与监本系统亦有很强的相关性。略举以下几例，如：淳祐本《子路》篇注“死其难”，至正本、袁克文藏本、监本系统“死”上均有“卒”字；咸淳本、中字本《子路》篇注“郢辞公卒，南子立之”，至正本、袁克文藏本、监本系统“南子”作“夫人”；淳祐本、咸淳本、中字本《宪问》篇“孔子致事居鲁”，至正本、袁克文藏本、监本系统“事”均作“仕”；淳祐本、咸淳本、中字本《宪问》篇注均无“冉求，艺也”句，至正本、袁克文藏本、监本系统均衍此句；咸淳本、淳祐本《季氏》篇“三畏者，脩己之所当然也”，至正本、袁克文藏本、监本系统“所”作“诚”，等等。

据上推论，监本系统与至正本、袁克文藏本具有较强的版本相关性。

综上，通过对宋本、元本、监本系统的考论，我们基本可以进一步修正徐德明对于《四书章句集注》版本源流的认识：第一，通过将宋淳祐本与毛校本所保存的宋咸淳本、中字本比勘发现：宋本自宋代已经产生较大的文字差异，具体分为两个系统：宋淳祐本系统、宋咸淳本系统，二系统是后世文本发生文字变异的源头。第二，笔者所目见的元本中，延祐本、袁又恺藏本当属于宋淳祐本系统，至正本、袁克文藏本来源复杂。第三，监本系统亦具有复杂性，兼具二宋本系统的特点，并与至正本、袁克文藏本有较强的相关性。

《四书章句集注》版本源流图如下：

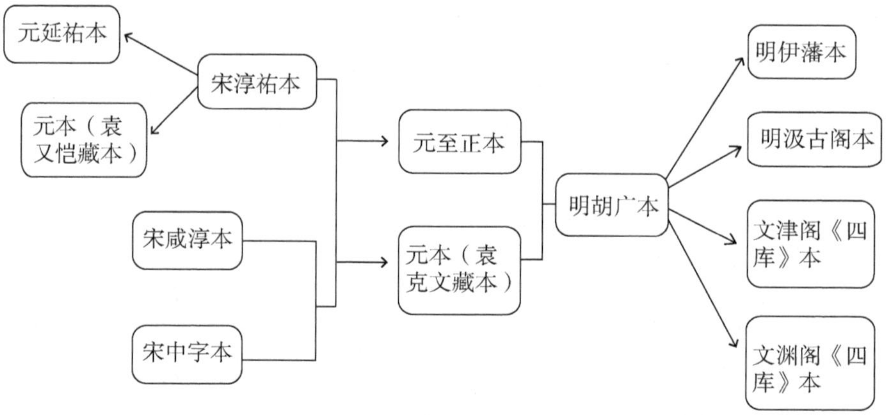

附录:《论语集注》校勘异文表

出文		宋本			元本				明本			《四库全书》本	
		咸淳本	中字本	淳祐本	延祐本	至正本	袁又恺藏本	袁克文藏本	胡广本	伊藩本	汲古阁本	文渊阁本	文津阁本
序说	①孔子年四十**三**	三	阙页	二	二	阙页	三	三	三	三	三	三	三
	②公山**弗扰**	弗扭	阙页	不狃	不狃	阙页	不狃	不狃	不狃	不狃	弗扰	不狃	不狃
	③但觉**意**味深长	气	阙页	气	气	阙页	气	气	意	气	气	气	气
学而	①马氏云:八百家出车一乘	无此句	阙页	有此句	无此句	无此句	无此句	无此句	无此句	无此句	无此句	无此句	无此句
	②**而**皆出自然之理	而	阙页	而	而	而	而	而	然	然	然	然	然
	③**悦**在心	悦	阙页	悦	说	悦	悦	说	说	说	说	说	说
	④盖见圣人之仪**形**	形	阙页	形	形	形	邢	邢	邢	邢	邢	邢	邢
	⑤君子自**修**之道	修	阙页	修	修	脩	修	脩	脩	脩	脩	脩	脩
	⑥谓**在**所当改	在	阙页	在	在	在于	在	在	在	在	在	在	在
	⑦是以终不能用**耳**	耳	阙页	耳	耳	也	也	耳	耳	耳	耳	也	也
	⑧则亦复**理**之本然	理	阙页	理	理	礼	理	理	理	理	理	理	理
	⑨所以流荡忘**返**	反	阙页	反	反	反	反	反	反	反	反	返	返
	⑩《诗·卫风·淇**澳**》之篇	澳	阙页	澳	澳	澳	奥	奥	澳	澳	澳	澳	澳
	⑪近、远皆去声	同此句	阙页	同咸淳本	同咸淳本	远,去声	近、远皆去声	同袁又恺本	同袁又恺本	同袁又恺本	同袁又恺本	同袁又恺本	同袁又恺本
为政	①得于心而不失之谓也	无"之谓"二字	阙页	得于心而不失之谓也	行道而有得于心也	同咸淳本	同咸淳本	同咸淳本	同元延祐本	同延祐本	同延祐本	同延祐本	同延祐本

续表

出文		宋本			元本				明本			《四库全书》本	
		咸淳本	中字本	淳祐本	延祐本	至正本	袁又恺藏本	袁克文藏本	胡广本	伊藩本	汲古阁本	文渊阁本	文津阁本
为政	②不可半**涂**而废也	途	阙页	途	途	涂	途	途	途	途	途	涂	涂
为政	③而知**之**也	之	阙页	之	之	之	之	之	之	之	者	之	之
为政	④**告**武伯者	告	阙页	对	对	对	对	告	告	告	告	告	告
为政	⑤游圣门高**弟**	弟	阙页	弟	第	弟	第	弟	弟	弟	弟	弟	弟
为政	⑥颜子深潜**纯粹**	淳粹	阙页	淳粹	淳粹	淳粹	淳粹	淳粹	纯粹	纯粹	纯粹	淳粹	淳粹
为政	⑦则能以此察人如圣人	同此句	阙页	同咸淳本	同咸淳本	同咸淳本	同咸淳本	同咸淳本	同咸淳本	同咸淳本	同咸淳本	“人”下有“伦”字	“察”下有“伦”字
为政	⑧而心**之**所乐者也	无“之”字	阙页	无“之”字	无“之”字	无“之”字	无“之”字	无“之”字	有“之”字	有“之”字	有“之”字	无“之”字	无“之”字
为政	⑨比，必二反	有此句	阙页	无此句	无此句	无此句	有此句	有此句	无	有此句	有此句	无此句	无此句
为政	⑩不期而然者	同此句	阙页	同咸淳本	同咸淳本	同咸淳本	同咸淳本	同咸淳本	不期然然者	不期然然者	不期然然者	同咸淳本	同咸淳本
为政	⑪**修**天爵	修	阙页	修	修	修	修	脩	脩	脩	脩	脩	脩
八佾	①二者皆未合**礼**	礼	阙页	理	理	理	理	理	礼	礼	礼	礼	礼
八佾	②以俟众耦皆**降**	降	阙页	毕	毕	毕	降	降	降	降	降	降	降
八佾	③使**他**人摄之	它	阙页	它	他	他	他	它	它	它	它	它	它
八佾	④季氏以大夫而僭用天子之**礼乐**	无“礼”字	阙页	同咸淳本	同咸淳本	同咸淳本	同咸淳本	同咸淳本	礼乐	礼乐	礼乐	无“礼”字	无“礼”字
八佾	⑤故以**此**讽孔子	同此句	阙页	无“此”字	同咸淳本	同咸淳本	同咸淳本	同咸淳本	同咸淳本	同咸淳本	同咸淳本	同咸淳本	同咸淳本
八佾	⑥**翕如**，言其合也	翕然	阙页	翕然	翕然	翕然	翕然	翕如	翕如	翕如	翕如	翕如	翕如

续表

出文		宋本			元本				明本			《四库全书》本	
		咸淳本	中字本	淳祐本	延祐本	至正本	袁又恺藏本	袁克文藏本	胡广本	伊藩本	汲古阁本	文渊阁本	文津阁本
里仁	①此夫子所以反覆**叹息**之	叹惜	阙页	叹惜	叹惜	叹惜	叹惜	叹惜	叹息	叹息	叹息	叹息	叹息
	②此盖**复**出而逸其半	複	阙页	複	複	複	複	複	複	復	復	復	復
	③宁**孰**谏	孰	阙页	熟	熟	熟	孰	熟	孰	熟	熟	熟	熟
	④**则**不敢更适西	则	阙页	即	即	即	即	即	即	即	则	则	则
公冶长	①名謟，又名**括**	括	括	括	括	适	适	括	适	适	适	适	适
	②而无**毫**发之疑也	豪	豪	豪	毫	毫	毫	豪	毫	豪	豪	毫	毫
	③故夫子**说**其笃志	悦	悦	悦	悦	悦	说	悦	说	说	说	说	说
	④无所不**说**	悦	悦	悦	悦	悦	悦	说	说	说	说	悦	悦
	⑤夫子所以**说**之也	说	悦	悦	说	说	说	悦	说	说	说	说	说
	⑥故**夫子**特许其清而不许其仁	孔子	孔子	孔子	孔子	孔子	孔子	孔子	夫子	夫子	夫子	夫子	夫子
	⑦以**他**书考之	它	他	他	他	他	他	他	他	他	他	他	他
	⑧程子所谓私意起而反惑之验**与**	与	与	与	与	与	与	与	欤	与	欤	与	与
	⑨柱头，斗**栱**也	栱	栱	拱	栱	栱	栱	栱	栱	栱	栱	栱	栱
	⑩命驾而行，疾奔**宋**	朱	宋	宋	宋	宋	宋	宋	宋	宋	宋	宋	宋

续表

	出文	宋本			元本				明本			《四库全书》本	
		咸淳本	中字本	淳祐本	延祐本	至正本	袁又恺藏本	袁克文藏本	胡广本	伊藩本	汲古阁本	文渊阁本	文津阁本
雍也	①二十八章	九	九	八	八	八	八	八	八	八	八	八	八
	②瞽叟为父而有舜	叟	叟	叟	叟	叟	叟	叟	叟	叟	瞍	瞍	瞍
	③是无纤毫私欲	豪	豪	毫	毫	毫	毫	豪	毫	毫	毫	毫	毫
	④鲁北境上	竟	竟	境	境	境	竟	竟	竟	竟	境	境	境
	⑤使求说夫子之道	悦	悦	悦	悦	说	说	悦	说	说	说	说	说
	⑥然质之胜文犹言甘可以受和	之	之	言	之	之	之	之	言	之	言	之	之
	⑦体仁知之深者	智	智	智	智	智	智	知	知	知	知	知	知
	⑨闵子岂不能早见而豫待之乎	早	早	早	早	早	早	早	早	早	早	蚤	蚤
	⑩女得人焉耳乎	尔	尔	尔	尔	尔	尔	尔	尔	尔	尔	耳	耳
	⑪则已过矣	已	已	已	已	已	太	太	太	太	太	太	太
	⑫费，音秘	秘	秘	秘	秘	秘	祕	秘	秘	秘	秘	秘	秘
	⑬亡之命矣	亡	亡	亡	亡	忘	亡	亡	亡	亡	亡	亡	亡
	⑭鮀，徒河反	河	河	河	河	何	河	河	河	河	河	河	河
	⑮推此以求修己	修	脩	修	修	脩	修	修	修	修	脩	修	修
	⑯妍媸在彼	妍媸	妍媸	妍媸	妍丑	妡媸	妍媸	妍媸	妍媸	妍媸	妍媸	妍媸	妍媸

续表

出文		宋本			元本				明本			《四库全书》本	
		咸淳本	中字本	淳祐本	延祐本	至正本	袁又恺藏本	袁克文藏本	胡广本	伊藩本	汲古阁本	文渊阁本	文津阁本
述而	①德则行道而得于心而不失之谓也	德者得也，得其道于心而不失之谓也	同咸淳本	德则行道而得于心而不失之谓也	德则行道而得于心者也	同咸淳本	同淳祐本	咸淳本	同元延祐本	德则行道而得于心	同元延祐本	同延祐本	同延祐本
	②冯，皮**冰**反	冰	冰	冰	冰	水	冰	冰	冰	冰	水	冰	冰
	③德之不**脩**	脩	脩	脩	脩	脩	脩	脩	脩	脩	脩	修	修
	④洁，**脩**治也	修	修	修	修	脩	修	脩	脩	修	脩	脩	脩
	⑤德必**修**而后成	脩	修	修	修	修	修	脩	脩	脩	修	修	修
	⑥故**夫子**虽不居仁圣	孔子	孔子	孔子	孔子	孔子	孔子	孔字	夫子	夫子	夫子	夫子	夫子
	⑦抑非知足以知圣人而善言德行**者**	无“者”字	无“者”字	无“者”字	无“者”字	无“者”字	无“者”字	无“者”字	有“者”字	有“者”字	有“者”字	有“者”字	有“者”字
	⑧未得，**女音汝**	无此三字	无此三字	无此三字	无此三字	无此三字	有此三字	无此三字	无此三字	无此三字	无此三字	无此三字	无此三字
	⑨据者，**据音倨**。执守之意	⑨据者，**据音倨**。执守之意	无此三字	无此三字	无此三字	无此三字	无此三字	无此三字	无此三字	有此三字	有此三字	有此三字	有此三字
泰伯	①不知有余在己，不足在人	我	我	我	我	我	我	我	己	我	己	己	己
	②诗本**性**情	性	性	人	性	性	性	性	性	性	性	性	性
	③弘，宽广**也**	无“也”字	无“也”字	无“也”字	无“也”字	无“也”字	无“也”字	无“也”字	有“也”字	无“也”字	有“也”字	有“也”字	有“也”字

续表

出文		宋本			元本				明本			《四库全书》本	
		咸淳本	中字本	淳祐本	延祐本	至正本	袁又恺藏本	袁克文藏本	胡广本	伊藩本	汲古阁本	文渊阁本	文津阁本
泰伯	④**必于此**而得之	此	是	是	是	是	是	此	此	此	此	此	此
	⑤**洒**扫应对	灑	洒	洒	洒	洒	洒	洒	洒	洒	灑	灑	灑
	⑥然其生乱**则**一也	无“则”字	无“则”字	无“则”字	无“则”字	无“则”字	无“则”字	无“则”字	有“则”字	无“则”字	有“则”字	有“则”字	有“则”字
	⑦盖骄者，吝之**枝**叶	支	枝	支	支	枝	支	枝	枝	枝	枝	枝	枝
	⑧**五人**，禹、稷、契、皋陶、伯益	无“五人”二字	无“五人”二字	无“五人”二字	无“五人”二字	有“五人”二字	无“五人”二字	无“五人”二字	有“五人”二字	无“五人”二字	有“五人”二字	有“五人”二字	有“五人”二字
	⑨南宫适	括	适	适	适	适	适	适	适	适	适	适	适
	⑩荆、梁、雍、豫、徐、**扬**	杨	扬	杨	杨	杨	杨	杨	扬	杨	扬	扬	扬
	⑪其旨微矣	指	指	指	指	指	指	指	指	指	指	指	旨
	⑫笾，竹**豆**；豆，木**豆**	豆	豆	豆	豆	器	豆	豆	豆	豆	豆	豆	豆
	⑬不知有余在**我**	我	我	我	我	有	我	我	我	我	我	我	我
	⑭**十年**学幼仪	十岁	十岁	十年	十岁	十岁	十岁	十岁	十岁	十岁	十岁	十岁	十岁
	⑮人**归**之	归	归	归	归	与	归	归	归	归	归	归	归
子罕	①到此地位，**功**夫尤难	功	工	功	功	功	功	功	工	功	功	功	功
	② 丧、与**并**去声	皆	皆	皆	皆	皆	皆	皆	皆	皆	并	并	并
	③圣人之**言**，必降而自卑	道	道	言	道	道	言	言	道	言	言	言	道

续表

出文		宋本			元本				明本			《四库全书》本	
		咸淳本	中字本	淳祐本	延祐本	至正本	袁又恺藏本	袁克文藏本	胡广本	伊藩本	汲古阁本	文渊阁本	文津阁本
子罕	④如答樊迟之仁**智**	智	智	智	智	智	智	智	智	知	知	知	知
	⑤必**求**至乎卓立之地也	欲	欲	欲	欲	欲	欲	欲	求	求	求	欲	欲
	⑥说见第**七**篇	十	七	七	七	七	七	七	七	七	七	七	七
	⑦而无**毫**发之间断也	豪	豪	毫	毫	毫	毫	毫	毫	毫	毫	毫	毫
	⑧愚按自此**终篇**皆勉人进学不已之辞	篇终	篇终	篇终	篇终	篇终	篇终	篇终	终篇	篇终	终篇	终篇	终篇
	⑨语之**不**达	未	未	未	未	未	未	未	不	不	不	不	不
	⑩此《卫风·雄雉》之**诗**	篇	篇	篇	篇	篇	篇	篇	诗	诗	诗	诗	诗
	⑪权变、权术之**论**	论	论	论	论	论	论	论	论	论	论	语	语
乡党	①怡怡，和**悦**也	说	说	说	说	说	说	说	悦	悦	悦	悦	悦
	②**聂**而切之为脍	摄	聂	聂	聂	聂	聂	聂	聂	聂	聂	聂	聂
	③此一节记**孔子**居乡之事	夫子	夫子	孔子	夫子	夫子	孔子	孔子	孔子	孔子	孔子	孔子	孔子
	④**而**诚意肃恭矣	则	则	而	而	而	而	而	而	而	而	而	而
	⑤没**阶**趋	阶	阶	堦	堦	堦	堦	阶	阶	堦	阶	阶	阶
	⑥**纾**，君敬也	纾	纾	纾	纾	纾	纾	纾	纾	纾	纾	纾	纾

续表

出文		宋本			元本				明本			《四库全书》本	
		咸淳本	中字本	淳祐本	延祐本	至正本	袁又恺藏本	袁克文藏本	胡广本	伊藩本	汲古阁本	文渊阁本	文津阁本
乡党	⑦刘聘君**云**	云	云	云	云	云	云	云	曰	曰	曰	曰	曰
	⑧足**蹜蹜**	蹜蹜	蹜蹜	蹜蹜	蹜蹜	蹜蹜	缩缩	蹜蹜	蹜蹜	蹜蹜	蹜蹜	蹜蹜	蹜蹜
先进	①深赞颜**氏**之尔	氏	氏	氏	氏	子	氏	氏	氏	子	子	子	子
	②先**孔子**卒	夫子	夫子	夫子	夫子	夫子	夫子	夫子	孔子	孔子	孔子	孔子	孔子
	③邻不许颜路之请，何**耶**	耶	耶	耶	耶	邪	邪	邪	邪	耶	邪	耶	耶
	④若天丧己也	若	若	告	若	若	若	若	若	若	若	若	若
	乐得英**才**	材	材	材	材	材	材	材	才	材	才	才	才
	⑤差之**毫**厘	豪	豪	毫	毫	毫	毫	豪	毫	豪	豪	豪	豪
	⑥聪明才**辨**	辩	辩	辨	辨	辩	辨	辩	辩	辨	辨	辩	辩
	⑦言我虽年少长于**女**，然**女**勿以我长而难言	汝	汝	女	女	女	女	女	女	女	女	女	女
	⑧如或有人知**女**，则**女**将何以为用也	汝	汝	汝	汝	汝	女	女	女	女	女	女	女
	⑨而为先逊之辞	词	词	词	词	词	词	词	辞	词	辞	词	词
	⑩莫春，和煦之时	无此六字	无此六字	无此六字	无此六字	有此六字	无此六句	无此六句	有此六句	有此六字	有此六字	有此六字	有此六字
	⑪咏，歌也	无此三字	无此三字	有此三字	无此三字	有此三字	无此三字	无此三字	有此三字	有此三字	有此三字	有此三字	有此三字

续表

出文		宋本			元本				明本			《四库全书》本	
		咸淳本	中字本	淳祐本	延祐本	至正本	袁又恺藏本	袁克文藏本	胡广本	伊藩本	汲古阁本	文渊阁本	文津阁本
先进	⑫随处充**满**	满	满	裕	满	满	满	满	满	满	满	满	满
	⑬无少欠**缺**	阙	阙	缺	阙	蒲	阙	阙	阙	阙	阙	阙	阙
	⑭而其**胸次**悠然	胷次	胷次	胷中	胷次	胷次	胷次	胷次	胸次	胸次	胸次	胷次	胷次
	⑮三子**之**规规于事	有“之”字	有“之”字	无“之”字	有“之”字	有“之”字	无“之”字	有“之”字	无“之”字	无“之”字	有“之”字	有“之”字	有“之”字
	⑯**其**气象不牟矣	无其字	无其字	无其字	无其字	无其字	无其字	有“其”字	有其字	有“其”字	有“其”字	有“其”字	有“其”字
	⑰**故**夫子叹息而深许之	故	故	所以	故	故	故	故	故	故	故	故	故
	⑱故**夫子**不取	孔子	孔子	孔子	孔子	孔子	孔子	孔子	夫子	孔子	夫子	夫子	夫子
	⑲又非他人之为师弟子而已**耶**	耶	耶	耶	即	即	即	即	即	即	即	即	即
	⑳况颜渊之于**夫子**	孔子	孔子	孔子	孔子	孔子	孔子	孔子	孔子	夫子	夫子	夫子	夫子
	㉑**夫子**先问求赤及点	孔子	孔子	孔子	孔子	孔子	孔子	孔子	孔子	孔子	孔子	夫子	夫子
颜渊	①斯谓之仁**矣**乎	已	已	已	已	已	已	已	矣	矣	矣	矣	矣
	②**故**为是不得已之辞	而	故	而	而	故	而	故	而	而	故	故	故
	③且子夏**如**此	如	知	知	知	知	知	知	知	知	如	知	知
	④故其**辞**繁而不杀	词	词	词	词	词	词	词	词	词	词	辞	辞

续表

出文		宋本			元本				明本			《四库全书》本	
		咸淳本	中字本	淳祐本	延祐本	至正本	袁又恺藏本	袁克文藏本	胡广本	伊藩本	汲古阁本	文渊阁本	文津阁本
颜渊	⑤孔门弟子善直穷到底	此	孔	孔	孔	孔	孔	孔	孔	孔	孔	孔	孔
	⑥“齐景公有马千驷”之上	上	上	上	上	上	上	上	上	上	上	下	下
	⑦君臣之辞	词	词	词	词	词	词	词	词	词	辞	辞	辞
	⑧故夫子既明辨之	辩	辩	辨	辨	辨	辨	辨	辨	辨	辨	辨	辨
	⑨上知去声,下如字	上知字,下同	上知字,下同	上知字,下同	问知字,去声,下同	同延祐本	同延祐本	同延祐本	同延祐本	同延祐本	上知去声,下如字	上知字,下同	上知字,下同
	⑩又辨诸友	辩	辩	辩	辩	辨	辩	辩	辨	辩	辩	辨	辨
	⑪无自辱焉	毋	毋	无	无	无	无	无	无	无	无	无	无
	⑫非至明不能察其机	几	几	几	几	几	几	几	几	几	几	机	机
	⑬公以有若不喻其旨	谕	谕	谕	谕	谕	谕	喻	谕	谕	谕	喻	喻
	⑭军国之需	须	须	须	须	须	须	须	须	须	须	需	需
	⑮亡,读作无。牛有兄弟而云然	无“亡,读作无”三字	无“亡,读作无”三字	无“亡,读作无”三字	无“亡,读作无”三字	有“亡,读作无”三字	无“亡,读作无”三字	无“亡,读作无”三字	无“亡,读作无”三字	无“亡,读作无”三字	无“亡,读作无”三字	无“亡,读作无”三字	无“亡,读作无”三字
	⑯与,如字。既安于命,又当修其在己者	无“与,如字”三字	同咸淳本	同咸淳本	同咸淳本	有此三字	同咸淳本	同咸淳本	同咸淳本	同咸淳本	同咸淳本	同咸淳本	同咸淳本
	⑰大率其民得其九	大	大	大	大	太	大	大	大	大	大	大	大

续表

出文		宋本			元本				明本			《四库全书》本	
		咸淳本	中字本	淳祐本	延祐本	至正本	袁又恺藏本	袁克文藏本	胡广本	伊藩本	汲古阁本	文渊阁本	文津阁本
子路	①**卒**死其难	**卒**死其难	**卒**死其难	无“卒”字	有“卒”字	有“卒”字	有“卒”字	有“卒”字	有“卒”字	有“卒”字	有“卒”字	有“卒”字	有“卒”字
	②**如**不善而莫之违	如	如	言	言	言	言	言	如	言	言	言	言
	③医，所以寄**死生**	死生	死生	死生	死生	死生	死生	死生	死生	死生	死生	生死	生死
	④教之孝弟忠信之行	悌	悌	悌	悌	悌	悌	弟	弟	弟	弟	弟	弟
	⑤郢辞公卒，**夫人**立之	南子	南子	夫人	夫人	夫人	夫人	夫人	夫人	夫人	夫人	夫人	夫人
	⑥可者，仅辞，言纲纪布也	纪纲	纪纲	纲纪	纲纪	纲纪	纲纪	纲纪	纲纪	纲纪	纲纪	纲纪	纲纪
	⑦冉**子**退朝	有	有	有	有	有	有	子	子	子	子	子	子
	⑧被其泽则**悦**	悦	悦	悦	悦	悦	悦	悦	说	说	说	说	说
宪问	①**毫**忽之间	豪	豪	毫	毫	毫	毫	豪	毫	豪	豪	豪	豪
	②攸哉者，外之之**辞**	词	词	词	词	词	词	词	词	词	辞	辞	辞
	③**胡**氏曰：“知之弗豫。”	杨	杨	杨	杨	杨	杨	杨	杨	杨	胡	杨	杨
	④冉求，艺也	无此句	同咸淳本	同咸淳本	同咸淳本	有此句	同咸淳本	同延祐本	同延祐本	同延祐本	同延祐本	同延祐本	同延祐本
	⑤好**知**而不好学也	智	智	智	智	智	智	智	知	智	知	智	智
	⑥**衽**，衣襟也	衿	衿	衿	衿	衿	衿	衿	衿	衿	襟	衿	衿

续表

出文		宋本			元本				明本			《四库全书》本	
		咸淳本	中字本	淳祐本	延祐本	至正本	袁又恺藏本	袁克文藏本	胡广本	伊藩本	汲古阁本	文渊阁本	文津阁本
宪问	⑦孔子致**仕**居鲁	事	事	事	仕	仕	事	仕	仕	仕	仕	仕	仕
宪问	⑧夫音扶，下'告夫'同	夫音扶，下'告夫'同	同咸淳本	同咸淳本	同咸淳本	同咸淳本	同咸淳本	同咸淳本	夫音扶，告夫同	同宋咸淳本	夫音扶，下同	二告，夫音扶	同文渊阁本
宪问	⑨君子**循**天理	反	反	反	反	循	反	循	循	循	循	循	循
宪问	⑩**仲尼**此举	孔子	孔子	仲尼	仲尼	仲尼	仲尼	仲尼	仲尼	仲尼	仲尼	仲尼	仲尼
宪问	⑪而善于**辞**令者矣	词	辞	词	词	词	词	词	词	词	辞	辞	辞
宪问	⑫此艮卦之象**辞**	此艮卦之象辞	无"辞"字	同中字本	同中字本	同中字本	同中字本	同中字本	同宋咸淳本	同中字本	同中字本	同中字本	同中字本
宪问	⑬进学以**知**为先	智	智	智	智	智	智	智	知	智	知	知	知
宪问	⑭故褒之而疑其**辞**	词	词	词	词	词	词	词	辞	词	辞	辞	辞
宪问	⑮反己自**脩**	脩	脩	修	修	脩	修	修	修	修	脩	脩	脩
宪问	⑯则不待决于命而后**泰然**也	泰然	泰然	安然	泰然	泰然	泰然	泰然	泰然	泰然	泰然	泰然	泰然
宪问	⑰所遇不同**耳**	尔	尔	尔	尔	尔	耳	耳	耳	耳	耳	耳	耳
宪问	⑱自天子达**于庶人**	自天子达于庶人	无"达于庶人"三字	同中字本	同中字本	同宋咸淳本	同中字本	同宋咸淳本	同中字本	同中字本	同中字本	同中字本	同中字本
宪问	⑲硁，**苦**耕反	古	古	苦	苦	苦	苦	苦	苦	苦	苦	苦	苦
宪问	⑳摄衣涉水**曰**揭	为	为	为	为	为	为	版坏阙字	"揭"字以上注文阙	曰	曰	曰	曰

续表

出文		宋本			元本				明本			《四库全书》本	
		咸淳本	中字本	淳祐本	延祐本	至正本	袁又恺藏本	袁克文藏本	胡广本	伊藩本	汲古阁本	文渊阁本	文津阁本
宪问	㉑以其自幼至**老**	长	长	老	长	长	长	长	长	长	老	老	老
	㉒纠，居**黝**反	黝	黝	黝	黝	黝	有	黝	黝	黝	黝	黝	黝
	㉓**任**，而审反	袵	袵	任	袵	袵	袵	袵	同上	袵	袵	袵	袵
	㉔此但自言反己自**修**	修	修	修	修	脩	修	修	修	修	修	脩	修
	㉕冢宰，**大**宰也	大	大	大	大	太	太	大	太宰	大	大	大	大
	㉖幼而不逊**弟**	弟	弟	弟	弟	第	弟	弟	弟	弟	弟	弟	弟
卫灵公	①与，音于，下同	与，平声，下同	与，平声，下同	与，平声，下同	与，平声，下同	与，平声，下同	与，平声，下同	与，平声，下同	与，平声，下同	与，平声，下同	与音于，下同	与，平声，下同	与，平声，下同
	②所见**如**此而已	如	如	如	如	如	如	如	如	如	惟	如	如
	③**只**此是学	只	只	只	只	只	只	只	即	即	即	即	即
	④**夫子**告之	孔子	孔子	孔子	孔子	孔子	孔子	孔子	孔子	孔子	夫子	孔子	孔子
	⑤冠上有**覆**	冕	覆	覆	覆	覆	覆	覆	覆	覆	覆	覆	覆
	⑥惟**颜子**告之以此	颜渊	颜渊	颜渊	颜渊	颜渊	颜渊	颜渊	颜渊	颜渊	颜子	颜渊	颜渊
	⑦顾君臣更相**饬戒**	饬戒	饬戒	饬戒	饬戒	饬戒	饬戒	饬戒	饬戒	阙	戒饬	戒饬	戒饬
	⑧叹其终不得而见**之**也	叹其终不得而见**之**也	无“之”字	同中字本	同中字本	同中字本	同中字本	同中字本	有“之”字	同中字本	同咸淳本	同咸淳本	同咸淳本

续表

出文		宋本			元本				明本			《四库全书》本	
		咸淳本	中字本	淳祐本	延祐本	至正本	袁又恺藏本	袁克文藏本	胡广本	伊藩本	汲古阁本	文渊阁本	文津阁本
卫灵公	⑨**谢氏**曰："此章义疑不可强解。"	胡氏	胡氏	胡氏	胡氏	胡氏	胡氏	胡氏	胡氏	胡氏	谢氏	胡氏	胡氏
	⑩仁有甚于水火而尤不可一日无**者**也	无"者"字	无"者"字	无"者"字	无"者"字	无"者"字	无"者"字	无"者"字	有"者"字	有"者"字	有"者"字	有"者"字	有"者"字
	⑪有官守者**修**其职	脩	脩	修	修	修	修	脩	修	修	脩	脩	脩
	⑫不同，如善恶邪正之**类**	异	异	异	异	异	异	异	类	类	类	类	类
	⑬与，平声。圣门学者于夫子一言一动，无不存心省察如此	同上	同咸淳本	同咸淳本	同咸淳本	道与之与，平声	同宋咸淳本	同咸淳本	同咸淳本	同咸淳本	同咸淳本	同咸淳本	同咸淳本
	⑭**辞**，取达意而止	辞	辞	辞	辞	辞	辞	辞	辞	词	辞	辞	辞
季氏	①冉有实与谋，以**夫子**非之	孔子	孔子	孔子	孔子	孔子	孔子	孔子	夫子	孔子	夫子	夫子	夫子
	②季氏据国而**鲁公**无民	鲁公	鲁公	鲁公	鲁公	鲁公	鲁公	鲁公	鲁君	鲁公	鲁君	鲁公	鲁公
	③此以前章之说推之而知其当然**也**	有"也"字	无"也"字	无"也"字	无"也"字	无"也"字	无"也"字	有"也"字	有"也"字	有"也"字	有"也"字	有"也"字	有"也"字
	④三畏者，脩己之**所**当然也	所	诚	所	所	诚	所	诚	诚	诚	诚	诚	诚

续表

出文		宋本			元本				明本			《四库全书》本	
		咸淳本	中字本	淳祐本	延祐本	至正本	袁又恺藏本	袁克文藏本	胡广本	伊藩本	汲古阁本	文渊阁本	文津阁本
季氏	⑤视**无**所蔽	思	无	无	无	无	无	无	无	无	无	无	无
	⑥故夫子**言**然	言	言	言	言	言	言	言	云	云	云	云	云
	⑦辟，婢亦反	辟，婢亦反	同咸淳本	同咸淳本	同咸淳本	“辟”字上有“便，平色”三字	同咸淳本	同咸淳本	同咸淳本	同咸淳本	同咸淳本	同咸淳本	同咸淳本
阳货	①对而不**辨**者	辨	辩	辨	辨	辨	辨	辩	辩	辨	辩	辨	辨
	②夫子**莞**尔而笑	筦	筦	筦	莞	莞	莞	莞	莞	莞	莞	莞	莞
	③圣人以天下无不可有为之**事**	人	人	人	人	人	人	人	人	人	事	人	人
	④好知而不好学也，其弊也**绞**	狡	绞	绞	绞	绞	绞	绞	绞	绞	绞	绞	绞
	⑤只是两字含**蓄**多少义理	畜	蓄	畜	畜	蓄	蓄	蓄	蓄	蓄	蓄	蓄	蓄
	⑥且如置此两**倚**	倚	倚	倚	倚	椅	椅	椅	椅	椅	椅	椅	椅
	⑦又如**贼盗**至为不道	贼盗	贼盗	贼盗	贼盗	贼盗	贼盗	盗贼	盗贼	盗贼	盗贼	贼盗	贼盗
	⑧志于富贵而已**者**	矣	矣	矣	矣	者	者	矣	而已者	矣	矣	矣	矣
	⑨学者多以**语言**观圣人	语言	语言	语言	语言	语言	语言	语言	言语	言语	语言	语言	语言

续表

出文		宋本			元本				明本			《四库全书》本	
		咸淳本	中字本	淳祐本	延祐本	至正本	袁又恺藏本	袁克文藏本	胡广本	伊藩本	汲古阁本	文渊阁本	文津阁本
阳货	⑩则亦无所不至**者**	矣	矣	矣	矣	矣	矣	者	矣	者	者	者	者
	⑪昔所谓疾，今亦**亡**之	无	无	无	无	无	无	无	亡	亡	亡	亡	亡
	⑫**汝**安之	汝	汝	汝	汝	汝	汝	女	女	女	女	女	女
	⑬所谓三年，**然后**免于父母之怀	而后	而后	而后	而后	而后	而后	而后	然后	然后	然后	然后	然后
	⑭子之武城闻弦歌之声	弦歌	弦歌	弦歌	絃歌	弦歌	弦歌	弦歌	弦歌	弦歌	弦歌	弦歌	弦歌
	⑮丧至此可止**也**	也	也	也	也	也	也	矣	也	矣	矣	矣	矣
	⑯莞，华**版**反	版	版	版	板	版	版	版	版	版	版	版	版
微子	①而**折中**以圣人行之	折中	折中	折中	折中	折中	折中	折中	折中	折衷	折衷	折衷	折衷
	②尊**夫子**	孔子	孔子	孔子	孔子	孔子	孔子	孔子	夫子	孔子	夫子	孔子	孔子
	③莜，**竹**器	草	竹	竹	竹	竹	竹	竹	竹	竹	竹	竹	竹
	④故往而不**返**	反	反	反	反	反	反	反	返	反	返	返	返
	⑤沮，其**余**反	余	余	余	余	余	余	余	同上	余	余	余	余
	⑥与**泰**伯同窜荆蛮者	太	太	大	同上	太	太	太	泰	大	泰	大	大
	⑦施，陆氏作“弛”，诗纸反	施，陆氏作“弛”，诗纸反。	同咸淳本	同咸淳本	同咸淳本	同咸淳本	同咸淳本	同咸淳本	同咸淳本	同咸淳本	“弛”字下“无诗纸反”三字	同汲古阁本	同汲古阁本

续表

出文		宋本			元本				明本			《四库全书》本	
		咸淳本	中字本	淳祐本	延祐本	至正本	袁又恺藏本	袁克文藏本	胡广本	伊藩本	汲古阁本	文渊阁本	文津阁本
微子	⑧其或夫子尝与门弟子言之与	欤	欤	欤	欤	欤	欤	欤	欤	欤	与	欤	欤
微子	⑨骉，乌瓜反	骉，乌瓜反	骉，乌瓜反	骉，乌瓜反	骉，乌瓜反	骉，乌瓜反	骉，乌瓜反	骉，乌瓜反	骉，乌瓜反	骉，乌瓜反	无此三字	骉，乌瓜反	骉，乌瓜反
子张	①但其所言亦有过高之病	病	病	病	病	病	病	病	弊	弊	弊	弊	弊
子张	②杨氏曰："丧与其易，宁戚"	同例②	同咸淳本	同咸淳本	同咸淳本	同咸淳本	同咸淳本	同咸淳本	有"也"字	"易"后有"也"字	同伊藩本	同伊藩本	同伊藩本
子张	③谢氏曰："民之散也，以使之无道。"	使	使	俟	俟	使	使	使	使	使	使	使	使
子张	④故其犯法也非迫于不得已	如	也	也	也	也	也	也	也	也	也	也	也
子张	⑤故曰："不可阶而升。"	同例⑤	同咸淳本	同咸淳本	同咸淳本	同咸淳本	同咸淳本	同咸淳本	有"也"字	"升"字后有"也"字	同伊藩本	同伊藩本	同伊藩本
子张	⑥圣而进于不可知之神矣，此殆难以思勉及也	无此句	无此句	无此句	无此句	无此句	无此句	无此句	有此句	有此句	有此句	有此句	有此句
子张	⑦别，彼列反	彼	彼	彼	彼	彼	彼	彼	彼	彼	彼	必	必
子张	⑧言君子之道，非以其末爲先而传之	末	末	末	末	末	末	末	末	末	末	未	未

续表

出文		宋本			元本				明本			《四库全书》本	
		咸淳本	中字本	淳祐本	延祐本	至正本	袁又恺藏本	袁克文藏本	胡广本	伊藩本	汲古阁本	文渊阁本	文津阁本
尧曰	①犹岁时**气节**之先后	气节	气节	气节	气节	气节	气节	气节	气节	气节	节气	节气	节气
尧曰	②此述其初请命而伐桀之**词**也	词	辞	词	词	词	词	词	辞	辞	词	辞	辞
尧曰	③谨权量，审法度，**修**废官，四方之政行焉	修	修	修	修	修	脩	修	脩	脩	脩	脩	脩

台湾历史博物馆所藏甲骨缀合五组

马 尚*

【内容提要】 甲骨缀合能提供新材料,启发新认识。笔者在研读台湾历史博物馆所藏甲骨时,缀合了五组典宾类、出类卜甲,为殷商史研究提供了文献资料。文中对新缀所引发的出类甲骨贞人问题也有简要探讨。

【关键词】 甲骨 缀合 贞人

台湾历史博物馆(以下简称"台历博")藏甲骨 3600 片左右,[①]为 1929 年、1930 年河南省政府两次派遣何日章挖掘,后运至台湾省。[②] 这批甲骨曾经三次著录:关葆谦《殷虚文字存真》、孙海波《甲骨文录》和董玉京《河南省运台古物甲骨文专集》,但著录数量少,质量参差不齐。近年,李宗焜师首次将这批甲骨修复还原、拍摄照片、完整整理。笔者在阅读这批材料时偶有缀合,兹选原材料已公布者五组发表于此,愿得方家指正。

一、《合集》26701+《运台》摹 1.0166

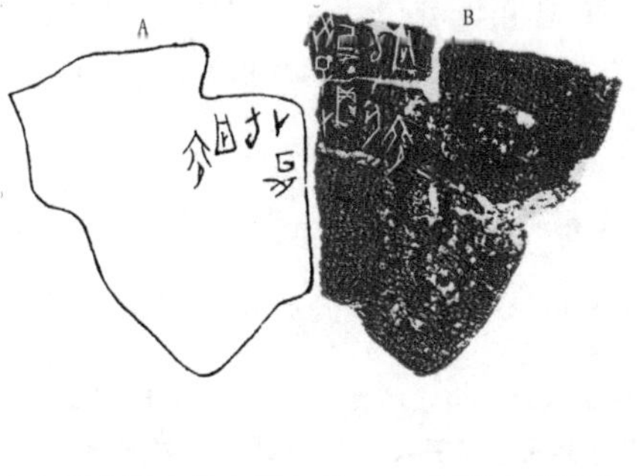

---

* 本文作者为北京大学中文系中国古典文献专业 2018 级博士研究生。

① 《甲骨文录·序》言这批甲骨共有"三千六百方",《河南省运台古物甲骨文专集·前言》言共有"三六五六片",李宗焜师整理这批甲骨,共编 3561 号(新缀甲骨仍按原数量计入)。

② 李宗焜《何日章挖掘甲骨》,宋镇豪主编《甲骨文与殷商史》新五辑,上海:上海古籍出版社,2015 年,第 293—297 页。

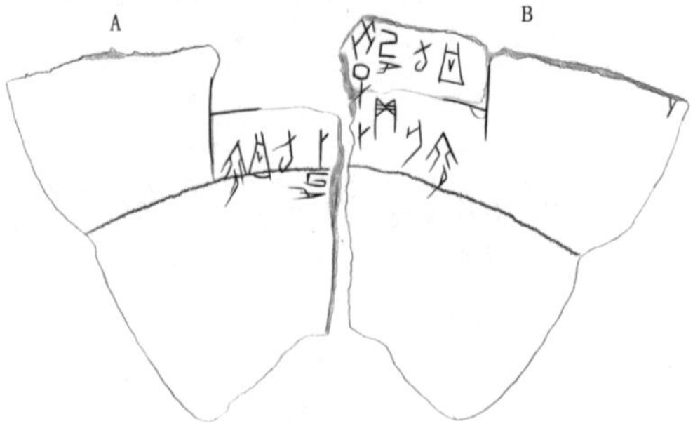

A.《运台》摹 1.0166＝台历博 148

B.《合集》26701＝《南师》1.075＝《外》111＝《续存》上 1673＝《国博》172

本版为出二类龟腹甲左右尾甲。① 两版甲骨字体、文例一致，部位相合，当可拼缀。释文②为：

(1)癸巳卜，𢀛贞：旬亡忧。六月。

(2)□□卜，𣅀[贞]：旬[亡]忧。六月。

(3)…卜。

《合集》26701字，从“己”、从横“止”，为贞人名。《南师》将该字误摹为，从“亘”、从横“止”，陈梦家先生据之以为卜辞有贞人“𣅀”。③ 饶宗颐先生据拓本指出“𣅀”当为“𢀛”，认为贞人名“𣅀”应删去。④ 饶先生对该版的校读是准确的，但贞人“𣅀”在甲骨文献中是否存在，仍可讨论。

《运台》摹 1.0166 有贞人，照片作形，正可隶定为“𣅀”。《合集》26701＋《运台》摹 1.0166 这版新缀甲骨上，“𣅀”与“𢀛”同为贞人，所卜之事似亦相同。考虑到“𢀛”为出类已见的贞人，“𣅀”字的释读可有两种思路：①“𣅀”为“𢀛”之讹写；②“𣅀”与“𢀛”是两个不同的字，表示了不同的贞人。

前一种思路，似乎有类似证据：甲骨文中“亘”与“己”存在讹混。如《合集》14036“丁亥卜，己贞：子商妾娩，不其妫。”李旼妗先生指出，“己”当为“亘”形近而

---

① 本文所用甲骨形态的称谓，参黄天树《甲骨形态学》，黄天树主编《甲骨拼合集》附录三，北京：学苑出版社，2010 年，第 514—538 页。

② 文中释文一般采用严式隶定。为求行文方便，一些常用字如“贞”等均不再括注；“□”表示缺一字，“…”表示缺两字及两字以上或缺字字数不详，“[]”表示释文依辞例拟补或据残划辨认；异体字和假借字加“()”随文注明。

③ 陈梦家《殷虚卜辞综述》，北京：中华书局，1988 年，第 184 页。“𣅀”字原隶定为“昰”。

④ 饶宗颐《殷代贞卜人物通考》，香港：中华书局(香港)有限公司，2015 年，第 842 页；又见宋镇豪、段志洪主编《甲骨文献集成》16 册，成都：四川大学出版社，2001 年，第 448 页。“𢀛”字原隶定为“㞢”。

误,[1]王子杨先生从之。[2] 但“亘”与“己”可混,未必能证明“㿟”即“㽞”字之讹。

商代文字中本有“壴”字,如(“亚壴”合文,见《集成》9626.1、9626.2)。族氏铭文“亚㿟衔”亦可作“亚壴衔”(前者见《集成》8783、8784,后者见《集成》5014、9225),可知“㿟”与“壴”为一字异体,下文不作区别。

甲骨文中亦有“㿟”字。

(1)中示。。

《合集》4931[宾出][3]

(2)丙辰卜,在贞:今日王步于□,亡灾。

《合集》36751[黄][4]

(3)庚申…至于…雨。。

《合集》12337(=台历博 276)[出二]

辞(1)“㿟”为记于记事刻辞之末的贞人名,辞(2)(3)中“㿟”为地点[辞(3)在辞末附记地点,与《合集》24333 相类]。“㿟”字既可表示贞人名、表示地点,又可作为族徽文字。甲骨文中“㽞”字,则仅有贞人名一种用法,见于出二类(《合集》25975、26698、本组缀合)和宾出类(《英藏》2088)。考虑到“㿟”字与“㽞”字均在宾出、出二类出现,类组并不互补,且二字皆可指称贞人名,我们倾向认为“㿟”非“㽞”之误字,“㿟”更可能为另一位贞人。甲骨文中存在“同文异史”(或称“异史同贞”)之例,[5]本版辞(2)的干支如与辞(1)一致,亦当属于此列。

陈梦家先生将“㿟”误认为武丁时代不系联的贞人,而本版的缀合,说明贞人“㿟”可与“㽞”系联,“㿟”是此前未曾指出的一位出组贞人。[6]

---

① 李旼姈《甲骨文例研究》,台北:台湾古籍出版社,2003 年,第 98 页。

② 王子杨《甲骨讹字研究》,赵平安主编《讹字研究论集》,上海:中西书局,2019 年,第 36 页。

③ 本文甲骨分类标准依黄天树《殷墟王卜辞的分类与断代》,北京:科学出版社,2007 年。

④ 此二例参李宗焜《甲骨文字编》2885 号,北京:中华书局,2012 年。

⑤ “同文异史”研究,参胡厚宣《卜辞同文例》,《中央研究院历史语言研究所集刊》第九本,上海:商务印书馆,1947 年,第 181—183 页;又《‘中研院’历史语言研究所集刊论文类编(语言文字编 · 文字卷)》,北京:中华书局,2009 年,第 623—625 页。蔡哲茂《〈甲骨文合集〉缀合第四则》,先秦史研究室网站,2009 年 9 月 29 日,http://www.xianqin.org/blog/archives/1679.html。蒋玉斌《〈史购〉新缀第五～六组》,先秦史研究室网站,2010 年 12 月 22 日,http://www.xianqin.org/blog/archives/2218.html。牛海茹《论商代甲骨占卜中的“异史同贞”》,宋镇豪主编《甲骨文与殷商史》新八辑,上海:上海古籍出版社,2018 年,第 439—461 页。

⑥ 出组贞人数量,经董作宾、陈梦家、岛邦男、饶宗颐、李学勤、彭裕商、张怡、郅小娜等学者研究,目前认为有 23 位,加“㿟”之后共 24 位。参郅小娜《出组甲骨材料再整理》,中国社会科学院研究生院硕士毕业论文(指导教师:宋镇豪)。

二、《合集》23983＋《运台》拓 1.0331

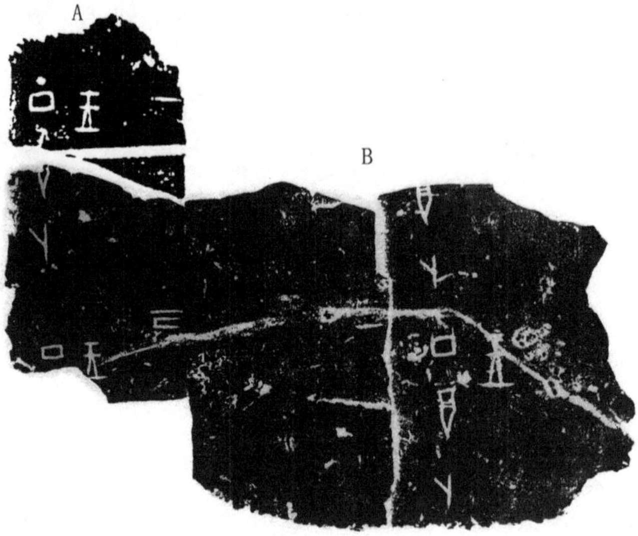

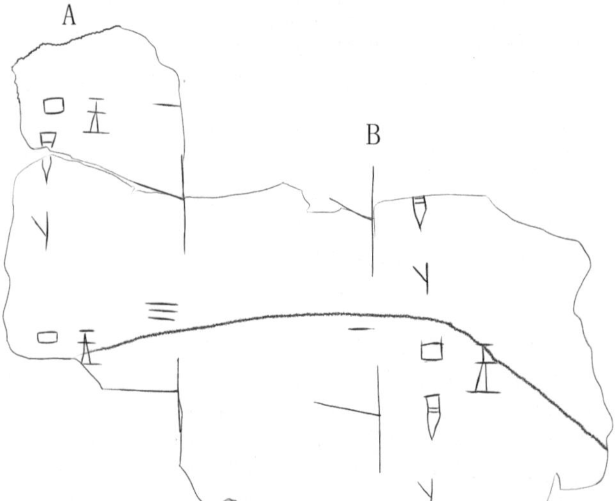

A.《运台》拓 1.0331、摹 1.0332＝《真》1.056＝台历博 300

B.《合集》23983＝《录》216＝《真》2.048＝《运台》拓 1.0520、摹 1.0519＝台历博 475

本版为出二类龟腹甲右前甲。两版甲骨字体、文例一致，反面钻凿痕迹吻合，相拼后可补全“酉”字。

本版释文为：

(1)丁酉卜，王。一
(2)[丁]酉卜，[王]。
(3)丁酉卜，王。一
(4)丁[酉卜]，王。三

三、《合集》23827＋《运台》摹 1.0517

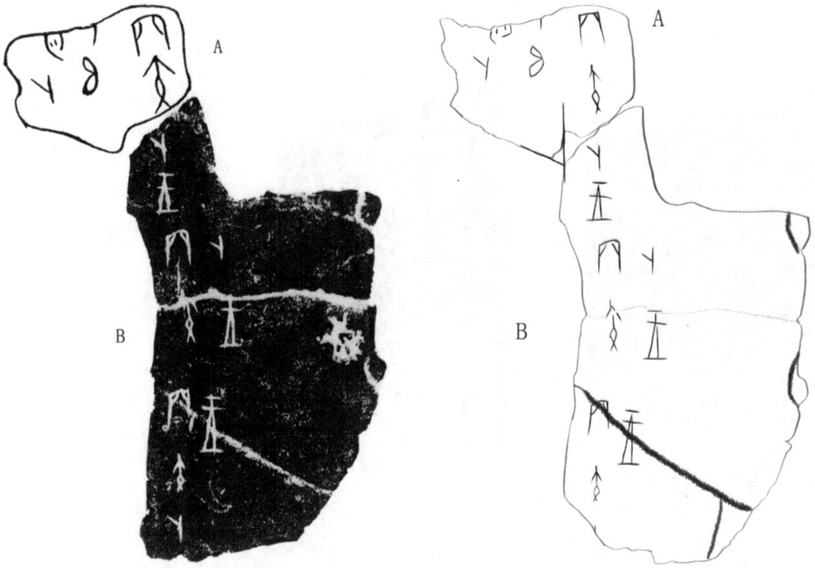

A.《运台》摹 1.0517＝台历博 473

B.《合集》23827＝《录》196＝《真》2.47＝《运台》拓 1.0537＝台历博 490

本版为出二类龟腹甲右前甲。两版甲骨字体一致，同为丙寅日卜王辞，反面的凿痕吻合，当可相缀。学者曾据拓片试缀《合集》23827 与《真》5.52，[①]李宗焜师已指出其误。[②] 我们以前辈学人的尝试为基础，借助照片之便，将《合集》23827 与《运台》摹 1.0517 相缀，还原了一版卜王卜辞甲骨。

---

① 李延彦《甲骨新缀第 129、130 则》，先秦史研究室网站，2013 年 12 月 10 日，http://www.xianqin.org/blog/archives/3447.html。

② 李宗焜《拓片缀合的机会与风险——以河南博物馆旧藏甲骨为中心的检视》，《甲骨文与殷商史》第十辑，上海：上海古籍出版社，2020 年，第 430—437 页。

本版释文为：

(1)丙寅卜，王。在师劳卜。

(2)丙寅卜，王。

(3)丙寅卜，王。

比勘《录》《运台》拓本与台历博照片，我们发现这版甲骨左下角残损，“卜”字仅余上端残笔。

四、《录》831＋《运台》摹 1.1827

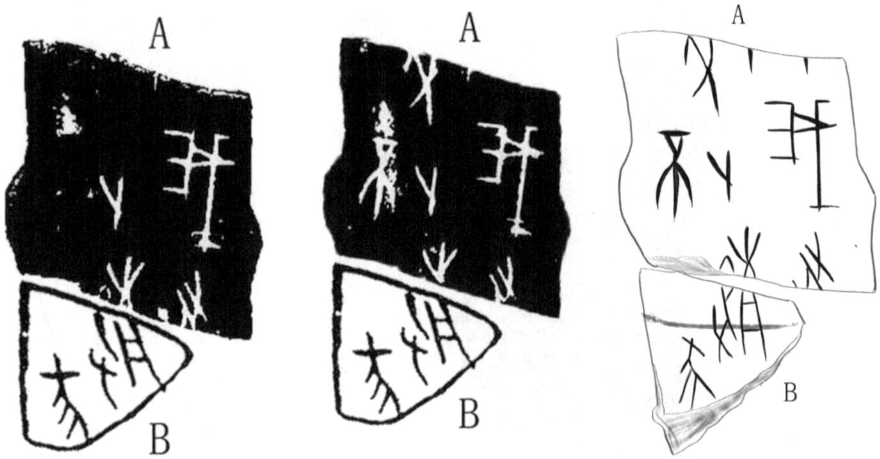

A.《录》831(《录》901 重见)＝台历博 1040

B.《运台》摹 1.1827＝台历博 1743

两版甲骨均属典宾类龟腹甲右半部分，可拼出残字“㱿”。本版释文为：

(1)□丑卜，㱿贞：我受…

(2)…不求(咎)。

《录》901 拓本“不”“丑”等字未拓上，但“㱿”“受”左下残划宛然可见(参上左图)；《录》831“不”“丑”等字拓印清晰，但甲骨下缘残字拓印不清(参上中图)；照片皆清晰可见(参上右图据照片所作摹本)。

五、《运台》摹、拓 1.0137+《运台》摹 1.2618

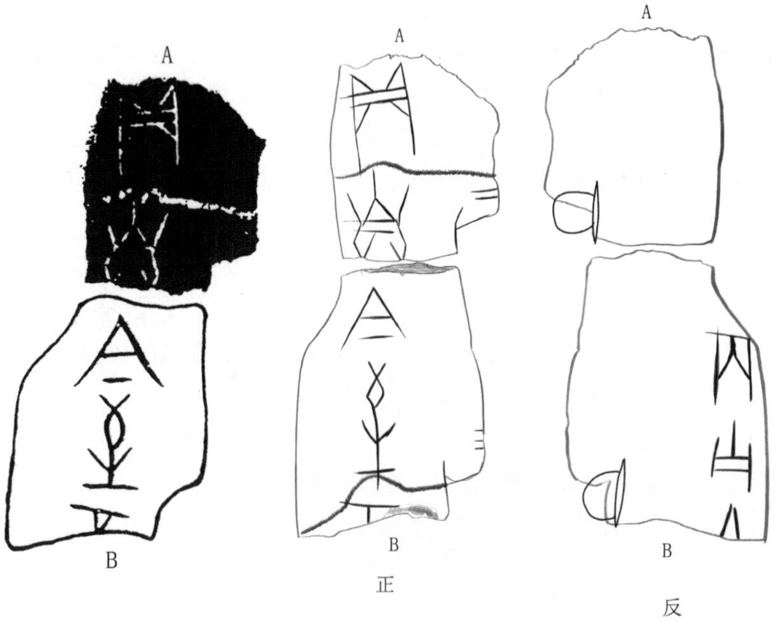

A.《运台》摹、拓 1.0137=台历博 121

B.《运台》摹 1.2618=台历博 2532

本版为龟腹甲左前甲腋凹部分。两版甲骨字体均为典宾类，接口相合，文例通顺，B 之上沿可见“自”字残笔。本版释文为：

正：贞：自今至于…　二　三

反：丙子□…

《运台》摹 1.2618 未录反面，将正面“于”字误摹为“不”，兆序亦遗漏。

著录繁简称对照表：

《国博》——中国国家博物馆编《中国国家博物馆馆藏文物研究丛书·甲骨卷》，上海：上海古籍出版社，2007 年。

《合集》——郭沫若主编，胡厚宣总编辑《甲骨文合集》，北京：中华书局，1979—1983 年。

《集成》——中国社会科学院考古研究所编《殷周金文集成》（修订增补本），北京：中华书局，2007 年。

《录》——孙海波《甲骨文录》，开封：河南通志馆，1937 年；又台北：艺文印书馆,1958 年。

《南师》——胡厚宣编《战后南北所见甲骨录·南北师友所见甲骨录》,北京:来薰阁书店,1951 年。

台历博——台湾历史博物馆所藏甲骨照片。

《外》——董作宾编《殷虚文字外编》,台北:艺文印书馆,1956 年。

《续存》——胡厚宣编《甲骨续存》,上海:群联出版社,1955 年。

《英藏》——李学勤,齐文心,艾兰《英国所藏甲骨集》上编,北京:中华书局,1985 年;李学勤,齐文心,艾兰《英国所藏甲骨集》下编,北京:中华书局,1992 年。

《运台》——董玉京主编《河南省运台古物甲骨文专集》,台北:河南省运台古物监护委员会,2002 年。

《真》——关葆谦《殷虚文字存真》,开封:河南省博物馆,1931 年。

附记:

以上 2—5 组缀合已经李宗焜师实物检验。所附摹本除《合集》26701 外,均据台历博照片制作。甲骨缀合受到李宗焜师、蒋玉斌师悉心指导,谨致谢忱!

《唐尚书省郎官石柱题名考》新补

曾 涧*

【内容提要】 《唐尚书省郎官石柱题名考》是清代史学名著。2018年，中华书局出版了张忱石先生积三十年之功撰就的《唐尚书省郎官石柱题名考补考》，对其进行了全面系统的补订，然所增补郎官仍有遗漏，新补遗郎官也偶有疏失之处。本文综合利用新出石刻材料、传世文献及近人唐史研究成果，对其再作补正。凡所涉及78人次，其中新补遗65人次，订正疏误13人次。同时，对《旧唐书》的一处校勘提出质疑，考出开元十二年(724)知贡举者为姚骇。

【关键词】 郎官石柱题名 《唐尚书省郎官石柱题名考》 新补

清人劳格、赵钺撰《唐尚书省郎官石柱题名考》(以下简称《郎考》)，凡二十六卷，是著录和考订研究唐代郎官石柱题名的专著，自清末问世以来，一直是研治唐代文史的基本工具书。中华书局于1992年出版了徐敏霞和王桂珍两位先生的点校本，[①]更为研究者利用此书提供了莫大的方便。

二十世纪以来，学者们在充分利用此书的同时，对书中的疏漏之处，作了大量的拾遗订补工作。著名唐史学家岑仲勉先生在《郎官石柱题名新著录》(以下简称《新著录》)的基础上，[②]续又撰《郎官石柱题名新考订》(以下简称《新考订》)，[③]对《郎考》进行了全面的核查和补考，订正了不少错误。徐敏霞和王桂珍两位先生在点校《郎考》时亦纠正了书中的大量疏误。近年来，路远先生

* 本文作者为焦作师范高等专科学校白居易文化研究所研究员。

① 〔清〕劳格、赵钺著，徐敏霞、王桂珍点校《唐尚书省郎官石柱题名考》，北京：中华书局，1992年。

② 岑仲勉《郎官石柱题名新著录》，岑仲勉《金石论丛》，上海：上海古籍出版社，1981年，第329—393页。

③ 岑仲勉《郎官石柱题名新考订》，上海：上海古籍出版社，1984年。

对郎官石柱的初刻和改刻作了新的探讨，[①]胡可先[②]、吴浩[③]、王宏生[④]等先生对郎官及人物事迹作了新的补正。张忱石先生在二十世纪九十年代为中华书局点校本《郎考》编制人名索引后，即开始搜集出土的唐人碑版材料，在充分吸收近年研究成果的基础上，于 2018 年出版了《唐尚书省郎官石柱题名考补考》（以下简称《补考》），[⑤]对《郎考》作了较为全面的补考，共补考郎官 780 人次，其中新补遗 301 人次，取得了令人瞩目的成果，是继《新著录》《新考订》之后，又一部研究郎官石刻的集大成之作。近十年来，笔者在阅读相关文献时，也较留意郎官材料，凡有前贤未及者，即别纸存之。将所存左司所统郎官材料与《补考》比对，发现尚有《补考》未收或《补考》新收而言及未尽者。此次整理发表者，仅限于《郎考》未收、前贤著作未补充者。《郎考》和《新补》或有云尝历某司而实舛误者，依《郎考》体例，名之"附存"，列于某司补遗之后。其新补郎官，凡《郎考》已列姓名、事迹，甄录其相关文献；而《郎考》阙载、正史无传者，则胪列其生平所历之官职、事迹，俾尚论者有可稽考；而于史无征者，则注明"无考"。限于学识，疏误难免，敬请张先生及博识者赐正为幸。

卷一左司郎中

□仁师 贞观十五年封临川郡公主诏书石刻："贞观十五年正月廿日，制可。正月廿日申后，都事郭长者受，左司郎中仁师付主爵，……告临川郡公主：奉被诏书如右，符到奉行。……贞观（十五）年正月廿日下。"[⑥]按贞观名仁师者，最著莫若崔仁师。检《旧唐书》卷七四本传，贞观十六年由度中迁给事中。然度中之阶次于左中。则此仁师是否崔仁师，当存疑俟考。

□睿 贞观十八年授滕王李元婴金州刺史诏书石刻："贞观十八年九月五

① 路远《唐〈尚书省郎官题名石柱〉之初刻与改刻》，荣新江主编《唐研究》第十二卷，北京：北京大学出版社，2006 年，第 397—416 页。后收入氏著《碑林语石：西安碑林藏石研究》，西安：三秦出版社，2010 年，第 166—183 页。

② 胡可先相关论文如下：《〈郎官石柱题名考〉补正（左司郎中、员外郎部分）》，《文教资料》，1997 年第 3 期，第 80—100 页；《〈郎官石柱题名考〉补正（司封郎中、员外郎部分）》，《漳州师院学报（哲学社会科学版）》，1998 年第 1 期，第 70—76 页；《〈郎官石柱题名考〉补正（司勋郎中部分）》，《古籍研究》，1998 年第 2 期，第 47—51 页。《〈郎官石柱题名考〉补正（考功郎中部分）》，《书品》，1999 年第 4 期，第 35—39 页。《〈郎官石柱题名考〉金部郎官补正》，《淮阴师范学院学报（哲学社会科学版）》，2000 年第 1 期，第 52—56 页。

③ 吴浩相关论文如下：《〈唐尚书省郎官石柱题名考〉增补》，《扬州教育学院学报》，2003 年第 4 期，第 39—43 页；《〈唐尚书省郎官石柱题名考〉增补》，袁行霈主编《国学研究》第十二卷，北京：北京大学出版社，2003 年，第 155—184 页。

④ 王宏生《〈唐尚书省郎官石柱题名考〉续补》，《古典文献研究》，2004 年，第 152—159 页。

⑤ 张忱石《唐尚书省郎官石柱题名考补考》，北京：中华书局，2018 年。

⑥ 陕西省文管会、昭陵文管所《唐临川公主墓出土的墓志和诏书》，《文物》，1977 年第 10 期，第 53 页。

日，制可。九月五日戊时都事路立受，守左司郎中睿册付吏部，……告使持节金州诸军事金州刺史滕王元婴：奉被诏书如右，符到奉行。……贞观十八年九月六日下。”[①]按现存郎官材料唐初未见名睿者。其人无考。

□苑 永徽元年加封临川公主为长公主诏书石刻：“永徽元年正月廿三日，制可。正月廿四日午后，都事赵师才，守左司郎中苑付主爵，……告临川郡长公主：奉被诏书如右，符到奉行。……永徽元□(年)正月廿四日下。”[②]□苑，无考。

崔义起 《大周故朝散大夫行台州宁海县令崔君(安敬)墓志铭并序》(长寿二年二月十三日)：“父义起，唐左成务、司元少常伯兼殷王府司马。”[③]载初元年七月五日卒，春秋六十六。《旧唐书·职官一》：龙朔二年二月甲子，改百司及官名，改左、右司郎中为丞务。校勘记：“丞务，‘丞’字各本原作‘成’，据本书卷四三《职官志》、《通典》卷二二改。”[④]是知《旧唐书》原书此处各本实作“成务”，与志文所载恰合。《崔安敬墓志》上距龙朔改名仅三十年，所记可信度较高。故《旧唐书》此处校改，似欠妥当，当依原作“成务”为是。崔义起，永徽初为西州副都护，见永徽二年(651)《裴会真墓志》。[⑤] 龙朔三年(663)六月二十日为司元少常伯，见道宣《集神州三宝感通录》卷下。《郎考》卷一一户中补遗、卷一七仓中有崔义起。

□珣(苏珣) 长寿三年(694)苑嘉宾制书石刻：“长寿三年四月廿八日，制可。四月廿八日酉时，都事下直，左司郎中珣付，……告武威郡开国公苑嘉宾：奉被制书如右，符到奉行。……长寿三年四月廿九日下。”[⑥]“左司郎中珣”，赵振华先生以为即苏珣。按两《唐书》本传未及。苏珣，圣历元年(698)八月守雍州司马，见武三思《武承嗣墓志》。[⑦]

刘晏 《代宗朝赠司空大辨正广智三藏和上表制集》(下简称《不空表制集》)卷四《赠司空谥大辨正三藏和上制》：“ 大历九年七月六日，……金紫光禄大夫吏部尚书上柱国左司郎中彭城郡开国中公晏，……告赠司空大辨正广智

---

① 赵振华、王迪《读贞观十八年〈授滕王李元婴金州刺史诏〉》，《故宫学刊》，2016年第2期，第33页。

② 陕西省文管会、昭陵文管所《唐临川公主墓出土的墓志和诏书》，第53页。

③ 毛阳光、余扶危主编《洛阳流散唐代墓志汇编》〇四六，北京：国家图书馆出版社，2013年，第92页。

④ 〔后晋〕刘昫等撰《旧唐书》卷四二《职官一》，北京：中华书局，1975年，第1812页。

⑤ 赵文成、赵君平编《秦晋豫新出土墓志搜佚续编》二〇九，北京：国家图书馆出版社，2015年，第251页。

⑥ 赵振华《谈武周苑嘉宾墓志与告身——以新见石刻材料为中心》，杜文玉主编《唐史论丛》第十七辑，西安：陕西师范大学出版社，2014年，第192页。

⑦ 曹建强《唐魏王武承嗣墓志考略》，《中国国家博物馆馆刊》，2012年第6期，第60页。

不空三藏和上：敕如右，符到奉行。……大历九年七月六日下。”[①]按刘晏大历四年(769)至十三年任吏部尚书，见严耕望《唐仆尚丞郎表》卷三。此吏部尚书、左司郎中晏，当即刘晏。《郎考》卷一三度中补遗有刘晏。

张爨 《钟绍京受赠诰文》：“建中元年庚申十一月五日，制可。十一月六日寅时，都事丁固，右司郎中张爨，……告赠太傅钟绍京第：奉敕如右，符到奉行。……建中元年十一月八日下。”[②]按唐制，有关吏部的文官告身，由左司郎中下付。据中村裕一先生对此碑的复原和研究，其实为《唐建中元年钟绍京敕授告身》的抄件，此“右司郎中张爨”之“右司”为“左司”之误写。[③] 张爨，无考。

裴俅 裴澈《唐故平庐军节度副使检校国子博士兼侍御史赐绯鱼袋裴府君(滈)墓志铭并序》(咸通十五年(874)九月)：“显考府君讳俅，皇楚州刺史、御史中丞。……先府君宝历中，首登进士第，辟三府，皆一时名重将相。洎升朝籍，拜监察御史、左补阙，转侍御史、右司员外郎、刑部左司兵部三正郎，拜右大谏，出刺山阳。”[④]咸通十五年六月卒，享年六十八。按裴俅弟裴休相宣宗。《旧唐书》卷一七七《裴休传》：“俅字冠识，亦登进士第。”《新唐书·宰相世系一上》：“俅，字冠仪，谏议大夫。”《唐摭言》卷八《阴注阳受》：“(宝历二年)杨嗣复第二榜……裴俅为状元。”《全唐文》卷七七二李商隐《为荥阳公桂州举人自代状》：“某官裴俅：……身先较艺之场，首出观光之籍。从外府而允称贤佐，立中台而克号清郎。洎时急昌言，官登大谏。”较艺、观光，指应试高第。中台即尚书省，清郎即尚书郎，大谏即谏议大夫。所述官历与墓志所载吻合。知大中元年(847)李商隐为桂州刺史荥阳公郑亚举人自代时裴俅任谏议大夫。其任左中，当在开成、会昌间。

【附存】

李公淹 《郎考》据李华《徐坚碑》补遗。《新考订》列入存疑。按《郎考》所引《新唐书·宰相世系二上》西祖房固作“右中”。《李自勖墓志》(长安二年)：“父公淹，唐吏部员外郎、礼部右司二郎中、使持节渭建二州诸军事、二州刺史。”[⑤]《崔汲墓志》(长安三年)：“夫人赵郡李氏，父公淹，唐右司郎中、渭州刺史。”[⑥]千唐志《郑道妻李氏墓志》(景龙元年)：“父公淹，唐右司郎中，渭、建二州

① 〔唐〕释圆照《代宗朝赠司空大辨正广智三藏和上表制集》卷四，《大正新修大藏经》第五十二册，台北：新文丰出版公司，1983年，第848页。

② 陈柏泉《江西出土墓志选编》，南昌：江西教育出版社，1991年，第1—2页。

③ 中村裕一《唐代公文书研究》，东京：汲古书院，1996年，第374页。参见刘安志《跋江西兴国县所出〈唐钟绍京受赠诰文碑〉》，西安碑林博物馆编《纪念西安碑林九百二十周年华诞国际学术研讨会论文集》，北京：文物出版社，2008年，第324—329页。

④ 张丽芳等《唐代东眷裴氏裴滈墓志考》，《中原文物》，2016年第5期，第110页。

⑤ 赵君平、赵文成编《河洛墓刻拾零》一二九，北京：北京图书馆出版社，2007年，第162页。

⑥ 陈长安主编《隋唐五代墓志汇编·洛阳卷》第八册，天津：天津古籍出版社，1991年，第3页。

刺史。"李公淹一子两女志文俱作"右中"，则后出之《徐坚碑》作"左中"其讹甚明。

李懋道 《郎考》据新表补。《补考》引《全唐文补遗》第九辑《崔安俨墓志》"公舅左司郎中赵郡李懋道"补证。按补遗录文"左司"实作"右司"。核检此志图版，"右司"不误。① 沈甫《崔安俨夫人李氏墓志》（开元二十七年）："崔府君夫人赵郡李氏，……父懋道，右司郎中。夫人即郎中之嫡女也。"②两志俱作"右司"，似新表之"左司"为"右司"之形讹。

姚勖 《郎考》据《吴兴志·郡守题名》补。《新考订》列入存疑。姚勖自撰《唐故通议大夫守夔王傅分司东都上柱国赐紫金鱼袋吴兴姚府君墓志》："入迁尚书右司郎中，加朝散大夫。改守湖州刺史、加朝议大夫。"③大中七年八月廿三日卒，享年六十九。证知姚勖实由右中出刺湖州。《吴兴志》所载误，当删。

卷三吏部郎中

【附存】

郑毅 《补考》引《郑翰墓志》"高祖大仕，开府仪同三司、渠州刺史。曾祖仁，随通事舍人。祖毅，吏部郎中"新补。检《郑宏墓志》（证圣元年，694 年）："曾祖大仕，随任骠骑将军、使持节渠州刺史、襄城郡开国公。祖仁基，随任通事舍人。父玄毅，唐任天官郎中、安北都护府司马。"④证知郑毅即郑玄毅。郑玄毅，《郎考》卷三吏中已著录。则此条误补。

崔暈 《补考》据《崔暈墓志》新补。按志云"公讳暈，字玄暐，博陵安平人。"检《旧唐书·崔玄暐传》："崔玄暐，博陵安平人也。……本名暈，以字下体有则天祖讳，乃改为玄暐。"⑤证知崔暈即神龙复辟"五王"之崔玄暐。《郎考》卷三吏中据石刻已著录。则《补考》此条当删，其材料补入崔玄暐名下。

裴遵庆 《补考》据吴浩《〈唐尚书省郎官石柱题名考〉增补》引《中原文物》1994 年 3 期《裴遵庆神道碑》有"转司勋、吏部郎中"语，从吴补新补。按《裴遵庆碑》早已出土。《郎考》卷四吏外引此碑石刻作"转司勋、吏部郎"。《金石萃编》卷一〇〇、《全唐文》卷三三一同。核检此志图版，所录不误，"吏部郎"之后确无"中"字。⑥ 证知《中原文物》录文有讹。再检郎官石柱题名，勋外、吏外俱

① 杨作龙、赵水森等编著《洛阳新出土墓志释录》，北京：北京图书馆出版社，2004 年，第 86 页。

② 郭茂育、赵水森编著《洛阳出土鸳鸯志辑录》19—2，北京：国家图书馆出版社，2012 年，第 77 页。

③ 张应桥《唐名相姚崇五世孙姚勖自撰墓志简释》，《河南科技大学学报(社会科学版)》，2010 年第 5 期，第 10 页。

④ 北京图书馆金石组编《北京图书馆藏中国历代石刻拓本汇编》第十八册，郑州：中州古籍出版社，1989 年，第 64 页。

⑤ 《旧唐书》卷九一《崔玄暐传》，第 2934 页。

⑥ 黄明兰、朱亮编著《洛阳名碑集释》四四，北京：朝华出版社，2003 年，第 206 页。

有裴遵庆，知此处“转司勋、吏部郎”之“郎”，乃谓员外郎。此条误补，当删。

卷四吏部员外郎

王德表 令狐棻《大唐故使持节淄州诸军事淄州刺史上护军王君（德表）墓志铭并序》（显庆六年二月十九日）：“贞观初，迁尚书司勋员外郎，仍兼吏部员外。四年，拜金部郎中。”[①]显庆五年十一月二日卒，年七十二。《郎考》卷一五金中有王德表，注云“无考”。当即此人。《新考订》引圣历二年《文安县令王德表墓志》，疑与金中王德表有关。按此王德表乃诗人王之涣祖父，盖偶与金中王德表同名者。《补考》卷八勋外引此志新补王德表，而漏补吏外。盖王德表贞观初以勋外兼任吏外之职。

李文礼 《唐故曹州别驾卢府君（正权）妻安平郡夫人李氏合祔志文》（开元十一年十月五日）：“夫人顿丘人，……唐吏部员外郎、刑部郎中、淄州刺史、扬州司马文礼之子。”[②]夫人开元十年三月一日卒，春秋七十一。李文礼，贞观二十二年为殿中侍御史，见《唐会要》卷六〇《御史台上》。永徽六年三月为比部员外郎，见《册府元龟》卷一三八。龙朔二年为司刑大夫，见《旧唐书》卷五〇《刑法志》、《新唐书》卷五八《艺文二》。以其仕履观之，其任吏外，当在龙朔二年改名司列之前。《太平广记》卷二六〇引《御史台记》、开元十二年《李明允墓志》俱称李文礼官至扬州司马。[③] 韦应物《李璀墓志》（永泰元年）：“祖文礼，皇朝侍御史、尚书刑部员外郎、扬州大都督府司马。父明允，太中大夫淄州长史。”[④]

杜知谨 《□周公故通议大夫使持节邢州诸军事邢州刺史上柱国杜君（知谨）墓志铭并序》（长安四年十月十八日）：“稍迁司府寺丞、朝散大夫，寻判天官员外郎。二年，即真拜夏官郎中。”[⑤]长安四年四月廿五日卒邢州官舍，春秋六十。天官即吏部，武后光宅元年改名，神龙元年复旧。同时出土尚有《杜知谦墓志》（圣历三年二月十日），载杜知谦终来庭县丞。[⑥] 杜知谨为杜知谦之兄，时代相同，名字相近，极易混淆，疑《郎考》卷四吏外著列之杜知谦为杜知谨之讹。《新唐书·宰相世系二上》和《元和姓纂》俱阙载杜知谨名。《新表》载“知谦，邢州刺史”，《姓纂》卷六称“知谦，天官员外、邢州刺史”，其知谦俱为知谨之误。

---

① 齐运通、杨建锋编《洛阳新获墓志二〇一五》八五，北京：中华书局，2017 年，第 85 页。

② 吴钢主编《全唐文补遗·千唐志斋新藏专辑》，西安：三秦出版社，2006 年，第 138 页。

③ 毛阳光、余扶危主编《洛阳流散唐代墓志汇编》一〇五，第 211 页。

④ 周绍良主编《唐代墓志汇编》永泰〇〇三，上海：上海古籍出版社，1992 年，第 1758 页。

⑤ 赵力光主编《西安碑林博物馆新藏墓志续编》七〇，西安：陕西师范大学出版社，2014 年，第 220 页。

⑥ 赵力光主编《西安碑林博物馆新藏墓志续编》六七，第 210 页。

《新表》记杜知谦一房出襄阳，亦当据墓志和《姓纂》改系京兆杜氏。

韦琼之 《唐故中大夫行考功郎中临都县开国男上柱国韦君(琼之)墓志铭并序》(神龙三年九月七日)："圣历年，除司封员外郎，寻转天官员外郎。……圣历年，除地官郎中，寻除中大夫、考功郎中。"[①]神龙三年八月廿日卒，时年五十三。开元二十七年王晃《豆卢液妻韦氏墓志》："先父琼之，三为仙郎，焚香被锦，代有积德，降生夫人。"[②]"仙郎"即郎官。据《韦琼之墓志》，韦琼之实四为仙郎。《郎考》卷六封外、卷九考中补遗、卷十一户中俱有韦琼之。《补考》此三卷下虽据《韦琼之墓志》补充材料，却漏补吏外。韦琼之为考功郎中，又见大历三年程皓《張具瞻夫人韦氏志铭》。[③]

何彦先 苏颋《周故地官侍郎上柱国何公墓志铭并序》(景龙三年八月十八日)："公讳彦先，字元茂，庐江灊人也。……曾祖景……累迁济南郡通守，因家于济南之平陵。……年十七，师事东海王义方。……垂拱初，拜右台监察御史，兼修文馆学士，稍迁侍御史。……加朝散大夫、行天官员外郎。俄迁凤阁舍人。……除洛州司马。……大足元年，銮舆之西幸也，出为太州刺史。……入拜天官侍郎，……寻除地官侍郎。……降年六十有三，长安三年九月廿五卒。"[④]《唐故朝请大夫遂州长史庐江何府君夫人兰陵县君萧氏(道济)志》称："族孙朝议郎、行天官员外郎彦先，学究精微，辞穷绝妙，恭祈丽藻，伫纪佳城。"[⑤]志当何彦先撰。夫人天册万岁元年十月五日卒，万岁登封元年二月十二日葬。《新唐书》卷一一二《王义方传》："彦先，齐州全节人。武后时，位天官侍郎。"《旧唐书》卷一九〇中《员半千传》亦称彦先为齐州人。庐江当为郡望，齐州乃其占籍。彦先师事学士王义方，又见《大唐新语》卷四、《唐语林》卷三。《册府元龟》卷五五六："何彦先，为地官侍郎。撰《三国战策》十二卷，行于代。"《金石录》卷四："《唐瑞气观天尊像碑》，何彦先撰，正书，无姓名。咸亨四年九月。"《舆地碑记目》卷三《襄阳府碑记》："《周襄州静真观碑》，何彦先撰，登封元年立，碑在府中，武后时碑也。"韦表微《何抚墓志》(长庆四年)："高祖彦先，仕于高宗、天后之朝，历鸾台凤阁舍人、太州刺史、冬官侍郎。"[⑥]冬官即工部。其冬官侍郎未见《何彦先墓志》及其他文献记载，疑误。何拱《崔周辅夫人何氏墓志》："五代祖彦□，仕于高祖(宗)天后之朝，历鸾台凤阁舍人，天官地官侍郎，

① 吴钢主编《全唐文补遗·千唐志斋新藏专辑》，第101页。

② 赵文成、赵君平编《秦晋豫新出土墓志搜佚续编》五一四，第680页

③ 毛阳光《洛阳新出土唐张具瞻墓志考释》，《洛阳师范学院学报》，2009年第1期，第25页。

④ 毛阳光主编《洛阳流散唐代墓志汇编续集》〇六四，北京：国家图书馆出版社，2018年，第131页。

⑤ 胡戟、荣新江主编《大唐西市博物馆藏墓志》一三一，北京：北京大学出版社，2012年，第291页。

⑥ 吴钢主编《全唐文补遗》第八辑，西安：三秦出版社，2005年，第136页。

代州刺□，文行首出，德冠儒林。”[1]据《何抚墓志》，何拱为何抚季弟。“五代祖彦□”，当即彦先。其刺代州，当为太州之讹。

柴宪 《柴宪墓志》（开元十四年十一月十六日）：“旋拜右台殿中侍御史，转库部、吏部二员外郎。丁内艰，哀毁过礼。服阕，除礼部、考功二郎中。迁给事中、中书舍人，策勋上柱国。”[2]开元十三年九月廿五日卒，春秋七十八。按志吏部不称司列或天官，御史台不称右肃政台而称右台，以享龄推之，其官吏外，或在中宗时。此志无首题，右下部缺泐，清代文献如《东都冢墓遗文》等俱误题志主为陈宪。《新考订》卷四吏外、卷九考中、卷一九礼中沿误其名，列入备考。今据毛阳光先生考证，并正之。

姚晠 陈希烈《大唐故太中大夫使持节冀州诸军事守冀州刺史上柱国姚君（晠）墓志文并序》（开元廿年二月廿四日）：“自侍御史兼知考功，黜陟惟明，贤才必举。事毕，除吏部员外郎、右司郎中。……遂拜洛阳令，历谏议大夫。……复陟京兆少尹，出典潞冀二牧。”[3]春秋五十五，开元十九年十二月十一日卒。魏启心《唐故冀州刺史姚府君夫人弘农郡君杨氏（万五千）墓志铭并序》（开元廿一年二月廿八日）：“自姚公持刑北寺，执宪南台，耀华省之熏炉，静洛阳之桴鼓。琐闱列职，预司谏之臣；辇毂驰声，居亚尹之重。洎出临潞国，徙镇尧都，使朝廷与能，名器无假。”[4]杨氏开元廿年九月十五日卒。南台，御史台也；华省，中书省也；司谏，谏议大夫也；亚尹，京兆少尹也；潞国，潞州也；尧都，冀州也。知此“冀州刺史姚府君”即姚晠。御史台精舍碑三见姚晠名。志称“自侍御史兼知考功，黜陟惟明，贤才必举”，证知姚晠曾任考功员外郎。按开元十二年知贡举者《登科记考》著录为贾季阳。《登科记考补正》已辩其非，同时据陈尚君先生《〈登科记考〉正补》引明正德十年刻《崔颢诗集》目录下注：“开元十二年姚重晟下进士。”录出以备参。[5] “姚重晟”，应即姚晠。似开元十二年知贡举者可确定为考功员外郎姚晠。

裴令臣 《大唐故邢州沙河县丞河东裴君墓志铭并序》：“公讳询荛，字询荛，闻喜人。有唐故卫州司马河东裴府君之第三子也。……公同气九人，……四人既没，今当代者五焉。有若婺州司兵曰俊，吏部员外郎曰令臣。”[6]碑开元廿一年九月廿一日立。《（嘉庆）裴氏世谱·裴氏世系表》：“令臣，凤敏子。唐

---

① 胡戟、荣新江主编《大唐西市博物馆藏墓志》四〇〇，第 863 页。

② 毛阳光主编《洛阳流散唐代墓志汇编续集》一〇〇，第 203 页。

③ 吴钢主编《全唐文补遗·千唐志斋新藏专辑》，第 163 页。

④ 同上书，第 167—168 页。

⑤ 〔清〕徐松撰，孟二冬补正《登科记考补正》卷七，北京：北京燕山出版社，2003 年，第 272 页。

⑥ 焦作市文物考古研究所、河南大学艺术学院《河南焦作市白庄唐裴询荛墓发掘简报》，《考古与文物》，2018 年 1 期，第 37 页。

户部郎中，京兆尹。”[①]《郎考》卷六封外、卷一一户中有裴令臣，注云“无考”。当即此人。

邓玄挺 杨誉《唐故文部侍郎赠汝南郡太守邓府君（玄挺）墓志铭并序》：“转城门郎、京兆府司录，迁祠部文部员外、户部郎中、中书舍人。”[②]墓志不载志主卒年和享年，但《新唐书·则天皇后纪》明确记载其永昌元年（689）四月己酉被杀。永淳元年（682）九月《授苑大智壮武将军守左领军卫将军员外置同正员诏告身》题“朝散大夫、守中书舍人、崇文馆学士、柱国、南阳县开国伯臣邓玄挺行”。[③] 则其任吏外，当在高宗后期。唐玄宗天宝十一载（752）改吏部为文部。此碑天宝十三载迁葬时立，称文部者，盖当时吏部称谓。《册府元龟》卷九二五：“（邓玄挺）历迁比部员外郎、左史，与上官仪善，出为顿丘令。”开元六年衡守直《邓成墓志》：“君两兄吏部侍郎玄挺、兵部侍郎玄机，并振羽仪，德优才茂。”[④]《郎考》卷一一户中两见邓元挺，卷一二户外有邓玄挺。其邓元挺为邓玄挺之讳改。

蒋洌 《大唐故银青光禄大夫行尚书左丞赠太常卿上柱国汝阳郡开国侯蒋府君（洌）墓志铭并序》（大历三年〈768〉十一月十五日）：“转司封员外郎，判吏部南曹。迁考功郎中、谏议大夫。累加上柱国，拜御史中丞、东京畿采访处置和籴和市等使。”[⑤]广德二年（764）六月廿一日卒，享年七十四。《唐六典》卷二《尚书吏部》：“员外郎一人，掌选院，谓之南曹。”注：“其曹在选曹之南，故谓之南曹。”[⑥]证知“吏部南曹”，即谓吏部员外。蒋洌，天宝六载任谏议大夫，见《蒋鐩墓志》。[⑦] 则其判吏外，当在开元末或天宝初。蒋洌之名，《郎考》卷六封外作蒋冽，卷一〇考外补遗作“蒋冽”。“冽”，《元和姓纂》卷七义兴蒋氏，岑仲勉先生校谓当作“洌”。近出天宝十载《张子渐墓志》：“始君之察孝廉也，与河南达奚珣、太原王翰、谯国戴璇、义兴蒋洌振藻敷文，有同岁之高誉。”[⑧]亦可证当作“洌”为是。

---

① 员创生、周庆义、王午申点校《裴氏世谱》卷一《裴氏世系表》，太原：山西人民出版社，1994 年，第 37 页。

② 武天合《西安碑林新征唐〈邓玄挺墓志〉考》，赵力光主编《碑林集刊》（十六），西安：三秦出版社，2011 年，第 34 页。

③ 赵振华《记唐代苑大智将军的告身与墓志（下）》，《洛阳考古》，2018 年第 3 期，第 68 页。

④ 毛阳光、余扶危主编《洛阳流散唐代墓志汇编》〇八九，第 179 页。

⑤ 毛阳光主编《洛阳流散唐代墓志汇编续集》二〇八，第 419 页。

⑥ 〔唐〕李林甫等撰，陈仲夫点校《唐六典》卷二《尚书吏部》，北京：中华书局，1992 年，第 36 页。

⑦ 吴钢主编《全唐文补遗》第六辑，西安：三秦出版社，1999 年，第 435 页。

⑧ 刘强《新见韦述撰唐代张子渐墓志考释》，《文博》，2016 年第 2 期，第 74 页。“洌”，原误录作冽，据图版改正。

【附存】

杜知谦 《郎考》据石刻著录。此为杜知谨之讹。参本文本司杜知谨条注。

卷五司封郎中

李思远 《郎考》卷六封外、卷二二祠外有李思远,注云"无考"。《唐故中散大夫使持节漳州诸军事守漳州刺史上柱国陇西县开国男李公(登)墓志》(元和元年〈806〉四月二十八日):"公,帝系也,曾祖思远,皇主爵郎中。祖浚,皇益州长史兼御史大夫,赠户部尚书。父麟,皇刑部尚书、同中门下三品。"①享年七十三,永贞元年(805)十一月七日卒。按唐高宗龙朔二年前,司封郎中称主爵郎中。《郎考》卷五封中有"□□远",在阎立本、萧孝颢之后,来恒、李崇德之前。时代与李思远相当。此"□□远",应即李思远。

严厚本 刘三复《唐故朝议大夫尚书司封郎中严府君(厚本)墓志铭并序》(会昌四年〈844〉十月十八日):"换工部郎中,转刑部郎中。右仆射王公起之主贡士也,……择其人可以阴助者,遂以公为请。策试毕,以劳擢司封郎中,累阶至朝议大夫。"②会昌四年七月卅日卒,享年六十七。程大昌《续考古编》卷八《子夏易》:"唐大和中,严厚本作《凤尾诺记》。"《册府元龟》卷六〇一:"严厚本为国子监《周易》博士。大和八年七月,召本对于浴堂门,赐其锦器。"《酉阳杂俎》续集卷四有工部郎中严厚本。《宋高僧传》卷一四《唐京兆西明寺道宣传》:"天宝元载灵昌太守李邕,会昌元年工部郎中严厚本,各为碑颂德云。"《金石录》卷一〇:"《唐宣公律院碣》,严厚本撰,柳公权正书。会昌元年。"《严愈墓志》,会昌二年十二月十二日卒,次年二月二十五日立,题"宗人朝议大夫尚书刑部郎中上柱国厚本撰"。③ 按王起放榜会昌三、四年贡举,会昌四年四月出为山南西道节度。则严厚本"以劳擢司封郎中",即在此间。

卷七司勋郎中

杨玄璋 王维《为杨郎中祭李员外文》:"维载月日朔,行尚书司勋郎中赐绯鱼袋杨玄璋等,谨以清酌少牢之奠,敬祭于故左司员外郎李公之灵。"④又见《全唐文》卷三二七。按唐玄宗天宝三载正月丙辰朔,改年为载。此文句首称"维载"云云,或作于此后。《郎考》卷五司封郎中有杨玄章,疑为一人。

---

① 刘海恒、刘瑜帅《〈唐漳州刺史李登墓志〉考略》,《中国书法》,2019年第6期,第130页。

② 西安市文物稽查队编《西安新获墓志集萃》,北京:文物出版社,2016年,第213页。

③ 李雪芳《唐严愈夫妇墓志合考》,西安碑林博物馆编《碑林集刊》(十),西安:陕西人民美术出版社,2004年,第138页。

④ 〔唐〕王维撰,陈铁民校注《王维集校注》卷一二,北京:中华书局,1997年,第1194—1195页。

卷八司勋员外郎

薛贻矩 薛廷珪《薛贻矩墓志》(乾化二年〈912〉六月廿一日):"寻授左拾遗、殿中侍御史、起居舍人、司勋员外、职史馆。旋以本官入翰林,出入再任中书舍人。"[①]后梁乾化二年五月一日卒,享年六十三。按薛贻矩,两《唐书》无传。《旧五代史》卷一八本传,载其乾符中登进士第后,唐昭宗乾宁前召拜翰林学士,加礼部员外郎、知制诰,转司勋郎中。傅璇琮先生云:"薛贻矩当于景福二年、乾宁元年间以起居舍人入为翰林学士,入院后即累转为礼部员外郎、司勋郎中,并兼知制诰。"[②]今据墓志,薛贻矩实由勋外、职史馆入翰林。《郎考》卷七勋中补遗、卷二〇礼外补有薛贻矩。

王涣 卢光济《唐故清海军节度掌书记太原王府君(涣)墓志铭》(天祐三年〈906〉三月廿六日):"我太尉齐国公时自首台,爰膺重委,以钧轴之任,兼留抚之权,因奏充大明宫留守推官。恩命守本秩加银艾就职。未久次,转司勋员外郎,……旋以考绩阙人,乃兼判是扃。"[③]天复元年(901)十月三日卒,享年四十三。据岑仲勉先生考证,其任勋外,在光化元年。盖涣先任勋外,"以考绩阙人",兼判考外也。《郎考》卷四吏外补遗、卷十考外补遗有王涣。

卷九考功郎中

韦庆植 《大唐故顺妃墓志铭并序》(开元廿八年五月十一日):"曾祖庆植,皇考功郎中,舒密二州刺史。"[④]开元廿八年三月廿九日卒。《蔡郑客妻韦氏墓志》(大历十三年):"祖庆植,魏王府长史。"[⑤]疑任贞观前。《郎考》卷一七仓中补遗有韦庆植。

柴宪 参本文卷四吏外注。疑任中宗时。

张说 赵良玉《大唐故大中大夫使持节同州诸军事守同州刺史上柱国张府君(说)墓志铭并序》(开元二十八年十一月十九日):"迁侍御史,……因拜左司、吏部员外郎。……寻转考功、吏部郎中。"[⑥]开元廿八年五月三日卒,春秋六十六。天宝三载王利器《李先墓志》:"转同州司户。时相国姚元崇典郡……独

---

① 傅清音、王亮亮、夏楠《新见五代〈薛贻矩墓志〉考》,《文博》,2012年第4期,第65页。

② 傅璇琮《唐翰林学士传论·晚唐卷》,沈阳:辽海出版社,2011年,第531页。

③ 岑仲勉《从王涣墓志解决了晚唐史一两个问题》,岑仲勉《金石论丛》,上海:上海古籍出版社,1981年,第442页。

④ 郭海文、赵文朵《〈大唐故顺妃墓志铭并序〉考释》,杜文玉主编《唐史论丛》第二十三辑,西安:三秦出版社,2016年,第280页。

⑤ 齐运通编《洛阳新获七朝墓志》二八一,北京:中华书局,2012年,第281页。

⑥ 赵振华《唐张说墓志简疏》,杜文玉主编《唐史论丛》第十一辑,西安:三秦出版社,2009年,第376页。

以国士遇之。巡按使、御史张说亦以清白干蛊。”[①]按姚元崇开元元年为同州刺史。张说之任考中,当在开元前期。《郎考》卷二左外、卷三吏中有张说,《补考》卷四据此志新补吏外,而失补考中。

蒋洌 参本文卷四吏外注。其任考中,当在天宝初。

殷亮 殷永《唐故正议大夫使持节杭州诸军事守杭州刺史上骑都尉殷公(亮)墓志铭并序》(贞元九年〈793〉二月十二日):“迁监察御史、殿中侍御史。转工部员外郎,判司封事。寻迁司勋员外郎。……拜吏部员外郎,判东都南曹,……贬吉州司马。……銮舆出狩,追赴行在,迁考功郎中。吏部侍郎刘滋选补江淮,请公判南曹,远近交欢,士林相贺。事毕,迁吏部郎中。”[②]贞元八年八月十六日卒,年五十八。按《陆贽集》卷一四《奉天荐袁高等状》有郎官殷亮,为建中四年(783)奏状。刘滋兴元元年(784)为吏部侍郎知洪州选事,见《旧唐书》卷一三六本传。证知其任考中在建中四年至兴元元年间。《蒋伦墓志》,至德二年十月卒,大历四年十月廿七日葬,题“监察御史殷亮撰”。[③]《郎考》卷三吏中、卷四吏外、卷六封外、卷八勋外有殷亮,失载考中。

陈京 许志伦《唐故通议大夫检校尚书祠部员外郎兼太常博士上柱国扶风县开国男京兆韦公(都宾)墓志铭并序》:“今户部侍郎裴公延龄、给事中徐公岱、杜公确、考功郎中陈公京,皆同时博士补阙,相与推重,更为引进。”[④]贞元十年九月九日卒,次年十二月廿二日葬。《郎考》卷五封中、卷一〇考外补、卷二四膳外补有陈京。

崔咸 《故秘书崔监(咸)墓志自序》:“改度支员外,出洛阳令,坐打军人除替。寻除工部郎中,改考功郎中,充庄陵判官。俄迁职方郎中、知制诰,转中书舍人。”[⑤]大和八年(834)十月九日卒,享年五十。《亡妻裴夫人墓志》,长庆元年(821)八月卒,其年十月归祔,题“将仕郎、守洛阳县令、云骑尉、赐绯鱼袋崔咸撰”。[⑥] 千唐志《崔廷墓志》,长庆四年二月十六日立,崔咸文,时守工部郎中。按唐敬宗大和元年七月十三日葬于庄陵。则大和元年七月,崔咸尚在考中任。《郎考》卷五封中补遗、卷一四度外有崔咸。按崔咸自撰墓志叙己历官甚详,未曾官封中。《新考订》云“劳氏所征故事,并未言及咸曾任封中,故补遗崔咸一

① 赵文成、赵君平编选《新出唐墓志百种》,杭州:西泠印社出版社,2010年,第178页。

② 田熹晶《新出土唐殷亮墓志考释》,《书法》,2014年第1期,第37页。又见陈尚君《〈殷亮墓志〉考镜》,陈尚君《贞石诠唐》,上海:复旦大学出版社,2016年,第235页。

③ 吴钢主编《全唐文补遗·千唐志斋新藏专辑》,第253页。

④ 陕西省考古研究院编《陕西省考古研究院新入藏墓志》八二,上海:上海古籍出版社,2019年,第279页。

⑤ 李秀敏《新出唐代诗人崔咸夫妇墓志考释》,程章灿主编《古典文献研究》第二十一辑下卷,南京:凤凰出版社,2019年,第296页。

⑥ 李秀敏《新出唐代诗人崔咸夫妇墓志考释》,第297页。

条应删去”。可从。

卷一〇考功员外郎

姚腻 参本文卷四吏外注。疑知开元十二年贡举者。

卷一一户部郎中

高正表(高政表) 《大唐故柳氏高夫人墓志铭》(天宝十载七月廿九日):“夫人渤海人也。曾祖政表,户部郎中。伯力牧,河南洛阳县令,次绥舒州刺史,次名(洺)州太守。”[①]天宝十载三月卅日卒,春秋卌。《洺州刺史高力牧墓志》(开元十九年)称“公即北齐库部郎中伯起之曾孙,皇朝膳部郎中开国男正表之孙”。[②]《郎考》卷二三膳中据《平窦建德大赦诏》补高正表。按此诏武德四年五月乙丑八日下,见《册府元龟》卷八三。是高正表官户中,亦当武德、贞观时。

李俨 《大唐故左戎卫大将军兼太子左典戎卫率赠荆州都督怀宁县开国襄公杜公(君绰)碑》,麟德元年(664)正月廿八日立,题“(上缺)台司元大夫陇西李俨字仲思撰”。[③]高宗麟德二年改户部郎中为司元大夫,咸亨元年(670)复。《阎庄墓志》,上元二年(675)九月廿一日卒,上元三年十一月八日葬,题“太子率更令李俨撰”。[④]《胡树礼墓志》,总章二年(669)七月廿六日卒,仪凤元年(676)十月十八日合祔,题“太子率更令李俨制文”。[⑤]《郎考》卷一七仓中有李怀俨、卷二五主中补遗有李俨。李怀俨亦单称李俨,见《新考订》。

王仲亨 《大唐故泸州都督府参军韦君(昱)墓志铭并序》,永淳二年(683)七月四日卒,垂拱二年(686)八月廿二日葬,“舅氏地官郎中王仲亨,始叹阳元,

---

① 吴钢主编《全唐文补遗·千唐志斋新藏专辑》,第222页。

② 郭茂育、赵水森等编著《洛阳出土鸳鸯志辑录》14—1,第55页。

③ 张沛编著《昭陵碑石》,西安:三秦出版社,1993年,第153页。

④ 臧振《西安新出阎立德之子阎庄墓志铭》,荣新江主编《唐研究》第二卷,北京:北京大学出版社,1996年,第458页。

⑤ 陕西历史博物馆编《风引薤歌:陕西历史博物馆藏墓志萃编》〇一四,西安:陕西师范大学出版总社,2017年,第34页。此志原题《□□□□□□□□都督胡府君墓志铭并序》,首云:“□□□□□叔良,本安□□□人也。”泐志主名。编者以“叔良”前泐“字”,故拟题作《胡叔良墓志》。按志云:“曾祖湛……祖恭……父演,皇朝……(使持节)弘庆凤汴六州刺史。”又云:“寻除雍州始平县令……累迁荆、益二大都督府长史。”知此志志主为胡演之子,曾任始平县令和益州长史。考《唐故银青光禄大夫汴州刺史胡使君(演)墓志铭》:“祖湛……父恭,……长子朝散大夫、行始平县令树礼。”(《大唐西市博物馆藏墓志》三六)贞观廿年七月一日卒,其年十一月十四日葬。知胡演长子胡树礼贞观廿年任始平县令。《卢照邻集笺注》卷七有《益州长史胡树礼为亡女造画赞》和《相乐夫人檀龛赞》,乾封元年作。家世、官衔、时代俱合。证知此志志主当为胡树礼。

伫成宅相，旋悲州宝，长埋玉人。思阐余徽，乃为铭曰。”[①]地官即户部，光宅元年改名，神龙元年复旧。王仲亨，无考。

赵不器 赵恩《唐故处士赵君墓志铭并序》(天宝十三载七月十二日)：“君讳应，字士元，……户部郎中讳不器之孙，太常少卿讳颐□(贞)之第四子。”[②]天宝十三载六月廿九日卒，春秋廿七。《元和姓纂》卷七中山赵氏：“宝符生不器。不器生夏日、和璧、冬曦、安贞、居贞、汇贞、颉(颐)贞，兄弟七人举进士。”赵不器为监察御史，见千唐志《赵夏日墓志》(开元廿年)。《赵冬曦圹》(天宝十载四月)称“祖讳宝符，考讳不器，皆以进士擢”。[③] 其任户中，约在中宗时。

元载 王公亮《唐故河南府伊阳县令荥阳郑府君(阓)墓志铭并序》(贞元十八年十月十四日)：“弱岁，太庙斋郎，授杭州盐官县主簿。……时户部郎中元公载实司邦赋，知公之深。元公符节领洪州，分镇江西道，特表公超迁洪州录事参军。”[④]贞元十六年十月廿三日卒。按元载出守洪州前居职，《旧唐书》卷一一八本传谓：“肃宗即位……时载避地江左，苏州刺史、江东采访使李希言表载为副，拜祠部员外郎，迁洪州刺史。”而《文苑英华》卷四〇九贾至《授元载豫章防御使制》则称由守职方员外迁。是元载迁洪州刺史前之仕历，旧传所书当有阙略。元载任户中，当在至德中入幕李希言之后、守职方员外之间。《郎考》卷一三度中、卷二二祠外有元载。

卷一二户部员外郎

崔协 《崔协墓志》(天成五年〈930〉正月二十九日)：“擢起居舍人、户部员外。洞究公方，周知图籍，登吏部员外、户部郎中，赐绯鱼袋。”[⑤]天成四年二月二十七日卒，享年六十六。《郎考》卷四吏外补遗、卷一一户中补遗有崔协。

孙拙 《唐故朝散大夫守尚书工部侍郎柱国赐紫金鱼袋乐安孙公(拙)墓铭并序》(天成二年二月十五日)：“复拜殿中侍御史，……俄拜礼部员外，户部员外。再乞任登封令，就加检校礼部郎中。……复加检校考功郎中，不改其任。俄入拜司勋员外郎……出宰汴州浚仪令。”[⑥]按孙拙梁开平元年(907)六月，由勋外为浚仪县令，见《册府元龟》七〇一。则其任礼外和户外俱当在唐亡以前。孙拙为懿宗时御史中丞孙瑝之子。《孙瑝墓志》载孙瑝子男二人：长曰

---

① 张蕴《西安南郊毕原出土的韦氏墓志考(二)：阆公房成员》，《考古与文物》，2005 年第 3 期，第 85 页。“余徽”原录文作“余微”，据图拓改正。

② 吴钢主编《全唐文补遗》第 8 辑，第 67 页。

③ 陈立信《赵冬曦墓志铭》，《中原文物》，1986 年 4 期，第 42 页。

④ 吴钢主编《全唐文补遗 · 千唐志斋新藏专辑》，第 299—300 页。

⑤ 仇鹿鸣《新见五代崔协夫妇墓志小考》，杜文玉主编《唐史论丛》第十四辑，西安：陕西师范大学出版社，2012 年，第 234 页。

⑥ 周阿根《五代墓志汇考》六九，合肥：黄山书社，2012 年，第 177 页。

杲,次曰三合。孙拙当为三合之改名。

【附存】

郑日华 《补考》新补。按郑日华墓志现已出土,题作《唐故检校尚书户部员外郎荥阳郑府君(日华)墓志铭并序》(贞元元年十一月四日)。① 其任户外为检校官甚明。故此条属误补。

韦羽 《补考》据《韦谏墓志》新补。按此为检校官,非实授,见《唐故宣德郎检校尚书户部员外郎兼侍御史赐绯鱼袋充剑南西川南道运粮使韦公(羽)墓志铭并序》。②

卷一三度支郎中

王翼 《册府元龟》卷五〇二:开元二十五年九月戊子敕:"今岁秋苗,远近丰熟。时谷既贱,则甚伤农。事资均籴,以利百姓。……都畿据时价外,每斗加三两钱。……其关辅委度支郎中兼侍御史王翼准此和籴粟三四百万石。"③《补考》卷一四度外新补遗有王翼,开元二十四年在任,当为同人。御史台精舍碑凡五见王翼题名,疑非一人。王翼,天宝元年为司农少卿,见《唐会要》卷六六。天宝五载由广陵长史擢为户部侍郎,见《资治通鉴》卷二一五。天宝九载,遣王铁、王翼等于宝山洞中得《上清护国经》等,见《旧唐书·礼仪四》。天宝中为河东采访使,见千唐志《梁令直墓志》。《王鍊墓志》:"祖翼,银青光禄大夫、行尚书左丞、清源县开国男,赠工部尚书。父颖,汴州浚仪县令,赐绯鱼袋。"④贞元十七年六月八日,享年五十五。志称王鍊为太原祁人。

卷一四度支员外郎

【附存】

崔暈 《补考》据《崔暈墓志》新补。按此崔暈即神龙复辟"五王"之崔玄暐。其名当订正作崔玄暐。参本文卷三吏中附存崔暈条注。

卷一五金部郎中

夏侯宜 《大唐故朝议大夫行左司郎中上柱国夏侯府君(宜)墓志铭并序》(开元十六年七月二十六日):"拜尚书驾部员外郎,转金部郎中。累以为称,又转左司郎中。时开元丁卯岁,天子幸镐京,总绾留省,政讼简息,勤视劳生。明

---

① 赵振华《洛阳新出唐代墓志研究三题》,中国文物研究所编《出土文献研究》第八辑,上海:上海古籍出版社,2007年,第274页。

② 胡戟、荣新江主编《大唐西市博物馆藏墓志》三四三,第743页。

③ 〔北宋〕王钦若编《册府元龟》卷五〇二《邦计部·平籴》,北京:中华书局,1960年,第6012页。

④ 吴钢主编《全唐文补遗·千唐志斋新藏专辑》,第297页。

年移疾，……以七月十日甲辰而终，春秋六十有四。"[①]开元丁卯为开元十五年。《郎考》卷一左中有夏侯宜，注云"无考"。当即此人。

元将茂 《唐故太子校书元府君（太液）墓志》（贞元十八年十一月二日）："曾祖弘及，皇□府都督。祖将茂，皇金部郎中。父巽，皇都官员外。"[②]贞元十八年九月廿三日卒，享年卌四。《元和姓纂》卷四河南洛阳元氏："（孚生）子端，周纳言。元孙将茂，主客郎中。"阙将茂父名及衔，墓志可补其阙。《郎考》卷二五主中补遗有元将茂。盖玄宗时任。

【附存】

贾昇 《补考》据《崔尚志文》新补"贾升"。核检此志图版，"升"实作"昇"。[③]《元和姓纂》卷七濮阳贾氏有"水部郎中贾昇"。《宝刻丛编》卷三引《复斋碑录》："《唐裴观德政碑》，唐贾昇撰，僧湛然分书，开元八年立。在岘山。"又见《宝刻类编》卷八。《全唐诗》卷一六〇孟浩然有《送贾昇主簿之荆府》。御史台精舍碑四见贾昇之名。则贾升之名当订正作贾昇。

王仙 《补考》据《王仙墓志》新补。核检《王仙墓志》："汾阳王表授尚书司门郎兼河东县令，迁金部郎中，领河东少尹。莅官多能，诏居中朝，累升驾部、考功、吏部三郎中。"[④]据志文，王仙由河东县令兼司门郎，迁河东少尹兼金部郎中。其金中应为汾阳王郭子仪表领河东少尹所带之兼职，而非实授。志续称"诏居中朝，累升驾部、考功、吏部三郎中"。"居中朝"即入朝中为官。亦可证前称之"迁金部郎中"，并非朝中之职。《补考》卷三吏中、卷九考中新补王仙之名甚是，而金中当属误补，应删。

卷一六金部员外郎

李楬 樊恪《故唐郑州阳武县丞上党苗府君（绠）夫人李氏墓志铭并序》（大中十二年十月二十六日）："祖讳瑀，皇汉州刺史。父讳楬，皇金部员外郎。夫人即金部第五女也。"[⑤]大中十一年十月六日卒，享年七十三。《新唐书·宗室世系下》有李楬，汉中郡王瑀子，未记官职。按《旧唐书》卷九五《李瑀传》称李瑀天宝十五载从玄宗幸蜀封汉中王，加汉中郡太守。以此推测，李楬官金外，当不迟过德宗。

【附存】

郭锜 《补考》据《郭锜墓志》新补。按志云："今地官侍郎杨公时判度支，

---

① 毛阳光主编《洛阳流散唐代墓志汇编续集》一〇八，第219页。

② 毛阳光、余扶危主编《洛阳流散唐代墓志汇编》二四一，第485页。

③ 杨作龙、赵水森等编著《洛阳新出土墓志释录》，第214页。

④ 赵文成、赵君平编《秦晋豫新出土墓志搜佚续编》六六六，第905页。

⑤ 毛阳光、余扶危主编《洛阳流散唐代墓志汇编》三〇七，第617页。

表请公为殿中侍御史、东渭桥给纳使。旋加章服，转尚书金部员外郎，领职如旧。寻以本官授安邑解县两池榷盐使。"金外实东渭桥给纳使所带之兼职。志称"领职如旧"，其职即东渭桥给纳使。属误补，当删。

卷一七仓部郎中

王方泰 《唐故正议大夫使持节杭州诸军事守杭州刺史上骑都尉殷公(亮)墓志铭并序》(贞元九年二月十二日)："夫人琅耶王氏，仓部郎中方泰之曾，襄垣县尉至凝之女。四德具美，先公而亡。"①千唐志《王鸿墓志》(天宝十载)："祖弘让，隋工部、宪部郎，中书舍人。父方泰，皇朝中书舍人、司府少卿。公任襄州襄阳县尉、同州冯翊县丞。"《新唐书·宰相世系二中》琅邪王氏：中书舍人弘让子方泰，字玄敏，太府少卿。方泰子鸿，冯翊丞；鸿子至凝，襄垣尉。按光宅元年改太府寺为司府寺。疑方泰仕至武后初。

白行简 卢谏卿《唐故剑南东川观察支使殿中侍御史内供奉卢府君(大琰)墓志铭并序》(大和九年)："年十六……对时务策，以孝廉上第。……前调集之二年，屡以吏部试题而折断之。今太子□(宾)客、时为盩厔尉白公居易，故仓部郎中白公行简，时为校书郎，咸登判科，俱擅时誉。……以长庆癸卯岁常调，今山南节度使王公源中时为考功员外郎，故仓部白□□为主客员外郎，皆为吏部考官。洎东、西二天官咸以公书判妙绝辈流，体通物表。与宏词进士石□□等六人同登科选焉。"②大和七年十一月十八日卒，享年五十。长庆癸卯，即长庆三年。"仓部白"即仓部郎中白行简。白居易《闻行简恩赐章服喜成长句寄之》自注："予与行简俱年五十始著绯，皆是主客都(郎)官。"③诗宝历元年(825)作于苏州。按两《唐书》本传载白行简卒宝历二年。户中当为其终官。《郎考》卷一三度中附存、卷二三膳中补、卷二五主中补遗、卷二六主外有白行简。

卷一八仓部员外郎

王玄德 《唐故朝议大夫并州大都督府司马上柱国清源县开国男王府君(九言)墓志铭并序》(天授二年〈691〉十月廿四日)："父玄德，唐仓部员外郎、绵州长史、龙州刺史。"④垂拱四年正月廿一日卒，春秋五十七。《王晤微墓志》(开元九年)："祖玄德，龙州刺史、密王府司马。"⑤按密王元晓，高祖第二十一子，贞

---

① 田熹晶《新出土唐殷亮墓志考释》，第 37 页。

② 毛阳光主编《洛阳流散唐代墓志汇编续集》三二三，第 665 页。

③ 〔唐〕白居易《宋本白氏文集》卷二四，北京：国家图书馆出版社，2017 年，第 4 册第 64 页。

④ 西安市文物稽查队编《西安新获墓志集萃》，第 97 页。

⑤ 陕西历史博物馆编《风引薤歌：陕西历史博物馆藏墓志萃编》〇二四，第 62 页。

观五年受封。其任仓外，疑在贞观前。

卷一九礼部郎中

许敬宗 《新著录》《新考订》俱著有许敬□，按云："唐初姓名许敬□者，最著莫如许敬宗，据《旧唐书》八二，贞观八年累除著作郎，未提及礼中。但第二行恰当唐初，著作郎之阶约次于郎中，敬宗由此迁中舍，中间可能曾换礼中也。俟再考之。"今按：《旧唐书·崔仁师传》："仁师后为度支郎中。……时校书郎王玄度注《尚书》、《毛诗》，……上表请废旧注，行己所注者。诏礼部集诸儒详议，……郎中许敬宗请付秘阁藏其书，河间王孝恭特请与孔、郑并行。仁师……驳奏请罢之。诏竟依仁师议。……（贞观）十六年，迁给事中。"[①]传称诏礼部集议，则"郎中许敬宗"之承前省文必即礼部，时李孝恭任礼部尚书。《册府元龟》卷六〇六载此事在贞观十六年十月。此许敬宗任礼中之确证。

柴宪 参本文卷四吏外注。疑任中宗时。

李俨 《隋高密郡太守始新县开国子辛府君（谦）墓志铭并序》，隋开皇十年五月二十七日卒，唐显庆三年正月十三日合葬，题"前礼部郎中李俨撰"。[②]另参本文卷一一户中注。

张子渐 韦述《大唐故中散大夫使持节新定郡诸军事守新定郡太守上柱国张君（子渐）墓志铭并序》（天宝十载十月二十四日）："授右赞善大夫，擢拜礼部郎中。会朝廷精择方牧，出为余杭太守。"[③]天宝九载六月廿六日卒，春秋六十七。御史台精舍题名碑监察御史有张子渐。按唐玄宗天宝元年二月改州为郡，改刺史为太守。张子渐由礼中出为余杭郡太守，当在天宝初。

刘宽夫 《唐故安定皇甫公（燠）夫人广平郡君刘氏（舒光）墓志铭并序》（咸通十二年十月卅日）："显考礼部郎中讳宽夫。……既笄，归于公。……居无何，丁先郎中艰。"[④]夫人咸通十二年闰八月十日卒，享年五十九，以此推之，刘宽夫卒大和前期。《李瞻墓志》，长庆二年九月卒，次年正月五日葬，题"剑南东川节度掌书记、给事郎、试太常寺协律郎刘宽夫撰"。[⑤]《郎考》卷二左外、卷四吏外有刘宽夫。

卷二〇礼部员外郎

徐孝德 《大唐故使持节沂果二州诸军事沂果二州刺史徐府君（德）墓

---

① 《旧唐书》卷七四《崔仁师传》，第2620—2621页。

② 赵力光主编《西安碑林博物馆新藏墓志汇编》二七，北京：线装书局，2007年，第89页。

③ 刘强《新见韦述撰唐代张子渐墓志考释》，第74页。

④ 吴钢主编《全唐文补遗·千唐志斋新藏专辑》，第415页。

⑤ 吴钢主编《隋唐五代墓志汇编·陕西卷》第二册，天津：天津古籍出版社，1991年，第53页。

志铭并序》(显庆三年十月廿四日):“公讳德,字孝德,高平人也。……俄迁尚书礼部员外郎。……贞观十九年,从驾征辽。……及师旋凯入,功□当迁。于时有事东封,礼司务总,升中大典,草制俟才,乃加承议郎,复任礼部员外郎。……迁尚书水部郎中。永徽二年,授使持节沂州诸军事,沂州刺史。”[①]显庆二年六月十七日卒,春秋六十一。《新唐书》卷七六《徐贤妃传》:“父孝德……擢孝德水部员外郎。”《元和姓纂》卷二长城徐氏:“(宁)八代孙孝德,唐水部郎中。”按徐孝德两任礼外,一在贞观十九年,一在贞观二十一年有事东封时。《补考》卷二〇礼外据《徐齐聃墓志》补著其名。今据墓志,知两任之,故再补。《徐峤墓志》(天宝元年)称“公曾祖果州刺史讳孝德”。[②] 西安交通大学博物馆藏《高平郡徐公墓砖》:“唐使持节沂果二州刺史高平郡徐公之墓。显庆三年。”[③]此徐公,当即徐孝德。

达奚珣 达奚说《唐故先府君河南尹达奚公(珣)墓志铭一首并序》(大历四年十一月八日):“拜监察御史,转殿中侍御史,又转侍御史,迁礼部员外郎、知制诰,拜职方郎中、知制诰,迁中书舍人。”[④]至德二年十二月廿九日卒,享年六十八。御史台精舍碑左棱、左侧两见达奚珣名。元份《衡怿墓志》(天宝九载):“授魏州临黄令,……时案(按)察使、御史达奚珣奏公以善最,转汴州尉氏令。”[⑤]按达奚珣,两《唐书》无传。开元九年至十三年为富平县尉,见《东渭桥记》[⑥]、《金石萃编》卷七五《述圣颂并序》。开元二十八年为中书舍人,见《张守珪墓志》。[⑦] 其任礼外,当在开元中后期。《金石萃编》卷八七天宝四载八月《石台孝经》题名:“中大夫、行礼部侍郎、上轻车都尉臣达奚珣。”《寇南容墓志》,天宝四载十月十三日殡,题“礼部侍郎达奚珣文”。[⑧] 千唐志天宝七载《寇洋墓志》称“公之子婿吏部侍郎达奚公”。“达奚公”,当即达奚珣。其妻寇氏,天宝六载

---

① 胡戟、荣新江主编《大唐西市博物馆藏墓志》五九,第 129 页。

② 赵振华《唐徐峤墓志与徐峤妻王琳墓志初探》,杜文玉主编《唐史论丛》第九辑,西安:三秦出版社,2007 年,第 239 页。

③ 李家骏主编《西安交通大学博物馆藏品集锦·碑石书法卷》,西安:陕西人民美术出版社,2013 年,第 9 页。

④ 洛阳市文物考古研究院《洛阳唐代达奚珣夫妇墓发掘简报》,《洛阳考古》,2015 年第 1 期,第 37 页。

⑤ 洛阳市文物考古研究院《河南孟津东山头唐衡怿墓发掘简报》,《洛阳考古》,2013 年第 2 期,第 46 页。

⑥ 吴钢主编《全唐文补遗》第一辑,西安:三秦出版社,1994 年,第 4 页。

⑦ 李志凡《唐张守珪墓志浅释》,荣新江主编《唐研究》第五卷,北京:北京大学出版社,1999 年,第 494 页。

⑧ 毛阳光、余扶危主编《洛阳流散唐代墓志汇编》一六三,第 327 页。

二月四日卒，其载七月廿八日葬，题“通议大夫守尚书吏部侍郎达奚珣撰”。[①]王维有《达奚侍郎夫人寇氏挽词二首》（《全唐诗》卷一二六），诗当天宝六载作。李颀《达奚吏部夫人寇氏挽歌》（《全唐诗》卷一三四），亦当同时之作。

令狐缄 令狐纁《唐故尚书吏部员外敦煌令狐府君（缄）墓志》（咸通六年十月廿四日）：“圣上嗣位，转祠部员外，擢为起居郎，累迁礼、吏二员外。”[②]咸通六年四月十二日卒，享年四十七。令狐棠《令狐梅墓志》（大中十年四月二十二日）：“大中八年夏六月，公捐馆于棣，遗文无有。近代撰述，尤重科名士。棠以孤侄之意，请从侄缄为志铭。既许诺，会缄丁太夫人忧，诸侄泣诉，恐缺事，拜乞叔自为之。”[③]令狐绹《孙简墓志》（咸通十四年十二月廿六日）：“女六人，……次适敦煌令狐缄。”[④]《郎考》卷四吏外、卷二二祠外有令狐缄，注称“不详历官”。据志文，其任祠外、礼外、吏外，俱在懿宗嗣位后。

孙拙 参本文卷一二户外注。其官礼外，当在唐末。

卷二一祠部郎中

韦元曾 《不空表制集》卷一《赠金刚三藏开府及号制一首》：“永泰元年十一月二十日，……告赠开府仪同三司，仍赠号大弘教三藏：奉敕如右，符到奉行。主事凤，……郎中元曾。永泰元年十一月二十日下。”[⑤]按唐祠部郎中、员外郎掌道佛之事。此集中保留由尚书祠部牒三藏不空的制书，其郎中或员外郎之前所省之司俱为祠部。《郎考》卷三吏中、卷四吏外、卷六封外有韦元曾，时代与此相当，“郎中元曾”疑即韦元曾。独孤及《唐故吏部郎中赠给事中韦公（元鲁）墓志铭》，《郎考》《新考订》均以“元鲁”为“元曾”之误。《元曾墓志》称其“六为尚书郎”，《郎考》著列其三，祠中正补其一。

□谔（韦谔） 《不空表制集》卷一《拜不空三藏特进试鸿胪卿兼赐号制书一首》：“永泰元年十一月日，……告特进试鸿胪卿大广智不空三藏：奉敕如右，牒到奉行。主事海，……郎中谔。永泰元年十一月日下。”[⑥]此“郎中谔”继元曾为之，阙姓。按《郎考》卷三吏中韦元曾后即韦谔。韦元曾永泰二年在吏

① 达奚珣《大唐故襄城郡君墓志铭并序》，洛阳市文物考古研究院《洛阳唐代达奚珣夫妇墓发掘简报》，第37页。

② 陕西省考古研究院《西安市长安区晚唐时期令狐家族墓葬发掘简报》，《文博》，2011年第5期，第18页。

③ 吴钢主编《全唐文补遗》第六辑，第168页。

④ 周绍良、赵超主编《唐代墓志汇编续集》咸通〇九九，上海：上海古籍出版社，2001年，第1112页。

⑤ 〔唐〕释圆照《代宗朝赠司空大辨正广智三藏和上表制集》卷一，《大正新修大藏经》第五十二册，第832页。

⑥ 同上书，第832页。

中任，见独孤及《韦元诚墓志》(《全唐文》卷三九二)，时代正合。疑“郎中谔”即韦谔。

崔漪 《不空表制集》卷一《请再译仁王经制书》：“尚书祠部，《仁王经》望依梵匣再译旧文，兴善寺三藏沙门不空牒奉中书门下，敕牒如右，牒至准敕故牒。永泰元年四月四日。令吏张济牒，……郎中崔漪。”[①]又见《大唐贞元续开元释教录》卷上。《不空表制集》卷二《请抽化度寺万菩萨堂三长斋月念诵僧制一首》：“中书门下……牒祠部准此。令史赵昌，……郎中雀漪。……大历二年二月十六日牒。”[②]“雀”当“崔”之形讹。证知崔漪永泰元年、大历二年两任祠中。《新著录》祠中崔漪仅一任(《郎考》误入卷一三度中)，故再补之。另，《郎考》卷三吏中有崔猗(内引材料作崔漪)，卷二六主外有崔漪。崔漪其人，《郎考》卷三吏中下征引新表有三。《新考订》云：“《新唐书》表博陵三房漪，劳已斥其不合，清河小房漪不详历官，亦当非是，惟青州房库部郎中漪，尚待决定。”按《柳宗元集》卷九《唐故朝散大夫永州刺史崔公(敏)墓志》：“维元和五年九月十五日壬子，永州刺史崔公薨于位，……以某年某月日……祔于皇考吏部侍郎赠户部尚书府君之墓。尚书讳漪，玄宗南巡，内禅圣嗣，府君以谋画定命，起一旅以复天下，厥功载焉。尚书之先，曰贵乡丞赠太常少卿府君，讳子美。”开成五年《裴寰墓志》：“公娶清河崔氏，即吏部侍郎漪之孙，永州刺史敏之女也。”[③]证知清河小房崔漪即至德元载官吏中、至德二载官吏部侍郎者。《郎考》和《新考订》俱失检、失考。

【附识】

《补考》新补遗十七人，其中杜文纪、裴思庄、韦铣、尉亮(尉大亮)、杨再思、崔思约、杜元志、刘昂、司马垂、李敬方、张正甫、吕周、李羽等十三人是《郎考》误入度中，应移祠中者，《新著录》及《新考订》前已厘正，不应再列新补遗。

卷二二祠部员外郎

邓玄挺 参本文卷四吏外注。天宝中后期任。

王遂 圆照《大唐贞元续开元释教录》卷上：“祠部牒大广智不空三藏牒，奉敕如右，牒至准敕故牒。大历七年二月九日。今(令)史皇甫全牒。主事刘

① 〔唐〕释圆照《代宗朝赠司空大辨正广智三藏和上表制集》卷一，《大正新修大藏经》第五十二册，第831页。

② 〔唐〕释圆照《代宗朝赠司空大辨正广智三藏和上表制集》卷二，《大正新修大藏经》第五十二册，第834页。

③ 乔栋、李献奇、史家珍编著《洛阳新获墓志续编》二三〇，北京：科学出版社，2008年，第482页。

意。判官、员外郎王遂。"[①]《郎考》卷二六主外有王遂。

崔倬 赵勍《唐故杜氏(偁)崔夫人墓志铭并序》(长庆元年二月五日):"先考倬,文业贤达,犀利在抱,由进士至尚书祠部员外郎。员外即世,夫人未孩。"[②]清河崔夫人及笄后贞元十八年归杜氏。则"夫人未孩"、崔倬卒时当贞元初。《新唐书·宰相世系二下》清河大房崔氏有崔倬,乃贞元中太常少卿溉子,历官不详,当非其人。《大唐故秘书郎席府君夫人弘农县君杨氏(云)墓志铭并序》,大历九年立,题"席氏外生清河崔倬撰"。[③] 未知是否一人。

裴佶 《大唐贞元续开元释教录》卷中《贞元五年七月十五日醴泉寺沙门超悟等状进》:"祠部牒醴泉寺大德超悟法师牒,奉中书门下敕如右牒,至准敕故牒。贞元五年七月二十八日。令史赵业牒。主事张昙。主客员外郎判裴佶。"[④]盖裴佶时以主外权判祠外也。贞元十四年《裴衡墓志》,题"从祖兄右谏议大夫佶撰"。[⑤] 裴佶,元和七年为黔府经略使,见《窦靖墓志》。[⑥]《郎考》卷四吏外、卷二六主外有裴佶。

卷二十三膳部郎中

崔慎先 萧寘《唐故睦州军事判官皇甫府君妻博陵崔氏夫人墓志铭并序》(大中十二年八月二日):"皇唐膳部郎中慎先,夫人曾王父也。王父讳迴,终河南伊阙丞。"[⑦]大中十二年五月二十三日卒,享年七十五。《柳秀诚墓志》,景云二年正月廿六日立,题"朝散大夫行大理寺丞崔慎先撰"。[⑧] 开元中为宋州刺史,见《册府元龟》卷六五八。李华《故河南府伊阙县丞博陵崔府君墓志铭并序》(天宝十载):"君讳迴,字公远,绵州使君慎先之长子,故相韦承庆外甥。"[⑨]志又有"丁绵州忧"语。疑崔慎先官膳中在开元时。

侯弘度 《唐故京兆韦府君墓志铭并序》,长庆二年十月十日卒,次年十二

---

① 〔唐〕释圆照《大唐贞元续开元释教录》卷上,《大正新修大藏经》第五十五册,台北:新文丰出版公司,1983年,第750页。

② 赵力光主编《西安碑林博物馆新藏墓志续编》一五九,第491页。

③ 周绍良、赵超主编《唐代墓志汇编续集》大历〇二三,第707页。

④ 〔唐〕释圆照《大唐贞元续开元释教录》卷中,第763页。

⑤ 吴钢主编《全唐文补遗》第六辑,第110页。

⑥ 胡戟、荣新江主编《大唐西市博物馆藏墓志》三八七,第835页。

⑦ 吴钢主编《全唐文补遗·千唐志斋新藏专辑》,第395页。

⑧ 赵君平、赵文成编《秦晋豫新出土墓志搜佚》三一九,北京:国家图书馆出版社,2012年,第408页。

⑨ 陈长安主编《隋唐五代墓志汇编·洛阳卷》第十一册,天津:天津古籍出版社,1991年,第167页。

月二十六日葬，题“朝议郎守尚书膳部郎中云骑尉赐紫金鱼袋侯弘度撰”。[①] 长庆二年正月，濠州刺史侯弘度弃城奔寿州，见《资治通鉴》卷二四二。

房凝 《支谟墓志》，乾符六年十二月一日卒，广明元年七月十五日葬，题“朝议郎守尚书膳部郎中柱国赐绯鱼袋房凝撰”。[②]《新唐书·宰相世系一下》房氏：“凝，字玄俭，郢州刺史。”乃房玄龄六代孙。

卷二十五主客郎中

周捍 唐徽《唐故渭南县丞赐绯鱼袋韦公夫人汝南周氏墓志铭》（乾符五年十一月十一日）：“夫人汝南周氏，……父捍，皇沧州节度使、尚书主客郎中。”[③]享年六十四，乾符五年八月十六日卒。周捍，无考。

附记：本文在写作过程中，得到了武汉大学中国三至九世纪研究所黄楼先生诸多帮助，谨此致谢！

① 贺华《唐〈韦道冲墓志〉略考》，《碑林集刊》（十二），西安：陕西人民美术出版社，2006年，第70页。

② 董延寿、赵振华《唐代支谟及其家族墓志研究》，《洛阳大学学报》，2006年第1期，第1页。

③ 胡戟、荣新江主编《大唐西市博物馆藏墓志》四六八，第1011页。

略论四库史部图书分类的变化
——以《四库全书初次进呈存目》史部书籍在《四库全书总目》的归类变化为例

李云飞*

【内容提要】 《四库全书初次进呈存目》是四库提要汇总稿的一种早期形态,它初步建立的分类体系,为《四库全书》分类体系的确立奠定了基础。由《四库全书初次进呈存目》到《四库全书总目》,四库的分类系统是一个不断发展变化的过程,其间有类目设置的变化,如类目名称的更改、新类目的设置、旧类目的删并等;又有在对归类原则调整、书籍内容与性质深入认识的基础上,对书籍的重新分类。这些变化有守成、有创新,有合理、有牵强,总体来看,基本符合目录学发展的规律与书籍的性质特征,而这样的变化,恰恰体现出四库馆臣对四部分类合理化设置的逐步探究及思想变化。比较《四库全书初次进呈存目》与《四库全书总目》,经、史、子、集均有书目归类的变化,史部与子部书目变化数量众多,兹以史部为考察对象,分析书籍归类变化的几种情况,探索四库的分类系统的发展与变化。

【关键词】 四库全书初次进呈存目　四库全书总目　分类　变化

《四库全书初次进呈存目》(以下简称《进呈存目》)是四库提要汇总稿的一种早期形态,它处于由分纂稿向阁本书前提要、总目提要过渡的阶段,已经初具总目提要的形态,“是《四库全书》开馆编书以来,为进呈清高宗御览核示,各书提要的首次合编成册,可以说是提要的原始面貌,虽无《总目》之名,却有《总目》之实”。[①] “是各分纂稿的汇总稿,同时它又是在此之后形成的《四库全书》书前提要以及《四库全书总目》的基础”,[②]“是由《四库全书》提要分纂稿向《总

---

* 本文作者为西北大学文学院文学博士生。

① 夏长朴《〈四库全书初次进呈存目〉初探——编纂时间与文献价值》,《汉学研究》,2012 年第 2 期,第 165 页。

② 江庆柏《〈四库全书初次进呈存目〉著录而〈四库全书总目〉未收提要考》,《版本目录学研究》,2015 年第 6 期,第 161 页。

目》提要过渡的阶段”。[①] 由此观之，《进呈存目》在四库提要的编纂过程中具有至关重要的作用。所以，我们将《进呈存目》作为一种独立的四库提要进行研究的同时，还应该将其视为四库提要形成的一个阶段，以此来观照整个四库提要的发展变化过程。

《进呈存目》的重要价值之一是“建立了《四库全书》的图书分类体系”，[②]但是“图书分部并未经过仔细斟酌，颇为粗糙，应属草创阶段的做法，不似《四库全书》或《总目》的细心衡量，再三斟酌”。[③] 也就是说，《进呈存目》中的分类体系由建立到《四库全书荟要总目》（以下简称《荟要总目》），[④]再到最后完成的《四库全书总目》（以下简称《总目》）是一直不断发展变化的，其中不仅有分类系统的调整，还伴随着书籍归类的变更。对比《进呈存目》与《总目》，经、史、子、集均有书籍归类的变化，其数量为经部 27，史部 144，子部 168，集部 26。[⑤] 本文即以史部书籍为例，比较《进呈存目》与《荟要总目》《总目》的分类差异，[⑥]分析其变化原因，揆察四库史部归类系统的发展与变化。

《进呈存目》虽然并非完帙，但是四部俱全，各部之下分有小类，在各书提要的版心标明书籍类属，如“补后汉书年表十卷”叶的版心处标有“史部正史类”，为我们考察《进呈存目》的分类情况提供了依据。《进呈存目》史部分为十七个类目：正史类、编年类、别史类、杂史类、诏令类、传记类、史抄类[⑦]、时令类、法令类、地理类、职官类、目录类、金石类、史评类、故事类、谱牒类、起居注类。《荟要总目》史部分为十二类：正史类、编年类、时令类、地理类、诏令类、法制类、别史类、故事类、史评类、目录类、器用类、谱录类。《总目》史部分为十五个类目：正史类、编年类、纪事本末类、别史类、杂史类、诏令奏议类、传记类、史钞类、载记类、时令类、地理类、职官类、政书类、目录类、史评类。类目设置上，由于《荟要总目》收录书籍的数量比较少，相较于其他二者更为简略，与《进呈存目》相类者多；收录书籍上，《荟要总目》与《进呈存目》相同的仅有 8 部，其中 6

---

① 马君毅、赵望秦《〈四库全书〉版本调换问题的新例证——基于〈四库全书初次进呈存目〉》的探究，《学术探索》，2015 年第 3 期，第 92 页。

② 江庆柏《〈四库全书初次进呈存目〉研究》，《中国典籍与文化论丛》，2015 年第 16 期，第 259 页。

③ 夏长朴《〈四库全书初次进呈存目〉初探——编纂时间与文献价值》，《汉学研究》，2012 年第 2 期，第 172 页。

④ 据江庆柏整理《四库全书荟要总目提要》：《四库全书荟要总目》初次完成在乾隆四十三年（1778）。完成时间在《进呈存目》之后，《总目》之前。

⑤ 按，统计书籍包括因类名更改而产生的归类变化。

⑥ 本文不比较阁本书前提要，缘于总目提要、阁本书前提要分类基本一致，个别不一致之处，本文不作讨论。

⑦ 版心大部分作“史部史抄类”，间有写作“史部史钞类”者，也是《进呈存目》作为早期不成熟汇总稿的表现之一。

部涉及归类变化，4 部与《进呈存目》相同，仅 1 部与《总目》相同，1 部与二者都不相同。[①]《荟要总目》虽然对图书的分类已经有所调整，但是其分类体系及编纂思想似乎更接近于《进呈存目》。鉴于与《荟要总目》比较可供分析空间不大，所以，笔者主要以《进呈存目》与《总目》为研究对象，参以《荟要总目》比较书籍归类差异。据统计，《进呈存目》史部的 17 个类目中，仅有 4 个类目下的书籍不涉及归类的变化，其余类目下都有或多或少书籍归类的变更。《进呈存目》史部提要共计 425 篇，在《总目》中书籍归类产生变化的计 144 种，其数量占《进呈存目》史部提要的三分之一强，从这些书籍归类的变化来看，主要涉及以下几种情况。

(一)《进呈存目》与《总目》类名不同

《进呈存目》《荟要总目》设有"故事类"，"故事类"在目录书中出现得较早，《晋中经簿》丙部即有"旧事"一类，《隋书·经籍志》史部亦设立"旧事"，到《新唐书·艺文志》改为"故事"，《宋史·艺文志》《明史·艺文志》《遂初堂书目》等多沿用这一名称，《进呈存目》《荟要总目》当是依据旧例设置类目。"故事"自汉代开始广泛应用，与律、令等被运用于各种制度领域，"朝廷之制，有因偶出一时而遂为故事者"。[②] 一般认为"'故事'指朝廷的往事前例，包括成型的典章制度和以往的行事惯例"。[③]《隋书·经籍志》所著录诸书即为其证，《三朝国史艺文志》说："隋唐载故事数十家，皆台阁府署旧制，及诸遗风曩迹之事。"[④]"台阁府署旧制"大体指成型的典章制度，"遗风曩迹之事"大概兼具杂史、传记等，郑樵曰："古今编书所不能分者五，一曰传记，二曰杂家，三曰小说，四曰杂史，五曰故事，凡此五类之书，足相紊乱。"[⑤]也说明了这一点。"故事"在隋唐时逐渐被典制体书籍替代，加之宋元以后"故事"的内涵更多趋于叙事，所以，宋元以后的目录书籍，往往保留典章制度的"故事"，而将代表事例的"故事"书籍改入杂史、传记等门类。到四库馆臣修撰《四库全书》时，已经不能完全理解"故事"类名的原有义涵，《荟要总目》称其"考鉴制度，宪章旧闻""昔侯霸以明习故事，一时倚以为重。后世制作渐广，调流派别，虽未必悉能经远，而览其因革之

---

① 《十国春秋》在《进呈存目》归入"杂史类"，《总目》归入"载记类"，《荟要总目》没有设置"杂史类"，故归入"别史类"。

② 〔宋〕欧阳修撰，韩谷校点《归田录》卷二，上海：上海古籍出版社，2012 年，第 21 页。

③ 邓小南《祖宗之法——北宋前期政治述略》，北京：生活·读书·新知三联书店，2006 年，第 26—27 页。

④ 〔元〕马端临著，华东师大古籍研究所标校《文献通考·经籍考》卷二八，上海：华东师范大学出版社，1985 年，第 677 页。

⑤ 〔宋〕郑樵撰，王树民点校《通志二十略·校雠略》，北京：中华书局，1995 年，第 1817 页。

故,亦可以参验得失,则杜佑、马端临之书,其职志矣。”[①]指出了这类书籍的性质及功用,主要为记典章制度之书,杜佑《通典》、马端临《文献通考》是此类书籍的代表,实际上已经对“故事”内涵做出了取舍。《总目》则改为“政书类”,认为称“故事”者,常常会“循名误列,义例殊乖”,并对改称“政书类”加以说明“今总核遗文,惟以国政朝章六官所职者,入于斯类,以符《周官》故府之遗。至仪注条格,旧皆别出,然均为成宪,义可同归。惟我皇上制作日新,垂模册府,业已恭登新笈,未可仍袭旧名。考钱溥《秘阁书目》有政书一类,谨据以标目,见综括古今之意焉。”[②]明确了“政书类”书籍的收录原则,主要为原属“故事类”中的典章制度类书籍,并将“法令类”列入子目为“法令之属”。而改称“政书”者,言称据“钱溥《秘阁书目》”,明代官修《文渊阁书目》亦有“政书”类,乃有所据,足见四库馆臣对此类目名称的更改是经过深思熟虑的,不仅涉及类目名称改易,对旧有类目进行了合并,为收录书籍设立了标准,还对已经不符合新分类标准的书籍进行了重新划分,这样的设置显然更符合实际需求。刘咸炘对此亦有探讨:“‘政书’一门,大体既详论矣。此门旧称故事,乃因古者有律,有令,有故事,无六典总括之书,但有琐细章程。所谓故事者,非如律令之早定,皆临事斟酌以成之,犹后世之事例。今总合职官、典要、仪注、刑法,则故事二字以小贯大,不能该矣,不特与传记混也。”“《四库》改为政书,较妥矣,而亦前无所见。”[③]

《总目》在“政书类”下设立六个子目,分别为通制之属、典礼之属、邦计之属、军政之属、法令之属、考工之属。《进呈存目》收录“故事类”书籍 31 部,其中有 22 部隶入《总目》“政书类”,分属于前面四类,没有法令、考工之类书籍。其余 9 部书籍在《总目》被隶入其他的类目,分别为《太平治迹统类》《回銮事实》《安南使事纪要》改入史部杂史类,《玉堂杂记》改入史部职官类,《闻见前录》改入子部小说家类,《朝野类要》改入子部杂家类,《饮膳正要》改入子部谱录类,《丝纶捷要便览》改入史部诏令奏议类,《人瑞录》改入史部传记类。以上诸书,除《玉堂杂记》《饮膳正要》《丝纶捷要便览》三种之外,以宋元以前目录观之,都可以“遗风曩迹之事”归入“故事类”,是《总目》中所舍弃的部分,将其从旧类目中析出,纳入新设置类目,属于比较妥善的安排。其他三部依据内容进行了重新归类,如《玉堂杂记》在《总目》中被归入“史部职官官制之属”,此书是周必大随笔记录“銮坡制度沿革”“宣召奏对之事”,[④]对南宋翰林学士院建置、

① 江庆柏等整理《四库全书荟要总目提要》,北京:人民文学出版社,2009 年,第 270 页。
② 《钦定四库全书总目》卷八一,北京:中华书局,1997 年,第 1076 页。
③ 刘咸炘《部次流别 以道统学》,北京:生活·读书·新知三联书店,2018 年,第 235 页。
④ 《钦定四库全书总目》卷七九,第 1061 页。

典制名物、学士职掌等情况，都有详细的记录，显然不符合“政书类”收书要求，而与职官类“一曹一司之旧事与儆戒训诰之词”[①]的要求更为契合。又《丝纶捷要便览》所记乃明代万历、天启中，内阁代替皇帝拟写谕旨的成式，以官署为门类，编为书册，书籍内容与“政书类”所收书籍决不相类，是以《总目》将之归入“史部诏令奏议类诏令之属”，并在案语说明“此编无类可归，以其为当日王言之式，附录于《诏令》之末”。[②]

（二）《进呈存目》类名在《总目》被删并

《进呈存目》依照旧制设立的类目“法令类”“谱牒类”“起居注类”以及单独设类的“金石类”在《总目》中均被取消或隶入别的类目。《进呈存目》中的“法令类”在《总目》中对应的当为“政书类”的“法令之属”，《进呈存目》中的此类书籍只有两种：“《疑狱集》四卷、《补疑狱集》六卷”“《科场条贯》一卷”，经过四库馆臣的重新划分后，前者隶入“子部法家类”，后者隶入“政书类典礼之属”，二者均未归入“法令之属”。从其内容来看，《疑狱集》《补疑狱集》“所记皆平反冤滥、抉摘奸慝之事”，[③]与“法令者官著为令者”不相符，正是“法家者私议其理”之属。《科场条贯》所记是“洪武至嘉靖间科举条式”，[④]与法令之内容相去甚远，将其归入“典礼之属”无可非议。

“谱牒类”书籍最早出现于秦汉，但是并无专门分类。《隋书·经籍志》设“谱系”一门，《新唐书·艺文志》设“谱牒类”，至宋代，虽然谱牒类书籍在数量上无法比及前代，但是“谱牒类”已经有了比较完善的体系。《进呈存目》依据旧例，设置“谱牒类”，仅收书 4 部，而《总目》则直接删除了这一类目：“旧有谱牒一门，然自唐以后，谱学殆绝。玉牒既不颁于外，家乘亦不上于官，徒存虚目，故从删焉。”[⑤]自唐代以后，随着豪门世族势力的衰落，士族的崛起，谱牒类的书籍逐渐减少，实际其所承载的社会功能逐步减弱，所以至《总目》撤销了这一类目，既符合目录学的发展规律，又符合历史发展的实际情况。细观《进呈存目》所收的此类书籍《宋绍兴十八年同年小录》《吴越顺存集》《顾氏谱系考》《希姓补》，前三部记载人物或家族，虽然有名为“谱系考”者，其内容已非原来谱学，“掇拾残文，未必源流尽合”，[⑥]所以《总目》将之归入“传记类”。《希姓补》从内容上看已经没有类目可归，只能依据“以四声编次，每韵先列原

① 《钦定四库全书总目》卷七九，第 1058 页。
② 《钦定四库全书总目》卷五六，第 779 页。
③ 《钦定四库全书总目》卷一〇一，第 1316 页。
④ 《钦定四库全书总目》卷八三，第 1108 页。
⑤ 《钦定四库全书总目》卷四五，第 611 页。
⑥ 《钦定四库全书总目》卷六三，第 875 页。

编，次列补人补姓以及订误”[1]之体例，将其纳入“子部类书类”，也勉强算是有类可归。

“起居注类”在《总目》中被删并，其原因在“编年类”小序中做了完整的说明：“《隋志》史部有起居注一门，著录四十四部。《旧唐书》载二十九部，并实录为四十一部。《新唐书》载二十九部。存于今者，《穆天子传》六卷、温大雅《大唐创业起居注》三卷而已。《穆天子传》虽编次年月，类小说传记，不可以为信史。实惟存温大雅一书，不能自为门目。稽其体例，亦属编年，今并合为一。”[2]这一改变，并非《总目》首创，《宋史・艺文志》就将“起居注”类撤销，将其所属书籍附入“编年类”。目录学史上因书籍减少不能单独立类，而删并类目者不乏其例，即目录学史上的普遍原则。《进呈存目》归于“起居注类”的两部书籍正为《穆天子传》《大唐创业起居注》，依据其内容，《总目》将它们分别归入“子部小说家类”“史部编年类”。对《穆天子传》的归类，又加按语详细说明：“《穆天子传》旧皆入起居注类。徒以编年纪月，叙述西游之事，体近乎起居注耳。实则恍惚无征，又非《逸周书》之比。以为古书而存之可也，以为信史而录之，则史体杂，史例破矣。今退置于小说家，义求其当，无庸以变古为嫌也。”[3]在此之前，《穆天子传》多被归入史部，明代胡应麟的《少室山房笔丛》认为其“颇为小说滥觞”，[4]《总目》为目录书中首次将此书归入子部者，在对书籍进行重新分类时，首先考虑它的内容，在内容符合史部收录准则的基础上，再依据体例分类；如果内容不符合“史”之标准，则“退置”其他门类。这种变化体现了史部收录书籍的严格，在对书籍性质认识深化的基础上，进一步廓清了史部书籍。

《进呈存目》将金石类书籍析出，单独设立“金石类”，在此之前，金石类书籍一般都隶属于其他部类，以收入目录类者居多，但是没有类名。《隋书・经籍志》开始著录金石类书籍，分散于经部小学类、史部谱系类及集部，后来又有置于子部者，到《遂初堂书目》《直斋书录解题》，将《集古录》《金石录》等金石书籍收入目录类，《宋史・艺文志》《文献通考・经籍考》亦同。《总目》并没有依照《进呈存目》将“金石”设类，而是将其附入“目录类”，并称“金石之文，隋、唐《志》附‘小学’，《宋志》乃附‘目录’，今用《宋志》之例，并列此门。而别为子目，不使与经籍相淆焉”，[5]“盖目录皆为经籍作，金石其附庸也”，[6]是言依然将“金

① 《钦定四库全书总目》卷一三九，第 1827 页。
② 《钦定四库全书总目》卷四七，第 645 页。
③ 《钦定四库全书总目》卷一四二，第 1872 页。
④ 〔明〕胡应麟《少室山房笔丛》卷三四《三坟补遗下》，上海：上海书店出版社，2001 年，第 347 页。
⑤ 《钦定四库全书总目》卷八五，第 1128 页。
⑥ 同上书，第 1136 页。

石”置于“目录”下，而与“经籍”并为子目。这种类目的析出与隶入，实为依循旧例，对此前类目的创新做了调整，不仅是类目层级的调整还有书籍归类的变化。《进呈存目》“金石类”书籍共计 17 部，其中 11 部在总目中为“目录类金石之属”，事实上其分类并未产生变化，只是二级类目所属变为“目录类”。其余 6 部书籍在《总目》分类都有变更：《石鼓文正误》归入经部小学类；《啸堂集古录》《绍兴内府古器评》《汉甘泉宫瓦记》《焦山古鼎考》归入子部谱录类；《宣和集古印史》归入子部艺术类。《石鼓文正误》是陶滋亲自到石鼓文旁，考察内容，对石鼓文考释，符合“石鼓文音释之类”，[①]是以别入小学。《啸堂集古录》等四本书均为“因器具而及款识者”，[②]《总目》归入“谱录类”，且在《进呈存目》中没有“谱录”一类，所以《总目》中四部书的归类就是对书籍的进一步细分。《宣和集古印史》为来行学摹刻的自秦汉至隋唐的印谱，其归入子部艺术类篆刻之属。《进呈存目》中金石类书籍的归类反映出其侧重于以其载体为据分类，所涉内容有经、史、子各部，而《兰亭考》《法帖释文考异》《闲者轩帖考》却没有收入，也可略窥其收录取舍准则。《总目》隶入“目录类”者主要为金石资料，亦可视作金石目录，而其他书籍则主要依据内容或形式重新归类，都比较恰当。以此观之，在清代金石学蓬勃发展的时期，《总目》没有将其单独设类，虽然有值得商榷之处，但都是在依据内容划定类目的准则内，自有其体。

（三）《总目》较之《进呈存目》新增了类目

《总目》设立“纪事本末类”与“载记类”，此乃首创，在此之前从未作为类名出现在目录书中。以上两类性质的书，《进呈存目》《荟要总目》都有收录，却不见类名，都分属于别的类目。《总目》初次设立“纪事本末类”，并说明原因：“至宋袁枢，以《通鉴》旧文，每事为篇，各排比其次第，而详叙其始终，命曰‘纪事本末’，史遂又有此一体”，“因者既众，遂于二体（纪传、编年）之外，别立一家”。[③]自南宋袁枢编成《通鉴纪事本末》后，后世有很多仿效之作，明清时学者已将其作为一种有别于纪传、编年的史书体例，《明史纪事本末》序曰：“《通鉴纪事本末》者，创自建安袁枢，而北海冯琦继之。其法以事类相比附，使读者审理乱之大趋，迹政治之得失。首尾毕具，分部就班，较之盲左之编年，则包举而该浃；比之班、马之传志，则简练而隐括。盖史外之别例，而温公之素臣也。”[④]黄宗羲探讨史书体例说：“史之体有三：年经而人与事纬之者编年也，以人经之者列传

---

① 《钦定四库全书总目》卷八六，第 1151 页。

② 同上书，第 1151 页。

③ 《钦定四库全书总目》卷四九，第 674 页。

④ 〔清〕谷应泰《明史纪事本末》自序，上海：上海古籍出版社，1994 年，第 2 页。

也，以事经之者纪事也。”[①]而且，随着这种体裁书籍的增多，《总目》作为目录书确立了“纪事本末”这一体例。与上文对类目的删并一样，随着书籍的增多或减少，新设与删并类目都是目录学发展的必然规律。《进呈存目》中所包含的此类书籍有3种，分别为：编年类《三朝北盟会编》，别史类《宋史纪事本末》《左传纪事本末》；《荟要总目》有《宋史纪事本末》，归入“别史类”。仅从其名称来看，我们就可以断定《总目》中的分类是合适的，从内容上看，三本书均为“备诸事之本末”。又对比三书之《进呈存目》与《总目》提要之差别，《总目》篇幅更长，对书籍内容的介绍更详细、评价更高。这种差异的产生，或许与对书籍性质认识的变化有关。所以，《总目》增设“纪事本末类”，不仅使得类别更明确，也更加有利于对书籍的认识与利用。

“载记类”实际是取代了传统设类中的“霸史”“伪史”，而《进呈存目》亦无“霸史”或“伪史”。《总目》认为“曰‘霸’曰‘伪’，皆非其实也”，故改为“载记”。并对“载记类”的来源及收录内容做了说明：“案《后汉书·班固传》称撰平林、新市、公孙述事为‘载记’，《史通》亦称平林、下江诸人，《东观》列为‘载记’。又《晋书》附叙十六国，亦云‘载记’。是实立乎中朝以叙述列国之名。今采录《吴越春秋》以下述偏方僭乱遗迹者，准《东观汉记》《晋书》之例，总题曰‘载记’，于义为允。”[②]简言之，“载记”的类名来源于史书，主要收录非正统王朝割据政权的史书。《进呈存目》不设立“载记类”，此类性质的书被分散于编年类、别史类、杂史类、地理类之中，共计12部，分别为：编年类《后梁春秋》；别史类《十六国春秋》《三楚新录》《五国故事》；杂史类《十国春秋》《吴越备史》《江南野史》，《韩氏事迹》一卷《方氏事迹》一卷；地理类《安南志略》《南诏事略》《越峤书》《滇载记》。从这几部书的内容来看，或为少数民族政权之史实，或为民间起义建立政权，都符合“偏方僭乱”之概念，确实符合“载记”之内涵。从“载记类”类目的设置来看，体现了清政府的正统观与华夷观，《总目》没有沿用“伪史”“霸史”之名，而使用“载记”之名，或因其没有那么强烈的华夷之分，对于讳言“夷狄”，而又要确立正统地位的清王朝来说，这是颇为合适的选择。又从《进呈存目》中不设立这一类目，而亦不沿袭旧例设目来看，大概是由于早期分类不成熟，没有找到对此类书籍合适的处理办法。或因修书之初，清政府有意识地弱化这种华夷之分，所以将此类书籍分门别类地纳入不同类目。查考《进呈存目》中的以上12种书籍，放置于各自的类目并不违和。而在《总目》因“《东观汉记》《晋书》之例”设立“载记类”，相信四库馆臣也是经过一番费心考量的，既

① 〔清〕黄宗羲《南雷诗文集》碑志类，《黄宗羲文集》第二十册，杭州：浙江古籍出版社，2012年，第309页。

② 《钦定四库全书总目》卷六六，第903页。

有历史依据，又符合统治者观念的要求。

（四）对书籍的性质认识进一步加深

除因为类目设置的变化而产生变化外，还有因为类目收录内容的调整以及对书籍的性质认识不同而导致《进呈存目》与《总目》分类的不同，二者相同的类目：编年类、别史类、杂史类、传记类、史抄（钞）类、地理类、职官类、史评类等8种，图书的归类并不是完全相同，书籍归类产生变化的有73部，这说明在编纂过程中，四库馆臣对于书籍的分类一直在探索与调整，而这种调整是否更接近于书籍的类目属性？考察图书内容，大部分书籍在《总目》中得到了更为适宜的安置，四库馆臣的编纂理念与思想在这些变化中也得到了体现。为了更清楚地看清问题，现将类目变化列表如下：①

书名	《进呈存目》归类	《总目》归类
《唐鉴》	史部编年类	史部史评类
《明遗事》		子部小说家类
《贞观政要》	史部别史类	史部杂史类
《忠节录》		史部传记类
《大唐新语》	史部杂史类	子部小说家类
《四朝闻见录》		
《涑水记闻》		
《甲申杂记》②		
《儒林公议》		
《桯史》		
《挥麈前录》③		
《默记》		
《贻清堂日抄》		
《野记》		
《寓圃杂记》		
《迩训》		

① 列表依据《进呈存目》类目顺序排序，同一小类中，按《总目》类目下所属书籍的数量为序。

② 原条目为"《甲申杂记》一卷、《闻见近录》一卷、《随手杂录》一卷"。

③ 原条目为"《挥麈前录》四卷、《后录》十一卷、《第三录》三卷、《馀话》二卷。"

续表

<table>
<tr><th>书名</th><th>《进呈存目》归类</th><th>《总目》归类</th></tr>
<tr><td>《西使记》</td><td rowspan="10">史部杂史类</td><td rowspan="10">史部传记类</td></tr>
<tr><td>《黟坏封疆录》</td></tr>
<tr><td>《东林点将录》</td></tr>
<tr><td>《保越录》</td></tr>
<tr><td>《绍兴正人论》①</td></tr>
<tr><td>《天鉴录》</td></tr>
<tr><td>《东林朋党录》</td></tr>
<tr><td>《东林同志录》</td></tr>
<tr><td>《东林籍贯》</td></tr>
<tr><td>《貂珰史鉴》</td></tr>
<tr><td>《东京梦华录》</td><td rowspan="2">史部杂史类</td><td rowspan="2">史部地理类</td></tr>
<tr><td>《梦粱录》</td></tr>
<tr><td>《政监》</td><td rowspan="3">史部杂史类</td><td>史部史评类</td></tr>
<tr><td>《倭情考略》</td><td>子部兵家类</td></tr>
<tr><td>《却扫编》</td><td>子部杂家类</td></tr>
<tr><td>《季汉五志》</td><td rowspan="2">史部传记类</td><td>史部别史类</td></tr>
<tr><td>《汉杂事秘辛》</td><td>子部小说家类</td></tr>
<tr><td>《善行录》</td><td rowspan="8">史部史抄类</td><td rowspan="8">史部传记类</td></tr>
<tr><td>《事编内篇》</td></tr>
<tr><td>《为臣不易编》</td></tr>
<tr><td>《汉唐宋名臣录》</td></tr>
<tr><td>《历代内侍考》</td></tr>
<tr><td>《古今宗藩懿行考》</td></tr>
<tr><td>《盐梅志》</td></tr>
<tr><td>《历代循良录》</td></tr>
</table>

① 《总目》作“绍兴正论”。

续表

书名	《进呈存目》归类	《总目》归类
《春秋别典》	史部史抄类	史部别史类
《阅史约书》		
《详注史略补遗大成》[1]		
《春秋纪传》		
《君鉴》	史部史抄类	子部杂家类
《省括编》		
《经世环应编》		
《臣鉴》		
《帝鉴图说》	史部史抄类	史部史评类
《平巢事迹考》		史部杂史类
《史说萱苏》		子部类书类
《洞庭君山集》	史部地理类	集部总集类
《师子林纪胜》		
《太白楼集》		
《全蜀艺文志》		
《滕王阁续集》		
《武夷山诗集》		
《使交录》	史部地理类	史部传记类
《滇程记》		
《滇行日记》		
《塞程别记》		
《山海经》	史部地理类	子部小说家类
《汝南遗事》		
《山海经释义》		
《通鉴地理通释》	史部地理类	史部编年类
《封长白山记》		史部杂史类
《长河志籍考》		集部别集类

① 《总目》作“史略详注补遗大成”。

续表

<table>
<tr><th>书名</th><th>《进呈存目》归类</th><th>《总目》归类</th></tr>
<tr><td>《列卿年表》[①]</td><td>史部职官类</td><td>史部传记类</td></tr>
<tr><td>《史诠》</td><td rowspan="2">史部史评类</td><td rowspan="2">史部正史类</td></tr>
<tr><td>《史记疑问》</td></tr>
<tr><td>《涉览属比》</td><td rowspan="2">史部史评类</td><td>子部类书类</td></tr>
<tr><td>《帝皇龟鉴》</td><td>子部杂家类</td></tr>
</table>

据上表，归类产生变化的 73 部《存目》史部书籍中，以杂史类、史抄类、地理类最多，共 62 部；有 40 部在《总目》中仍然属于史部，仅所属二级类目产生了变化，改入"传记类"最多；有 33 部移出史部，分别隶入子部(26)、集部(7)，改入"小说家类"最多。前面提到，史部杂史、传记、子部小说等本就容易混淆，所以大部分书籍归类产生变化，也是四库馆臣依据内容对书籍性质的重新划分。从内容上来看，这些书籍所属类目产生变化，大多是有迹可循、比较得当的。

《总目》依据书籍内容和性质及"各附本书"之原则，对书籍的归类做了调整。《唐鉴》与《通鉴地理通释》都属于《资治通鉴》相关的通鉴类书籍，四库馆臣最初制定了此类书籍的归类原则，如《唐鉴》《少微通鉴节要》《增节音注资治通鉴》等归入《资治通鉴》所在的"编年类"；《六朝通鉴博议》《通鉴问疑》归入"史评类"；《通鉴地理通释》归入"地理类"，已初步显示了"类附本书"之原则以及依据书籍的内容及性质分类的原则。随着四库馆臣对书籍性质认识的加深及类目标准的调整变化，部分书籍的归类有所调整，《唐鉴》在《荟要总目》《总目》中归入"史评类"，《通鉴地理通释》在《总目》中归入"编年类"。《唐鉴》作者范祖禹曾助司马迁编撰《资治通鉴》，分掌唐史，后来撮取唐代历史，系以论断，撰成此部史论著作，可谓《资治通鉴・唐纪》的副产品，编排以年月为序，体例类似编年，然而内容以评论为主，略于叙事。《唐鉴》最初入"编年"，当以其体例而论，而在后来归入"史评类"，应该是依据内容判定其归属。《通鉴地理通释》是对《资治通鉴》中所涉及地理问题进行注释的著作，记载了其所载地名的沿革异同、险要扼塞，是研究《资治通鉴》的重要参考资料，《总目》将其列入"编年类"，言称"《通鉴地理通释》之类，则仍附本书之后，便参阅也"，[②]而且规定了此类书籍的分类原则，"注释诸史之书，皆各从其类"。[③] "正史类"小序规定凡

① 《总目》作"列卿纪"。

② 《钦定四库全书总目》卷四七，第 665 页。

③ 《钦定四库全书总目》卷四六，第 641 页。

训释音义者、掇拾遗阙者、辨正异同者、校正字句者,"即各附本书,用资参证",[①]编年类归类法亦同于此。乾隆皇帝对通鉴类书籍颇为重视,《荟要》编年类有《御批通鉴纲目前编》《御批资治通鉴纲目》《御批通鉴纲目》《御批续资治通鉴纲目》,《总目》皆入"史评类","圣祖仁皇帝《御批纲目》,系就原书冠以评语,是以与《评鉴阐要》一体录入'史评类'中"。[②]《纲目续麟》下有小注曰:"是书本为朱子《纲目》而作,《纲目》经圣祖仁皇帝御批,当以御批为主,已恭录于史评类中。"[③]《进呈存目》初步划分通鉴类书籍类属,至《总目》时,对以编年为主的通鉴及其注释和以评论为主的纲目、御批两类书进行了明确区分,四库馆臣一直不断探索更好的归类方式。《史诠》《史记疑问》《善行录》《事编内篇》,也是"各从本类"之旨,在《总目》分别改入正史、传记之类。此外,还有附于其他书籍之后,随之归类者,《长河志籍考》在《总目》中附于著者所著《古欢堂集》后,将之隶入"集部别集类",然考察其本书性质,亦不为地理之类,当属小说家类之流,然《总目》将作者的作品汇集在一起,就其编辑方式来说,是较为妥善的处理方法。"《列卿年表》一百三十九卷",在《总目》中作"《列卿纪》一百六十五卷",《年表》乃为《列卿纪》的一部分,而从此书的内容来看,实非"官制""官箴"之类,乃"合众人之事为一书",是为"传记类"。

《总目》对史部书籍内部的调整,主要依据书籍的性质及内容,归入更为合适的类目。《进呈存目》中"杂史""史抄"类目下的书籍在《总目》中归属于"传记类"的分别有 10 部、8 部,其中唯有《西使记》《保越录》二书在《总目》中为"传记类杂录之属",且都为著录之属。据《总目》所言,"(杂史类)大抵取其事系庙堂,语关军国,或但具一事之始末,非一代之全编;或但述一时之见闻,只一家之私记"。[④] 考之二书,《西使记》乃常德奉命西行觐见锡里库往返途中的见闻,并非"事系庙堂,语关军国"之事,乃传记类"叙一事之始末者"。《保越录》记录元末朱元璋与张士诚争夺绍兴之事,虽然为记录战争之事,但是此书是站在元朝的立场书写,则不能称之为"事系庙堂",似乎将其归为传记类更为恰当。其余 16 部书则均为"传记类总录之属",考察书籍内容,或为历代名臣贤相事迹,或为东林人物事迹,抑或其他人物事迹,是为传记类"合众人之事为一书"。地理类的《使交录》《滇程记》《滇行日记》《塞程别记》都为旅途中所记,或载沿途山川,或载风俗故实,所记皆以叙事为主,而略于山川形势、风俗民情,较之于寻常的地理类书籍,更接近"传记类"中"叙一事之始末者",乃为"记之属"。而

① 《钦定四库全书总目》卷四五,第 613 页。

② 中国第一历史档案馆编《纂修四库全书档案》一〇二五《军机大臣奏谨将四库全书分架图册夹签呈览片》,上海:上海古籍出版社,1997 年,第 1775 页。

③ 《钦定四库全书总目》卷四七,第 655—656 页。

④ 《钦定四库全书总目》卷五一,第 711 页。

在《进呈存目》中属于“传记类”的《季汉五志》书中有纪有传，非独传记之体，且为《三国志》“岐出旁分者”，所以归为别史之类。又，《东京梦华录》《梦粱录》二书，一为记叙北宋都城东京开封府都城坊市、民俗风情，一为仿前者之体介绍南宋都城临安郊庙宫殿、城市风貌，二者之体皆类地理，是以《总目》隶入“地理类杂记之属”。

《总目》对史书的收录较之《进呈存目》更为严格，稍涉不经者即改入子部，亦有不足为史料者改为集部，可见此时四库馆臣最初对于史部书籍的收录还是比较宽泛的。《明遗事》一书，在《进呈存目》与《总目》中均称为“多录小说琐事，如以酒饮蛇之类，皆荒诞不足信，非史体也”，[①]《进呈存目》虽然认识到此书并非信史，依然将其置于史部，而《总目》列之于“小说家类”，可谓妥当。“杂史类”这种现象最为广泛，大概与“杂史”“小说类”二者本身就比较接近有关。《进呈存目》此类目下12种书籍在《总目》中归入“子部小说家类”，“小说家类”出于稗官，是故近史，是以《总目》为辨别相似之书，特设标准：“纪录杂事之书，小说与杂史，最易相淆。诸家著录，亦往往牵混。今以述朝政军国者入杂史，其参以里巷闲谈、词章细故者，则均隶此门。”[②]考察以上几种书籍，记载多有朝政故实，可与史书相佐证，以资参考。但是这些书籍，均有诙谐、烦碎之语，正为《总目》“小说类”的标准。其实《进呈存目》对于这些书籍中类似小说之语，已有认识，但是依然将其放在“杂史类”，《总目》为区别“杂史”曰：“既系史名，事殊小说。著书有体，焉可无分。”“若夫语神怪，供诙啁，里巷琐言，稗官所述，则别有杂家、小说家存焉。”[③]为史书的收入确立了明确的标准。这一点在书籍的提要中也得到了体现，如《进呈存目》称《大唐新语》：“盖杂史之流，非若《世说新语》诸书，徒为谈助者比。惟其中‘谐谑’一门，体杂小说，未免自乱其例耳。”[④]而《总目》则直接否定其“杂史”的性质：“故《唐志》列之杂史类中。然其中《谐谑》一门，繁芜猥琐，未免自秽其书，有乖史家之体例。今退置小说家类，庶协其实。”[⑤]又如《进呈存目》载《四朝闻见录》：“王士祯（禛）《居易录》谓其颇涉烦碎，不及李心传书。是诚有之，然不可以是废也。”[⑥]《总目》则言：“惟王士禛《居易录》谓其颇涉烦碎，不及李心传书。今核其体裁，所评良允。故心传书入史部，而此书则列小说家焉。”[⑦]从二提要可以看出，四库馆臣的态度是有变

① 《钦定四库全书总目》卷一四三，第1902页。
② 《钦定四库全书总目》卷一四一，第1870页。
③ 《钦定四库全书总目》卷五一，第711页。
④ 赵望秦等校证《四库全书初次进呈存目校证》，西安：陕西师范大学出版社，2018年，第235页。
⑤ 《钦定四库全书总目》卷一四〇，第1837页。
⑥ 《四库全书初次进呈存目校证》，第235页，
⑦ 《钦定四库全书总目》卷一四一，第1865页。

化的，最初都因为它们的记史内容而归入史部，小部分的“谐谑”“烦碎”并不影响总体性质，《总目》时，则开始更多关注其中不合史例的内容，将二者“贬为”子部即可见端倪。还有一些书籍，在《进呈存目》中并没有认识到其间涉小说之语，如《进呈存目》中“《甲申杂记》一卷、《闻见近录》一卷、《随手杂录》一卷”的提要比较短，称其“所著杂事三篇，纪东都旧闻，言多有据”。[①] 而在《总目》中，不仅篇幅加长，对内容的认识也更加全面：“三书皆间涉神怪，稍近稗官，故列之小说类中。然而所记朝廷大事为多，一切贤奸进退，典故沿革，多为史传所未详，实非尽小说家言也。”[②]地理类的《山海经》《山海经释义》《汝南遗事》，因其内容多涉荒诞，隶入“子部小说家类”，《总目》称《山海经》“究其本旨，实非黄、老之言。然道里山川，率难考据，按以耳目所及，百不一真。诸家并以为地理书之冠，亦为未允。核实定名，实则小说之最古者尔。”[③]而《汝南遗事》则“然多涉神怪、仙鬼，不免为小说家言”。[④] 亦有以提要来看明显与归类不相符者，如阅读《君鉴》《省括编》《经世环应编》《臣鉴》《帝皇龟鉴》的提要，即可知并非“史抄”“史评”之类，不知为何如此归类，而《总目》中几部书提要的内容基本相同，改动不大，皆为采摭众说以成编者，而隶入“子部杂家类杂纂之属”，即可知《进呈存目》的分类确有“草创”之特点。

《总目》凡例中提及“古来诸家著录，往往循名失实，配隶乖宜”。“地理类”书籍更容易“循名失实”，《洞庭君山集》《师子林纪胜》《太白楼集》《全蜀艺文志》《滕王阁续集》《武夷山诗集》诸书，其名称前都有地名，往往会被认为是地理类书籍，而四库馆臣在分类之初，亦将有关某地之诗文题咏，归入地理类。《总目》将“地理类”分为9个子目，明确了地理类所收书籍，并指出元明以后地志的弊端，“列传侔乎家牒，艺文溢于总集，末大于本，而舆图反若附录”，[⑤]地理类书籍载入艺文内容过多，尚且受到了四库馆臣批评，内容全部关涉诗文题咏，自是不应再如地理之类，将其置于“总集”可谓合情合理。由此看来，《总目》严格界定了史部收录书籍的取舍标准与原则，还对书籍的内容进行了认真稽考，仔细核定其所属类目。

从书籍各自内容及提要考察，《进呈存目》会因为对书籍内容的考察不足而产生归类不甚妥帖之处，这种现象在《总目》中有发现而更改归类者，也有更改类属依然不恰当者。以《平巢事迹考》为例，《进呈存目》在介绍完著者、内容

---

① 《四库全书初次进呈存目校证》，第238页。
② 《钦定四库全书总目》卷一四〇，第1852页。
③ 《钦定四库全书总目》卷一四二，第1871页。
④ 《钦定四库全书总目》卷一四三，第1900页。
⑤ 《钦定四库全书总目》卷六八，第923页。

之后，最后说"则全本正史抄撮而成，别无考据也"。[1] 故将之归入了"史抄类"。而《总目》此篇提要的前半部分与《进呈存目》几乎一致，而将最后一句改称"皆全剿《资治通鉴》之文"，[2]并就"召外兵以救内难"发表看法，又指出书中有"删除他事""偶遗本事""莫知所自来"的情况。以此来看，《总目》对于书籍的内容有了更深入的认识与了解，此书不单单是抄录史书，实际上是有所寄寓的，盖"事系庙堂，语关军国""具一事之始末"，故置之于"杂史类"。又如《太平治迹统类》在《存目》归入"故事类"，《总目》改入"杂史类"。在《直斋书录解题》入"典故类"，称其"略用袁枢《通鉴本末》条例"；[3]《郡斋读书志附志》入"类书类"；《宋史·艺文志》入"故事类"。其书主要内容为记录典章制度和礼乐兵刑诸政的兴革沿变，略于事迹，邓广铭认为它属于"李焘《续资治通鉴长编》的另一种纪事本末"，"彭氏书即是把编年体的《长编》改编为纪事本末体裁的一部书"，在历代目录书中的类目归属是有问题的。[4] 如此看来，在设有"纪事本末"一类的《总目》中对其归类也欠妥当。

综上所述，以分类而言，《进呈存目》与《总目》有 12 个类目设置基本一致，[5]所不同的是，《总目》将"故事类"改为"政书类"，对"法令类""起居注类""谱牒类""金石类"进行了删并，增加了"纪事本末类""载记类"，以守成为主，不乏创新。对类目的变更、删并或者新设，基本有先例可依，根据类目内涵的变化、书籍的实际发展状况进行调整，是目录学发展的必然要求。从书籍类属的变化来看，排除因《进呈存目》类目设置变化而使书籍归类产生的变更，[6]尚有 105 部，其中别史类、杂史类、史抄类、地理类书籍归类变化的占比较大，其他类目归类变化的占比则比较小。除了与类目本身易与其他类目混淆的特质有关，四库馆臣调整归类原则、精选入史书籍以及对书籍性质认识的加深都是不可或缺的因素。

总体而言，由《进呈存目》设立基本分类体系，确定了某些分类标准与原则，到《总目》调整类目设置，明确界定分类标准与归类原则，加深对书籍内容及性质的认识，完成对书籍归类的重新调整，显示了史部分类体系由初步建立到逐渐成熟与完善的过程，尽管有不足之处，但是整体上趋于优化。其间，《总目》的史学思想也得以体现：首先，清朝统治者强调"信史"的重要性，乾隆皇帝

---

① 《四库全书初次进呈存目校证》，第 297 页。

② 《钦定四库全书总目》卷五四，第 757 页。

③ 〔宋〕陈振孙《直斋书录解题》卷五，上海：上海古籍出版社，1987 年，第 167 页。

④ 邓广铭《邓广铭治史丛稿》，北京：北京大学出版社，1997 年，第 347 页。

⑤ 《进呈存目》中"奏议类"改为"诏令奏议类"。

⑥ "故事类"中没有归入"政书类"，"金石类"中没有归入"目录类"的书籍亦在统计范围内。

说:"夫一代之史,期于传信。"[①]《总目·凡例》曰:"论史主于示褒贬,然不得其事迹之本末,则褒贬何据而定……今所录者,率以考证精核、辩论明确为主,庶几可谢彼虚谈,敦兹实学。"[②]四库馆臣对这种思想的认识与贯彻是一个渐进的过程,具体表现在对收入史部书籍的要求变得严格,将诸多史部书籍"退置"小说即为其例。其次,"载记类"的设置,反映了清朝政府的大一统思想和正统观,对其确立正统地位、弱化华夷之辨有积极意义。乾隆皇帝以建立大一统政权确立正统地位:"我朝为明复仇讨贼,定鼎中原,合一海宇,为自古得天下最正。"[③]《总目》既没有像《进呈存目》一样取消此类目的设置,也没有沿袭"伪史""霸史"称名,是既要确保自己的正统地位,又要弱化华夷之分。

① 《清高宗纯皇帝实录》卷九八七,《清实录》,北京:中华书局,1986年,第177页。

② 《钦定四库全书总目》凡例,第32页。

③ 《清高宗纯皇帝实录》卷一一四二,第309页。

《清人诗文集总目提要》订补*

——以东北诗人为中心

陈谙哲　李　静**

【内容提要】 《清人诗文集总目提要》是从目录学角度对汗牛充栋的清代别集的一次全面系统的整理，其学术史地位不言而喻。然清人诗文卷帙浩繁，柯愈春先生难以一一考甄，故本文就其目录提要中错讹、疏漏之处进行订补，不当之处请方家批评指正。

【关键词】 《清人诗文集总目提要》　东北诗人　订补

近年，笔者有意于做东北文学史的整理工作，在目录、版本选择方面重点参考了柯愈春先生的《清人诗文集总目提要》(下文简称《提要》)，收获颇多。然亦发现许多问题，今以清代东北作家群为中心，将实地调查与传统目录学方法相统一，并结合史志、方志等文献进行考证，供学界参考，以期越辩越明。

1.《樗亭诗稿》版本、作者卒年订补

《提要》(上)第564—565页载："拥书楼诗稿不分卷 樗亭诗稿不分卷 萨哈岱撰。萨哈岱生于康熙三十八年(1699)，卒年不详。字鲁望，号樗亭，氏伊尔根觉罗叶赫，新城人，隶满洲正黄旗。由荫生授主事，累官至福州将军。所著《拥书楼诗稿》、《樗亭诗稿》，皆不分卷，清钞本，中国科学院图书馆藏。《樗亭诗稿》已于乾隆间付梓，《清史稿·艺文志》作十八卷，依书题及作者署名单起计算，可得四十卷，中国国家图书馆藏。前有沈德潜乾隆八年及二十四年所作序，钱陈群七十八岁及八十九岁所作序，又有乾隆七年自序及叶居仁等题辞。诗分体，起于康熙五十四年，止于乾隆三十七年，时已七十有四。"[①]

按：萨哈岱卒年可由其子萨载事迹考出。萨载于《清史稿》有传，其中有

---

* 本文系国家社科基金重大项目"元代各民族文学交融背景下元诗的发展与流变"(18ZDA340)阶段性成果；教育部人文社会科学研究规划基金一般项目"唐宋词集笺注史研究"(19YJA751021)阶段成果。

** 陈谙哲，吉林大学文学院博士研究生。李静，吉林大学文学院教授、博士生导师。

① 下述所有关涉《提要》引文皆出自柯愈春著《清人诗文集总目提要》，北京：北京古籍出版社，2002年。

"(乾隆)四十五年……八月,丁父忧,命百日满后,仍署两江总督"。[①] 则萨哈岱卒于1780年,享年八十二岁。

《樗亭诗稿》在乾隆年间刊刻不止一次,《提要》所述版本不全。国家图书馆藏乾隆刻本《樗亭诗稿》四十卷并非初刻本,吉林大学图书馆所藏乾隆八年的刻本《樗亭诗稿》才是初刻。考其原书,不分卷,依书题及作者署名单起计算,共十四卷。前有乾隆年间张照序、梁诗正序、乾隆五年(1741)汪由敦序、乾隆六年钱陈群序、乾隆八年张鸩翀序、同学蒋溥序、乾隆四年吴应棻序、乾隆六年蒋涟序、乾隆七年刘纶序、乾隆八年沈德潜序、乾隆七年作者自序及叶居仁、沈澜题词。诗分体(古乐府一卷、五言古一卷、七言古一卷、五言律三卷、七言律四卷、五言排、七言排、五言绝、七言绝各一卷),起于康熙五十四年,止于乾隆七年。显然,国图四十卷本《樗亭诗稿》又收录了作者乾隆七年到乾隆三十七年间的诗作,并增添了沈德潜乾隆二十四年所作的序,再次付梓。《樗亭诗稿》版本复杂,除以上几种外,《八旗通志・艺文志》著录有三十二卷本,内分"古乐府一卷、五言古三卷、七言古二卷、五言律九卷、七言律十卷、五言排律四卷、七言排律一卷、五言绝句一卷、七言绝句一卷",[②]此外《清史稿・艺文志》载其为十八卷,今所未见。萨哈岱出自世家大族,仕途显赫,又酷爱写诗,虽诗名不显,但其诗作在乾隆年间多次付梓也实属正常。

2.《东村诗》集名勘误、作者事迹补,《铸陶诗》版本不全

《提要》(上)第576页载:"东村诗一卷 铸陶诗一卷 永宁撰。永宁字在山,号东村,又号白山(訥),氏绰索罗,又姓石,满洲正白旗人。居辽宁。左都御史观保父。家饶于财。……该馆又藏其《铸陶集》,别名《白山(訥)铸陶》,仅一卷,有乾隆间石观保刻本及清钞本。"

按:永宁,吉林人,赐姓石,石富宁之弟,英和伯祖,"祖都图,为圣祖亲臣。年少豪举,好声色狗马,年三十始折节读书",[③]《天咫偶闻》载其"乾隆元年举孝廉方正,以疾辞,后老于山中"。[④] 东村晚年自焚其稿,故传世者甚少,仅一卷。今查访中国国家图书馆,明德《寄闲堂诗集》后附有永宁诗集,卷首、版心处皆题为《东村先生诗》,这与《中国古籍善本书目》相合,《提要》有误。《铸陶集》,别有清光绪刻本,收于《八旗丛书》,集名《铸陶》,美国哈佛大学燕京图书馆藏。另有民国抄本一卷,藏北京大学图书馆。

---

① 〔清〕赵尔巽等撰《清史稿》,北京:中华书局,1977年,第13857页。

② 〔清〕福隆安等纂《钦定八旗通志》卷一二〇,影印文渊阁《四库全书》本,上海:上海古籍出版社,2003,第59页。

③ 〔清〕方苞《望溪集》文集卷八,《四部丛刊》本,北京:中国书店出版社,第10—11页。

④ 〔清〕震钧《天咫偶闻》卷五,清光绪甘棠精舍刻本。

3.《东溪集》集名勘误、作者张冠李戴

《提要》(上)第715页载:"东溪集 一卷 富宁撰。富宁生年不详,卒于乾隆五十二年(1787)。字东溪,姓富察氏,满洲正黄旗人。居吉林。宁古礼子。乾隆三十三年荫袭三等侍卫,四十三年擢二等侍卫,四十六年擢头等侍卫。五十年官正蓝旗蒙古副都统,授御前侍卫,迁伊犁大臣。此集嘉庆间德元疆恕堂刻,中国国家图书馆藏。"

按:《提要》所载"富宁"事迹,实为"富宁阿",赵姓,《八旗通志》、民国《义县志》有传,《提要》误。石富宁,字东溪,吉林人,石永宁之兄。本乌喇索绰洛氏,祖都图赐姓石,因以之为姓。"与弟永宁携隐不仕",[①]雍正二年(1724),始举顺天乡试,雍正五年(1725)年卒,年未五十。其著作等身,惜只存此集,附于明德《寄闲堂诗集》后,题名《东溪先生诗》,这与《中国古籍善本书目》相合,《提要》有误。

4.《大谷山堂集》成书递嬗补

《提要》(上)第719页载:"《太谷山堂集》六卷 梦麟撰。……所著先有《行余堂诗》,入词馆有《红梨斋集》,任江苏学政时删定为《孟喜堂集》,后改为《太谷山堂集》。"

按:此集国家图书馆藏有乾隆十九年刻本,题名为《大谷山堂集》。《钦定八旗通志》载:"《大谷山堂集》六卷,梦麟撰。初编时名《梦庐集》,此其重订之本。"[②]又,法式善《八旗诗话》谓:"初刻为《梦喜堂诗》,又总《石鼎》、《乙览》、《南行》、《入吴》诸集为《大谷山堂集》。"[③]故《提要》版本递嬗尚有缺漏,考述于下:是时,最初先有《行余堂诗》,入词馆撰《红梨斋集》,上任江苏删定为《孟喜堂集》,此本刻行;后收《石鼎》、《乙览》、《南行》、《入吴》诸集编为《梦庐集》,重订为《大谷山堂集》。

5.《行吟杂录》作者事迹、生卒年考

《提要》(上)第848页载:"行吟杂录 一卷 金科豫撰。科豫字笠翁,满洲镶黄旗人。居锦州,移家义州。乾隆间举人。官贵州怀仁知县,调四川射洪知县,后任杂谷厅、里番厅同知。"

按:金科豫,《奉天通志》、《义州志》等皆作字先立,号笠庵,《提要》有误。

---

① 〔清〕徐鼒霖主修、李澍田等点校《永吉县志》,长春:吉林文史出版社,1989年,第826页。

② 〔清〕福隆安等纂《钦定八旗通志》卷一二〇,第66页。

③ 〔清〕法式善撰,张寅彭、强迪艺编校《梧门诗话合校:八旗诗话》,南京:凤凰出版社,2005年,第509页。

其肄业于沈阳书院，乾隆四十八年(1783) 癸卯科举人，历任四川清溪、西昌等县知县，[①]道光二年(1822)升任四川杂谷直隶厅(治所在今四川省理县薛城)理番同知。关于金科豫的卒年，辽宁诸方志无载，查阅四川清代方志，可以获得一些线索。《会理州志》载："(科豫)道光二年署，三年六月卒于官。"[②]又，吕文郁《吾师金景芳教授之家世》言："道光四年(1824)，金科豫镇守维州(今四川松潘一带)，在战役中阵亡，年七十岁。"[③]未列文献来源，卒年暂两存。

6.《梦鹤轩梅澥诗钞》版本不全

《提要》(上)第 926 页载："梦鹤轩梅澥诗钞 十二卷 缪公恩撰……《辽海书征》卷四载，'著《梦鹤轩诗》二十四卷，未梓。初订本正编六卷，后续编四卷，又己亥未缮本一卷。'所著先有《题兰稿》一卷，录诗二百余首，光绪十二年刻，中国科学院图书馆藏。后辑为《梦鹤轩梅澥诗钞》四卷，辑入《辽海丛书》，民国间铅印，中国国家图书馆藏。别有稿本，中国社会科学院文学研究所藏。又《梦鹤轩梅澥诗钞续编》八卷，清钞本，中国国家图书馆馆藏。"

按：《梦鹤轩梅澥诗钞》的版本，《提要》所载不全，辽宁大学图书馆藏有五卷《梦鹤轩梅澥诗钞》残本(缺卷二)，民国二十年过录本，经整理后，收《辽海丛书》本《梦鹤轩梅澥诗钞》未收之诗，辑为两卷之数，录入《辽海丛书续编》第四册，称《梦鹤轩诗》。[④]

7.《西池剩稿》作者字号误，生卒年考

《提要》(中)第 1300 页载："西池剩稿 四卷 马瑶林撰。瑶林字西池，奉天辽阳人。道光间在世。民国《辽阳县志》卷十四载，著《锄月山房诗文集》。今存《西池剩稿》四卷，民国八年太古山房铅印，辽宁省图书馆藏。"

按：马瑶林(1802—1853)，马琈林之兄，"时人以二陆、双丁目之"，[⑤]号西池，《提要》有误。袁楚藩在卷首诗序中写道："先生之归道山在咸丰癸丑。"即其卒年为咸丰三年(1853)。民国十七年《辽阳县志·序记志》收陈景蕃撰《代寿伯清王监于作约诸同人助葬马西池夫子启》，载其五十二岁卒，则其生年当为嘉庆七年(1802)。

---

① 王树楠等撰，东北文史丛书编辑委员会点校《奉天通志》，沈阳：东北文史丛书编辑委员会，1983 年，4527 页。

② 〔清〕邓仁垣，杨昶修，〔清〕吴钟仑纂《中国地方志集成·四川府县志辑：会理州志》，成都：巴蜀书社，1992 年，第 100 页。

③ 吕文郁《吾师金景芳教授之家世》，《黑龙江社会科学》，2013 年第 3 期，第 127—129 页。

④ 兴振芳主编《辽海丛书续编》，沈阳：沈阳古籍书店，1993 年，第 2798 页。

⑤ 裴焕星等修，白永贞纂《中国地方志集成·辽宁府县志辑：民国辽阳县志》，南京：凤凰出版社，2006 年，613 页。

8.《九梅村诗集》版本不全 作者卒年考补

《提要》(中)第1744页载:"九梅村诗集 二十卷 魏燮均撰。燮均生于嘉庆十七年(1812),卒于光绪元年(1875)。初名昌泰,字子亭,号芝庭,因慕郑板桥之为人更今名,字伯柔,又字公隐,号铁民,别号九梅居士,奉天铁岭人。附生。以游幕终。原有诗三千余篇,删存二千四百余首,编为《九梅村诗集》二十卷,吉林将军铭安删订,铭安等序,又自序,自道光八年至同治十三年,光绪元年红杏山房刻,中国国家图书馆藏。又民国十四年铅印本,首都图书馆、中国科学院图书馆藏。"

按:此条《提要》所载魏燮均卒年有误,诗集版本不全。首先,魏燮均卒年定不是光绪元年(1875),光绪元年仅是刊印诗集的时间,其自撰《耕石老人传》中落款有"时光绪丁亥清明后二日也"。[①] 光绪丁亥为1887年,此时作者尚在,年七十有六。建国后编《铁岭县志》载其卒于1889年,[②]但据辽宁大学毕宝魁先生探访,编纂依据来源于魏之后人,且不能肯定,故卒年仍有疑问。值得一提的是,最新发现的《九梅抱山吟草》手稿本中,作成时间最晚的一首《孤雁》,小注云"丁亥稿",即1887年,与作《耕石老人传》同年,作者卒年大抵也即此年或稍晚。

魏燮均一生写诗数量巨大,仅《提要》所载20卷《九梅村诗集》便有1400余首。民国本为光绪本之翻刻,多一篇陈德懿手迹《排印九梅村诗集序》。除了光绪本与民国本,毕宝魁藏有一手稿本,比两本多出二百余首,辑入《九梅村诗集校注》中。另外,学者安然于长春发现魏燮均手书《九梅抱山吟草》三册,共计700余首,非定稿,删改、调整之处颇多,文献价值极高。经其初步整理,收录了魏燮均从光绪元年乙亥(1875)至光绪十三年丁亥(1887)共九年间诗作,正好填补了二十卷本《九梅村诗集》光绪元年之后的空缺。

9.《慧珠阁诗》作者有误、版本不全、生平事迹补

《提要》(中)第1533页载:"慧珠阁诗 一卷 多隆阿撰。多隆阿生于嘉庆二十三年(1818),卒于同治三年(1864)。字雯溪,号礼堂,姓舒穆禄氏,正白旗满洲人。道光五年拔贡。黑龙江驻防。以镇压西北太平军有功,诏令督办陕甘两省军务。《辽海书证》卷四载,著有《雯溪诗草》十五卷,未刻稿本。《八旗艺文编目》载其有《慧珠阁诗钞》十八卷、《文》四卷、《诗话》四卷。今存《慧珠阁诗》一卷,稿本,中国社会科学院文学研究所藏。此集已辑入《辽海丛书》。"

---

① 〔清〕魏燮均撰,毕宝魁校注《九梅村诗集校注》,沈阳:辽海出版社,2004年,第942页。

② 铁岭县地方志编纂委员会编《铁岭县志》,沈阳:辽海出版社,1993年,第665页。

按：此条目，学界已有同仁对两个重名的多隆阿及生卒年进行过考辨，一为文臣舒穆禄·多隆阿，一为武将呼尔拉特·多隆阿，《提要》有误。今就作者生平与诗钞版本等进行补充。舒穆禄·多隆阿（1794—1853），一名廷鼐，字任之，又字文希，号雯溪。盛京岫岩（今辽宁岫岩）人，满族，隶满洲正白旗。一生著述颇丰，惜多已散佚。其人事迹，学界研究多有出入，今考序跋、方志，加之其后人所提供史料，兹略考如下：乾隆五十九年（1794），多隆阿生于辽宁省岫岩县南因达浑必拉河畔（今名曰孙家堡），"先世长白人。始祖扬古利，追封武勋王，世袭一等公。……德普公生二子，公其长也"。[①] "十六岁，赴辽阳书院读书。"[②]嘉庆十七年（1812），赴沈阳书院，补博士弟子员。与缪公恩、符象芝、张玉纶等酬唱。道光五年（1825），拔为贡生，第一名。同届还有何维墀、隋汝龄。道光九年，任莲宗寺书院山长。宣宗东巡，赐"辽东二士"匾额。[③] 道光十年，手书《舒穆录氏谱书》。[④] 道光十七年，写成《易原》。道光二十三年（1843），应好友礼部郎何维墀的邀请，前往京城为其幕僚，兼教其子。因削减驻防八旗学额一事，向何维墀献言，上采之。[⑤] 道光三十年，何维墀擢守平阳，多隆阿应邀，执掌平阳书院。三十一年春，返回庄河，修订完成《毛诗多识》。咸丰三年（1853），哈芬抚晋，公十日结八十案，有断狱之功。八月，太平军破平阳，公与何维墀殉国，时年六十。

《慧珠阁诗钞》的版本情况，《奉天通志·艺文四》录"诗起庚辰讫戊申"。[⑥]此即是说，《雯溪诗草》十五卷是嘉庆十五年至道光二十八年 29 年间的诗集。《雯溪诗草》当为本名，《辽海书征》与多隆阿后人所言相合。另，《辽海丛书总目提要》言："有《慧珠阁诗钞》十八卷、《文钞》四卷、《诗话》四卷。《文钞》《诗话》皆未之见，《诗钞》只十七卷稿本尚在兹。先选印一卷，余俟续印。"[⑦]十八卷本《慧珠阁诗钞》当为《雯溪诗草》的增订本，收散见于诗集之外诗作。《诗钞》《诗话》《文钞》皆有底本藏于家，可惜散失于文革。辽宁大学馆藏《慧珠阁诗钞》一卷为《辽海丛书》底本。又，国家图书馆另藏一卷民国旧抄本，比勘文字，成书当在《辽海》本之后。今可见《辽海丛书》本《慧珠阁诗钞》，不分卷，只有 83 题，175 首，正如《八旗艺文编目》注云："钞刻入《辽海丛书》只一、二卷，不

---

① 金毓黻主编《辽海丛书》（影印本），沈阳：辽沈书社，1985 年，第 3461 页。

② 孙庆先《高曾祖多隆阿公史料》，未公开出版。

③ 另一人为张玉纶，参见下文。

④ 今藏庄河市档案馆。

⑤ 〔清〕希元原注，林久贵点注《荆州驻防志》，武汉：湖北教育出版社，2002 年，第 113 页。

⑥ 王树楠等撰，东北文史丛书编辑委员会点校《奉天通志》，东北文史丛书编辑委员会，1983 年，第 4777 页。

⑦ 金毓黻主编《辽海丛书》（影印本），第 3645 页。

全。”[①]除《慧珠阁诗钞》外，笔者从《辽海丛书·岫岩志略》中寻得多隆阿诗11题，35首；1934年伪满本《庄河县志》中辑出其诗歌21题，38首；其后人孙庆先手中得残诗2首。除去复重，其存世诗歌为243首。

10.《梦月轩诗草》版本补、作者生卒事迹考补

《提要》(中)第1480页载："《梦月轩诗草》一卷 张玉纶撰。玉纶字绣江，汉军正白旗人。居辽阳。道光十二年举人。此《梦月轩诗草》一卷，金毓黻辑入《辽海丛书》，民国二十三年铅印，中国国家图书馆藏。别本《梦月轩诗草》二卷，稿本，《辽海书证》卷四著录，今未见传。民国《辽阳县志》卷十四载，又著《梦月轩文集》，今亦不存。"

按：张玉纶生年，其在为舒穆禄·多隆阿所撰墓志铭《例封文林郎乙酉科拔贡生多公墓志铭》中提到："公少予六岁。"[②]多隆阿生于乾隆五十九年(1794)，故张生年当为乾隆五十四年(1789)。民国《辽阳县志》与《奉天通志》载其字君掌，而号为绣江，《提要》著录有误。张玉纶以文学知名，受学使桂香岩、彭宝臣赏识。其"好学穷理，至老不倦"，与诸名士符象芝、多隆阿等以道义相磋，时有唱和。道光九年，宣宗东巡，"激赏其诗、颂，赐赉袍、褂各一袭"，[③]并封张、多二人为"辽东二士"。

《梦月轩诗草》稿本未梓，在传抄过程中，形成不同版本。《辽海丛书》本《梦月轩诗草》收一卷54首，乃金毓黻从"张氏遗稿录出"。[④] 此外，民国十七年《辽阳县志》尚收张玉纶诗30首，文3篇。其中两书共同收录的如《己卯冬雪夜怀人诗》，[⑤]文字、小注均有部分差异，《辽阳县志》所收当为早年师友传抄散出之版本。张玉纶一生著述等身，除《梦月轩诗草》外，诗文方面还有《梦月轩文集》和《唐七律格评》等，惜不存。《辽阳县志·艺文编》收其一篇《唐诗选评自序》，其中有颇多诗论，文学批评价值很高。至于《唐诗选评》与《唐七律格评》是否为一书则不得而知。

11.《浒东诗钞》版本不全 作者生卒事迹考补

《提要》(中)第1680页载："浒东诗钞 十二卷 许文运撰。此集稿本，《辽海书征》卷四著录。"

---

① 〔清〕恩华《八旗艺文编目》，沈阳：辽宁民族出版社，2006年，第119页。

② 金毓黻主编《辽海丛书》(影印本)，第3461页。

③ 裴焕星等修，白永贞纂《中国地方志集成·辽宁府县志辑：民国辽阳县志》，第611页。

④ 金毓黻主编《辽海丛书》(影印本)，第3645页。

⑤ 《辽海丛书》录十二首，《辽阳县志》录十六首。

按:许文运事迹见《辽海丛书·岫岩志略》和民国《庄河县志》。[①] 许文运学识广博,品性高古,终生未仕。其在庄河声誉颇高,与多隆阿、李克昌并称"岫邑三才子"。他广有提携,影响很大,其子侄多为文人学者,如许罡运、许吾运等,皆受其影响,作品风格相近,形成庄河"浒东"诗派。其《丙申岁饥咏怀》一诗中,写有"倏过五十七年寒,人事不堪回首看",[②]参以其师李翰颖、其友多隆阿为之序文等情况来看,丙申应指 1836 年,则其生年应为乾隆四十五年(1780)。其诗有作于七十岁以后的,则卒年最早为道光二十九年(1849)。

《浒东诗钞》的版本,建国后编《庄河县志》记载,"其诗作刊为《浒东诗钞》共四卷,约千首"。[③] 有资料显示,其手稿本藏于辽宁省图书馆,今查访未见。至今庄河民间藏有多种版本《浒东诗钞》,足见其影响。笔者从庄河孙德宇先生处寻得手抄本一册,只有下卷。今从《岫岩志略》可辑出其诗歌 50 首,1934 年民国本《庄河县志》可辑出其诗歌 58 首。

12.《香余诗钞》失收

今按《提要》体例补之:香余诗钞 一卷 沈承瑞撰。承瑞生于乾隆四十八年(1783),卒于道光二十年(1840)。[④] 初号秀岚,又号秋岚。汉旗,吉林人,嘉庆十八年(1813)优贡。[⑤] 少游京师,从学于蒋士铨。[⑥] 累举不中,后返归乡里,教授子弟。所撰《香余诗钞》一卷,原名《茄园诗钞》,宋小濂作序并改定名为《香余诗钞》,收录诗自嘉庆九年至嘉庆二十二年。另有《仿初山房文集》和《守中阁文集》,毁于火,今不存。此集为民国六年(1917)吉林沈氏家刻本,吉林省图书馆藏。

---

① 《岫岩志略》:"许文运,号凤楼,城东南木耳山人。世敦诗书赋。性高古,不营世务。屡应童试不售而沉酣经史,至老犹笃,犹耽吟咏。著有《浒东诗钞》。子弟游庠食饩贡成,均举乡榜者,不下二十人。率皆铮铮有声知其渊源有自也。"《庄河县志》:"许文运,字凤楼,讳愚泉。博学有诗才,隐于木耳山之浒村。著有《浒东诗钞》刊行。里人咸以'老书箱'称之,迄今犹有闻其名而知其人者。"

② 〔清〕许文运《浒东诗钞》,手抄本。

③ 参见梁毓棠、顾春发主编《庄河县志》,北京:新华出版社,1996 年,第 930 页。

④ 〔清〕沈承瑞撰,蒙秉书、李亚超校注《长白丛书二集:香余诗钞》,长春:吉林文史出版社,1988 年,第 19 页。

⑤ 〔清〕顾云等纂,《中国地方志集成·省志辑:吉林通志》卷四八,南京:凤凰出版社,2009 年,第 2 页。

⑥ 徐世昌辑《晚晴簃诗汇》卷一一六,北京:中国书店,1989 年,第 32 页。

略论日本所藏诸本《群书治要》的特色

潘铭基*

【内容提要】《群书治要》五十卷，唐人魏征等编撰。《群书治要》成书以后，尝为皇室研习如何治国之重要典籍。然而，此书卷帙浩大，流传不广，渐有散佚，至南宋时只余下十卷，及后更在中国本土无著录。至清嘉庆初年，尾张本《治要》始回传中国，并广为校勘学家、辑佚学家所利用。可惜的是，尾张本《治要》尝据当时所见典籍以回改《治要》，失却《治要》存旧之真，此其所憾也。在唐代末年，《群书治要》已经传到日本，最少四位平安时代(794—1192)的天皇曾经读过此书，其重要性可见一斑。今所见日藏《治要》善本有数种，一为平安时代九条家本，此为残本，只余十三卷，现藏东京国立博物馆。二为金泽文库卷子本，藏宫内厅书陵部图书寮，存四十七卷。三为元和二年活字骏府刊本，又称骏河版，亦存四十七卷。本篇之撰，先概述《治要》之流传，并论各本《治要》之特色及彼此之承传关系。

【关键词】 群书治要　类书　域外汉籍　版本学　互见文献

一、《群书治要》成书述略

隋末唐初，天下方定，唐太宗李世民欲以古为鉴，明治乱之道。彼以为类书如《皇览》等，"随方类聚，名目互显，首尾淆乱，文义断绝，寻究为难"，[①]因而命魏征、虞世南、褚亮、萧德言等，博采群书，以治要为目的，编撰《群书治要》一书五十卷。[②]

《群书治要》之编撰，用意乃在"昭德塞违，劝善惩恶"，希望君主可以借鉴典籍所载治国之要道，以见为国者之所应为。然而，历代典籍众多，"百家踳驳，穷理尽性，则劳而少功，周览泛观，则博而寡要"。魏征等遂于群籍之中，择

---

* 本文作者为香港中文大学中国语言文学系教授、博士生导师。

① 〔唐〕魏征撰，[日]尾崎康、小林芳规解题《群书治要》，东京：汲古书院，1989年，第1册，序，第10页。本文所载《群书治要》，除非特别注明，否则悉据此本。

② 《群书治要》原书五十卷，中国本土久佚，在日本却可见其流传。日藏诸本为本文之考察对象，然今可见者仅四十七卷，阙卷四(春秋左氏传上)、卷一三(汉书一)、卷二〇(汉书三)。

其"务乎政术"者,"以备劝戒,爰自六经,讫乎诸子,上始五帝,下尽晋年,凡为五帙,合五十卷,本求治要,故以治要为名"。[①]

两唐书俱未载《群书治要》之成书年份,惟《唐会要》云:"贞观五年九月二十七日,秘书监魏征撰《群书政要》,上之。"[②]可知贞观五年(631)为《治要》书成之时。魏征谓此书"合五十卷"。《旧唐书·经籍志下》载"《群书理要》五十卷",[③]《新唐书·艺文志三》载"《群书治要》五十卷",[④]皆同。此后,《群书治要》渐有佚失,南宋时陈骙所编《中兴馆阁书目》云"十卷",[⑤]《宋史·艺文志六》所载亦为"十卷"。[⑥]阮元谓"《宋史·艺文志》即不著录,知其佚久矣",[⑦]其说可商。《宋志》以后,公私书目俱不载《群书治要》,盖已散佚。

《群书治要》成书以后,唐太宗亲自披阅,《大唐新语》卷九尝详载其事:

> 太宗欲见前代帝王事得失以为鉴戒,魏征乃以虞世南、褚遂良、萧德言等采经史百家之内嘉言善语,明主暗君之迹,为五十卷,号《群书理要》,上之。太宗手诏曰:"朕少尚威武,不精学业,先王之道,茫若涉海。览所撰书,博而且要,见所未见,闻所未闻,使朕致治稽古,临事不惑。其为劳也,不亦大哉!"赐征等绢千匹,彩物五百段。太子诸王,各赐一本。[⑧]

据此,知《群书治要》书成以后,备受太宗称颂,以此书为广博切要,"见所未见,闻所未闻",故命人缮写诸本,分赐予太子及诸王,以为治国立身之法则。大抵唐太宗能开创贞观盛世,《群书治要》亦功不可没。又,《集贤注记》:

---

① 《群书治要》,第1册,序,第5、7、10页。

② 〔唐〕王溥《唐会要》卷三六,北京:中华书局,1955年,第651页。《唐会要》作"政"者,盖避唐高宗李治讳。

③ 《旧唐书》卷四七,北京:中华书局,1975年,第2035页。《旧唐书》作"理"者,盖避唐高宗李治讳。谭朴森(P. M. Thompson)《慎子逸文》一书谓《群书治要》有不同名称,或作"政要",或作"理要",却未有指出当为避唐高宗李治名讳之事。见 P. M. Thompson, *The Shen Tzu Fragments*, Oxford: Oxford University Press, 1979, p. 64.

④ 《新唐书》卷五九,北京:中华书局,1975年,第1536页。

⑤ 〔宋〕陈骙《中兴馆阁书目》今佚,赵士炜有辑本。此条据王应麟《玉海》所引《中兴书目》,云:"十卷,秘阁所录唐人墨迹。乾道七年写副本藏之,起第十一,止二十卷,余不存。"王应麟《玉海》(合璧本)卷五四,京都:中文出版社,1977年,第29页a。

⑥ 《宋史》卷二〇七,北京:中华书局,1977年,第5301页。谭朴森云:"The last catalogue in which it was listed, the Chung Hsing Kuan Ke Shu Mu (1178), knew only a fragment (chüan nos. 11—20)" (*The Shen Tzu Fragments*, p. 65).《宋史》虽成于元代,然其《艺文志》所据乃宋代《国史艺文志》,故谭朴森以为《群书治要》于宋代载录渐少,并谓《中兴馆阁书目》为《群书治要》于中国本土之最后著录,其说是也。

⑦ 〔清〕阮元《群书治要五十卷提要》,载阮元撰,邓经元点校《揅经室集》外集卷二,北京:中华书局,1993年,第1216页。

⑧ 〔唐〕刘肃《大唐新语》卷九,北京:中华书局,1984年,第133页。案:唐太宗此诏亦载《全唐文》卷九,题为《答魏征上〈群书理要〉手诏》。

天宝十三载十月，敕院内别写《群书政要》，刊出所引《道德经》文。先是，院中进魏文正所撰《群书政要》，上览之称善，令写十数本，分赐太子以下。①

《集贤注记》成书于天宝十五年(756)二月，据韦述自序，此书乃为作者本人之亲身闻见，内容为开元、天宝年间之集贤院史料。此言集贤院据《群书治要》而辑出《道德经》。准此，可见一直至唐玄宗天宝年间，《群书治要》仍然多所诵习，颇为重要。

宋人王应麟《玉海》尝援引李繁《邺侯家传》，其中亦提及《群书治要》：

《邺侯家传》："上曰：'朕欲知有古政理之要，而史籍广博，卒难寻究。读何书而可？'对曰：'昔魏征为太宗略群书之言理道者，撰成五十卷，谓之《群书理要》。今集贤合有本。又肃宗朝，宰相裴遵庆撰自上古已来至贞观帝王成败之政，谓之《王政纪》，凡六十卷。比写本送臣，欲令进献于先朝，竟未果。其书见在，臣请进之，以广圣聪。'上曰：'此尤善也。宜即进来。'于是表献。"②

李泌(722—789)，字长源，事玄宗、肃宗、代宗、德宗四朝，贞元三年(787)任宰相，封邺侯。其子李繁(？—829)后作《邺侯家传》十卷，记其生平事迹甚悉。《新唐书·李泌传》、《资治通鉴》于此书多所取材，其书至明代方佚，仅有佚文存留。③以上即属《玉海》所引《邺侯家传》佚文一则。李泌乃中唐人，因其历事四朝，时代上盖与前文《集贤注记》所载相同或稍后，此可见《群书治要》在中唐依然是重要典籍，惜其传本不多，故能得见者有限。且据《邺侯家传》所载，《群书治要》有集贤合本，则前引《集贤注记》谓天宝年间尝抄写《群书治要》可为引证。金光一云：

尽管《群书治要》一直保存在唐代皇室秘府，而且历代皇帝也很渴求简明扼要的治国指南，他们却连该书的存在也不认识，在这种情况之下，难以期待皇室里有阅读或者讲授此书的传统。④

金氏所言诚是。因此，唐太宗命令魏征等编撰而成，珍而重之的《群书治要》，在唐室贵族间流传之记载并不多。藏在秘府，亦为日后在中国本土散佚埋下伏线。

---

① 〔唐〕韦述撰，陶敏辑校《集贤注记》卷中，北京：中华书局，2015年，第265页。

② 〔宋〕王应麟《玉海》卷五四，页28b。

③ 详参罗宁、武丽霞《〈邺侯家传〉与〈邺侯外传〉考》，《四川大学学报(哲学社会科学版)》2010年第4期，第65—73页。

④ 金光一《〈群书治要〉研究》，上海：复旦大学博士论文，陈尚君指导，2010年，第46页。

据尾崎康《群书治要解题》所言,《群书治要》保留不少古文献之唐前钞本,有重要之文献价值。其时房玄龄等修撰之《晋书》尚未成,魏征等所见者当为十八家晋书;《汉书》注亦皆颜师古以前之旧注;子书皆两晋或以前作品。《群书治要》摘录诸书最为珍贵之部,采用六朝后期写本(即公元七世纪以前)入文,吉光片羽,弥足珍贵。[①]

魏征《群书治要》虽在国内久佚,在日本却有流传。日人藤原良房(804—872)《续日本后纪》仁明天皇"承和五年六月壬子"下云:"天皇御清凉殿,令助教正六位上直道宿祢广公读《群书治要》第一卷,有五经文故也。"[②]承和五年(838)即唐文宗开成三年,正值日本之平安时代(794—1192),此为日本人阅读《群书治要》之最早记载。准此,《群书治要》此前已传入日本。日本吉川弘文馆版《国史大辞典》载录"《群书治要》"条,推断《治要》乃是奈良时代(710—784)由遣唐使传至日本。[③]金光一进一步推断,指出"《群书治要》的东渡很有可能是由唐玄宗、吉备真备(693—775)和朝衡(698? —770?)三人共同促成的,唐玄宗对这次使节的款待,真备搜集和携回中国典籍的热情,以及朝衡对秘府藏书的知识,使得《群书治要》东传到日本"。[④]金氏所言,虽没有文献记载可作考实,纯属揣测之辞,然《治要》在平安时代已大受欢迎,其东渡日本自在此之前,故金说可足参考。除了仁明天皇(810—850,833—850 在位),平安时期尚有三名天皇曾读过《群书治要》,即清和天皇(850—880,858—874 在位)、宇多天皇(867—931,889—897 在位)、醍醐天皇(885—930,897—930 在位)。由是观之,《群书治要》应在平安时代之日本皇室广为流传。[⑤]

清嘉庆年间,《群书治要》流传回国,[⑥]为阮元收入《宛委别藏》。[⑦]今《四部

---

① [日]尾崎康《群书治要解题》,载《群书治要》,第 7 册,第 473 页:"これらの群書は、經史はほぼ後漢以前の著作であるが、晉書が當時未撰の通行の唐修晉書のはずはなくて、六朝時代に十八家が撰したといわれるものの一であり、同じく、漢書注が顏師古以前のものであり、また子書には魏吳晉代のものまでを含む。初唐に編纂が行われたのであるから、依據した本はそれ以前、おそらくは六朝後期の寫本で、本文に今本と異同があることは當然であろう。十一世紀以降の宋刊本に先行する經史子の寫本はほとんど傳存しないから、七世紀以前の寫本、それも勅命を奉じて祕府の藏書を用いたこの五十卷の本文は、各書とも抄出であってもすこぶる貴重である。"

② [日]藤原良房撰,伴信友校订《续日本后纪》,东京:佚存书坊,1883 年,卷七第 4 页下。

③ 国史大辞典编辑委员会《国史大辞典》,东京:吉川弘文馆,1993 年,第四卷,第 1016 页。

④ 金光一《〈群书治要〉研究》,第 54 页。

⑤ 孙猛谓《群书治要》"于奈良或平安初期传入日本",是也。见孙猛《日本国见在书目录详考》,上海:上海古籍出版社,2015 年,第 1166 页。

⑥ [日]尾崎康《群书治要解题》云:"群书治要は天明七年に尾张藩で刊刻され、その寛政三年修本が同八年(一七九六)に清国へ运ばれた。"(第 473 页)宽政三年即清仁宗嘉庆元年,《群书治要》尾张本于其时运返中国。

⑦ 阮元所辑《宛委别藏》共收宋元钞本三十六种及其他稀见难得之书,并仿《四库全书》之例,每部撰写提要,收入《揅经室外集》中。

丛刊》本、《续修四库全书》本《群书治要》悉据此本影印。《宛委别藏》本《群书治要》收入日本天明年间(1781—1788)尾张本,[①]惟据细井德民所言:"我孝昭二世子好学,及读此书,有志校刊。幸魏氏所引原书,今存者十七八,乃博募异本于四方,日与侍臣照对是正。"[②]知尾张本乃日人对照魏征所引原书重新校刊之本。类书之作用乃保存文献被引录时之旧貌,今细井等学者据所引原书回改,致使尾张本未有保留《群书治要》之原貌。是以阮元、王念孙等所见《群书治要》皆是尝经回改之尾张本。

其实,岛田翰《古文旧书考》已尝言日本金泽文库藏有《群书治要》卷子本。金泽文库本书写于日本镰仓时代(1192—1333),约当中国宋元之间,较之尾张本为近古。金泽位于东京都神奈川县横滨市内,金泽文库原为日本中世纪时代武家北条氏政权之文教设施。金泽文库本《群书治要》乃镰仓僧人所抄,各卷卷末多附有识语(卷末奥书),此等奥书乃由清原教隆、北条实时等人加上。又,《治要》有元和二年(1616)活字骏府刊本(简称"骏河版"),岛田翰云:"予以元和活字刊本对校秘府卷子本,稍有异同。"又云:"乃知卷子本不但有异同,又可以知旧本之卷第矣。"[③]可见岛田翰亦尝对勘二本,以为有别。岛田翰又谓"活字本之根于此书亦可知也",[④]即骏河版出于金泽文库本,[⑤]然而尾张本又尝据原书回改,大大减低唐宋类书征引古籍所能起之校勘作用。又如前文所言,有平安时代中期九条家十三卷残本,现藏东京国立博物馆。此本根据唐代钞本写成,为《群书治要》现存最古之手钞本,被日本人视为"国宝"。

由是观之,倘用《群书治要》勘证古籍,必须以九条家本(最古)、金泽文库本(最全)为主,尾张本为辅。岛田翰云:"是书所载,皆初唐旧本,可借以订补今本之讹误者,亦复不鲜。"[⑥]其言是也。本文旨在考察日藏诸本《群书治要》之关系,以及《治要》诸本之特色。

---

① 天明乃日本光格天皇之年号,《群书治要》天明本即指刊刻于天明七年(1787)之本。又,此本乃尾张藩所刊刻,故又称"尾张本"。

② [日]细井德民《刊群书治要考例》,载《群书治要》,《四部丛刊初编缩本》影印日本尾张藩刻本,上海:商务印书馆,1936年,考例,第1页下—第2页上。

③ [日]岛田翰《古文旧书考》卷一《群书治要四十七卷》,上海:上海古籍出版社,2014年,第77页、第79页。

④ 同上书,卷三《聚分韵略五卷》,第258页。

⑤ 严绍璗云:"'骏河版'刊印的《群书治要》,是以镰仓僧人誊写的金泽文库本为原本的。"见严绍璗《汉籍在日本的流布研究》,南京:江苏古籍出版社,1992年,第161页。

⑥ [日]岛田翰《古文旧书考》卷一《群书治要四十七卷》,第79页。

二、平安时代九条家本《群书治要》概要[①]

九条家本《群书治要》仅存十三卷，现藏日本东京国立博物馆。据是泽恭三《群书治要について》一文所载，1950年成立之文化财保护委员会讨论有何文化财产应予特别保护，九条家本《群书治要》即在讨论之列。至1952年，此本终被定为日本国宝。[②]九条家本《群书治要》原藏东京赤坂之九条公爵府内，在1945年空袭中，九条家遇袭，部分变为灰烬。《群书治要》原藏府邸内一处仓库中。仓库内书架上空箱处处，其中一箱贴有"书第百十五"及"群书治要"标记。箱内藏有卷物十五卷，各卷破损情况严重，无表纸，无轴，有虫蛀、鼠害痕迹。此中十三卷为《群书治要》。九条家本《群书治要》后归东京国立博物馆。据尾崎康所言，九条家本最初只有卷二二、卷二六完成修复；[③]时至今天，其可见者则为七卷，此可见东京国立博物馆修复之勤矣。据该馆学艺企画部主任研究员惠美千鹤子表示，九条家本《群书治要》运抵馆时，部分纸张与表纸脱落，虽然尚属卷状，惟亟待修复。据笔者目测，各纸表面有水渍、虫害，在馆方重新裱褙以后，已能回复古书写卷之遗风。[④] 1986年，东京和京都两所博物馆的"日本美术名宝展"曾展出卷二二。1990年，"日本国宝展"将九条家本《群书治要》卷二二列为第95号展品。2013年2月，东京国立博物馆复展出卷二二。2017年2月14日至3月12日，九条家本《群书治要》卷三一亦尝作展览。

九条家本《群书治要》各卷以紫、蓝、茶等深浅不同之各色染色纸，以及一种在纸张刚漉成之际，加入有颜色之纤维以呈现如云朵般纹样之花纹纸连接而成。抄者在纸上施以金泥界栏，笔致优雅而端正，为和样化书风，日本学界

---

① 案：有关平安时代九条家本之介绍，参考拙作《日藏平安时代九条家本〈群书治要〉研究》，《中国文化研究所学报》，第65期，2018年8月，第1—40页。

② 孙猛云："日本今存平安时期钞本残卷，1945年从东京赤坂九条公爵邸宅发现，习称九条家本。昭和二十七年（1952年）指定为国宝，今藏国立东京博物馆。"（《日本国见在书目录详考》，第1166页）

③ ［日］尾崎康《群书治要とその现存本》，《斯道文库论集》，第25号，1990年，第134页。

④ 东京国立博物馆修复九条家本《群书治要》，仍有不尽善处，兹举二例说明。一为各纸之黏合。即以本人亲览之卷三七为例，据《治要》各本推之，此卷当有二十八纸，惟今存者仅十九纸（包括十八纸全页，以及一纸仅存十一行），当中存页并不全数相连，而今复修以卷状出之，仿如前后相续，实则不然。此诚卷子钞本修复者今后当多注意之事。二为"里书"之处理。据是泽恭三所言，九条家本卷三七第一纸"里书"（第一纸之背面）有云："此文表书之笔者之铭、尚后滋眼院殿也、判同前。"（［日］是泽恭三《群书治要について》，《Museum：东京国立博物馆美术志》，第110号，1960年5月，第17页）惟据笔者目验，卷三七第一纸背页并无文字，此文则在修复以后补贴在卷三七末纸末句。若非是泽恭三撰文，实不知此句原在第一纸"里书"。

以之为书迹珍宝，并断定为平安时代中期（十一世纪）抄本。[1]九条家本《群书治要》现存十三卷，各卷之存佚状况见是泽恭三《群书治要について》一文，[2]转录如下：

卷次	切断欠佚枚数	现存枚数
廿二 *	卷尾欠	三十一
廿六 *		三十一
卅一 *	第一纸欠	二十三
卅三 *		二十六
卅五 *	第二、三纸欠 第十二至廿纸迄九纸欠 第廿六、廿七纸（献上）	十五
卅六 *	第二十纸以下欠	二十
卅七 *	第五、九纸（献上） 第十四至十七纸迄四纸欠 第廿四、廿五、廿六纸 第廿七纸之内十行	十九
四二	第一纸欠、第十一纸（献上）	二十三
四三	第十四纸（献上）	十七
四五	第十二纸（献上）	二十六
四七	第廿八纸（献上）	二十八
四八	第三纸（献上）	二十六
四九		二十七

说明：各卷篇号后之“ * ”号为笔者所加，代表该卷已修复完毕，并由东京国立博物馆扫描存放于“e-Museum”网站，可供研究者参考。

《群书治要》各卷内容长短不一，故九条家本《群书治要》各卷之长度并不一致，就今所能见之七卷而论，各卷原有：卷二二有三十一纸（欠卷尾），卷二六有三十一纸（全），卷三一有二十四纸（今存二十三纸），卷三三有二十六纸（全），卷三五有二十九纸（今存十五纸），卷三六有二十八纸（今存二十纸），卷三七有二十八纸（今存十九纸）。各卷皆有散佚，部分原因不明，亦有因藏书者

① 严绍璗《汉籍在日本的流布研究》云：“著者多年访查，在日本特藏唐写本中，得三十二种可以确认为平安时代传入日本的唐人写本。”（第 27 页）然而当中并无九条家本《群书治要》，严氏未免失检矣。

② ［日］是泽恭三《群书治要について》，第 16 页。此表尾崎康《群书治要とその现存本》第 134 页转载。

奉献权贵(上表列为“献上”[1]者)而残缺不全。以卷三七为例,第一纸里书载有此卷为藤原赖忠(谥号:廉义公,924—989)所书,而第二十三纸里书则写九条兼孝(1553—1636)将卷三七部分(第二十四纸、第二十五纸、第二十六纸、第二十七纸之其中十行)赠与梅庵大村由己(约 1536—1596)之事。[2]此处虽未有题作“献上”,惟可见九条家将此珍贵笔迹比作礼物,赠予他人,致使今所见九条家本《群书治要》多有缺佚。太田晶二郎《“群书治要”の残简》讨论《群书治要》残简数种,[3]其中提及平安时代中期至后期所书写之残简四十二行(《晋书》),以及《孟子·告子》断简三行,二本今俱藏于日本奈良县天理市天理大学附属天理图书馆,尾崎康载之于九条家本《群书治要》之下。此亦可以补充说明九条家本《群书治要》散佚之情况。又九条家本各卷某纸之背页亦间有“里书”,可助揭示此本之流传情况及其佚失之因由。

九条家本《群书治要》所用料纸高 27.1 厘米,长 54.7 厘米,每行宽度2.2厘米。[4]尾崎康以卷二二为例,以为此卷有金界,界高 20.5 厘米,界幅宽度为2.3 至 2.4 厘米。每行二十一字。一纸二十一行,然而第一纸只有二十行。[5]就今见七卷而言,能得见第一纸者皆为二十行。[6]九条家本《群书治要》仅余十三卷,其中七卷(卷二二、卷二六、卷三一、卷三三、卷三五、卷三六、卷三七)可通过日本“e-Museum”网站浏览。至于所不见之六卷,据东京国立博物馆表示,乃因保存状态较差,有待修复,不供外界浏览。可供阅览之七卷,内容概略如下:

---

① 据是泽恭三,九条家本《群书治要》共有九纸题有“献上”二字。今东京国立博物馆“e 国宝”网站可供浏览此本之七卷,包括以上所欠十纸之卷三五、卷三七。然而,卷三五之第二十六、二十七纸,今实可见于“e-Museum”网站内。准此,卷三五所缺纸当为第二十八、二十九纸,是泽恭三所言或误。又据尾崎康说,此“献上”之九纸乃时任权大纳言之九条道房(1609—1647)于宽永二年(1625)上献后水尾天皇(1596—1680,1611—1629 在位)。

② 卷三七第二十七纸里书云:“此以前三枚半别之而梅庵(号由己)遣之、为觉如此(兼孝书之)。”案:括号内为小字。

③ 《“群书治要”の残简》为太田氏于 1951 年 4 月 12 日所发表之报告,当时九条家本《群书治要》尚未被日本文化财保护委员列为“国宝·重要文化财”,乃现今可见最早关于平安时代九条家本《群书治要》之论述。见太田晶二郎《“群书治要”の残简》,《日本学士院纪要》,第 9 卷第 1 号,1951 年,第 41—48 页。

④ [日]是泽恭三《群书治要について》,第 16—17 页。

⑤ [日]尾崎康《群书治要とその现存本》,第 135 页。

⑥ 今可见第一纸者,分别为卷二二、卷二六、卷三七。其余各卷皆未能得见第一纸,或第一纸有所残缺,故未可推知其总行数。

卷次	书名／篇名	具体内容(原书卷次)	备注
二二	后汉列传第十六①	宋弘、韦彪(卷二六),杜林(卷二七),桓谭、冯衍(卷二八上),申屠刚、鲍永、郅恽(卷二九),郭伋(卷三一),樊宏、阴识、阴兴(卷三二),朱浮(卷三三),陈元(卷三六),桓荣(卷三七),第五伦、钟离意、宋均、寒朗(卷四一),东平王苍(卷四二),朱晖(卷四三),袁安(卷四五),郭躬、陈宠、陈忠(卷四六),杨终(卷四八),庞参(卷五一),崔骃(卷五二)	除卷尾数行稍有破损以外,全卷保存良好。 全卷共三十一纸,无缺纸。
二六	魏志下 传②	陈思王植(卷一九),中山恭王衮③(卷二〇),王粲、卫觊、刘廙(卷二一),陈群、陈矫、卢毓(卷二二),和洽、杜袭(卷二三),高柔(卷二四),辛毗、杨阜、高堂隆(卷二五),田豫(卷二六),徐邈、王昶(卷二七),钟会(卷二八)	全卷保存良好,乃九条家本今可见最完整之卷帙。 全卷共三十一纸,无缺纸。
三一	六韬	《文韬》、《武韬》、《龙韬》、《虎韬》、《犬韬》	缺第一纸,较诸他本,缺去者乃《六韬序》。余下二十三纸,无缺。 全卷共二十四纸,缺一纸,实存二十三纸。
	阴谋	《阴谋》	
	鬻子	鬻子(卷上《撰吏五帝三王传政乙第五》、《大道文王问第八》、《贵道五帝三王周政乙第五》、《撰吏五帝三王传政乙第三》;卷下《曲阜鲁周公政甲第十四》、《道符五帝三王传政甲第二》、《上禹政第六》、《道符五帝三王传政甲第五》、《慎诛鲁周公第六》)	

① 九条家本《群书治要》卷二二第一纸题作“后汉列传第十六”,其文始以“宋弘”之传,此篇在今《后汉书》卷二六“伏侯宋蔡冯赵牟韦列传第十六”。然此卷自第三纸“杜林”始,已非《后汉书》列传第十六之文。是以第一纸题作“后汉列传第十六”,仅用以提示此卷始自《后汉书》列传第十六,并不表示全卷俱出此篇。

② 《群书治要》题作“魏志”者,今《三国志》作“魏书”。

③ 九条家本《群书治要》卷二六应在第六纸载《中山恭王衮传》(据金泽文库本《群书治要》推之),惟今东京国立博物馆“e-Museum”网站于第六纸重复贴上《陈思王植传》之文,当为电脑技术出错所致。

续表

卷次	书名／篇名	具体内容(原书卷次)	备 注
三三	晏子	1.《谏上》 《谏上》(1.2，1.20，1.11，1.7，1.16，1.18，1.24) 2.《谏下》 《谏下》(2.7，2.20，2.22) 3.《问上》 《问上》(3.16)、《问下》(4.5)、《问上》(3.18，3.19，3.20，3.29，3.1，3.22，3.13，3.24)、《问下》(4.7)、《问上》(3.25，3.12)、《外篇上》(7.14)、《问上》(3.11) 4.《问下》 《问下》(4.1)、《问上》(3.10，3.6)、《问下》(4.3)、《外篇上》(7.19) 5.《杂上》 《杂上》(5.4，5.11，5.12，5.9)、《谏上》(1.25)、《杂上》(5.20)、《谏上》(1.13)、《杂上》(5.13) 6.《杂下》 《杂下》(6.25)、《外篇上》(7.22)、《外篇下》(8.16，8.18)①	第一纸破损严重，第二纸亦有破损。 《司马法》之首(第二十二纸)，九条家本并无另开新行顶格书写，仍承上《晏子》文。 《孙子兵法》之名亦未有另开新行顶格书写(第二十四纸)。 全卷二十六纸，无缺纸。
	司马法	《仁本》、《天子之义》	
	孙子兵法	《谋攻》、《虚实》、《九变》、《行军》、《地形》、《火攻》、《用间》	
三五	文子	1《道原》、2《精诚》、4《符言》、5《道德》、6《上德》、7《征明》、8《自然》、9《下德》、11《上义》、12《上礼》	此卷散佚颇多，今所存者为本卷之第一纸、第四至十一纸、第二十一纸、第二十三至二十七纸。校诸金泽文库本，此卷末后当缺二纸，即全卷共有二十九纸。今所存者十五纸。至于所缺纸，第二纸及第三纸当
	曾子	《脩身》、《立孝》、《制言》	

① 《晏子》各章节之编号据刘殿爵编《晏子春秋逐字索引》，香港：商务印书馆，1993 年。

续表

卷次	书名／篇名	具体内容(原书卷次)	备注
三五			为《文子》《精诚》、《九守》二篇文。第十二纸至二十纸，当为《文子》《下德》、《上行》、《上义》诸篇。第二十八、二十九纸，当为《曾子》《制言》、《疾病》文。 又是泽恭三、尾崎康等谓本卷之第二十六、二十七纸属“献上”，惟今据“e-Museum”所示，二纸实可供阅览，与卷三七之第五、九纸不同。 又本卷缺第二十八、二十九纸，惟是泽恭三、尾崎康皆未尝言之。
三六	吴子	《图国》、《论将》、《治兵》、《励士》	此卷有缺纸，今实存二十纸。所存者为本卷第一纸至第二十纸，此下皆缺。据各本卷三六页数推算，九条家本卷三六当有二十八纸。第一纸有破损，缺首四行。 校诸各本，本卷所缺者当为《尸子・恕》之后半部、《治天下》、《仁意》、《广》、《绰子》、《处道》、《神明》，以及《申子・大体》文。
	商君子	《六法》、《权脩》、《定分》	
	尸子	《劝学》、《贵言》、《四仪》、《明堂》、《分》[①]、《发蒙》、《恕》	

① 骏河版、尾张本均有篇名，九条家本、金泽文库本则无，保存《群书治要》原貌。金泽文库本《群书治要》卷三六卷末附有奥书(批注)，云：“长宽二年〔1164〕五月十五日，正五位下行大内记藤原朝臣敦周点进。”“文应元年〔1260〕孟冬之候，为进上革命勘文，参花之次，申出莲华王院宝藏御本，校之点之了。”“直讲清原。”(卷三六，第434—35页。奥书之释文见第7册，第519页)据此可知金泽文库本校勘之时代。又金泽文库本卷三六第一纸眉上即有校语“图国”二字，第二纸有“论将”二字，此即《吴子》各篇篇名。准此，及后《群书治要》诸本，即据金泽文库之校语，题上《吴子》各篇篇名。

续表

卷次	书名／篇名	具体内容（原书卷次）	备注
三六			又九条家本引《吴子》各条皆不题篇名，与金泽文库本同。[①]亦不另开新行。
三七	孟子	《梁惠王》1.1，1.4，2.2；《公孙丑》3.6，3.7，3.8；《滕文公》5.4；《离娄》7.1[②]	本卷有缺纸，其中第五、九、十四至十七、二十四至二十六纸皆缺。第二十七纸首十行缺，只余后半部分十一行。全卷应有二十八纸，今实存者十九纸。 本卷所缺者，第五纸当为《孟子·离娄》（部分）、《告子》、《尽心》，以及《慎子·威德》（部分）。 第九纸当为《慎子·民杂》文。 第十四至十七纸当为《尹文子·大道》（部分）、《圣人》（部分）文。 第二十四至二十六纸，以及第二十七纸首十行，当为《庄子·徐无鬼》（部分），以及《尉缭子》《天官》、《兵谈》、《战威》文。
	慎子	《威德》、《因循》、《民杂》、《知忠》、《德》、《君人》、《君臣》	
	尹文子	《圣人》	
	庄子	《胠箧》、《天地》、《天运》、《智北游》、《徐无鬼》	
	尉缭子	《兵令》	

上表为九条家本各卷所载内容之大要，以下概略言之：

一、所载各书之篇题。《群书治要》摘取经、史、子部文献与治道相关者，据各本所见，或题篇名，或不题之。今就九条家本观之，亦可见此，惟当中亦不无

---

① 九条家本引《尸子》《分》篇，未有题篇名。此本全书均引篇名，唯独此处不引，当系脱误。金泽文库本卷三六引《尸子》此篇有题作“分”者（398/301）。

② 案：《孟子》章节编号据杨伯峻《孟子译注》，北京：中华书局，2005 年。

差异。举例而言,卷三六引《吴子》,九条家本皆不题篇名,金泽文库本同。然清原教隆(1199—1265)校点金泽文库本时,则补上《吴子》各篇篇题,如《图国》、《论将》、《治兵》、《励士》等。自金泽文库本校补篇名以后,骏河版、尾张藩本皆见《吴子》各篇篇名矣。由此可见,《治要》传抄既久,不复见其旧貌,惟九条家本可存其本真。

二、卷三一载《鬻子》俱见今本《鬻子》,各篇次序亦同,惟《治要》所引不题篇名。考《鬻子》一书,真伪言人人殊,黄云眉更以为"今本《鬻子》,与今本《新书》,皆唐以来人所依托"。[①]今据《治要》各本考之,所引《鬻子》文已与今本无大分别。《治要》为初唐典籍,其所引盖为六朝写本文献,则今本《鬻子》成书下限不当后于六朝。黄氏所言有待商榷,未可尽信。又《四库提要》以为今本《鬻子》"标题甲乙,故为佚脱错乱之状","古无此体",[②]遂以为伪书。惟《治要》引《鬻子》并无标题,则今本《鬻子》之标题甲乙,或为唐后所出,与其书之真伪无直接关系。

三、卷三三载《晏子》之序次与归属问题。《群书治要》引用《晏子》六篇之部分文字,即《谏上》《谏下》《问上》《问下》《杂上》《杂下》,书名题作"《晏子》"。今本《晏子春秋》分作"内篇"与"外篇",其中"内篇"有六篇,依次为"内篇谏上第一""内篇谏下第二""内篇问上第三""内篇问下第四""内篇杂上第五""内篇杂下第六";"外篇"有两篇,依次为"外篇第七""外篇第八"。《晏子》一书,《汉书・艺文志》载录八篇,[③]刘向《叙录》云:"其书六篇,皆忠谏其君,文章可观,义理可法,皆合《六经》之义。又有复重,文辞颇异,不敢遗失,复列以为一篇。又有颇不合经术,似非晏子言,疑后世辩士所为者,故亦不敢失,复以为一篇。凡八篇。"[④]据此,今所见前六篇即内篇,后二篇即外篇也。郑良树以为"文辞颇异,不敢遗失"者即外篇上篇,"颇不合经术,亦不敢失"者即外篇下篇。[⑤]由是观之,《晏子》自汉世至今,卷帙无大分别。[⑥]《治要》所引只及内篇六篇之篇名,可见"文辞颇异""不合经术"之外篇,大抵不符合"昭德塞违,劝善惩恶"之旨,遂为《治要》编者所弃。

九条家本、金泽文库本《群书治要》所引《晏子》,部分篇章虽用内篇篇题,文字却见诸外篇之中,可知魏征等所见《晏子》与今本之编次实不尽相同。细

---

① 黄云眉《古今伪书考补证》,济南:齐鲁书社,1980 年,第 120 页。

② 《四库全书总目》,北京:中华书局,1965 年,卷一一七,第 1006 页。

③ 《汉书》,北京:中华书局,1962 年,卷三〇,第 1724 页。

④ 〔汉〕刘向《叙录》,载吴则虞《晏子春秋集释》,北京:中华书局,1962 年,第 50 页。

⑤ 郑良树《论〈晏子春秋〉的编写及成书过程》,载郑良树《诸子著作年代考》,北京:北京图书馆出版社,2001 年,第 21 页。

⑥ 董治安云:"现在通行的《晏子春秋》,应该就是刘向所校录过的本子。"其说可参。见董治安《说〈晏子〉》,《山东大学学报(中国语言文学版)》,1959 年第 4 期,第 19 页。

考《治要》引书颇为严谨，皆顺次为序，如此情况实属罕见，当为《治要》所见《晏子》之编排序次与今本有异。《治要》引《问上》之第十四则故事，不出今本《晏子春秋·问上》，而见《外篇上》"7.14 景公问治国之患晏子对以佞人谗夫在君侧第十四"；《问下》第五则故事，则见《外篇上》"7.19 高子问子事灵公庄公景公皆敬晏子对以一心第十九"。即在一篇之中，《治要》所引《晏子春秋》之序次亦与今本多不相同，试将《群书治要》引《晏子·问上》与今本《晏子春秋·问上》各则比较如下：

《群书治要》次序	今本《晏子春秋》次序及章节名称	
1	《问上》	3.16 景公问君子常行曷若晏子对以三者
2	《问下》	4.5 景公问为臣之道晏子对以九节
3	《问上》	3.18 景公问明王之教民何若晏子对以先行义
4		3.19 景公问忠臣之事君何若晏子对以不与君陷于难
5		3.20 景公问忠臣之行何如晏子对以不与君行邪
6		3.29 景公问临国莅民所患何也晏子对以患者三
7		3.1 庄公问威当世服天下时耶晏子对以行也
8		3.22 景公问圣人之不得意何如晏子对以不与世陷乎邪
9		3.13 景公问善为国家者何如晏子对以举贤官能
10		3.24 景公问古之莅国者任人如何晏子对以人不同能
11	《问下》	4.7 景公问富民安众晏子对以节欲中听
12	《问上》	3.25 景公问古者离散其民如何晏子对以今闻公令如寇雠
13		3.12 景公问谋必得事必成何术晏子对以度义因民
14	《外篇上》	7.14 景公问治国之患晏子对以佞人谗夫在君侧
15	《问上》	3.11 景公问古之盛君其行如何晏子对以问道者更正

由上表所见，《治要》所引《晏子》与今本《晏子春秋》之序次多有分别。

四、卷三五载《文子》多载录内容，而不录文子问于老子之对话关系。《治要》引《文子》十篇，其序次与今本《文子》相同。王利器《文子疏义序》云："考唐贞观年间，由秘书监钜鹿男魏征等奉敕撰之《群书治要》五十卷，其卷三十五登载《文子》四十五条，今所见日本古钞本及日本天明五年（一七八五，当清乾隆五十年）尾张国刻本，其引文自章头提行另起者，率未冠以'老子曰'字样。"[①]其

① 王利器《文子疏义序》，载王利器《文子疏义》，北京：中华书局，2000 年，序，第 3 页。

实九条家本《治要》卷三五所引《文子》，除第四纸引《道德》有“文子问道”“文子问德仁义礼”外，俱不载对话关系，亦不载“老子曰”，只保留其中之内容而已。

五、佚书与佚注。《群书治要》保留了不少今已佚失的典籍，金光一《〈群书治要〉研究》有专章论述，此不赘述。[①]就九条家本所能见者，即有卷三三《司马法》旧注及卷三六《尸子》《申子》等。《司马法》一书，如明人阎禹锡《司马法集解》所云，“久无注解”。[②]惟《治要》所引《司马法》文附有注释，则当时必有注释之本，而为《治要》所兼采。[③]观乎《治要》所载各书，所用注释例必名家，如《论语》用何晏《集解》而兼录郑玄注，[④]《史记》用裴骃《集解》，[⑤]《老子》用河上公注，则《治要》所采《司马法》注释，亦必当世流行之旧注。据《隋志》所载，“梁有《司马法》三卷，李氏《训记》三卷”，[⑥]此“训记”当为《司马法》之注释，或即《治要》之注释。至于卷三七所载《慎子》，亦附注文。考之《意林》，盖即滕辅注。[⑦]

至于九条家本《群书治要》抄成之年代，今可据各卷之避讳情况得其端倪。卷二二避唐太宗李世民名讳，“民”字缺末笔。据尾崎康说，此卷“世”字有缺笔，“民”字缺末笔，或于“民”字右旁标记“人”字，此皆其避唐太宗李世民名讳之证。[⑧]岛谷弘幸更进一步，以为九条本乃从唐写本转抄而来。[⑨]除卷二二外，卷三三引《晏子》“人得其利”（第十纸），今《晏子春秋·问下》作“民得其利”（4.5），则属改字避讳。卷三七引《孟子》“民有饥色”（第一纸），“民”字缺末笔，避李世民名讳。准此，九条家本所据之底本俱避唐太宗讳。

又卷三一第二十四纸引《鬻子》“智者理之”（24/3，金泽文库本 29/482—

---

① 参金光一《〈群书治要〉研究》，第 83—95 页。

② 阎禹锡《司马法集解》，《续修四库全书》影印北京图书馆藏明弘治元年（1488）邢表刻本，上海：上海古籍出版社，1995 年，集说，第三页下。

③ 田旭东云：“我国唐代魏征等人所编的《群书治要》，其中就有《司马法治要》，此书较为重要，它基本收录《司马法》原文中前两篇的内容，并附古注，为我们了解《司马法》在唐代的情况提供了一个重要线索。”则田氏尝注意《群书治要》载录《司马法》之古注，惜未作申论。见田旭东《司马法浅说》，北京：解放军出版社，1989 年，第 34 页。

④ 详见拙作《〈群书治要〉所引〈论语〉及其注解研究》，《汉学与汉籍》，2020 年 5 月总第 6 辑，第 126—145 页。

⑤ 详见拙作《〈群书治要〉引〈史记〉研究》，《辅仁中文学报》，2020 年 6 月第 50 期，第 47—88 页。

⑥ 《隋书》，北京：中华书局，1973 年，卷三二，第 924 页。

⑦ 详见拙文《〈群书治要〉所载〈慎子〉研究》，查屏球编《梯航集：日藏汉籍中日学术对话录》，上海：上海古籍出版社，2018 年 11 月，第 320—349 页。

⑧ ［日］尾崎康《〈群书治要〉とその现存本》，第 135 页：“なお、『世』字は欠画しないが、『民』字は多く末画を欠き、その上で右に『人』と傍记する场合がある。”

⑨ ［日］岛谷弘幸《〈群书治要〉（色纸）》，《周刊朝日百科·日本の国宝》，第 44 号，1997 年 12 月 21 日，第 104 页。

83)句，今本《鬻子》作“智者治之”，“盖避唐高宗李治讳”。[①]然考诸九条家本《群书治要》，“治”字或避或不避，与“民”字几乎皆避显有差异，然则九条家本《治要》者，盖能保持初唐旧貌。

九条家本《群书治要》上亦有后人施加断句、训点及注音、校勘文字，以及在眉批位置补充字义。下表为各卷之概况：

	朱砂断句	训点及注音	校勘	眉注
卷二二	√	√	√	√
卷二六	√	√	√	√
卷三一	√	√	√	×
卷三三	√	√	√	×
卷三五	×	×	×	×
卷三六	×	×	×	×
卷三七	×	×	×	×

就上表所见，卷三五、卷三六、卷三七在抄成以后完全未有整理。卷二二、卷二六、卷三一、卷三三有朱砂断句，方便阅读。训点为日人用以注明汉文读音之法，注音则为汉文反切，卷二二、卷二六、卷三一、卷三三皆有相关资料。小林芳规指出九条家本之训点乃镰仓中期加上，其中卷二六之训点尤其重要。此因金泽文库本卷二六并无训点，今如欲研读《治要》卷二六之训点，只能依据九条家本。此外，小林芳规更指出九条家本卷二二之训点与金泽文库本基本一致。[②]有关二本之关系，详待下文讨论。再就校勘文字而论，卷二二、卷二六、卷三一、卷三三皆有改正误字，或补充脱文，或删去衍文。以卷二二为例，其校改结果多可与金泽文库本相合看。最后为眉注，九条家本上眉注，以卷二二较多，卷二六只两条(第十五纸、第二十六纸)，他卷则无。至于眉注之内容，多为《治要》所引书之原注，如卷二二眉注所引多为《后汉书》李贤注。惟亦有例外者，如卷二二第六纸乃《后汉书》卷二八上《冯衍传》文，其中有“挈瓶”一词，李贤注只云：“解见《左传》。”[③]九条家本校点者并无引李贤此注，而直引《左传·昭公七年》杜预注，云：“《左传》杜预注：‘挈瓶，汲器，论小智也。’”今本《左传》

---

① 钟肇鹏《鬻子校理》，北京：中华书局，2010年，第13页。九条家本《群书治要》卷三一下文引《鬻子》有“治者”“治志治谋”之文，不避高宗名讳，乃后世传抄回改所致。至于上引文作“理”者，乃其原来避讳改字之证。

② [日]小林芳规《金泽文库本群书治要の训点》，《群书治要》，第7册，第480—81页。

③ 《后汉书》卷二八上，北京：中华书局，1965年，第971页。

杜预注作"挈瓶，汲者，喻小知"，[①]与九条家本所引稍异。又如卷二六第二十六纸引《三国志》卷二五《高堂隆传》，其中"社稷崩圮"之"圮"字，裴松之无注，惟九条家本眉注有解说。此亦可补今《三国志》无注解者。

三、镰仓时代金泽文库本《群书治要》概要

金泽文库由北条实时(1224—1276)所创，其人乃镰仓幕府第二代执权北条义时(1163—1224)之孙。在文永之役翌年，即建治元年(1275)，北条实时从幕府政务引退，居住在六浦庄金泽(现横滨市金泽区)，建称名寺。北条实时爱好学问，善收藏、书写、校刊，在称名寺内建一文库收藏所收集书籍，后称"金泽文库"，其收藏使许多珍贵典籍得以传世。

北条实时所以如此热衷学问，与清原教隆有莫大关系。北条实时在年青时曾经师事清原教隆，学习《春秋经传集解》和《群书治要》等。清原教隆本人是明经博士家清原氏之裔，自以经书见长，因此，在金泽文库本《群书治要》之中，即可见清原教隆之训点。金泽文库所藏典籍，其目的仅供北条氏一门及称名寺僧人使用。弘元三年(1333)，镰仓幕府崩溃，金泽文库移交称名寺住持管理。

进入战国年代后，群雄割据，战争不息，金泽文库库务日渐式微，其所收藏典籍，大多散出日本各地，其中不少为江户时代幕府大将军德川家康所收藏。德川家康有私人藏书处，称为"红叶山文库"。与平安时代九条家本不同，金泽文库本《群书治要》乃全帙而非残本，虽未有五十卷之数，但亦有四十七卷，为现存时代最早而卷数最充足之《治要》善本。明治维新以后，金泽文库本《群书治要》迁移至日本皇室文库宫内厅图书寮。《群书治要》乃日本镰仓时代之珍贵文化遗产，只有近藤重藏(1771—1829)、岛田翰(1879—1915)等高级文库管理人及著名学者才可参阅。及至二十世纪四十年代，宫内厅图书寮以珂罗版卷轴装之形态复制该本，赠送日本各地图书馆及研究机关，使得金泽文库本《群书治要》方得全面公开。[②]敝校中文系资料室早年藏有《群书治要》，即循此本影印所得。至 1989 年，日本古典研究会据珂罗版拍照复制，由东京汲古书院推出精装本。[③]此本经过日本训点学界整理加工，乃现存印刷最为精良、时代最早之《治要》全帙。[④]可惜，此本售价昂贵，一册 13000 日元，全帙共七册，使其

---

① 《春秋左传正义》卷四四，《十三经注疏(整理本)》，北京：北京大学出版社，2000 年，第 1431 页。

② 宫内厅图书寮复制《群书治要》，东京：宫内省图书寮，1941 年。

③ 日本古典研究会《群书治要》，东京：汲古书院，1989 年。

④ 以上金泽文库本《群书治要》之概说，参自金光一《〈群书治要〉研究》、严绍璗《汉籍在日本的流布研究》。

流传终未能广。因此，如北京中华书局整理本二十四史、《新编诸子集成》、《新编诸子集成续篇》等，虽皆曾利用《群书治要》以作校勘，绝大多数皆未曾借助金泽文库本。平成二十七年六月(2015)，《群书治要》与《〈杜氏〉春秋经传集解》、《世说新语》、《太平御览》、《论语注疏》、《史记》等六部汉籍加入了“宫内厅书陵部收藏汉籍集览”[①]之计划，其书影和全文影像皆可供读者阅览。此全文影像扫描十分清晰，使金泽文库本《群书治要》终可易于利用。

金泽文库本《群书治要》共四十七卷，所缺者唯卷四(春秋左氏传上)、卷一三(汉书一)、卷二〇(汉书八)等三卷而已。因《治要》各本俱缺此三卷，则金泽文库本已属今传本之完帙矣。林罗山(1583—1657)辑补此三卷，其中卷四、卷一三今存，在关西大学图书馆所藏泊园文库《群书治要》尾张藩钞本之中。此中，卷一三援引《汉书·高帝纪》《高后纪》《文帝纪》《景帝纪》《武帝纪》《昭帝纪》《宣帝纪》《元帝纪》《成帝纪》《哀帝纪》《平帝纪》《功臣表序》《古今人表序》《律历志》。[②]林氏辑载《汉书》之“纪”，盖亦有识；及于“表”，尚亦有理；至于《律历志》，则不似《群书治要》此卷所当援引矣。今人萧祥剑亦尝据《汉书》补录《群书治要》卷一三之文，与林罗山所辑有异。萧氏所辑，包括《汉书·高帝纪》《文帝纪》《景帝纪》《武帝纪》《昭帝纪》《宣帝纪》《元帝纪》《成帝纪》《百官公卿表》《古今人表》《律历志》。[③]

据尾崎康《〈群书治要〉解题》，金泽文库本《群书治要》有以下特色。金泽文库本《群书治要》属卷子本，今存四十七轴，每轴有江户时代所补之蓝色表纸(高 29 厘米)。每轴皆有题签“群书治要(卷第)”。卷一第一纸十九行，卷长 46.8 厘米；第二纸二十行，卷长 49.3 厘米；第三纸十行，卷长 24.6 厘半。写卷有乌丝栏，界高 21.1 厘米，界幅 2.4－2.5 厘米，每行 14－17 字，或 15－16 字，注释以小字双行书写。第一轴包括了魏征《群书治要·序》、全书目录，以及卷一《周易》。目录所载卷四二为《新序》《说苑》，卷四三为《盐铁论》《桓子新论》，卷四四为《潜夫论》。然而，考诸内文，卷四二为《盐铁论》《新序》，卷四三为《说苑》，卷四四为《桓子新论》《潜夫论》，显然与目录所载有异。目录之误，及后在骏河版、尾张本里皆予以改正。每卷之首，第一纸首行均载有“群书治要卷第几”字样，接之以“秘书监钜鹿男臣魏征等奉敕撰”。然后，另行书写该

---

① 案：“宫内厅书陵部收藏汉籍集览”之网址：http://db.sido.keio.ac.jp/kanseki/T_bib_search.php。

② 可参尾崎康《群书治要とその现存本》，《斯道文库论集》，第 25 号，1990 年，第 184 页。

③ 〔唐〕魏征等撰《群书治要》，北京：团结出版社，2016 年，第 319—339 页。又，此本之“出版说明”云：“原缺三卷，由释净空老教授依现行《左传》经文补录卷四《春秋左氏传》(上)，萧祥剑依现行《汉书》补录卷十三《汉书》(一)、卷二十《汉书》(八)，以补缺憾。”(第 4 页)其实，林罗山早有重辑本，虽未可谓必得《群书治要》原貌之真，然亦可作参考，而不至于重新创造。

卷所载典籍之名称。各卷首尾均有“金泽文库”墨印。

各卷大部分有训点。训点由清原教隆等人所增,年代在日本建长五年(1253,宋宝祐元年)至文应元年(1260,宋景定元年)之间。其中卷一至卷一〇为经部典籍,据每卷末之奥书所载,各卷训点在下列时间以前完成(公元年份由笔者所加):

卷一建长七年八月十四日(1255)
卷二建长五年七月十九日(1253)
卷三建长五年十月五日(1253)
卷四缺
卷五建长六年十一月六日(1254)
卷六建长第七历大蔟十三日(1255)
卷七康元二年三月九日(1257)
卷八(没有资料)
卷九正嘉元年四月十二日(1257)
卷十建长七年十二月十三日(1255)

可见经部各卷训点皆在镰仓时期完成。

金泽文库本《群书治要》保留所载录典籍在唐代之旧貌。各卷之中,唐太宗李世民名讳之避改在在可见。“民”字多有缺笔,“世”字亦然。此外,唐高宗李治名讳亦多有改动,改“治”为“理”者亦众。

金泽文库本与九条家本《群书治要》关系密切。尾崎康以卷二二为例,以为金泽文库本《群书治要》与九条家本之训点几乎一致,而且金泽文库本之校勘结果亦与九条家本极为接近。因此,尾崎康推断二本属同一系统,关系密切。[①]除卷二二外,其他各卷亦可见九条家本与金泽文库本关系密切。如卷三一引《鬻子》原句当作“是以禹朝廷间可以罗雀者”,九条家本卷三一第二十四纸分作三行,第一行为前文及“是以禹朝廷间可以”,第二行为“罗省”,第三行“者”字连后文。金泽文库本卷三一第二十九纸便分列于480、481、482三行。如此分行,正可见九条家本与金泽文库本属同一系统,抄写者在书写金泽文库本时,必曾参考九条家本或与此本系统相同之本子方始下文(见图1、图2)。

① [日]尾崎康《群书治要とその现存本》,第135页。

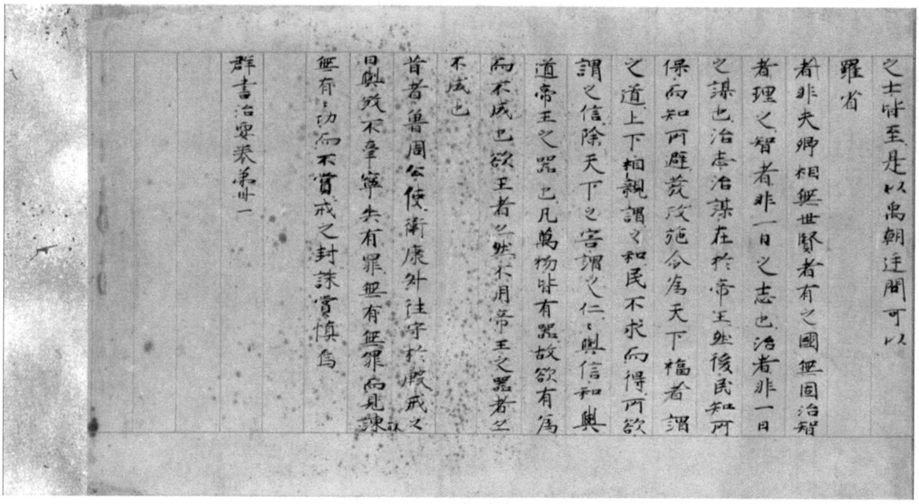

之士皆至是以爲朝廷聞可以
羅省
者非夫卿相無世賢者有之國無固治智
者理之智者非一日之志也治者非一日
之謀也治本治謀在於帝王然後民知所
係而知所避發政施令爲天下福者謂
之道上下相親謂之和民不求而得所欲
謂之信除天下之害謂之仁仁與信和與
道帝王之器也凡萬物皆有器故欲有爲
而不成也欲王者必然不用帝王之器者必
不成也
首者魯周公使衛康叔往守於殷戒之
曰與殺不辜寧失有罪無有無罪而見誅
無有功而不賞戒之封誅賞慎焉
群書治要卷第卅一

图 1　九条家本《群书治要》卷三一

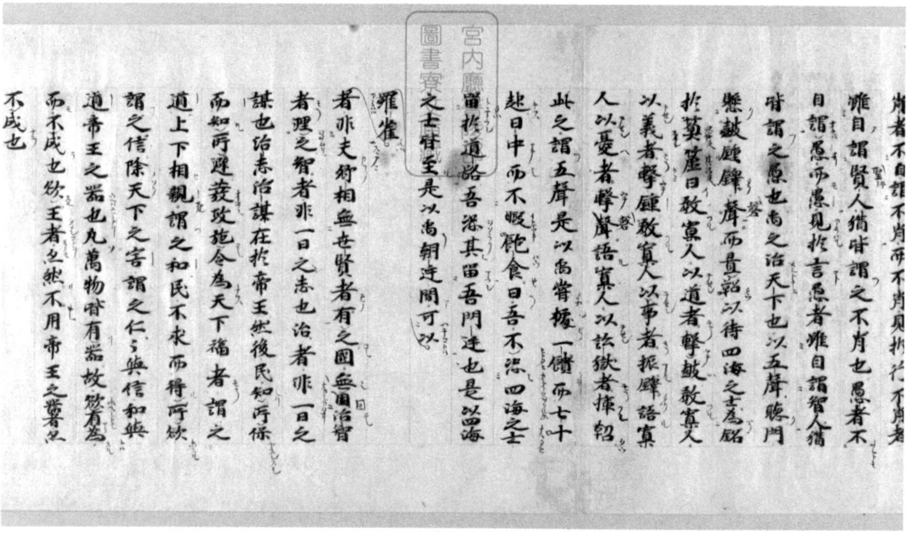

肖者不自謂不肖而不肖見於行不肖者
雖自謂賢人猶皆謂之不肖也愚者不
自謂愚而愚見於言愚者雖自謂智人猶
皆謂之愚也禹之治天下也以五聲聽門
懸鼓鐘磬鐸而置鞀以待四海之士爲銘
於簨簴曰教寡人以道者擊鼓教寡人
以義者擊鐘教寡人以事者振鐸語寡
人以憂者擊磬語寡人以訟獄者揮鞀
此之謂五聲是以禹嘗據一饋而七十
起日中而不暇飽食曰吾不恐四海之士
留於道路吾恐其留吾門廷也是以四海
之士皆至是以禹朝廷閒可以
羅雀
者非夫卿相無世賢者有之國無固治智
者理之智者非一日之志也治者非一日之
謀也治本治謀在於帝王然後民知所係
而知所避發政施令爲天下福者謂之
道上下相親謂之和民不求而得所欲
謂之信除天下之害謂之仁仁與信和與
道帝王之器也凡萬物皆有器故欲有爲
而不成也欲王者必然不用帝王之器者必
不成也

图 2　金泽文库本《群书治要》卷三一

又如卷三六引《商君书》之《权脩》篇，九条家本作“权脩”，金泽文库本亦作“权脩”，惟金泽文库本于二字之旁有校语，改作“修权”。及后骏河版、宛委别藏本皆作“脩权”，亦诸本据金泽文库本校语而校改之也。今《商君书》此篇题作“修权”。《群书治要》诸本唯九条家本、金泽文库本为误，他本皆不误，反之亦可证二本关系密切矣。

金泽文库本《群书治要》较诸九条家本而言，时代虽然较后，约在宋元之际，然其既为全帙，即号之为善本矣。然而，金泽文库本之讹误俯拾皆是，实非《治要》之善本。九条家本《群书治要》虽为残本，惟就今所见卷二二而言，其较诸金泽文库本为善者所在多有。下以金泽文库本衍文为例复加说明：

例1："周然后政调于时而躁人可定昔董仲舒"(229/86)共十六字乃重复上文而衍，九条家本无之(4/19—20)，是也。金泽文库本卷二二校点者于此十六字用"。"符号表示衍文。[①]

例2："书矫称谶记以欺惑贪耶诖误人主"(231/100—101)共十四字乃重复上文而衍，九条家本无之(5/14)，是也。校点者于此十四字以"。"符号表示衍文。

例3："群下所及然诏书每下宽和而政急不解"(262/346)共十六字乃重复上文而衍，九条家本无之(17/16—17)，是也。校点者于此十六字以"。"符号标记在字之左侧，以为衍文。

例4："煞务为严苦吏民愁怨莫不疾之而今之"(263/353)共十六字乃重复上文而衍，九条家本无之(18/2)，是也。校点者于此十六字以"。"符号标记在字之左侧，以为衍文。

例5："克责而比日密云遂无大润岂政有未得"(266/381)共十六字乃重复上文而衍，九条家本无之(19/12)，是也。校点者于此十六字以"。"符号标记在字之左侧，以为衍文。

例6："朗心伤其冤诚以建等物色独忠平而二"(272/428)共十六字乃重复上文而衍，九条家本无之(22/2)，是也。校点者于此十六字以"。"符号标记在字之左侧，以为衍文。

就此等金泽文库本之衍文情况而论，九条家本均不衍，可见九条家本更有胜处。

四、元和二年骏河刊铜活字本《群书治要》

九条家本、金泽文库本《群书治要》皆为抄本系统，文字上多有手写异体字。就阅读层面而言，肯定不及文字清晰、刊印精良之骏河版《治要》。日本庆长十二年(1602)，德川家康普请诸大名修筑骏府城，并迁居于此。德川家康以林罗山(字子信，法号道春)为监督，铸铜活字，并欲刊印典籍。元和二年(1616)开印《群书治要》。《群书治要》四十七卷，卷帙浩繁，乃骏河版最大之工程。金地院崇传(1569—1633)《本光国师日记》"元和二年"详细载录骏河版

---

① 金泽文库本《群书治要》尝经学者加点和校勘，各卷卷末多附有识语(卷末奥书)，此等奥书乃由清原教隆、北条实时(1224—1276)、北条贞显(1278—1333)于建长五年(1253)至延庆元年(1308)之间加上。细究此等奥书，可知各卷抄写、训点、校勘之具体时间，以至此书在镰仓时代之流传。上文所举金泽文库本衍文数例，见诸卷二二，此卷卷末有北条实时识语，而此卷之训点则由日野家藤原俊国从仙洞御本移写。

《治要》之出版经过：

正月十九日　《群书治要》板行に付而。役者人数之书立。

二人　木切

二人　雕手

拾人　植手

五人　折手

三人　校合

以上贰拾三人

右之分被仰付。早々可有御下候。以上。[①]

二月七日　遴选五山僧侣各寺二人，以校勘《治要》文本。[②]

二月二十三日　制定《〈群书治要〉板行之间诸法度》五条，着手工程。[③]

二月二十五日　命明人林五官补铸大小铜活字十余万字，至四月二十六日完成。[④]

三月十七日　委托清见寺、林济寺、宝泰寺重新抄写卷四十一至卷五十，以备值字校勘之用。[⑤]

五月下旬　印书告成。[⑥]

准此所见，《群书治要》动用技术工人颇多，达二十三人。从筹备至完成，骏河版《群书治要》只花费了四个多月时间。骏河版《治要》所以赶工完成，大抵缘于德川家康之病情。在刊印骏河版《治要》期间，德川家康病情急转直下，在四月十七日去世，去世之日，骏河版《治要》尚未完成。

以神宫文库藏本骏河版《群书治要》为例：封面为淡棕色，高 27.7 厘米，宽 17.3 厘米，题签"《群书治要》几（卷次）"。卷一有魏征《群书治要序》、目录。半框，高 20.3 厘米，宽 15.33 厘米，有界八行，每行十七字，注释以小字双行刊印。版心有"群书治要"及卷次、页数。上下黑口，花鱼尾。

---

① 崇传《本光国师日记》第二十，东京：佛书刊行会，1912 年—1922 年，第 106—107 页。

② 《本光国师日记》第二十，第 124 页。

③ 同上书，第 132 页。

④ 同上书，第 132—134 页。

⑤ 同上书，第 149—150 页。

⑥ 《本光国师日记》第二十一，第 190—195 页；金光一《〈群书治要〉研究》，第 72 页。

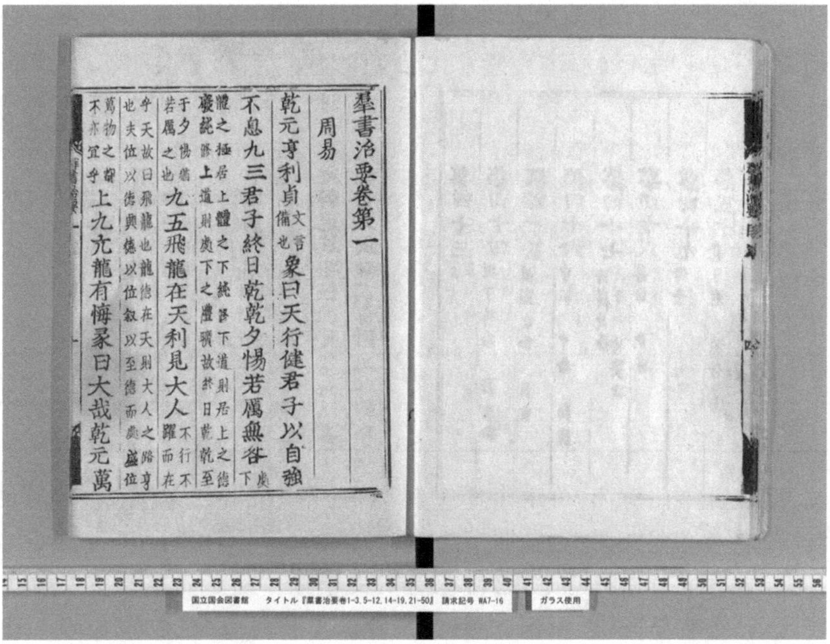

图 3　骏河版《群书治要》(日本国立国会图书馆藏本)元和二年铜活字印

至于骏河版《治要》之底本，岛田翰、严绍璗等尝加申论。岛田翰云："予以元和活字刊本对校秘府卷子本，稍有异同。"又云："乃知卷子本不但有异同，又可以知旧本之卷第矣。"①此所言"秘府卷子本""卷子本"，实即前文所言镰仓时代金泽文库本，可见岛田翰亦尝对勘二本，以为有别。此所言"别"，一为文字上之差异，二为编次上之异同。观乎前引金泽文库本卷四二至卷四四在目录上与内文编排之差异，知其与骏河版有所不同。岛田翰指出"活字本之根于此书亦可知也"，②活字本即骏河版铜活字本，此见骏河版实出于金泽文库本也。严绍璗云："'骏河版'刊印的《群书治要》，是以镰仓僧人誊写的金泽文库本为原本的。"③同样明确指出金泽文库本乃骏河版之依据。

骏河版本自金泽文库本，亦有文字异同上之根据。例如：

例 7：卷一一《史记》"皆平而来服属也"句，"皆"上尾张本、今《史记》有"四远"二字，金泽文库本同骏河版。

例 8：卷一四引《汉书·礼乐志》"人上疏言"句，"人"，尾张本、今《汉书》作"又"。金泽文库本同骏河版。

例 9：卷一四引《汉书·刑法志》"于是相萧何捃摭秦法"句，"相"下尾张本、

---

① [日]岛田翰《古文旧书考》，卷一《群书治要四十七卷》第 77—79 页。

② 同上书，卷三《聚分韵略五卷》，第 258 页。

③ 严绍璗《汉籍在日本的流布研究》，南京：江苏古籍出版社，1992 年，第 161 页。

今《汉书》有“国”字，金泽文库本同骏河版。

例 10：卷一四引《汉书·食货志上》“莫若使民农而已矣”句，“民”下尾张本、今《汉书》有“务”字。金泽文库本同底本。唐写本无“务”字，适见今《汉书》“务”字因此文“方今之务”而误衍。

以上可见金泽文库本与骏河版用字一致，与其他各本俱异。再者，金泽文库本因有清原教隆等人整理，在写卷上有不少校改痕迹，其校改结果多在骏河版上得以反映，以下利用《群书治要》卷九引《论语》为例略加说明：

例 11：

金	子夏曰（孔子弟子卜商。弟子卜商也。）
骏	子夏曰（孔子弟子卜商　　　　也。）

按：据以上排比对读，可证金泽文库本《治要》误衍之文。金泽文库本《治要》尝经校点，以上“弟子卜商”四字之旁皆有校改符号，以示衍文。骏河版《治要》在此等校改记号之提醒下，已将此等衍文删除。此亦岛田翰所谓金泽文库本与骏河版“稍有异同”之一例，亦是严绍璗以为骏河版“是以镰仓僧人誊写的金泽文库本为原本”的意思。

例 12：

金	曾子曰：慎终追远，民德归厚。（慎终者，丧尽其哀其哀。
骏	曾子曰：慎终追远，民德归厚。（慎终者，丧尽其哀　　。
金	追远者，祭尽祭尽其敬。人君行此二者，民化其德，皆归于厚也。）
骏	追远者，祭尽　　其敬。人君行此二者，民化其德，皆归于厚也。）

按：据以上排比对读，可证金泽文库本《治要》误衍之文。金泽文库本《治要》尝经校点，以上“其哀”“祭尽”四字之旁皆有校改符号，以示衍文。骏河版《治要》在此等校改记号之提醒下，已将此等衍文删除。

例 13：

金	孔子对曰：举直错诸枉，则民服，（错，置也。
骏	孔子对曰：举直错诸枉，则民服，（错，置也。
金	举正直之人用之废置用之　废置邪枉之则民服其上人　则民服其上。）
骏	举正直之人　　　　用之，废置邪枉之　　　　　人，则民服其上。）

按：据以上排比对读，可证金泽文库本《治要》误衍之文。金泽文库本《治

要》尝经校点，以上“用之废置”“则民服其上”等九字之旁皆有校改符号，以示衍文。骏河版《治要》在此等校改记号之提醒下，已将此等衍文删除。

五、天明七年刊刻《群书治要》

《群书治要》乃治国修身之宝典，在日本极为重要。因此，到了天明七年(1787)，尾张藩重新校勘并刊刻《群书治要》，此本并于清嘉庆初年回传中国，称为“尾张本”；又因其刊行于光格天皇天明年间，故又称“天明本”。德川家康死后，其生前搜集并保存在骏府之图书，大多转让予以御三家（尾张藩、水户藩、纪伊藩），其中自当包括骏河版《群书治要》。尾张藩历代对《治要》一书极为重视，至安永年间(1772—1781)，第九代藩主德川宗睦(1733—1799)之子治休、治兴二世子筹备刊行《群书治要》。细井德民云：“我孝昭二世子好学，及读此书，有志校刊。幸魏氏所引原书，今存者十七八，乃博募异本于四方，日与侍臣照对是正。”[①]可惜的是，德川治休、治兴二人不幸皆早逝，在安永六年(1777)，德川治行成为尾张藩世子，承继前二世子未竟之业，终于天明七年完成《群书治要》尾张本之刊行。

尾张本《群书治要》以骏河版为底本，复取当时江户枫山文库所藏金泽文库本，以及平安时代九条家本等，相互校合，本为好事。而且，据细井德民《刊〈群书治要〉考例》所言，参与校勘之学者包括：人见黍、深田正纯、大冢长干、宇野久恒、角田明、野村昌武、冈田挺之、关嘉、中西卫、小河鼎、南宫龄、细井德民。[②]此等十二人皆当时尾张藩重臣、藩主侍读、藩校明伦堂之教授和督学等，学术水平之高，可见一斑。细井德民《考例》一文尝言其校勘原则：

> 是非不疑者就正之，两可者共存。又与所引错综大异者，疑魏氏所见，其亦有异本欤。又有彼全备而此甚省者，盖魏氏之志，唯主治要，不事修辞，亦足以观魏氏经国之器，规模宏大，取舍之意，大非后世诸儒所及也。今逐次补之，则失魏氏之意，故不为也。不得原书者，则敢附臆考，以待后贤。以是为例雠校。[③]

据上所见，尾张藩诸大臣校勘态度颇为认真，拿捏得宜。然而，此本《治要》除了对比诸本《治要》以作校勘外，更会就《治要》所引原书细加勘正，往往以当时所见典籍校改《治要》，失却《治要》存旧之真。上文引细井德民所言“幸魏氏所

---

① [日]细井德民《刊〈群书治要〉考例》，魏征等《群书治要》，《四部丛刊初编缩本》影印日本尾张藩刻本，上海：商务印书馆，1936年，考例，第1b—2a页。

② [日]细井德民《刊〈群书治要〉考例》，第2a—2b页。

③ 同上书，第2b—3a页。

引原书，今存者十七八，乃博募异本于四方，日与侍臣照对是正”，以原书改《治要》，使《治要》原有之校勘价值荡然无存。而清代校勘学家得见之《群书治要》亦仅是此本，实乃憾事也。阮元、王念孙等所见《群书治要》皆是尝经回改之尾张本。

尾张本《群书治要》刊行以后，分赠诸藩主与亲臣。《尾州御留守日记》宽政八年(1796)六月六日条有云：

> 《群书治要》六部以御用成田贞之右卫门江相渡候，但御本之仪人见玑邑取极二而长崎江相渡外国迄も差遣候积之由相闻候。[①]

玑邑，乃前文所言尾张藩重臣人见黍之号。人见黍乃当时主导改革尾张藩之重臣，在学术文化上亦有极大功绩，更总管《群书治要》之版印。此言人见黍将《群书治要》传送外国，则此书之回传中国，盖与其人有关。此外，近藤守重(1771—1829)亦与尾张本《治要》回传中国有极大关系。宽政八年(1796)，尾张藩主德川宗穆以五部《群书治要》移送长崎海关掌管，并转运中国；一部赐予近藤守重。近藤守重与时任长崎奉行中川忠英(1753—1830)讨论后，以一部存长崎圣堂，一部赠诹访社，三部赠唐商馆，由中国商人携回，《群书治要》重回东土。

尾张本《群书治要》于天明七年由风月堂初刊后，多次重印，其中宽政三年(1791，乾隆五十六年)印本有不少修订，印量亦多，故尾张本有天明刊本与宽政刊本两大系统。[②]近藤守重所传由中国商人携回者乃宽政刊本。嘉庆七年(1802)，鲍廷博辑《知不足斋丛书》，序中已言及尾张本《群书治要》。其后，《群书治要》入阮元辑《宛委别藏》。民国年间，商务印书馆曾将《群书治要》重新排校出版。自清嘉庆年间《群书治要》传回中国以后，中国学者如王念孙、孙星衍、严可均、黄奭、顾观光、钱培名、王仁俊等，皆尝据《群书治要》作校勘与辑佚。显而易见，当时可据之《治要》版本，只可能是尾张本。近世以来，学者使用《治要》作校勘，仍以尾张本为主。以《慎子》校勘为例，如王叔岷《〈群书治要〉节本〈慎子〉义证》一文所据为“《四部丛刊》景印日本天明七年刊本”，其他如徐汉昌《慎子校注及其学术研究》、许富宏《慎子集校集注》等所据亦皆尾张本《治要》。[③] 王利器《文子疏义序》云：“考唐贞观年间，由秘书监巨鹿男魏征等

---

① 《尾州御留守日记》，转引自福井保《天明版〈群书治要〉校勘始末记》下，载《书志学》第 6 卷第 4 号，东京：书志学会，1936 年，第 10 页。

② 详参[日]石滨纯太郎《〈群书治要〉の尾张本》，载《支那学论考》，大阪：全国书房，1943 年，第 57—61 页。

③ 徐汉昌《慎子校注及其学术研究》，台北：嘉新水泥公司文化基金会，1976 年，第 6 页；许富宏《慎子集校集注》，北京：中华书局，2013 年，例言，第 1 页；王叔岷《〈群书治要〉节本〈慎子〉义证》，《台湾大学文史哲学报》，第 32 期，1983 年 12 月，第 1 页。

奉敕撰之《群书治要》五十卷，其卷三十五登载《文子》四十五条，今所见日本古钞本及日本天明五年（一七八五，当清乾隆五十年）尾张国刻本，其引文自章头提行另起者，率未冠以‘老子曰’字样。”[①]王利器所据有古钞本者，是其所据有金泽文库卷子卷（日本古钞本）和尾张本（天明五年本），兼及两本，用力甚深，有胜于前人之资取《治要》者。[②]

尾张本《群书治要》虽有精良校勘，然其据原书回改《治要》，使其失却存旧之真，实在是功不补过。今据尾张本《治要》，可见其与九条家本、金泽文库本、骏河版相异，而独与今传原典相同者，例子多不胜数。今略举如下：

例 14：《孟子·梁惠王上》1.4“庖有肥肉”句

《孟子》	庖有肥肉，厩有肥马，民有饥色，野有饿莩，此率兽而食人也。
九条家本	厩有肥马，民有饥色，野有饿殍，此率兽而食人也。
金泽文库本	厩有肥马，民有饥色，野有饿殍，此率兽而食人也。
骏河版	厩有肥马，民有饥色，野有饿殍，此率兽而食人也。
尾张本	庖有肥肉，厩有肥马，民有饥色，野有饿殍，此率兽而食人也。

按：准上所见，九条家本、金泽文库本、骏河版《群书治要》所引《孟子》均无“庖有肥肉”句，乃《治要》编者有意删去，因与“厩有肥马”取意相近，以免重复之故。尾张本编者据《孟子》原书回改，补充“庖有肥肉”四字，以原书校改《治要》，失却类书原有引文之真，做法并不可取。

例 15：《孟子·告子上》11.18“此与于不仁之甚者也”句

《孟子》	犹以一杯水救一车薪之火也，不熄，则谓之水不胜火。
金泽文库本	犹以一杯水救一车薪之火也，不息，则谓　水不　　者，
骏河版	犹以一杯水救一车薪之火也，不息，则谓　水不胜火者，
尾张本	犹以一杯水救一车薪之火也，不息，则谓　水不胜火者，
《孟子》	此又与于不仁之甚者也，亦终必亡而已矣。
金泽文库本	犹以此杯兴于不仁之甚者也。
骏河版	犹以此杯与于不仁之甚者也。
尾张本	此　与于不仁之甚者也。

① 王利器《文子疏义序》，王利器《文子疏义》，北京：中华书局，2000 年，第 3 页。

② 详见拙文《〈群书治要〉所载〈文子〉异文研究——兼补王利器〈文子疏义〉以〈群书治要〉校勘〈文子〉例》，《兴大中文学报》，2018 年 12 月第 44 期，第 1—27 页。

按：就以上排比对读所见，金泽文库本、骏河版《治要》所引谓"此杯"者，较今本《孟子》所见更为适顺。至于尾张本所引《孟子》，显与金泽文库本、骏河版不同，究其所以，乃因尾张本已据原书回改，即改为"此与于不仁之甚者也"，无"犹以""杯"等字。此就《治要》原来存旧之功而言，实不可取。

六、结语

本文介绍日本所藏诸本《群书治要》，略述其特色，并阐述了诸本之关系，简言之，可总之如下：

1.《群书治要》采录唐前典籍六十五种，遍及经、史、子三部。倘用《群书治要》勘证古籍，必须以九条家本（最古）、金泽文库本，骏河版（最全）为主，尾张本为辅。岛田翰云："是书所载，皆初唐旧本，可藉以订补今本之讹误者，亦复不鲜。"[①]其言是也，如能取用善本《治要》校勘典籍，所得更多。

2.古代典籍在抄写年代，手写异体字颇多，亦易有错别字。相较而言，平安时代九条家本、镰仓时代金泽文库本《群书治要》即有此问题。在整理《群书治要》之时，以元和二年铜活字印本骏河版为底本，大约能释去手写异文之问题，亦可在校勘之时尽量减少因手写异文而出校之情况。诚然，骏河版亦有其自身之讹误，然较诸时代最古之足本——金泽文库本，骏河版实为底本之首选。

3.诸本《群书治要》之间关系密切，上文所举四部《治要》，有数重关系可作考证。今存最早《治要》钞本即属平安时代九条家本，此为残本，现藏东京国立博物馆，属日本国宝，笔致优雅而端正，部分内容更为天皇收藏。又，宫内厅书陵部藏有镰仓时代金泽文库本，此本与九条家本关系密切，乃现存时代最早之足本。又，元和活字刊本骏河版则以金泽文库本为祖，属现存时代最早之活字本，最堪阅读。至于尾张本，乃日人对照魏征所引原书重新校刊之本，两两相校，见二者之关系，更可证成尾张本《治要》失却存旧之真。

---

① [日]岛田翰《古文旧书考》卷一《群书治要四十七卷》，第79页。

中国国家图书馆所藏明抄残本《分门琐碎录》卷一校证

陈晓兰*

【内容提要】 南宋温革、陈晔所撰《琐碎录》原书已佚，今存四种明抄残本《分门琐碎录》中，中国国家图书馆藏本尚未受到学界足够重视。本文揭示国图藏本二册三卷的版本面貌，对其中存世仅见的卷一“治己”“治家”“莅官”三门内容进行专门考述和校证。考述部分，从其直接取材来源和材料处理方式两方面对《琐碎录》卷一的具体编纂情况加以考察；校证部分，主要根据明代《博闻类纂》以及其他相关文献对《琐碎录》卷一内容文字进行校正、校补，考其源流，以期为此书的研究和利用提供资料。

【关键词】 《分门琐碎录》 明抄残本 国图本

《分门琐碎录》二十卷，是一部重要的民间日用类书，成书情况比较复杂。[①]南宋高宗绍兴中期温革撰有《琐碎录》，共计四百余条，悉论物理。孝宗淳熙后期至光宗绍熙初年间，陈晔通判通州时得到温革之书，效而续撰。经过十余年时间，宁宗庆元末嘉泰初之后成书，内容几近温革之书的十倍，书名曰《续琐碎录》。开禧、嘉定年间，温、陈二书合编而成的《琐碎录》二十卷，已刊刻传世。最早著录于《直斋书录解题》卷一一“子部·小说家类”：“《琐碎录》二十卷、《后录》二十卷。温革撰，陈晔增广之。《后录》者，书坊增益也。”[②]元人所刊《分门琐碎录》二十卷，亦简称《琐碎录》，凡三十门，分门别类地辑录、记载了丰富的治己、治家、莅官、农艺、牧养、饮食、医药、起居、风俗、器用等方面的经验和知识。此书在明代颇有流传，清初以后鲜见著录，可知流传日稀。光绪七年(1881)姚文栋(字志梁)出使日本时购得元刻残本《分门琐碎录》六卷，叶德辉《郎园读书志》卷六予以著录，称“此书分三十门，今仅治己、治家、莅官、农桑、种艺、牧养、饮食、起居、服饰、摄养、医药、诸疾十二门，凡六卷。治己、治家、莅

---

* 本文作者为北京大学中国古文献研究中心、北京大学中文系副教授。

① 见拙文《〈琐碎录〉成书考》，《北京大学中国古文献研究中心集刊》第十九辑，北京：北京大学出版社，2019年，第177—193页。

② 〔宋〕陈振孙《直斋书录解题》，上海：上海古籍出版社，1987年，第344页。“陈晔”原作“陈昱”，避康熙帝名讳，据《文献通考·经籍考》所引陈氏《直斋书录解题》改。

宦三门所载宋名臣佳言懿行，不一而足。……农桑、种艺、牧养诸门，其于农桑、蓄养之法，亦有裨于世用……”[①]此本亦亡佚。

宋元时期的《琐碎录》已无足本传世，今仅存四种明抄残本《分门琐碎录》。一是二十世纪六十年代初上海图书馆入藏一册（简称上图本），无卷目，分“农桑”“种艺”“禽兽”“虫鱼”“牧养”“饮食”六门，向为学界所重，今有影印本[②]和校注本[③]；二是王利器所藏一册三卷（简称王氏藏本），卷一七至卷一九，为“藏贮”“旅寓”“阴阳”三门。从其卷末所录明都穆、邢参跋中可知，此本源于元刊本；[④]三是张如安在宁波大学图书馆新发现的明嘉靖二十六年俞弁抄本一册（简称宁大本），亦无卷目，分“摄养”“医药”“诸疾”三门，从其抄写格式和收藏情况来看“与上图所藏本很可能皆据同一套书抄录”；[⑤]四是中国国家图书馆所藏二册三卷（简称国图本），第一册为卷一“治己”“治家”“莅官”三门，有残损；第二册为卷二“农桑”“种艺”“禽兽”“虫鱼”“牧养”五门以及卷三“饮食”一门。这四种明抄残本中，惜国图本尚未受到学界的关注和重视。与上图本、宁大本皆无卷目不同，国图本分卷抄录，更能反映版本原貌；其卷一内容虽有残损，却为传世之仅见；卷二、卷三内容虽与上图本基本相同且具有同源性，而其文字情况远胜上图本。显然，国图本在宋代文献以及社会、历史、文化研究方面具有很高的学术价值。本文对国图本《琐碎录》卷一的版本与内容进行考察，迻录其文，并加以校证。

一、国图本《琐碎录》的版本面貌

国图本二册三卷，书函题签“分门琐碎录 明蓝格钞本”，下钤“景郑/藏书”白文方印，可知是潘承弼（号景郑）的旧藏。半叶十行，行二十字，注文同。蓝格，白口，四周单边。版框高 21.2 厘米、广 15 厘米。第一册书叶多有残损，第二册的部分书叶有渍痕，二册皆经重新装补。册首录本册所收各卷目录，列出分门、小类以及细目。各卷首尾题“《分门琐碎录》卷之几”。抄写格式与上图本、宁大本相似，分门标题低一格或两格，分类、分目标题则依次再低一格，每一条目首行顶格、次行起低一格书写，字迹端正。多有俗体字、异体字、简体字，如

① 〔清〕叶德辉《郎园读书志》，《海王邨古籍书目题跋丛刊》本，第五册第 317—318 页。

② 〔宋〕温革、陈晔《分门琐碎录》，《续修四库全书》子部农家类第 975 册，影印上海图书馆所藏明抄本。其 1962 年影印本，笔者未见。

③ 化振红《〈分门琐碎录〉校注》，成都：巴蜀书社，2009 年。

④ 王利器《陈晔〈琐碎录〉跋尾》，《中华文史论丛》（第五十六辑），上海：上海古籍出版社，1998 年，第 61—70 页。笔者未见此本，难以判断与其他三种明抄残本是否具有同源关系。

⑤ 张如安《新见明抄本〈分门琐碎录〉“医药类”述略》，《宁波大学学报（人文科学版）》2015 年第 3 期，第 43—46 页。

“多”作“夛”、“禍”作“祸”、“命”作“命”、“學”作“李”、“聖”作“圣”、“爾”作“尔”、“禮”作“礼”等。亦多形近误字，如“干”误作“千”、“遣”误作“遗”、“冶”误作“治”、“董”误作“熏”等。间有脱衍与原阙文字，如卷一“治家·杂说”第4条中“一□一妾常和睦”；“治家·生业”第12条“问其所从曰”下有脱叶。

国图本的部分讹误与上图本相同，如卷二“农桑·谷麦·耕种总说”第5条中“肥田法：菉豆为上，小豆、胡麻次之，皆以五月及六月□种之，七月、八月耕谷则一亩收”，原阙字与讹脱与上图本同，明《树艺篇·谷部》卷四引“琐碎录”作“肥田法：菉豆为上，小豆、胡麻次之，皆以五月及六月穊种之，七月八月耕杀之，春种谷，即一亩收十石，其力与蚕沙、熟粪同矣”。[①] 可见国图本与上图本同源出于一部存在脱阙、讹误的本子。总体来看，国图本的文字情况明显优于上图本，更近旧本原貌。如“农桑·谷麦·麦”中，上图本脱第6条“凡种二麦，小麦忌戌，大麦忌子”；“农桑·麻豆·麻”中，上图本仅录第1条（末二字“即去”脱），脱去其下4条、“大小豆”标目及其下4条，其底本当有脱叶；“种艺·竹”中，“种竹法”第11条“《岳州风土记》……”至第20条“种竹须将……”，上图本录于“竹杂说”第6条“竹有六十年数便开花”之后，其底本当有错叶。然亦有一些国图本误而上图本不误之例，如国图本卷二“农桑·谷麦”子目“种麦法”标目误作“种多法”；“农桑·桑柘·桑”第3条“四日”下脱“杀我言四日”五字。由此可知二本同源而彼此之间并无传抄源流关系。

第一册为卷一，共二十九叶，多有残损。卷端题“[分门琐]碎录卷之一”。先出卷一目录，列出治己[②]、治家、莅官三门及门下类目。正文共计约271条[③]：治己门（约90条）：□□[④]（约66条），接物（24条）；治家门（72条）：家法（30条），教子（13条），睦亲（4条），生业（16条），杂说（9条）；莅官门（109条）：规训（29条），政治（42条），关防（9条），驭吏（3条），箴戒（26条）。叶德辉《郎园读书志》著录《分门琐碎录》元刻残本，谓：“治己、治家、莅官三门，所载宋名臣仕言懿行，不一而足。书中如田元钧治成都，蜀人号曰‘照天蜡烛’；刘随为成都通判，严明通达，人谓之‘水晶灯笼’；薛简肃公尹京以严，人谓之‘薛出油’；姜枢密遵、鲁肃简公宗道，俱严明，时人号为“姜擦子”，鲁为‘鱼头公’等语，颇足以资谈柄。”叶氏所举四事，分别见于此卷“莅官·规训”的第8、9、10和11条。

卷一分门别类地辑录治己、治家、莅官方面的训戒议论、格言警句与前贤懿行，不同于温革所撰悉论物理的内容，盖出于陈晔续撰。大部分内容辑自他

① 〔明〕《树艺篇》（旧题元胡古愚），明纯白斋钞本。

② 国图本卷一的目录和正文中，该门标目残阙，据叶德辉《郎园读书志》卷六著录可知为“治己”。

③ 因国图本“治己”门个别残阙条目析分难以判断，故无法计算准确的条目数量。

④ 国图本卷一的目录和正文中，该类标目残阙，收录处己方面内容。

书，通过文献检索、文字比对以及条目关联等方法查考其实际出处，可以了解这部日用类书的直接取材来源以及文献采录与加工的编纂特点，从中可一窥南宋中前期箴训类文献在社会上的流传和影响，亦有助于对相关文献的校勘和考证。另有一部分内容不见于其他传世文献，以“莅官”门的条目为多，难以判断是辑自他书或是编者自撰，对于宋代历史、社会、风俗以及地方政治、法律等方面的研究尤具重要价值。

二、《琐碎录》卷一的直接取材来源

此卷仅有个别条目标录书名或篇名，所标并非皆为直接引文出处。“治家·家法”第1条标“司马氏《居家杂仪》”；“治己·□□”第3条标“《太上感应篇》”，孝宗隆兴二年(1164)李昌龄所撰《乐善录》最早载录此篇，此条疑即出于此书；“治家·教子”第2条标“《颜氏家训》”，文字内容与《颜氏家训·教子》差异较大，疑出于司马光《家范》卷三；“莅官·规训”第5条标“《文粹》”，未明是否直接采录姚铉《唐文粹》；“莅官·规训”第8条文末题“《蜀公记事》”，实出于《类说》所录《东斋记事》“照天蜡烛”条，作者范镇，世称“范蜀公”。其余皆不标出处。其实，卷中条目主要直接取材于宋人著作，可以考知的有司马光《居家杂仪》与《家范》、吕大钧《吕氏乡约》、吕本中《吕氏童蒙训》、曾慥《类说》、袁采《袁氏世范》、张镃《仕学规范》等。所录唐代柳氏家训四条、朱仁轨训语一条，皆见于《新唐书》，未明是否直接采录；五条见于邵伯温《邵氏闻见录》，其中二条亦为《仕学规范》引录，未明是否皆出于邵氏原书。

卷一所采箴训类著作以《居家杂仪》、《袁氏世范》和《吕氏童蒙训》为多。南宋时期这三种著作广受重视，流传甚广。司马光对日常居家生活礼仪极为重视，所撰《居家杂仪》、《书仪》、《家范》等对宋代家礼的规范具有重要影响。《居家杂仪》一卷，除单篇流传之外，亦附录于《书仪》卷四末，朱熹在其《家礼》卷一“通礼”中加以收录，南宋漳州教授张时举将其编入《小学五书》。[①]《琐碎录》所录《居家杂仪》条目内容文字，多与《小学五书》本相同、相近，而与《家礼》所录略有不同。如“治家·家法”首录《居家杂仪》首条，其出注位置与《小学五书》本相同，而不同于《书仪》与《家礼》所录之文。《居家杂仪》共20条，其中有12条被《琐碎录》全部或部分采录，皆见于“治家”门。《袁氏世范》三卷，孝宗淳熙年间袁采知乐清时撰成并刊刻，绍熙元年(1190)知婺源时又有刊行。全书分“睦亲”“处己”“治家”三门，共206条，详尽记述日用立身处世之道，以厚人

---

① 〔宋〕张时举编《小学五书》，明汲古阁影宋抄本。《直斋书录解题》卷一〇著录张时举《〈弟子职〉等五书》一卷，第312页。

伦而美风俗。四库提要称其"虽家塾训蒙之书，意求通俗，词句不免于鄙浅，然大要明白切要，使览者易知易从，固不失为《颜氏家训》之亚也"。[①]《琐碎录》有20余条出于《袁氏世范》，部分条目有所删略和改写。吕本中《吕氏童蒙训》是宋代流传颇广的童蒙著作，论及立身、治学、从政、诗文等多方面内容，原本已佚，宋人所引其中为官之道、诗文论说的内容多不见于今本。有学者认为至迟于嘉泰四年(1204)其中为官之道的内容就已被析出，以《舍人官箴》为题收入《东莱别集·家范》，其后《官箴》或据此刊刻。[②]《琐碎录》卷一有20条出于《吕氏童蒙训》：19条见录于《仕学规范》卷二六、卷二七，其中个别条目不见于《舍人官箴》；1条("莅官·政治"第11条)不见于《仕学规范》而见于《舍人官箴》。"莅官·规训"第28条中"一字"，与《舍人官箴》同，而《仕学规范》与《戒子通录》所引以及《官箴》等书作"一事"。故《琐碎录》辑录时很可能同时参据了《吕氏童蒙训》和《仕学规范》。出于《吕氏童蒙训》的条目，除了"治己·接物"第22条，其余19条皆录于"莅官"门下，记述居官之道。

除了上述采录宋代箴训著作的条目，书中卷一所记前代以及宋贤嘉言懿行的大量内容，多是通过南宋前期成书刊行的《类说》和《仕学规范》加以引录。《类说》作为说部丛抄类著作，引书269种，其中不少现已亡佚或有残阙。曾慥于绍兴六年(1136)编成，十年即有麻沙刊本，此后多有刊行。此书原本五十卷，今存五十卷本系统的明清抄本[③]更近宋本原貌；明代天启刻本六十卷为后世通行之本，内容文字有所脱误。《琐碎录》有大量条目辑自《类说》，其中卷一通过《类说》转引的书籍有19种左右：《缙绅脞说》(1条，以下凡1条则不括注条目数量)、《淮南子》(2条)、《博物志》、《迂书》(3条)、《青箱杂记》、《颜氏家训》、《因话录》、《酉阳杂俎》、《开元天宝遗事》(3条)、《东斋记事》(5条)、《封氏见闻录》、《孔子家语》(2条)、《该闻录》、《归田录》、《梦溪笔谈》(3条)、《青琐高议》、《圣宋掇遗》、《史遗》、《韩诗外传》(2条)。所录内容、文字与《类说》五十卷本系统相同、相近，而与六十卷本多有不同。如"莅官"门中源出《梦溪笔谈》的三条内容，皆见于前者卷四五，而不见于后者；又如"治己·□□"第3条中"骄傲""销意""为害"，与前者卷四二同，后者卷五〇分别作"矫傲""消意""害人"；第16条中"减思"，与前者卷二〇同，后者卷二三作"绝思"；"莅官·箴戒"第24条中"懈惰"，与前者卷三四同，后者卷三八作"懈怠"。《琐碎录》中的这些引录内容和文字，无疑可为《类说》版本和校勘研究提供重要材料。

---

① 〔清〕永瑢等《四库全书总目》卷九二，北京：中华书局影印本，1965年，第780页。

② 参见粟品孝《吕本中〈官箴〉出自〈童蒙训〉原本考》，《文献》2007年第4期，第36—38页。

③ 今存《类说》五十卷本系统的明清抄本，有国家图书馆藏明有嘉堂抄本、台北"国家图书馆"藏澹生堂抄本、上海图书馆藏清五十卷抄本等。《类说》的版本情况，参见关静《两宋之交的说部丛钞与知识传播——以〈续谈助〉〈绀珠集〉〈类说〉为中心》(北京大学博士论文，2020年)。

张镃的《仕学规范》是“莅官”门的重要取材来源，成书于孝宗淳熙三年(1176)。全书四十卷，分为学、行己、莅官(卷一四至卷二八)、阴德、作文、作诗六门，汇辑前人嘉言懿行，以为士人的治学修身、为官处世、诗文写作的规范和训戒。卷首“所编书目”列出征引的一百种宋人著作的书名与编撰者，正文引录条目下注明出处。除《吕氏童蒙训》外，《琐碎录》卷一通过《仕学规范》转引的书籍另有七种：《龟山语录》、《邵氏闻见录》(2条)、《晁氏客语》(5条)、《南都道护录》、《上蔡语录》、《节孝先生语》、《涪陵记善录》，皆出于《仕学规范》卷二四至卷二六，录于《琐碎录》“莅官”门。从上述取材情况中可以见出，南宋时期《类说》、《仕学规范》等丛抄、汇辑之作，已成为当时知识传播与再生产的重要资源。

三、《琐碎录》卷一的材料处理方式

从各种著作中辑录出来的材料，在《琐碎录》中被分门别类地加以编排。每一类中的条目，往往按照一定的内容顺序编次，故原书材料被打散后重新编序。以“治家·家法”为例，其内容大致依长幼、父子、仆妾、娶妇为序编排，因此第3—7条虽皆出于《居家杂仪》，但编序与原书有所不同。或有将原书一条析作两条，如第10条与第18条，据《居家杂仪》第13条析分、删略而成；或将原书两条合作一条，如第19条，乃据《居家杂仪》第19、20条合并、删略而成。

对于原书较为简短的内容，《琐碎录》大致照录原文，个别文字或有删改。篇幅较长的，则有所删略、撮述或改写。删改之例以出于《袁氏世范》的条目为多，如“治己·接物”第23条“天序十年一换甲，世事十年一变更。今日不知□□事，得时莫笑失时人”，显然根据《袁氏世范》卷二“世事更变皆天理”条改写而成，原文共有146字：“世事多更变，乃天理如此。今世人往往见目前稍稍乐盛，以为此生无足虑，不旋踵而破坏者多矣。大抵天序十年一换甲，则世事一变。今不须广论久远，只以乡曲十年前、二十年前比论目前，其成败兴衰，何尝有定势？世人无远识，凡见他人兴进及有如意事，则怀妒；见他人衰退及有不如意事，则讥笑。同居及同乡人最多此患。若知事无定势，则自虑之不暇，何暇妒人笑人哉！”[①]这些对于《袁氏世范》条目的删略、改写，极可能是陈晔辑录时所为。

卷中引录条目原文涉及第一人称“予”、“余”的叙述文字，或保留或作删略。如“莅官·箴戒”第2条照录《吕氏童蒙训》原文“尝为予言”四字，“莅官·政治”第22条则删去此书原文“谓予”二字。

---

① 〔宋〕袁采《袁氏世范》，《中华再造善本》影印宋刻本。

个别条目辑录有误，如“莅官·箴戒”第 21 条：“徐仲车言：在上者，不可以意之速，责事之迟。”此条将《仕学规范》卷二五中不同出处的前后两条误抄成一条，所记当为晁说之而非徐积（字仲车）语。《仕学规范》卷二五第一条：“徐仲车言：人之同官，不可不和。和则事无乖逆，而下不能为奸。必欲和，莫若分过而不掠美。”下注“出《节孝先生语》”。第二条出于《晁氏客语》：“造意者常居尊与贤，作事者常居卑与贱。造意速，作事迟，以事之迟，副意之速，常不及。故在上者，不可以意之速，责事之迟。”此误或为辑录时的疏失，或因所据之本脱去第一条下小注。

综上所述，《琐碎录》卷一中，他书未见的条目可以为宋代历史、社会和文化研究提供新的重要材料，辑自他书的内容文字在相关文献的校勘、考证方面也颇有价值。而探讨其在取材来源、材料处理方面的特点，则有助于学界对南宋中期书籍流通、知识传播以及日用类书编纂活动的深入认识。其后《事林广记》等书所录与此书相同、相近的若干条目，则显示了《琐碎录》对南宋后期以及元代日用类书编纂的影响。

明代商濬编刻的《博闻类纂》二十卷，经笔者考证，实出于《琐碎录》，虽于其个别门类和部分条目有所阙略，然尚保存其五分之四左右的内容；且商濬所据之本，可能比目前所见三种明抄残本更接近《琐碎录》宋刻原本面貌[①]。故《博闻类纂》一书，为《琐碎录》的进一步整理、研究和利用提供了珍贵资料。以下是《博闻类纂》卷一和国图本卷一的门类对照表：

《博闻类纂》卷一		国图本《分门琐碎录》卷一	
门（括标条目数）	类	门（括标条目数）	类
治己（70）	名言、善行	治己（约 90））[②]	□□、接物
治家（68）	正始、教子、治生、家法、睦亲、杂说	治家（72）	家法、教子、睦亲、生业、杂说
莅官（97）	政规、治术、防闲、箴戒	莅官（109）	规训、政治、关防、驭吏、箴戒

《博闻类纂》卷一“治己”“治家”“莅官”三门，与国图本《琐碎录》卷一分门相同，门下分类有异。“治己”门，二者分类迥异；“治家”门，《博闻类纂》“正始”“家法”二类条目并见于《琐碎录》“家法”类；“睦亲”“杂说”二类条目及其编次，

① 见于拙文《明〈博闻类纂〉实出于〈琐碎录〉考——兼探宋元时期〈琐碎录〉的不同面貌》，《北京大学中国古文献研究中心集刊》第二十三辑，北京：北京大学出版社，2021 年，第 125—145 页。

② 因国图本“治己”门个别残阙条目析分难以判断，故无法计算条目的准确数量。

二者全同;“莅官”门,《博闻类纂》“政规”类中的3条,在《琐碎录》独立为“驭吏”类。《博闻类纂》卷一的各门条目大致见于国图本对应三门,[①]个别条目析分有异,略有异文;国图本卷一各门分别有16条[②]、9条和13条不见于《博闻类纂》。[③] 可见,《博闻类纂》卷一对于校补、校正国图本《琐碎录》卷一的残损阙文以及讹误、脱衍之处,具有重要校勘价值。

今将国图本《分门琐碎录》卷一迻录于下,见于《博闻类纂》卷一的条目前加标“*”。原书中的残阙、讹误、脱衍之处,主要据《博闻类纂》卷一校补、校改,[④]另参校相关史源文献。凡有校正、重要异文及疑为讹脱之处,皆出校说明。出校之字,标以下划线;补阙文字标以方括号“[]”,衍字标以圆括号“()”。凡异体字、俗体字,改以通行字,不再出校。阙字标以“□”,内容全阙的条目括注“阙”,阙字换行处标以“/”。按语中,指出可考的直接材料来源,如有重要异文则加以说明或引录,源头文献与后世征引材料不再赘录;凡不明直接材料来源,则引录源头文献或其他内容相同、相近文献。

《[分门琐]碎录》卷之一

校:“分门琐”三字原阙,据本书卷一尾题补。

[治己]

校:“治己”二字原阙,叶德辉《郎园读书志》卷六著录元刻残本《分门琐碎录》六卷,称“此书分三十门,今仅治己、治家、莅官、农桑、种艺、牧养、饮食、起居、服饰、摄养、医药、诸疾十二门”,故据补。

按:明《博闻类纂》卷一[⑤]亦为“治己”“治家”“莅官”三门,与此书卷一分门相同,门下分类有异。

□□

1□□□□□□□可以治天下,公可以服天下,恕可/□□□□□□□子行之,则四海归心,下而臣庶/□□□□□□□。

*2[张魏公《四德铭》:忠则]顺天,孝则生福,勤则业进,俭则[心逸]。

校:阙字据明《博闻类纂》卷一补。下文校补阙字,如无出校说明,皆据《博

---

① 国图本“治己”门有四条文字全阙、“治家”门脱一叶,《博闻类纂》与之对应条目不计入其中。

② 国图本中文字全阙的条目不计入其中。

③ 以未见的完整条目计数,部分文字未见或有异的条目不计入其中。

④ 校证所据《博闻类纂》,如无说明皆为杭州图书馆藏明刻残本(存卷一,简称杭图本)。杭图本有误处,校以日本公文书馆内阁文库藏江户抄本二十卷(简称内阁文库本)。另有日本前田育德会尊经阁文库藏明刻本二十卷、日本东北大学附属图书馆狩野文库藏江户抄本二十卷,笔者未见。

⑤ 〔明〕商濬《博闻类纂》卷一,杭州图书馆藏明刻残本(存卷一,简称杭图本)。下文如无说明皆据此本。

闻类纂》卷一，不烦出校。

按：宋《名臣碑传琬琰集》中集卷五五朱熹《张忠献公浚行状》："公在连，作《四德铭》以示其人，曰云云。"[①]光宗绍熙二年（1191）陈晔知连州。[②]

＊3［江南徐铉保身八戒：一曰知富贵］之骄傲，故屈己而［自卑；二曰知名利之败身，故随时］而任运；三曰知［嗜欲之促寿，故观行而不为；四曰］知思虑之销意，［故畅道而守一；五曰知语烦之］伤气，故终日而忘［言；六曰知喜怒之伤］神，故省己而自理；七曰知戏［乐之虚伪，故存］神而自怡；八曰知酒食之为害，故［量味而节俭］。《太上感应篇》云：是道则进，非道则退。［不履邪径，不］欺暗室。积德累功，慈心于物。忠孝友［弟，正己化人］。矜孤恤穷，敬长怀幼。

校：前半条（"江南……节俭"）中，"行"，《事林广记》庚集卷四"江南徐铉保身八戒"条同，[③]《类说》作"德"。[④] 后半条中，"累功"，原作"功累"，据《博闻类纂》、《乐善录》卷四引录《太上感应篇》[⑤]改；"穷"、"长"，同上书分别作"寡"、"老"。

按：前半条出宋《类说》卷四二张君房《缙绅脞说》"八戒"条。

＊4［谨则无忧，忍］则无辱，静则常安，俭则常足。

按：见元西园精舍本《事林广记》前集卷九[⑥]、元《居家必用事类全集》癸集"《省心杂言》"[⑦]。《居家必用事类全集》癸集"《省心杂言》"首录："草庐吴先生曰，是编'可以警悟人心，可以扶树世教，蔼然君子之言也。书无作者姓名，遡其所自谓和靖处士，林逋君复之书也'。继后恬庵何氏选旨意相类者，兼附之云。"《省心杂言》为宋李邦献撰，有绍兴庚辰（三十年，1160）祁宽等人序。《永乐大典》辑本完整保存了宋本序跋以及228条内容。另有刊本选编此书条目，题曰《省心录》、《省心诠要》而作者署为林逋。吴澄之语亦见于其《省心诠要

---

① 〔宋〕杜大珪编《新刊名臣碑传琬琰之集》，卷首有绍熙五年（1194）序，《中华再造善本》影印宋刻元明递修本。

② 据〔清〕陆耀遹《金石续编》卷一八，连州燕喜亭有绍熙二年五月知军州事长乐陈晔日华父题名，清同治十三年（1874）双白燕堂刻本。

③ 〔宋〕陈元靓《事林广记》，《和刻本类书集成》第一辑第一册，上海：上海古籍出版社影印本，1990年，第349页。下文如无说明皆据此本。

④ 〔宋〕曾慥《类说》，明有嘉堂本，下文如无说明皆据此本。明有嘉堂本共五十卷，存三十六卷，阙卷处据台北"国家图书馆"藏明澹生堂抄本。澹生堂本材料与相关版本信息皆由关静老师提供，特致谢意。

⑤ 《太上感应篇》，见〔宋〕李昌龄《乐善录》卷四，《续古逸丛书》景宋刻本。

⑥ 〔宋〕陈元靓《事林广记》前集卷九"警世格言"，元至顺间西园精舍本，今藏于日本国立公文书馆内阁文库。

⑦ 〔元〕《居家必用事类全集》，《续修四库全书》子部杂家类第1184册，影印明隆庆二年（1568）飞来山人刻本。

序》。[①] "恬庵何氏"即何耕,字道夫,号恬庵,绵竹(今属四川)人。绍兴十八年(1148)进士。官终朝请大夫、知潼川府。[②]《居家必用事类全集》癸集"《省心杂言》"中,自"势不可使尽"以下内容(48 条)不见于李邦献《省心杂言》,此或即何耕选附条目。由于这些条目多见于《琐碎录》与《事林广记》,故亦不能完全排除后人选录《琐碎录》、《事林广记》等书条目而托名于何氏的可能。《琐碎录》卷一有 13 条与《居家必用事类全集》癸集"《省心杂言》"所录相同或相近,皆不见于李氏《省心杂言》而见于后附条目,下文不再一一说明。

*5[勤则不匮],俭故能广。忍则百恶消灭,谨则万祸不侵。[大喜荡]心,微抑则定;甚怒烦性,小忍则歇。

按:"忍则……不侵",见明《云薖淡墨》卷一。[③] "大喜……则歇",源于《宋书》卷七三颜延之本传,"则"作"即"。[④]

*6 心[欲小]而志欲大,智欲圆而行欲方,能欲多而事欲[鲜。信者]行之基,行者人之主。人非行无以成,行非信[无以]立。

校:自"信者"以下,《博闻类纂》另作一条。

按:前半条("心欲……欲鲜"),出《类说》卷二三汉刘安《淮南子》"心小而志大"条,[⑤]源于《淮南子·主术》。后半条,见《居家必用事类全集》癸集"《省心杂言》";源于《刘子》卷二《履信》,"主"作"本"。[⑥]

7[德行文学]为根株,正直刚毅为柯叶。

校:阙字据《新唐书》卷一六三柳玭本传录柳氏家训补。[⑦]

*8[守口如瓶,防]意如城。

按:见元西园精舍本《事林广记》前集卷九、元《居家必用事类全集》癸集"《省心杂言》"。《仕学规范》卷九引宋程颢、程颐《程氏遗书》:"刘器之云:富郑公年八十,书座屏云云云。"[⑧]同上书卷一三引《横浦日新》:"富郑公年八十,大书座屏云云云。在公尚然,况他人乎!"

9□□□□□□□,□□行独善其身。

---

① 〔元〕吴澄《吴文正集》卷一九,影印清文渊阁《四库全书》本(以下简称四库本)。

② 事见〔宋〕周必大《周文忠公集》卷三五《朝请大夫知潼川府何君耕墓志铭》,四库本。

③ 〔明〕木增辑《云薖淡墨》,《续修四库全书》子部杂家类第 1192 册,影印明崇祯刻本。

④ 《宋书》,北京:中华书局点校本,1974 年,第 1900 页。

⑤ 《类说》有嘉堂本此卷阙,承关静老师相告,澹生堂本目录存《淮南子》,正文脱书名,故此条误入《炙毂子》中,上海图书馆藏清抄五十卷本属《淮南子》不误。

⑥ 〔北齐〕刘昼《刘子》,明《正统道藏》本。

⑦ 《新唐书》,北京:中华书局点校本,1975 年,第 5028 页。

⑧ 〔宋〕张镃《仕学规范》,《中华再造善本》影印宋刻本。

按：元《居家必用事类全集》癸集"《省心杂言》"："道行则功济天下，道不行则独善一身。"《（道光）辉县志》卷一八载邵雍《劝学》云云。[①]

＊10［立己以孝悌为基，恭默］为本，畏怯为务，勤俭为法。

按：见《新唐书》卷一六三柳玭本传录柳氏家训。[②]

＊11［福生于谨俭，德生于卑退］，命生于保和，道生于安静，［祸生于多贪，患生于多欲］，过生于轻慢，罪生于不仁。

按：明高濂《遵生八笺》卷二"洗心说"："福生于清俭，德生于卑退，道生于安静，命生于和畅，患生于多欲，祸生于多贪，过生于轻慢，罪生于不仁。"[③]《孔圣宝卷》："曾肇夫子曰：'余尝问魏元君，有八生八治克己之辞，曰：道生于安静，德生于平退，福生于清俭，命生于和畅，患生于多欲，过生于轻慢，祸生于多贪，罪生于不仁。……'"[④]其义相近。

12（阙）

13（阙）

14（阙）

＊15［言语简寡，在我可以少悔］，在人可以少怨。

按：出《袁氏世范》卷二"言语贵简当"条。[⑤]

16□□□□□□□□□，无过食，去肥浓，节酸咸，减思/（下阙）。

按：出《类说》卷二〇晋张华撰《博物志》"养生法"："皇甫隆遇青牛道士封君达，云：'体欲常少劳，无过食，去肥浓，节酸咸，减思虑，捐喜怒，慎房室。'"

＊17［唐诗云：野饭］具藜藿，永日亦不饥。苟餐非其所，脍炙［为蒺藜］。

按：见宋《唐文粹》卷一六下姚合《过张邯郸庄》。[⑥]

＊18［有名皆畏］途，无事乃真筌。

按：见《唐文粹》卷一五上权德舆《奉送韦起居老舅百日假满归嵩阳旧居》。

＊19［外护其身］，如惜干霄茂树，勿纵一斧之刃伐伤；内护［其行］，如惜渡海浮囊，勿容一针之锋穿破。

---

① 〔清〕周际华修，戴铭纂《（道光）辉县志》，清光绪二十一年（1895）刻本。

② 《新唐书》，第5027页。

③ 〔明〕高濂《雅尚斋遵生八笺》，明万历刻本。

④ 〔清〕《孔圣宝卷》，民国十七年（1928）石印本（以清光绪吉林马鞍山清静观本为底本）。

⑤ 〔宋〕袁采《袁氏世范》，《中华再造善本》影印宋刻本。各条标目据清《知不足斋丛书》本。

⑥ 〔宋〕姚铉编《文粹》，《中华再造善本》影印南宋绍兴九年（1139）临安府刻本。

按:源于宋《法藏碎金录》卷一〇,[①]亦见曾慥《道枢》卷三“碎金篇”引录。[②]

＊20 虑[患莫若]谨言,修己莫若检迹。

＊21[死生贫]富,生来注定。君子赢得为君子,小人枉了做[小人]。

按:出《袁氏世范》卷二“贫富定分任自然”条。

＊22“[不见可欲],使心不乱。”最为省事之要术。

按:出《袁氏世范》卷二“见得思义则无过”条:“圣人云:‘不见可欲,使心不乱。’此最省事之要术。”

＊23[言而无益,不]若勿言;为而无益,不若勿为。

按:见《类说》卷三一宋司马光《迂书》“无益”条、《仕学规范》卷一〇引宋司马光《涑水迂书》。

＊24[小人治迹,君子]治心。

按:出《类说》卷三一《迂书》“治心”条。

＊25[君子有三患:患不得]闻;既得闻之,患不得学;既得学[之,患勿能行]。

按:出《类说》卷三四《孔子家语》“三患”条,“勿”作“弗”。

＊26[盛德之士先责己,薄德之]士先责人。

＊27[勿以恶小而为之,勿以善]小[而不]为。

按:源于《三国志》卷三二《先主传》裴松之注引“《诸葛亮集》载先主遗诏”。[③] 以上八条次序与《博闻类纂》同,故其阙文虽多,亦可据补。

28(阙)

按:“治己·□□”中,第12、13、14、28条皆抄作一行而内容全阙。《博闻类纂》“治己”门中不见于《琐碎录》的2条内容,当在此四条中,兹录于此:

(1)无忽片善,无惮小劳。

按:此为《博闻类纂》卷一“治己·善行”第21条,第20条“勿以恶小而为之,勿以善小而不为”,即《琐碎录》卷一“治己·□□”第27条。

(2)修身莫若敬,避强莫若顺。

按:此为《博闻类纂》卷一“治己·善行”第11条。源于《后汉书》卷八四

---

① 〔宋〕晁迥《法藏碎金录》,四库本。

② 〔宋〕曾慥《道枢》,明《正统道藏》本。

③ 《三国志》,北京:中华书局点校本,1959年,第891页。

《列女传》曹世叔妻(班昭)本传所载《女诫》。[①] 见元《居家必用事类全集》癸集“《省心杂言》”。

29□□□□,□□□□。□心微累,十手争指。

按:《新唐书》卷一六三柳玭本传录柳氏家训:“实艺懿行,人未必信。纤瑕微累,十手争指矣。”[②]

＊30[一言而非,驷马不追。毁]誉之源,祸福之机。

＊31[终身为善则不足,一]日为恶则有余。

＊32[亲君子,远小人],近福禄,免灾刑。

＊33[诫酒后语,忌]食时嗔。忍难耐事,顺自强人。

按:出《袁氏世范》卷二“与人言语贵和颜”条:“前辈有言云云。”

＊34[人之谋事],或几成而败,或败而后成。此造物微机,只[得顺听]。

按:《袁氏世范》卷二“谋事难成则永久”:“凡人谋事,虽日用至微者,亦须龃龉而难成,或几成而败,既败而复成。然后其成也,永久平宁,无复后患。若偶然易成,后必有不如意者。造物微机,不可测度如此。静思之,则见此理,可以宽怀。”此条当据以改写。

35[有愧而]生,不若无愧而死。

校:阙字据宋《邵氏闻见录》卷一四载范纯仁语“有愧而生者,不若无愧而死”补。[③]《记纂渊海》卷一三〇“人事·知本”引“《闻见录》”,无“者”字。[④]

＊36人[之及]祸,未必皆智之所不烛,往往知其必有,又幸[其或无],日复一日,遂至于杀身破家者多矣。古之[言智,必]继之以勇,盖不能勇决,不足以为智。

＊37[优游之所勿久]恋,得意之所勿再往。

按:《类说》卷一六宋张师正《倦游杂录》“得意之所勿再往”条:“真宗召陈抟至京师,士大夫多求其言。曰云云。”见元《居家必用事类全集》癸集“《省心杂言》”;“得意之所”,元西园精舍本《事林广记》前集卷九作“得意之处”。

＊38[如意之事常少],不如意之事常多,富贵贫贱皆有,谓[之缺陷世界,以]人生世界无足心满意者。能[达此理而顺受之,则可少]安。

---

① 《后汉书》,北京:中华书局点校本,1965年,第2788—2789页。

② 《新唐书》,第5027页。

③ 〔宋〕邵伯温《邵氏闻见录》,明毛晋汲古阁《津逮秘书》本。

④ 〔宋〕潘自牧《记纂渊海》,《中华再造善本》影印宋刻本。

校："有"下，《博闻类纂》有"之"字。

按：《袁氏世范》卷二"忧患顺受则少安"："人生世间，自有知识以来，即有忧患不如意事。小儿叫号，皆其意有不平。自幼至少、至壮、至老，如意之事常少，不如意之事常多。虽大富贵之人，天下之所仰羡以为神仙，而其不如意处各自有之，与贫贱人无异，特所忧虑之事异尔。故谓之缺陷世界，以人生世间无足心满意者。能达此理而顺受之，则可少安。"此条当据以改写。

＊39［鼠以夜动，枭以夜鸣，虎］以夜行，狸以夜窃。小［人肆毒而欺心者，未有不自于］幽暗之间也。谗谮者［必阴中，贿赂者必背受，奔淫者必私］约，盗窃者必［宵行，是皆鼠、枭、狸、虎之类也。人而欺］暗室、愧屋漏，［亦此之类欤］！

＊40［冯道谓郭威曰："道平生不曾妄语］，莫遣道为妄［语人］。"

校："遣"原作"遗"，据《博闻类纂》、《类说》改。

按：出《类说》卷三宋吴处厚《青箱杂记》"论冯道"："初，郭威遣道迓湘阴，道曰：'不知此事由中否？道平生不曾妄语，莫遣道为妄语人。'"[①]

＊41［苏赵公自言，平生骂奴婢］，未尝以禽畜［云］，以（下阙）。

校：《博闻类纂》中，此条录于"冯道谓郭威曰：'道平生不曾妄语，莫遣道为妄语人'"后，换行低一格，"云"下无文。

按：此条后一行残阙，未明为其下文或是另一条目。

＊42［张安道之父死，年九十］许。一生不乘轿担，［云：岂可以人代畜］？

校："许"，原作"计"，据《博闻类纂》改。

按：宋《颍川语小》卷下："张安道之父年九十余，一生不乘轿担，云：岂可以人代畜？"[②]

＊43［颜斶之言曰：常］愿得蔬食以当肉，安步以当车，无罪［以当贵］，□□正立以自娱。

校："颜斶之言"，《博闻类纂》杭图本原作"颜氏家训"，据内阁文库本改。"步"，原作"坐"，据《博闻类纂》、《战国策》、《册府元龟》改。"□□正立"，《战国策》、《册府元龟》作"清静贞正"，《博闻类纂》作"清净"。

按：《战国策》卷一一："颜斶辞去曰：'……斶愿得归，晚食以当肉，安步以当车，无罪以当贵，清静贞正以自虞。……'"[③]"归晚食"，《册府元龟》卷七七八

① 《类说》有嘉堂本此卷阙，故据澹生堂本。

② 〔宋〕陈叔方《颍川语小》，清《守山阁丛书》本。

③ 《战国策》，上海：上海古籍出版社点校本，1985年，第413页。。

作“蔬食”。①

＊44[吕居仁诗云]:“忍穷有味知诗进,处事无心觉累轻。”

按:诗句见宋吕本中《东莱诗集》卷七《试院中呈工曹惠子泽教授张彦实》,②又见《能改斋漫录》卷八等书引录。

＊45寒[暑,人]皆畏之。盛暑中,惟二膳时令人扇。大寒中夜[饮,从]人[须]劳以酒。圣人云:“己所不欲,勿施于人。”但[贫贱不]同耳。

＊46[凡植物]皆直生,动物皆横生。人为动物乃直生,所以[为]万物之灵。若放倒,则与禽兽何以异?故君子必[以]礼义自持。

校:“以”,《博闻类纂》无。

47□□□云:钻冰取火犹容易,一失人身(下阙)。

48□□□□恶报,其善未熟;其善熟时,当□□□□□/□□□□其恶未熟;其恶熟时,当(下阙)。

按:宋《萤雪丛说》卷下“善恶有报”条:“《大藏经》云:善若无报,其善未熟;其善熟时,必受其福。恶若无报,其恶未熟。其恶熟时,必受其苦。”③其义相近。

49□□□□,□□不为,他人做(下阙)。

按:《邵氏闻见录》卷一八:“康节曰:‘好事到手,畏慎不为,他人做了,郁郁何益?’”

＊50[种麻得麻,种苎得]苎。天网恢[恢,疏而不漏]。

按:见元西园精舍本《事林广记》前集卷九,“种苎得苎”作“种豆得豆”。

＊51[人用财试,金用火]试。

＊52[行无好伴,不如]独行。

按:以上三条编次,与《博闻类纂》同,故其阙文虽多,亦可据补。

53[千经万典,孝]义为先。天上人间,方便[第一]。

校:阙字据元西园精舍本《事林广记》卷九补。

＊54[造物已定],任之自然。君子达此可乐长年。

55□□□如求己。

---

① 〔宋〕王钦若等《册府元龟》,明刻本。

② 〔宋〕吕本中《东莱先生诗集》,《四部丛刊续编》景宋本。

③ 〔宋〕俞成《萤雪丛说》,民国十一年(1922)陶氏刊《儒学警悟》本。

按:宋《守城录》卷一:"俗谚云:求人不如求己。"①

＊56[不经]一事,不长一智。

按:见元西园精舍本《事林广记》前集卷九,"经"作"因"。

57□凰爱其毛羽,贤士惜其言语。

按:俗谚,缺字疑作"凤"。

＊58[终身让]路,不失百步;终身让畔,不失一段。

按:《新唐书》卷一一五朱仁轨本传:"(朱仁轨)尝诲子弟曰:'终身让路,不枉百步;终身让畔,不失一段。'"②

＊59 利[惑人智],色惑人神。

60 三□□起当一工。

按:俗谚,缺字疑作"朝早"。宋《攻媿集》卷八《午睡戏作》首句曰"早起三朝当一工"。③

61 为□□量力以为之。若不量力,虽善亦不当为也。

按:《邵氏闻见录》卷一九:"康节先公遗训曰:'汝固当为善,亦须量力以为之。若不量力,虽善亦不当为也。'"

＊62[世有三]字经,名曰依本分。若人能受持,祸福不须问。

按:《遵生八笺》卷一:"太一真人曰:'予有经三部,共只六字,儒者诵之成圣,道士诵之成仙,和尚诵之成佛,而功德甚大,但要体认奉行。一字经曰"忍",二字经曰"方便",三字经曰"依本分"是也。三经不在大藏,只在灵台。'有味乎言哉。"

＊63[坐如钟],立如春,卧如弓,行如风。

校:"弓",原作"分",据《博闻类纂》改。

＊64[良田]万顷,不如一艺随身。

按:见元西园精舍本《事林广记》前集卷九,"一"作"薄"。

＊65[紧事]不可急作,慢事不可缓为。

＊66 作善无报,作恶无报,不是无报,时辰未到。

校:"无"、"辰未",《博闻类纂》分别作"不"、"节不"。

按:元西园精舍本《事林广记》前集卷九:"善有善报,恶有恶报,善恶无报,

① 〔宋〕陈规《守城录》,四库本。

② 《新唐书》,第 4221 页。

③ 〔宋〕楼钥《攻媿集》,《中华再造善本》影印宋四明楼氏家刻本。

时节未到。"其义相近。

接 物

＊1 与善人接，如入芝兰之室，久而自芳。[与恶人交，如入]鲍鱼之肆，久而自臭。

校："接"、"交"，《类说》、《颜氏家训》作"居"。

按：出《类说》卷三八北齐颜之推《颜氏家训》"鲍鱼之肆"条。《颜氏家训》卷二《慕贤》中，"芳"、"臭"后皆有"也"字。①

＊2 面谀不足喜，奸人语言美。[面辱不足怒，愚夫语言矗]。

按：《袁氏世范》卷二"谀巽之言多奸诈"："人有善诵我之美，使我喜闻而不觉其谀者，小人之最奸黠者也。彼其面谀我而我喜，及其退与他人语，未必不窃笑我为他所愚也。人有善揣人意之所向，先发其端，导而迎之，使人喜其言与己暗合者，亦小人之最奸黠者也。彼其揣我意而果合，及其退与他人语，又未必不窃笑我为他所料也。此虽大贤，亦甘受其侮而不悟，奈何！"此条当据以改写。

＊3 鞠躬便辟不足为恭，长号[涕泣不足为哀，敝衣粝食]不足为俭。三者[欺]人可[矣，感]人[则未也。君子感人]者，其惟诚乎？欺人者，不旋踵人必[知之；感人者，益]久人益信之。

校：此条与上一条，《博闻类纂》中作一条。

按：出《类说》卷三一《迂书》"三欺"条，"涕泣"作"流涕"。② 司马光《温国文正司马公文集》卷七四③、《仕学规范》卷一〇所引"《涑水迂书》"，"三者"后有"以之"，"君子"下有"所以"，并非其直接出处。

＊4 人之材性不同，各有所安。畏谨者不可责以[宽泰，舒]迟者不可责以敏疾。

校："谨"当作"慎"，避宋孝宗讳，下文同例不再出校。

按：《吕氏乡约·答刘平叔》："凡所谓强人所不能者，谓其材性所安，难强以矫，犹畏慎者责以宽泰，舒迟者责以敏疾之类。"④此条当据以改写。

＊5 取其所长，弃其所短，交道可以绵远。责其所短，遗其[所长]，人情不久则伤。

---

① 〔北齐〕颜之推撰，王利器集解《颜氏家训集解》，北京：中华书局，1993 年，第 128 页。

② 承关静老师相告，此条所属引书，《类说》各本中有嘉堂本等有误，澹生堂本、上海图书馆藏清抄五十卷本等作《迂书》不误。

③ 〔宋〕司马光《温国文正司马公文集》，《四部丛刊》景宋本。

④ 〔宋〕吕大钧《吕氏乡约》，《中华再造善本》影印宋嘉定本。

按:《袁氏世范》卷二“人行有长短”:“人之性行虽有所短,必有所长。与人交游,若常见其短而不见其长,则时日不可同处;若常念其长而不顾其短,虽终身与之交游可也。”此条疑据此改写。

＊6[遏恶扬]善,推多取少。

校:“善”,原作“名”,据《博闻类纂》、《太上感应篇》改。

按:见《太上感应篇》。

7□□□字,自亦未必能保,岂能保他人邪?

＊8 人[强为]善,亦当奖之。

＊9[好称]人恶,人亦道其恶;好憎人者,人亦憎之。言人之[善],泽于膏沐;言人之恶,痛于矛戟。

校:“言”,原作“者”,据《博闻类纂》、《说苑》改。

按:见汉刘向《说苑》卷一六《谈丛》:“好称人恶,人亦道其恶;好憎人者,亦为人所憎。”“言人之善,泽于膏沐;言人之恶,痛于矛戟。”[①]前半条(“好称……憎之”)又见《类说》卷二六下《说苑》“好称人恶”条。

＊10[己]有至善,勉人为善;己无小恶,谏人为恶。

按:《袁氏世范》卷二“正己可以正人”条:“勉人为善,谏人为恶,固是美事,先须自省。……”其义相近,此条疑据此改写。

＊11 稠人中不可议人长短,恐有其亲厚者。

校:“长短”,《博闻类纂》、元《居家必用事类全集》癸集“《省心杂言》”作“短长”。

按:宋张镃《仕学规范》卷一一引宋和平《和氏谈选》:“叶道卿自浙漕罢,以母老求司宫钥。长子经临江军修谒,方入客次,闻众宾聚首言道卿被罪。叶揖而问:‘得报耶?’宾曰:‘传闻耳。’曰:‘叶道卿乃某之家君,以祖母老求便,实无过。’众宾负赧,几失所措。信知稠人中不可妄谈是非。昔人有言客次与茶酒肆中,最宜谨默,可不信乎!”此条疑源出于此。

＊12 詈人而人不答,人必有所容。讼人而人不校,人[必有]所处。

按:《袁氏世范》卷二“凡事不为已甚”:“人有詈人而人不答者,人必有所容也,不可以为人之畏我而更求以辱之。为之不已,人或起而我应,恐口噤而不能出言矣。人有讼人而人不校者,人必有所处也,不可以为人之畏我而更求以攻之。”此条当据此改写。

---

① 〔汉〕刘向《说苑》,《四部丛刊》景明钞本。

*13 处乡四事：一曰德业相劝，二曰过失相[规，三曰礼俗]相交，四曰患难相恤。

校："交"，《博闻类纂》作"成"。

按：出《吕氏乡约》所载四事："德业相劝"、"过失相规"、"礼俗相交"、"患难相恤"。《事林广记》庚集卷四"处乡四事"条："《吕氏乡约》云：一曰德业相勤，二曰过失相规，三曰礼俗相成，四曰患难相恤。"①

*14 人之所赖于邻里乡党，犹身有手足，家有[兄弟，善恶]利害皆与之同，不可一日无也。

按：出《吕氏乡约》："人之所赖于邻里乡党者，犹身有手足，家有兄弟，善恶利害皆与之同，不可一日而无之。"

15 悯人之凶，乐人之善，济人之急，救人之[危]。

校："危"，据《太上感应篇》、元《居家必用事类全集》癸集"《省心杂言》"补。《太上感应篇》："宜悯人之凶，乐人之善，济人之急，救人之危。"

*16 人有患，当度己所至，问遗赒恤。

按：《袁氏世范》卷二"周急贵乎当理"条："人有患难不能济，困苦无所诉，贫乏不自存，而其人朴讷怀愧，不能自言于人者，吾虽无余，亦当随力周助。……"此条疑据此改写。

*17 富贵之家，能积阴德、广周济，非惟平时可[免盗贼，虽]兵戈扰攘之际，犹得全保。

校："贵"、"戈"、"全保"，《博闻类纂》分别作"厚"、"火"、"保全"。

按：《袁氏世范》卷三"刻剥招盗之由"："劫盗虽小人之雄，亦自有识见。如富家平时不刻剥，又能乐施，又能种种方便，当兵火扰攘之际，犹得保全，至不忍焚掠污辱者多。凡盗所快意于焚杀之者，多是积恶之人。富家各宜自省。"此条疑据此改写。

*18 盛喜中勿许人物，盛怒中勿答人简。

按：见宋陈录《善诱文》引"赵清献公座右铭"。② 亦见《居家必用事类全集》癸集"《省心杂言》"，"答"作"开"。

*19[施]恩不忘报，与人不追悔。

校："忘"字误，《博闻类纂》作"望"，《太上感应篇》作"求"。

按：元西园精舍本《事林广记》前集卷九："施恩勿求报，与人勿追悔。"

---

① 《事林广记》，第 350 页。

② 〔宋〕陈录《善诱文》，卷首有嘉定十四年(1221)陈鍊序，民国武进陶氏景宋《百川学海》本。

*20[受人]恩不报者，为子必不孝，为臣必不忠。

按：明仁孝皇后徐氏《大明仁孝皇后劝善书》卷一九所载同。[①] 明陈师《禅寄笔谈》卷二[②]、明陈绛《金罍子》[③]下篇卷一一载："司马温公曰：'受人之恩而忘之者，其为子必不孝，为臣必不忠。'"

*21 势[不]可用尽，官职不可做尽，财物不可使尽，私债不[可]索尽，人情不可责尽。宁人下我，我莫下人；宁人[负]我，我莫负人。善可称，恶不可扬；恩可报，怨不可[酬]。

*22 不与人争者，常得利。多退一步，常进百步。取之廉者，得之常过其初。约于今者，必有垂报于后。不可不思也。

校："步"下，《博闻类纂》、《仕学规范》有"者"字。"垂"原作"乘"，据同上书改。

按：见《仕学规范》卷二六引宋吕本中《吕氏童蒙训》。[④]

*23 天序十年一换甲，世事十年一变更。今日不知[来日]事，得时莫笑失时人。

按：《袁氏世范》卷二"世事更变皆天理"："世事多更变，乃天理如此。今世人往往见目前稍稍乐盛，以为此生无足虑，不旋踵而破坏者多矣。大抵天序十年一换甲，则世事一变。今不须广论久远，只以乡曲十年前、二十年前比论目前，其成败兴衰，何尝有定势？世人无远识，凡见他人兴进及有如意事，则怀妒；见他人衰退及有不如意事，则讥笑。同居及同乡人最多此患。若知事无定势，则自虑之不暇，何暇妒人笑人哉！"此条当据以改写。

*24 杭州一乡先生，每学徒弟子家送束脯[来，必视其子]弟前月功课，有进益方受，否则却之。

校："有进益"、"则"，《博闻类纂》分别作"之进"、"即"。

治　家

家　法

*1 司马氏《居家杂仪》：凡为家长，必谨守礼法，[以御群子]弟及家众。分

① 〔明〕仁孝皇后徐氏《大明仁孝皇后劝善书》，《四库全书存目丛书》子部杂家类第120册，影印明永乐五年(1407)内府刻本。

② 〔明〕陈师《禅寄笔谈》，明万历二十三年(1595)自刻本。

③ 〔明〕陈绛《金罍子》，明万历三十四年(1606)陈昱刻本。

④ 〔宋〕吕本中《吕氏童蒙训》原本已佚，宋人多有引录。据粟品孝《吕本中〈官箴〉出自〈童蒙训〉原本考》(《文献》2007年第4期，第36—38页)，至迟于嘉泰四年(1204)其中为官之道的内容就已被析出，以《舍人官箴》为题收入《东莱别集·家范》，其后《官箴》或据此刊刻。

之以职，授之以事，而责[其成功]。□□□□掌仓廪、厩库、庖厨之类，事谓朝夕所干及非常之事。制财用之节，[量入以为]出，称家之有无，以给上下之衣食，及吉凶之[费，皆]有品节，而莫不均一。裁省冗费，禁止奢华，常须[稍]存赢余，以备不虞。

校：阙字据《博闻类纂》、《居家杂仪》补。"责"原作"贵"，"止"原作"立"，据同上书改。注文不见于《博闻类纂》，所阙四字据《居家杂仪》当作"职谓使之"。

按：出司马光《居家杂仪》："凡为家长，必谨守礼法，以御群子弟及家众。分之以职，授之以事，而责其成功。分之以职，谓使之掌仓廪、厩库、庖厨之类，事谓朝夕所干及非常之事。制财用之节，量入以为出。称家之有无，以给上下之衣食，及吉凶之费，皆有品节，而莫不均壹。裁省冗费，禁止奢华，常须稍存赢余，以备不虞。"①

*2[幼]者孝恭而不怨，长者慈惠而不责，则上下雍睦，家[道]以兴。

校：阙字据《博闻类纂》、司马光《温国文正司马公文集》卷二九《上皇太后疏》补。

*3 子[妇]闲居无事，则侍于父母舅姑之所。容貌必恭，执事必谨。言语应对，必下气怡声。不命之坐不敢坐，[不]命之退不敢退。

校：侍"，原作"待"，据《博闻类纂》、《居家杂仪》改。

按：出《居家杂仪》："居闲无事，则侍于父母舅姑之所。容貌必恭，执事必谨。言语应对，必下气怡声。出入起居，必谨扶卫之，不敢涕唾喧呼于父母舅姑之侧。父母舅姑不命之坐，不敢坐；不命之退，不敢退。"

*4 诸卑幼，事无大小，毋得专行，必咨禀于家长。

按：出《居家杂仪》，句首有"凡"字。

*5 为子妇者，毋得蓄私财。财利之入，尽归之父母舅姑。当用则请而用之，不敢私假，不敢私与。

校："之"，原脱，据《博闻类纂》、《居家杂仪》补。

按：出《居家杂仪》："凡为子妇者，毋得蓄私财。俸禄及田宅所入，尽归之父母舅姑。当用则请而用之，不敢私假，不敢私与。"

*6 卑幼坐，而尊长过之，则起。遇尊长于途，则下马。

按：出《居家杂仪》，句首有"凡"字，"遇"上有"出"字。

*7 子事父母，父母所爱，亦当爱之；所敬，亦当敬之。至[于]犬马尽然，而况于人乎？

---

① 〔宋〕司马光《居家杂仪》，收入汲古阁影宋抄本《小学五书》。

按:出《居家杂仪》,句首有“凡”字.

*8 父母于子无爱憎,则兄弟必相和睦。

按:《袁氏世范》卷一“父母爱子贵均”条:“人之兄弟不和而至于破家者,或由于父母憎爱之偏。”此条当据此改写。

*9 为人子弟者,不敢以富贵加于父兄宗族。[凡事不敢]自拟于其父。

校:阙字据《博闻类纂》、《居家杂仪》补。

按:出《居家杂仪》:“凡为人子弟者,不敢以贵富加于父兄宗族。”“……凡事不敢自拟于其父。”

*10 男子昼无故不处私室,妇人无故不窥中门。

校:“私”,原脱,据《居家杂仪》、《博闻类纂》补。

*11 父子之严,不可以狎。骨肉之爱,不可以[简。简]则[慈]□不接,狎则怠慢生。

校:阙字据《博闻类纂》、《类说》、《家范》、《颜氏家训》补。“□”,《类说》、《家范》、《颜氏家训》作“孝”,《博闻类纂》作“爱”。

按:源于《颜氏家训》卷一《教子》。[①] 见《类说》卷三八《颜氏家训》“父子之严”条、司马光《家范》卷三,[②]句末皆有“焉”。

*12 父子不可以责善,兄弟不可以争财。

按:《袁氏世范》卷一“性不可以强合”条:“人之至亲,莫过于父子兄弟。而父子兄弟有不和者,父子或因于责善,兄弟或因于争财。”此条当据此改写。

*13 子之于父,弟之于兄,犹卒伍之于将帅,胥史之于[官]曹,奴婢之于雇主,不可视如朋辈。

校:“帅”,原作“师”,据《博闻类纂》、《袁氏世范》改。阙字据同上书补。

按:出《袁氏世范》卷一“父兄不可辨曲直”条,“不可”下有“相”字。

*14 治家如治国,宽猛在于相济。

校:“治国”,原作“国治”,据《博闻类纂》改。

按:《颜氏家训》卷一《治家》:“治家之宽猛,亦犹国焉。”[③]

*15 肥家以忍顺,保交以简恭。

按:见《新唐书》卷一六三柳玭本传所录柳氏家训。[④]

---

① 《颜氏家训集解》,第 15 页。

② 〔宋〕司马光《家范》,明天启刻本。

③ 《颜氏家训集解》,第 41 页。

④ 《新唐书》,第 5027 页。

＊16 兴盛之家，长幼多和协。破荡之家，妻孥多责骂。

按：《袁氏世范》卷一“家长尤当奉承”：“兴盛之家，长幼多和协，盖所求皆遂，无所争也。破荡之家，妻孥未尝有过，而家长每多责骂者。”此条当据以改写。

17 凡内外仆妾，鸡初鸣咸起，栉总，盥漱，衣服。

按：出《居家杂仪》。

＊18 男仆非有缮修及有大故，不入中门。女仆无故不出中门。苍头主通内外之言，传致内外之物，毋得辄升堂室、入庖厨。

按：出《居家杂仪》：“男仆非有缮修及有大故，不入中门；入中门，妇人必避之；不可避，亦必以袖遮其面。女仆无故不出中门；有故出中门，亦必拥蔽其面。铃下苍头但主通内外之言，传致内外之物，毋得辄升堂室、入庖厨。”

＊19 男仆有忠信可任者，重其禄；能干家事者，次之；专务[欺]诈者、犯上者，逐之。女仆年满不愿留者，纵之；勤□少过者，资以嫁之；其谗间、盗窃、放荡、离叛[者，逐之]。

校：阙字据《博闻类纂》、《居家杂仪》补。“能”，原脱，据同上书补。“者”，同上书无。“□”，《博闻类纂》作“谨”，《居家杂仪》作“旧”。

按：出《居家杂仪》：“凡男仆有忠信可任者，重其禄；能干家事，次之；其专务欺诈、背公徇私、屡为盗窃、弄权犯上者，逐之。凡女仆年满不愿留者，纵之；勤旧少过者，资而嫁之；其两面二舌、饰虚造谗、离间骨肉者，逐之；屡为盗窃者，逐之；放荡不谨者，逐之；有离叛之志者，逐之。”

＊20 清晨早起，昏晚早睡，可以杜绝婢仆奸□□□□/驭婢仆当有恩。

校：《博闻类纂》中，“清晨早起，昏晚早睡，可以杜绝婢仆奸盗”与“驭婢仆当有恩”作二条。

按：《袁氏世范》卷三“婢仆奸盗宜深防”：“清晨早起，昏晚早睡，可以杜绝婢仆奸盗等事。”此书同卷另有“待婢仆当宽恕”、“教治婢仆有时”、“婢仆疾病当防备”、“婢仆当令饱暖”等条，后半条或据以概述而成。

＊21“慢藏诲盗，冶容诲淫”，治家者最宜如此。

校：“冶”，原作“治”，据《博闻类纂》、《周易·系辞下》改。“如此”，疑当作“知此”，《博闻类纂》作“知之”。

＊22 凡夜犬吠，盗未必至，闻物有声，未必是[盗，皆不可不]警。

按：出《袁氏世范》卷三“夜间防盗宜警急”：“凡夜犬吠，盗未必至，亦是盗来探试，不可以为他而不警。夜间遇物有声，亦不可以为鼠而不警。”

23 崔枢夫人治家整肃，妇妾皆不许时世妆。

按:出《类说》卷一三唐赵璘《因话录》"时世妆"条。

＊24 寿昌胡倅彦特之家,子弟不得自打仆隶,妇[女不得]自打婢妾。有过则告之家长,家长为之行遣。妇[女]擅打婢妾,则挞子弟。此贤者之家法也。

校:阙字据《博闻类纂》、《袁氏世范》补。"婢"原作"奴","遣"原作"道",据同上书改。

按:出《袁氏世范》卷三"婢仆不可自鞭挞"条"。

＊25 人家或世为婚姻,云欲亲好不绝。有坚不从者,乃云小儿女一有不足,并弃旧好。不可不谨也。

＊26 俗间娶妇贪贫家,嫁婿贪寒族,盖云制。实大不然,往往反甚。

校:"云"下,《博闻类纂》有"易"。

＊27 今人家娶妇,初多优假之,后稍检局,则多不足。语曰"新来妇,月里儿",言教之不可缓也。

28 养子教小时,娶妇教新妇。俗语有"养子看小时,娶妇看新来"者,非也。

29 近世婚礼,当迎妇,以粟填臼,以席覆井,以枲塞窗。妇上车,婿骑绕之。逮妇入门,先拜灶。成礼之明日,作黍臛。俗相传,莫究其义。惟纳采九物,义乃可见。[胶]漆,取其固;绵絮,取其调柔;蒲苇,为心可屈[可]伸[也];嘉禾,分福也;双石,义在两固也。

校:阙字据《类说》、《酉阳杂俎》前集卷一[1]补。"蒲",原作"满",据同上书改。

按:出《类说》卷三七上唐段成式《酉阳杂俎》"婚礼"条。

＊30 奠雁之礼,汉儒注谓雁随阳鸟也。及[父老言雁不再]匹,所以有孤雁,示其偕老之义。此说[有理]。

教 子

＊1 凡子始生,乳母必择温谨者。子能食,教[以右手。能言],教之自名及唱喏。稍有知,教之以恭敬[尊长。六岁],教之数及方名,男子习书,女子始习女工[之小者]。七岁,男女皆教训《孝经》、《论语》。八岁,男子诵《尚书》,[女]子不出中门。九岁,男子诵《春秋》、诸史,始讲解。女子亦宜解说义理。十岁,男子出就外傅,居宿于外,读《诗》、《礼》、《传》,为之讲解,自是以往,可以博观群书。女子则教以女工之大者。

校:"训"、"解",《博闻类纂》分别作"诵"、"讲"。"中",原脱,据《博闻类

---

① 〔唐〕段成式《酉阳杂俎》,北京:中华书局点校本,2018年,第15页。

纂》、《居家杂仪》补。"傅",原作"傳",据同上书改。

按:出《居家杂仪》:"凡子始生,若为之求乳母,必择良家妇人稍温谨者。子能食,饲之,教以右手。子能言,教之自名,及唱喏万福安置。稍有知,则教之以恭敬尊长,有不识尊卑长幼者,则严诃禁之。六岁,教之数与方名。男子始习书字,女子始习女工之小者。七岁,男女不同席,不共食。始诵《孝经》、《论语》,虽女子亦宜诵之。自七岁以下,谓之孺子,早寝晏起,食无时。八岁,出入门户及即席饮食,必后长者,始教之以廉让。男子诵《尚书》,女子不出中门。九岁,男子诵《春秋》及诸史,始为之讲解,使晓义理。女子亦为之讲解《论语》、《孝经》及《列女传》、《女戒》之类,略晓大意。十岁,男子出就外傅,居宿于外,读《诗》、《礼》、《传》,为之讲解,使知仁义礼知信。自是以往,可以读《孟》、《荀》、《扬子》,博观群书。凡所读书,必择其精要者而读之,其异端非圣贤之书传,宜禁之,勿使妄观,以惑乱其志。观书皆通,始可学文辞。女子则教以婉娩听从,及女工之大者。"

*2《颜氏家训》曰:古者圣王,子生孩提,师保固明孝弟仁义,道习之矣。凡庶纵不能,亦当令婴稚识人颜色,知人喜怒,便加教诲,使为则为,使止则止。比及数岁,可省笞罚。父母威严而有慈,则子女畏谨而生孝矣。

校:"罚",原作"罪",据《博闻类纂》、《家范》改。

按:与《颜氏家训》原文相校,多有异文和删略之处。《颜氏家训》卷一《教子》:"古者,圣王有胎教之法……生子咳㖷,师保固明孝仁礼义,导习之矣。凡庶纵不能尔,当及婴稚,识人颜色,知人喜怒,便加教诲,使为则为,使止则止。比及数岁,可省笞罚。父母威严而有慈,则子女畏慎而生孝矣。"①疑出于《家范》卷三:"《颜氏家训》曰:古者圣王,子生咳㖷,师保固明仁孝礼义,道习之矣。凡庶纵不能尔,当及婴稚识人颜色,知人喜怒,便加教诲,使为则为,使止则止。比及数岁,可省笞罚。父母威严而有慈,则子女畏慎而生孝矣。"

3 少成若天性,习惯如自然。

按:《颜氏家训》卷一《教子》:"孔子云云云是也。"②此条疑亦出于《家范》卷三引录《颜氏家训》。

*4 养子教小时,娶妇教新归。

*5 人生至乐莫如读书,至要莫如教子。

按:宋《戒子通录》卷六引家颐《教子语》:"人生至乐无如读书,至要无如教

① 《颜氏家训集解》,第 8 页。

② 同上。

子。"[①]元西园精舍本《事林广记》前集卷九、元《居家必用事类全集》癸集"《省心杂言》"作"至乐莫如读书，至要莫如教子"。

＊6 教小儿，不可以诳语戏之，惧其长而多诈也。

校："以"，原脱，据《博闻类纂》补。

＊7 慈母多败子，严家无格虏。

按：《晋书》卷四八阎瓒本传载其上书曰"李斯云云云"。[②]《史记》卷八七李斯本传载其上书"故韩子曰'慈母有败子而严家无格虏'者"。[③]《韩非子·显学》谓"夫严家无悍虏，而慈母有败子"。[④]

＊8 凡生子，五岁即遣入学。先念《蒙求》，次[《千字文》，次《毛诗》]，盖句读齐整易读故也。然后《孝经》、[《语》、《孟》，次第读之]。量其性格，限以字数，理性或透，渐[渐增益]。

校："生子"，《博闻类纂》作"子生"。"遣"，原作"遗"，据《博闻类纂》改。

＊9 凡供日课，日昃未就者，宜加督责，必欲尽□□□□/尽篇，翌日却可改窜。庶几笔力有限而熟也。

校："昃"，原作"吾"，据《博闻类纂》改。"□□□□/尽"，《博闻类纂》作"日供课一"。

＊10 小儿学书，先令学手掌大字，渐作方寸字。若先学小字，则字势局促，又多欹侧。

校："字"，原作"手"，据《博闻类纂》改。

＊11 常熟钱氏妪只有一子，钤束甚严，小肆必施棰挞。或劝之曰："尔只一子，何苦如此？"妪云："只有一子，所以如此。"

校："小"，《博闻类纂》作"少"。"或"，原作"咸"，据同上书改。

＊12 刘君云："稚儿出游还家，手持玩物杂货，必诘其从来。若其语不情，必须呵责，夺取毁弃，恐得之不以道，虽路遗亦不可令取。"

校："情"，原作"惰"，据《博闻类纂》改。

＊13 起家之儿惜粪如惜金，败家之儿用金如用粪。

按：见元西园精舍本《事林广记》前集卷九。

---

① 〔宋〕刘清之《戒子通录》，四库本。

② 《晋书》，北京：中华书局点校本，1974 年，第 1351 页。

③ 《史记》，北京：中华书局点校本，1959 年，第 2555 页。

④ 〔清〕王先慎《韩非子集解》，北京：中华书局点校本，1998 年，第 461 页。

睦 亲

＊1 孝子思念身从何来，从父母来；父从何来，从祖父母来；母从何来，从外祖父母来。又念叔父、伯父、舅氏之属，皆父之类也；叔母、伯母、姑姨之属，皆母之类也。推父母甘旨之心，则无不供承；推父母教令之心，则无不随顺；推父母医药之心，则无不看待；推父母修行之心，则无不勤助。虽礼有先后，事有通局，而敬爱之心，皆如父母。乃至兄弟、姨妹、甥侄、子孙，皆父母枝派也。执劳运力仆妾之属，皆父母之使令也，虽尊卑贵贱有殊，而爱敬之心则一。

校："思"、"姨"，《如来广孝十种报恩道场仪》分别作"当"、"姊"。"勤"、"局"、"敬爱"，《博闻类纂》、《如来广孝十种报恩道场仪》分别作"劝"、"扃"、"爱敬"；"母"下，同上书有"之"字。

按：见宋《如来广孝十种报恩道场仪》之《如来广孝十种报恩道场仪文》卷中。①

＊2 昔之孝子，聚族数百口，同居数百年，岂有他哉？皆爱敬父母而及于宗族故也。所以樊重朝夕礼敬父母，董阳内无异烟，张公艺九代同居，邵荣兴八世(兴)共住，李知本资用无间，刘君良尺布共之，封延伯三世同财，宋兴贵积年合爨，吕元简牛马相乳，董恭直鸦鹊同巢。

校："樊"原作"爨"，"董"原作"重"，"邵"原作"即"，"兴"原作"具"，"兴"当为衍字，"封"原作"计"，"董"原作"熏"，皆据《博闻类纂》改。

按：《后汉书》卷三二樊宏本传："父重，字君云，世善农稼，好货殖。重性温厚，有法度，三世共财，子孙朝夕礼敬，常若公家。"②《南史》卷七三董阳本传称"董阳三世同居，外无异门，内无异烟"。③《南齐书》卷五五《孝义传》封延伯本传："武陵郡邵荣兴、文献叔八世同居。"④乐史《慈竹诗》谓"虞乡董恭直，鞠养诸孤遗。鸲鸽与鸦鹊，同巢而共枝"。⑤ 宋《如来广孝十种报恩道场仪》之《如来广孝十种报恩道场仪文》卷中："古有聚族数百口，同居数百年，岂有他哉？皆爱敬父母而及于宗族故也。所以邵兴荣八世共住，封延伯三世同财。至如尺布共之，积年合爨，牛马相乳，鸦鹊同巢，此数者，皆由内和故能外感，又乃自爱其亲，施及一切者。"⑥

＊3 谨身节用以养父母，若有余力给济贫亲，须衣与衣，须食与食，常随自

---

① 〔宋〕释思觉《如来广孝十种报恩道场仪》，《藏外佛教文献》(第八辑)，北京：宗教文化出版社，2003 年，第 177—178 页。

② 《后汉书》，第 1119 页。

③ 《南史》，北京：中华书局点校本，1975 年，第 1799 页。

④ 《南齐书》，北京：中华书局点校本，1972 年，第 961 页。

⑤ 〔清〕札隆阿等修，程卓梁等纂《(道光)宜黄县志》卷三一，道光五年(1825)刻本。

⑥ 《如来广孝十种报恩道场仪》，《藏外佛教文献》(第八辑)，第 178 页，"兴荣"当作"荣兴"。

力，使皆称心。凶荒，则薄粥分餐，梁之裴子野是也。富贵，则义庄均赡，本朝范文正公是也。恩沾九族，福聚双双，此孝子之常事也。若夫仆余粱肉而叔伯朝饥，妾曳绮纨而弟兄赤体，宗枝并怨，父母何安？众口消金，可为明戒。

校："赡"，原作"瞻"，径改。"孝子"，原作"学"，据《博闻类纂》改。"使皆"、"双"、"弟兄"，《博闻类纂》分别作"皆使"、"亲"、"兄弟"。

＊4 亲宾相访，不可多饮以酒。或被酒夜卧，须令人照管。往时括苍有困客以酒，且虑其不告而去，于是卧于空舍而锁其门。酒渴，索浆不得，则取花瓶水饮之。次日启关，而客死矣。其家讼于官，郡守汪怀忠究其一时舍中所有之物，云有花瓶浸旱莲花。试以旱莲花浸瓶中，取罪当死者试之。验，乃释。

校："困"，原作"因"，据《博闻类纂》、《袁氏世范》改。"饮"、"锁"，同上书分别作"虐"、"钥"。

按：出《袁氏世范》卷三"亲宾不宜多强酒"条，"释"作"释之"。

生 业

＊1 为家之道有丰约，量入以为出是也。吉凶之事，不以撙礼节，则不适所用，而匮乏生焉。

校："撙礼节"，《博闻类纂》分别作"礼节之"。

按：与《袁氏世范》卷二"用度宜量入为出"条、"节用有常理"条文义相近，或据以改写。

＊2《管子》：农之所务者五：一曰山泽不救于火，草木不殖于成，家之贫也；二曰沟渎不遂于隘，障水不安其藏，家之贫也；三曰桑麻不殖于野，五谷不宜其地，家之贫也；四曰六畜不育于家，瓜瓠荤菜百果不备具，家之贫也；五曰工事竞于刻镂，女事繁于文章，家之贫也。故曰：山泽救于火，草木殖成，家之富也；沟渎遂于隘，障水安其藏，家之富也；桑麻殖于野，五谷宜其地，家之富也；六畜育于家，瓜瓠荤菜百果备具，家之富也；工事无刻镂，女事无文章，家之富也。

校："农"，《管子·立政》作"君"。[①] "殖于"，《博闻类纂》、《管子》作"得"。二处"成"字，《博闻类纂》作"茂"。十处"家"字，《管子》作"国"。"也"，原脱，据《博闻类纂》、《管子》补。二处"隘"字原作"溢"，"工事竞"原作"事工兢"，据同上书改。"果"原作"谷"，"瓠"原作"匏"，据《管子》改。"泽"，原脱，据《管子》补。

按：《事林广记》庚集卷四"致富五事"、"致贫五事"条与此内容略同："致富五事：《管子》'农务篇'：一曰山泽救于火，草木得植茂，家之富也；二曰沟渎遂

① 《管子》，《四部丛刊》景宋本。

于隘，障水安其藏，家之富也；三曰桑麻植于野，五谷宜其地，家之富也；四曰六畜育，瓜瓠荤菜百果备，家之富也；五曰工事无刻镂，女事无文章，家之富也。致贫五事：《管子》'农务篇'：一曰山泽不救于火，草木不得茂植，家之贫也；二曰沟渎不遂于隘，障水不安其藏，家之贫也；三曰桑麻不殖于野，五谷不宜其地，家之贫也；四曰六畜不育，瓜瓠荤菜百果不具，家之贫也；五曰工事竞于刻镂，女事繁于文章，家之贫也。"[1]《管子》一书，并无《农务》篇。

＊3 智如禹汤，不如更尝。

按：出《齐民要术序》："谚曰：智如禹汤，不如尝更。"[2]"尝更"，四库本作"常耕"。宋《埤雅》卷五[3]、陆游《剑南诗稿》卷七八《感旧》自注引《齐民要术》作"更尝"，[4]与此条同。

＊4 仓廪实知礼节，衣食足知荣辱。

按：出《齐民要术序》。《管子·牧民》："仓廪实则知礼节，衣食足则知荣辱。"

5[田]者不强，囷仓不盈；将相不强，功烈不成。

校：阙字据《齐民要术序》补。"囷"，原作"困"，据同上书改。

按：出《齐民要术序》。

＊6[丘]寺丞训戒：一日之计乞丐卜祝，一月之计童行奴仆，一时之计管弦歌曲，一年之计牛马驹犊，五年[之]计桑枣材木，七年之计文章修读，十年之计进[取]官禄，三十年之计养生谨独，五十年之计行气绝谷，七十年之计布惠修福，百年之计无营无欲，千万年之计为金为玉。

校："丐"原作"巧"，"营"原作"荣"，"玉"原作"宝"，据《博闻类纂》改。

按：《事林广记》庚集卷四录"丘寺丞万年戒"条："一日之计乞丐卜祝，一月之计童行奴仆，一时之计管弦丝竹，一年之计牛马驹犊，五年之计桑枣竹木，七年之计文章修读，十年之计进取官禄，三十年之计养生谨独，五十年之计行气绝谷，七十年之计布惠修福，一百年之计无营无欲，千万年之计无金无玉。"[5]

＊7 闻贵必贱，闻贱必贵。雨宜造车，旱宜造舟。

8 一人知俭一家富，王者知俭天下富。

---

① 《事林广记》，第349页

② 〔北魏〕贾思勰《齐民要术》，《四部丛刊》景明抄本。

③ 〔宋〕陆佃《埤雅》，明成化刻、嘉靖重修本。

④ 〔宋〕陆游《剑南诗稿》，明毛氏汲古阁本。

⑤ 《事林广记》，第350页。

按：南唐《化书》卷六："一人知俭则一家富，王者知俭则天下富。"[①]

＊9 奢者，三岁之计，一岁之用；俭者，一岁之计，三岁之用。

按：见《化书》卷六。

＊10 宋侍中谢弘微经纪生业，事若在公，一钱尺帛出入，有文簿。

按：出司马光《家范》卷一："宋侍中谢弘微……经纪生业，事若在公，一钱尺帛出入，皆有文簿。"源于《宋书》卷五八谢弘微本传。

＊11 樊重，世善农稼，好货殖。其营理产业，物无所弃，课役童隶，各得其宜，故能上下勠力，财利岁倍，至乃开广田土三百余顷。其所起庐舍，皆有重堂高阁，陂塘灌注。又池鱼牧畜，有求必给。尝欲作器物，先种梓漆，时人嗤之。积以岁月，皆得其用，向之笑者咸求假焉。赀至巨万，而赈赡宗族，恩及乡闾。

校："有"，《博闻类纂》、《家范》无。"畜"原作"蓄"，据同上书改。"及"，同上书作"加"。

按：《家范》卷一："樊重，字君云，世善农稼，好货殖。重性温厚，有法度，三世共财，子孙朝夕礼敬，常若公家。其经营产业，物无所弃，课役童隶，各得其宜，故能上下勠力，财利岁倍，乃至开广田土三百余顷。其所起庐舍，皆重堂高阁，陂渠灌注。又池鱼牧畜，有求必给。尝欲作器物，先种梓漆，时人嗤之。然积以岁月，皆得其用，向之笑者咸求假焉。赀至巨万，而赈赡宗族，恩加乡闾。"源于《后汉书》卷三二樊宏本传。

＊12 维阳有士人陈良者，家富于财，聚族稍众。有客谓余言陈氏之食有大家羹者，余疑之，问其所从，曰杖外用两颊则省费。

校："族"原作"放"，"杖"原作"状"，据《博闻类纂》改。"曰"下当脱一叶内容（"食口……粪箕"），今据《博闻类纂》录此条，并其下原脱四条：

(1)乡尝居维阳，有士人陈良者，家富于财，聚族稍众。有客为余言陈氏之食煮大家羹者，余疑之，问其所从，曰：食口既众，不得匀一，随其爱憎则厚薄不适中。故计其大小之口量为之制，若菜、肉悉以权衡给之，菜则管束之，肉则秤脔之，共为一羹，而以数给之，大小悉均无等殊焉。又有田家汤氏，其童仆子弟之入者，皆执一薪掷于中门外之场。岁晚苦寒，得薪数百束，以给杂用。某近湖孙氏有柳几万株，未尝市薪，已数世矣。纤悉之事，亦有法。尝见辇下一士人家用椒末凡数种，怪其芳香而不酷烈，询之，云：若鱼肉豚卵之用全椒者，羹臛讫，则以水涤，燥焙之为末，各随所用，则倍胜于初，其省亦倍。触类而推，有

---

① 〔南唐〕谭峭《化书》卷六，明《正统道藏》本。

足多者。

按：《博闻类纂》中，此段文字录于“治家·治生”第1条“为家之道……匮乏生焉”(即《琐碎录》卷一“治家·生业”第1条)之下，作一条。

(2)治生法，第一养鱼，第二养鸭，第三养羊、种竹，次种桑，其利甚多。

(3)池州僧说：或遇麻油价贵，须点桐子油。桐油不明，以麻油浸灯草乃明。当灯草燃处盏唇上多聚泽秽，以生姜汁涂之则少。或云着三两片生姜在油中亦得。

(4)居家点照油灯，以桐油中半相和，有二利焉。一，鼠不吃。二，青衣不偷为发泽，亦不偷食。仍明使众知，恐害人也。桐油落发，食之泻人。

(5)凡造灶，内不可圆，火焰出外则费柴，须似粪箕。杖外用两颊则省费。

*13 一月之计放课，一年之计开库，十年之计房廊，终身之计田产。课钱头，质库尾。

14 露头猪，羸形曲。养猪须早起与食，做曲须夜间时复番覆。

15□云：一钱为本，万钱为利。盖一日一文，二日二文，三日四文，逐日倍之，至三千日可以得五十四万六百四贯六百七十二文。

校：“日”，原脱，据文义补。

按：《荆钗记》下四十七出：“一钱为本，万钱为利。”①

*16 蒋僅郎中云：少时治生颇费力，无所不为。开典库，有群小持七枚开通钱来典，与七文。或晚或翌日，将八文来赎，亦有利，便不来赎，本则无分毫折也。亦招来牢笼群小之法。

校：“枚”，原作“枝”，据《博闻类纂》改。“典”下，同上书有“者亦典”三字。

杂　说

*1 门内有君子，门外君子至；门内有小人，门外小人至。莫道家未成，成家子未生；莫道家未破，破家子未大。

校：自“莫道家未成”以下，《博闻类纂》另作一条。

按：前半条(“门内……人至”)见元《居家必用事类全集》癸集“《省心杂言》”，“门内有君子，门外君子至”见元西园精舍本《事林广记》前集卷九。后半条见元西园精舍本《事林广记》前集卷九，二“子”字作“儿”，“未生”作“未成”。

*2 欲成家，置两犁；欲破家，置两妻。

---

① 〔明〕柯丹丘《荆钗记》，明汲古阁《六十种曲》本。

按:见元西园精舍本《事林广记》前集卷九、元《居家必用事类全集》癸集“《省心杂言》”。

＊3 食卯酒,一日不快活;点课钱,则一月不快活;置宠人,则一生不快活。

校:“食卯”,《博闻类纂》作“饮卯时”,“一”上,有“则”字。

按:元西园精舍本《事林广记》前集卷九作“饮卯酒,一日不快活。多置宠,一生不快活”,元《居家必用事类全集》癸集“《省心杂言》”与其略同,于“饮卯”下有“时”字。

＊4 三贯房钱千石粟,自有园林并有屋。官至正郎子读书,一[妻]一妾常和睦。

按:宋周密撰《浩然斋雅谈》卷中:“小小园林矮矮屋,一日房钱一贯足。官至正郎子读书,一妻一妾常和睦。此诗张卿所作。张仕至棘卿,与史弥远不合,遂不复出矣。”[①]其诗相近。

＊5 儿女乳母、保母之类,宜及未长大前出之。不然,嫁娶后反为忿争之本。此风北人尤甚,不可不戒。

＊6 凡人家厨下头锅,遇夜须刷洗净,满注水,不可令干。如空,使主人心焦。亦可备缓急。人家多以为细事,不留意详志之,可专记也。

校:“使”、“可”字之上,《博闻类纂》分别有“则”、“亦”。

按:“凡人家……心焦”,见宋《养生类纂》卷一一[②]、元《居家必用事类全集》丁集引《琐碎录》,“使”上有“则”字。

＊7 家有一心,有钱买金;家有二心,无钱买针。

按:见元西园精舍本《事林广记》前集卷九。

＊8 女冠长发,虽善刺绣及机杼者,馆之别室,不宜与家人妇人杂处。

校:“善”原作“然”,“及”原作“文”,“杼”原作“抒”,据《博闻类纂》改。“人”,《博闻类纂》作“女”。

＊9 一日之计在辰,一年之计在春。

校:“计”,原作“季”,据《博闻类纂》改。

按:唐《四时纂要》卷一:“一日之计在一晨,一年之计在一春。”[③]

---

① 〔宋〕周密《浩然斋雅谈》,收入《爱日斋丛抄・浩然斋雅谈・随隐漫录》,北京:中华书局点校本,2010年,第39页。

② 〔宋〕周守忠《养生类纂》,明成化刻本。

③ 〔唐〕韩鄂《四时纂要》,朝鲜刻本。

莅 官

规 训

＊1 古者循良之吏，必留心于劝孝悌、课农桑，以为政教之本。

＊2 初官谓之筮仕，观其临政，可卜终身。

＊3 仕宦终于恕者，则天佑之，子孙福庆。

＊4 立法不可不严，行法不可不恕。

按：宋《豫章文集》卷一一："朝廷立法不可不严，有司行法不可不恕。"①

＊5《文粹》：古之奇《县令箴》云："不恕而明，不如不明；不通而清，不如不清。"又篇末云："如山之重，如江之清，如石之坚，如松之贞，如剑之利，如镜之明，如弦之直，如称之平。"

校："通"，原作"道"，据《博闻类纂》、《唐文粹》卷七八古之奇《县令箴》改。"江"，《唐文粹》作"水"。

＊6 吕荥阳公语人云：自少官守处，未尝干人求荐举。以为后生之戒。

校："干"，原作"千"，据《博闻类纂》、《仕学规范》卷二六引《吕氏童蒙训》改。"求荐举"，《仕学规范》作"举荐"。

＊7 曾钦道丞相云："善例子莫与人坏，恶例子莫与人起。"宋璟爱民恤物，时人谓为"有脚阳春"，言所至之处如阳春及物也。

校："曾"，原作"曹"，据《博闻类纂》改。"善"，同上书作"好"。自"宋璟"以下，《博闻类纂》另作一条。

按：后半条（"宋璟……及物也"）换行，低一格，前、后半条疑当从《博闻类纂》作两条。元《山居四要》卷四"省心法言"："好例子休与人坏了，歹例子休与人做下。"其义与前半条相近。后半条出《类说》卷一九上五代王仁裕《开元天宝遗事》"有脚阳春"条。

＊8 田元均治成都，人有懦弱不能自伸者，必委曲问之。蜀人号为"照天蜡烛"。又曰"不错事（张）尚书"。《蜀公记事》。

校："蜡"，原脱，据《博闻类纂》、《类说》补。"照天蜡烛"以下，《博闻类纂》无。"错"，原作"惜"，据《类说》改。"张"，据《类说》当为衍字。

按：出《类说》卷一九下宋范镇《东斋记事》"照天蜡烛"条："田元均治成都有声，人有诉讼，其懦弱不能自伸者，必委曲问之。蜀人谓之'照天蜡烛'。又②

---

① 〔宋〕罗从彦《豫章文集》，明刻本。

② "又"，有嘉堂本原作"人"，据澹生堂本改。

谓之‘不错事尚书’。”范镇，世称范蜀公，撰《东斋记事》，《续资治通鉴长编》卷一二〇[①]、《挥麈前录》卷三[②]等书引称“《范蜀公记事》”。

*9 刘随待制为成都通判，严明通达，人谓之“水晶灯笼”。

按：出《类说》卷一九下《东斋记事》“水晶灯笼”条。

*10 薛简肃公尹京以严，人谓之“薛出油”。后知成都，随俗嬉游，作《何处春游好》十诗，自号“薛春游”，欲易前所称之谓也。

校：“春游”，原作“游春”，据《东斋记事》卷三[③]、《类说》改。“之”，《博闻类纂》无。

按：出《类说》卷一九下《东斋记事》“薛出油”条：“薛简肃公[④]尹京，一切以严治，人谓之‘薛出油’。后知成都，随俗游嬉，作《何处春游好》诗十首，自号‘薛春游’，欲换前所称谓也。”

*11 姜枢密遵、鲁肃简公宗道俱严明，时人号为“姜擦子”、鲁为“鱼头公”。

按：出《类说》卷二二引《东斋记事》“薛出油”条：“姜枢密遵、鲁肃简公亦以严称，时目姜为‘姜擦子’、鲁为‘鱼头公’。”[⑤]

*12 李杲为洛阳令，公正，吏民畏之。有刘兼者宿村邸，夜闻户外曰：“古今正人李令，见其行事，令人破胆。我辈可于他县血食。”兼开户视之，无人，乃鬼神也。

校：“杲”，原作“果”，据《类说》、《开元天宝遗事》卷下[⑥]改。

按：出《类说》卷一九上《开元天宝遗事》“鬼神破胆”条，“于他”作“如它”。

*13 李封为延陵令，吏人有罪，不加杖罚，但令裹碧巾以辱之。州乡大夫以为耻，竟不捶楚一人。

校：“夫”，《博闻类纂》无。“楚”，《博闻类纂》、《类说》无。

按：出《类说》卷六唐封演《封氏闻见录》“有罪令裹碧巾”条，“州乡大夫以为耻”作“州县乡大夫为耻”。

*14 卢奂累任大郡，凡治奸恶，既断罪，又以所犯刻石表其门。再犯，必置之死。时谓记恶碑。

---

① 〔宋〕李焘《续资治通鉴长编》，北京：中华书局点校本，2004年，第2820页。

② 〔宋〕王明清《挥麈录》，《四部丛刊续编》景宋钞本。

③ 〔宋〕范镇《东斋记事》，收入《东斋记事 春明退朝录》，北京：中华书局点校本，1980年，第25页。

④ “薛简肃公”，原作“薛公简肃”，据澹生堂本改。

⑤ “子”，原作“于”，据澹生堂本改；“为鱼”，原脱，据澹生堂本补。

⑥ 〔五代〕王仁裕《开元天宝遗事》，收入《开元天宝遗事 安禄山事迹》，北京：中华书局点校本，2006年，第39页。

按：出《类说》卷一九上《开元天宝遗事》“记恶碑”条，“表”作“置”。

15 东汉治狱吏，谓之仁恕掾。

校：“掾”，原作“椽”，据《后汉书》卷二五鲁恭本传李贤注“仁恕掾，主狱”改。[1]

＊16 为官须当有五力：才、风、心、势、福。

按：《事林广记》庚集卷八“为官须有五力”条：“为官有五力：曰才、曰风、曰心、曰势、曰福。盖无才不足以察理，无风不足以服众，无心不足以辨事，无势不足以自立，无福不足以镇俗。”[2]

＊17 常言“静辨”，盖静而能办，乃为能也。

校：《博闻类纂》作“办”。

＊18 凡做官，要三和：第一，士人和；第二，同官和；第三，家和。

＊19 宁失千金，无失士心。

校：“失”，原脱，据《博闻类纂》补。

＊20 今人经官陈理，例云望某官体察。此二字极有理。凡事以身体之，无有不察见其理者。

＊21 今之州县吏，多行不恤之政，算来只亏得两家，上焉亏得官家，下焉亏得农家。

校：“焉”，原作“马”，据《博闻类纂》改。

＊22 天下事只要消平，不要激作。

按：宋林之奇《拙斋文集》卷一：“喻丈（樗）云云云。”[3]

＊23 州县理会财用，不合得底不可要他人一文，合得底一文也须要。

＊24 古语云：吏无官不立，官无吏不行。

校：“立”，原作“文”，据《博闻类纂》改。

按：元西园精舍本《事林广记》前集卷九：“吏无官不立，官无吏不行。”

25 子张问入官，子曰：安身取誉为难。己之有善勿专，教不能勿怠，已过勿发，失言勿掎，不善勿遂，行事勿留。

校：“为”，原作“惟”，据《类说》、《孔子家语》卷五改。

按：出《类说》卷三四《孔子家语》“问入官”条。

---

① 《后汉书》，第 875 页。

② 《事林广记》，第 361 页。

③ 〔宋〕林之奇《拙斋文集》，四库本。

26 林璞宰武昌，云："交代有子孙之契，不宜交恶。金谷倘有亏欠，当即与交头，无令滞其批书。"

校："交"，原作"文"，据明《（洪武）苏州府志》改。

按：明《（洪武）苏州府志》卷三五："林朴……知武昌县，有云：'交代有子孙之契，不宜交恶。金谷□有亏欠，当即与交头，无令滞其批书。'时人称其长厚。"[①]

*27 无以势使人，当以宽使人。古人云："说以使民，民忘其劳。"统军者尤宜审之。

*28"忍"之一字，众妙之门。当官处事，尤宜先务。

校："字"、"宜"，《仕学规范》卷二七引《吕氏童蒙训》、《戒子通录》卷六引《童蒙训》、《官箴》[②]分别作"事"、"是"，《东莱吕太史别集》卷六《家范·舍人官箴》[③]、《博闻类纂》分别作"字"、"是"。

*29 吴人林璞为长兴簿，尝曰："损物害人，则吾不敢。爱人利物，舍我其谁？"

政 治

*1 当官处事，常思有以及人，如科率之行，既不能免，便就其间求所以使民省力，不使重为民害，其益多矣。

校："常"原作"尝"，[④]"如科率"原作"加料事"，"省"原作"有"，据《博闻类纂》、《仕学规范》卷二六引《吕氏童蒙训》改。

2 法正则民悫，罪正则民从。

按：《史记》卷一〇《孝文本纪》："上曰：'朕闻法正则民悫，罪当则民从。……'"[⑤]

*3 驭吏不可不严，临民不可不宽。

*4 吏人既有常禄，当严治受赇之罪，则民受其赐。

校："赇"，原作"财"，据《博闻类纂》改。

*5 为政要得厉威严，使事事齐整甚易，其间又不可不宽。

校："厉"，原作"利"，据《博闻类纂》、《仕学规范》改。

---

① 〔明〕卢熊纂修《（洪武）苏州府志》，洪武十二年（1379）刊本。

② 〔宋〕吕本中《官箴》，民国武进陶氏景宋《百川学海》本。

③ 〔宋〕吕祖谦《东莱吕太史别集》，民国《续金华丛书》本。

④ 国图本中"常"字多见，可知此处并非避明讳改字。

⑤ 《史记》，第 419 页。

按:出《仕学规范》卷二五引宋杨时《龟山语录》:“为政要得厉威严,使事事齐整甚易,但失于不宽,便不是古人作处。”

＊6 法令虽严,能宽一分,民受一分之赐。

校:“民”上,《博闻类纂》有“则”字。

按:《仕学规范》卷二六引《邵氏闻见录》:“……康节先生答曰:‘正贤者所当尽力之时,新法固严,能宽一分,则民受一分之赐矣。’”

＊7 决者知之君,疑者事之役。

校:“役”,原作“后”,据《博闻类纂》、《后汉纪》、《后汉书》改。

按:《后汉纪》卷一《光武皇帝纪》[①]、《后汉书》卷五八冯衍本传:“夫决者智之君也,疑者事之役也。”[②]

＊8 法者,绳墨之断例,故文约而例直,听省而禁简。例直易见,禁简难犯。

按:《晋书》卷五四杜预本传:“法者,盖绳墨之断例,非穷理尽性之书也。故文约而例直,听省而禁简。例直易见,禁简难犯。”[③]《太平御览》卷六三七等书引录。

＊9 听讼在于不疑。疑诸心而信耳目,疑耳目而信简书,简书愈繁,官方愈伪。

按:自“疑诸心”以下,见《晋书》卷五四杜预本传。[④]

＊10 居官当如居家,必有顾藉;居家当如居官,必有纲纪。

按:出《袁氏世范》卷二“居官居家本一理”条。

11 当官者,难事勿辞,而深避嫌疑,以至诚遇人,而深避文法。如此,则可以免。

校:“免”,原作“兑”,据《戒子通录》、《东莱吕太史别集》、《官箴》改。

按:不见于《仕学规范》,而见于《戒子通录》卷六引《童蒙训》以及《东莱吕太史别集》卷六《家范・舍人官箴》、吕本中《官箴》,故可知当出于《吕氏童蒙训》。

＊12 任中正代张公治蜀,咨以为政之道。公曰:“如己见解高于法,则舍法而用己;如己见解不高于法,则当守法,勿循己见。”

校:“道”、“循”,《类说》卷一六宋李畋《该闻录》“为政之法”条作“法”、

---

① 〔晋〕袁宏《后汉纪》,北京:中华书局点校本,2002 年,第 4 页。

② 《后汉书》,第 963 页。

③ 《晋书》,第 1026 页。

④ 同上。

"徇"。[①] "己",原作"而",据《博闻类纂》、《类说》改。

＊13 当官者,先以暴怒为戒。事有不可,当详处之,必无不中。前辈尝言:"凡事只怕待。"待者,详处之谓也。

按:《仕学规范》卷二七引《吕氏童蒙训》:"当官者,先以暴怒为戒。事有不可,当详处之,必无不中。若先暴怒,只能自害,岂能害人？前辈尝言:'凡事只怕待。'待者,详处之谓也。"

＊14 处事不以聪明为先,而以尽心为急;不以集事为急,而以方便为上。

校:"处"原作"虑","上"原作"止",据《博闻类纂》、《仕学规范》卷二七引《吕氏童蒙训》改。"处事"下,同上书有"者"字。

＊15 当官处事,务合人情,惟在"忠"、"恕"二字。

按:《仕学规范》卷二七引《吕氏童蒙训》:"当官处事,务合人情。忠恕,违道不远,观于己而得之,未有舍此二字而能有济者也。"

＊16 直不犯祸,和不害义。

校:"和",原作"直",据《博闻类纂》、《仕学规范》改。

按:《仕学规范》卷二七引《吕氏童蒙训》:"当官大要,直不犯祸,和不害义。"

＊17 当官者能清、慎、勤(谨)之外,更行一忍,何事不办？

校:"者",《博闻类纂》作"若"。"谨",据《博闻类纂》、《仕学规范》为衍字。

按:《仕学规范》卷二七引《吕氏童蒙训》:"当官处事,尤是先务。若能清、谨、勤之外,更行一忍,何事不办？"

＊18 范文正公有言:"作官,公罪不可无,私罪不可有。"

按:出《仕学规范》卷二五引宋晁说之《晁氏客语》:"杨中立云:范文正有言:'作官,公罪不可无,私罪不可有。'"

＊19 范尧夫云:"一部律中,四字可尽,所谓'罪疑惟轻'。"

按:出《仕学规范》卷二五引《晁氏客语》:"林述中云:范尧夫有言:公事胆大,私事胆小。又言:一部律中,四字可尽,所谓'罪疑惟轻'。"

＊20 王敏仲尚书每事必为人求方便之道。

校:"王",原作"正",据《博闻类纂》、《仕学规范》卷二六引《吕氏童蒙训》改。"敏仲尚书",《仕学规范》作"尚书敏仲"。

＊21 吕宝臣每事之来,必秤停轻重,令其得所而后已。

---

① 《类说》有嘉堂本此卷阙,故据滄生堂本。

按:《仕学规范》卷二七引《吕氏童蒙训》:“而吕宝臣尤善秤停事,每事之来,必秤停轻重,令得所而后已也。”

＊22 刘器之言:“当官处事,须权轻重,务合道理,毋使偏重可也。”

校:“使偏重”,原作“后重使”,据《博闻类纂》、《仕学规范》卷二七引《吕氏童蒙训》改。“刘器之”下,《仕学规范》有“谓予”二字。

＊23 当官之法,直道为先。

按:见《仕学规范》卷二六引《吕氏童蒙训》。

＊24 为政者,不患做不行,只患做不是。

校:“做”下,《博闻类纂》有“得”字。

＊25 为官之法,有事莫放,无事莫寻,事多莫怕。

按:“官”,《博闻类纂》作“政”。宋李元弼《作邑自箴》:“古语云:长民有三莫:一曰无事莫寻,二曰有罪莫放,三曰事多莫怕。”[①]

＊26 当官之法,唯有三事,曰清,曰谨,曰勤。知此三者,则知所以持身矣。

按:见《仕学规范》卷二六引《吕氏童蒙训》。

＊27 同僚相处,当任真,不当以术。

＊28 恩欲归己,怨使谁当?

按:出《类说》卷一二宋欧阳修《归田录》“恩欲归己,怨使谁当”条。

＊29 或问:当官或行军杀人,有罪否?答云:有罪无罪,无罪有罪。

30 每决人,未经杖责者,宜谨之,恐其或有所立也。

按:《仕学规范》卷二六引《邵氏闻见录》:“‘每决人,有未经杖责者,宜谨之,恐其或有所立也。’伯温终身行之。”

＊31 蔡君谟知开封府事,日不下数千,每有日限事,拣三两件记之,至其日问人,不测如神。

校:“日”原作“月”,“限”原作“间”,据《博闻类纂》、《仕学规范》、《晁氏客语》[②]改。

按:出《仕学规范》卷二五引《晁氏客语》。

＊32 陈述古知浦城县,有人失物,捕得莫知的为盗者。述古给曰:“某庙有钟至灵,能辨盗,为盗者摸之则有声,不盗者摸之无声。”以帷帷之,阴使人以

---

① 〔宋〕李元弼《作邑自箴》,清景钞宋淳熙本。

② 〔宋〕晁说之《晁氏客语》,民国武进陶氏景宋《百川学海》本。

墨涂钟。良久,引囚逐一令引手入帷摸之。出验其手,皆有墨,唯一囚无墨。讯之,遂承为盗。

校:"捕"、"为"二字原脱,据《博闻类纂》、《类说》、《梦溪笔谈》卷一三[①]补。"盗"原作"道","辨"原作"辩","不"原作"无","帷帷"原作"惟","帷"原作"惟",据同上书改。

按:出《类说》卷四五宋沈括《梦溪笔谈》"摸钟辨盗"条。

＊33 李处厚知慎县,尝验殴死人,以糟胾灰汤之类,都无伤迹。有老父曰:"此易也。以新赤油伞日中覆之,以水沃其尸,其迹必见。"处厚如言,果然。

按:出《类说》卷四五《梦溪笔谈》"油伞验尸"条。

＊34 张尚书咏在蜀时,米斗三十六文,绢匹三百文。公计兵食外,尽令输米绢之余者,许城中贫民买之,岁凡若干,贫民颇不乐。今米斗三百、绢匹三贯,富人纳贵绢,贫人食贱米,皆以当时价,于官无所损益,而贫富乃均。蜀人怀思不已。

校:"许"原作"诚","今"原作"令","乃均"原作"及拘",据《博闻类纂》、《类说》、《东斋记事》卷四[②]改。"城中"二字,《类说》无。

按:出《类说》卷一九下《东斋记事》"富人纳贵绢贫人食贱米"条。

＊35 张咏知杭州,有沈章讼兄彦均割家赀不平,公挞而遣之。后半载,公因(囚)过其所居,下马召章并彦,曰:"汝弟讼汝治家掌财,伊幼小,不知赀多少,汝又分之不均,果乎?"彦曰均平,章曰不均(平)。公曰:"兄之族入于弟室,弟之族入于兄家。"即时对换。人莫不服。

校:"遣"原作"遗","又"原作"幼",据《博闻类纂》、《类说》改。"囚"、"平",据同上书,为衍字。

按:出《类说》卷四〇上宋刘斧《青琐高议》"分财不平":"张公咏知杭州,有沈章讼兄彦均割家货不平,公挞而遣之。后半载,公因过其所居,下马召章并彦,曰:'汝弟讼汝治家掌财,伊幼小,不知货多少,汝分之不均,果乎?'彦曰均平,章曰不均。公命兄之族入于弟室,弟之族入于兄家,即时对换。人莫不伏。"

＊36 张咏知永兴,有父老诉牛舌为人所割。咏曰:"尔于邻伍,谁是最隙?"曰有甲氏,尝贷粟于某,不与,怨之深者。咏遣去,云至家径解其牛,以之贷之。父老如教。翌日,有人诉擅屠牛,咏叱曰:"尔割某民牛舌,以偿贷[粟]之怨,而反致讼耶?"其人伏罪。

① 〔宋〕沈括《梦溪笔谈》,《中华再造善本》影印元刻本。

② 《东斋记事》,第 34 页。

校:“与”,《博闻类纂》、《类说》作“遂”。“以之贷”,同上书作“货”。“遣”原作“遗”,“某”原作“其”,据同上书改。“粟”字原脱,据同上书补。“民”,《博闻类纂》作“氏”。

按:出《类说》卷三九宋《圣宋掇遗》“割牛舌”条。。

＊37 高湝为沧牧,有人失黑牛,背上有白毛。湝乃诈为州县市牛皮,倍酬其直。使牛主认之,因获其贼。

校:“沧”,原作“凔”,据《博闻类纂》、《类说》、《北齐书》高湝本传[①]改。“牛主”,原作“宣”,据《北齐书》改,《类说》作“主”,《博闻类纂》误作“先”。

按:出《类说》卷二五《史遗》“失牛”条。

＊38 欲知寄居官贤否,见任官是业镜。欲知见任官贤否,行人百姓是业镜。

＊39 元城先生云:治狱要道,在常注意,而一事不可放过。

按:出《仕学规范》卷二四引宋胡珵编《南都道护录》:“胡珵问曰:‘筮仕之初,遽领推勘,不知治狱要道何如?’公曰:‘在常注意,而一事不可放过。’”

＊40 或问:为政处事,何以得其要? 曰:如缴引勾到人,便令于引上三项开说:某人是陈状,某人是被论,某人是证见。即便见得事因,问当不用更看元词。

校:“即”下,《仕学规范》有“时”字。

按:出《仕学规范》卷二五引宋谢良佐《上蔡语录》:“或问:为政如何? 谢子曰:……又问:处事何以得其要? 谢曰:试举一端。只如缴引勾到人,便令于引上三项开说:某人是陈状,某人是被论,某人是证见。即时便见得事因,问当不用更看元词。”

＊41 吏人不怕严,只怕当官人详读公案。

按:《仕学规范》卷二七引《吕氏童蒙训》:“前辈尝言:‘吏人不怕严,只怕读。’盖当官者详读公案,则情伪自见,不待严明也。”

＊42 善治盗贼,先开衣食之门。

按:苏轼《续欧阳子朋党论》:“故善除盗者,开其衣食之门。”[②]其义相近。

关　防

＊1 凡仓场库务团条官印并锁匙匣,须置锁钥,封缄紧密,令可委者二人请

① 《北齐书》,北京:中华书局点校本,1972 年,第 134 页。

② 〔宋〕吕祖谦《宋文鉴》卷九八,《四部丛刊》景宋本。

纳，庶免欺弊。

校："印"原作"即"，"免"原作"兑"，据《博闻类纂》改。

＊2 凡点算钱历，自举其数，令人下算，只就一项内，或增数钱，或退数钱，若算来合增退之数，则[无]差矣。

校："算"原作"数"，"增数"原作"增散"，据《博闻类纂》改。"一"，《博闻类纂》作"于"。"数"，原脱，据《博闻类纂》补。

3 监人欠钱，只出榜令自送纳，不得入承差人手。

＊4 当官掐数贯陌，但取钱一辫，去索堆起，官人以手撮一把在案上。即令掐钱人串，数讫却以案上钱凑数，则陌数多寡，彼不得而容心，欠剩可见实数。亦防奸之一端也。

校："即"，《博闻类纂》作"却"。"以"原作"下"，"实数"原作"亦"，据同上书改。

5 禁册日杂职狱子不得报杖。

6 应人户纳钞，就年下填太岁，庶免后来擦改之弊。

＊7 仕宦远方言语不通处，当于听事出榜明禁土语，不然，虽面骂亦不知。

校："听"，原作"所"，据《博闻类纂》改。

＊8 子弟出仕，或忧其不能练达，令亲戚或老婢仆往照管，此最不可，后反为累。

校："后"，《博闻类纂》作"大抵"。

＊9 林安术戒子孙当官，每日市买牌面并单子纸各二幅，至夜转历，必破钱四文充纸之直。

校："纸之"，原作"子一"，据《博闻类纂》改。

驭 吏

＊1 当官既自廉洁，又须关防小人，如文字历引之类，皆须明白，以防中伤，不可不知。

校："自"，原作"有"，据《博闻类纂》、《仕学规范》改。

按：《仕学规范》卷二七引《吕氏童蒙训》："当官既自廉洁，又须关防小人，如文字历引之类，皆须明白，以防中伤，不可不至谨，不可不详知也。"

＊2 后生少年乍到官守，多为猾吏所饵，不自省察，所得毫末，而一任之间不复敢举动。大抵作官嗜利，所得甚少，而吏人所盗不赀矣。以此被重谴者多，不可不察。

按:《仕学规范》卷二七引《吕氏童蒙训》:“后生少年乍到官守,多为猾吏所饵,不自省察,所得毫末,而一任之间不复举动。大抵作官嗜利,得甚少,而吏人所盗不赀矣。以此被重谴,良可惜也。”

＊3 吏人蒙弊,其患有不可胜言者。且如官长好严好宽,于文引勾追不能悉记其事,往往以缓为急,以急为缓,以轻附重,以重附轻,欺罔百出,虽聪明无所施。惟有置日历簿,逐日开具状内所论何事,计有几人,点追几人。此簿逐日纳宅。此亦可稽考其为,亦革弊之一节。

校:“其为”,《博闻类纂》作“真伪”。

箴　戒

＊1 事君如事亲,事官长如事兄,与同僚如家人,待群吏如奴仆,爱百姓如妻子,处官事如家事,然后能尽吾之心。

校:“然后”下,《仕学规范》卷二六引《吕氏童蒙训》有“为”字。

＊2 黄兑刚中尝为予言,顷为县尉,每遇验尸,虽盛暑必先饮少酒,捉鼻亲视。人命至重,不可避少臭秽,使人横死无所伸诉也。

校:“兑”,原作“允”,据《博闻类纂》、《仕学规范》卷二七引《吕氏童蒙训》改。“盛暑”下,《仕学规范》有“亦”字。

＊3 仕宦有五瘴:急催暴敛,剥下奉上,名曰赋租之瘴;深文以逞,善恶不白,名曰刑狱之瘴;昏晨酣宴,弛废王事,名曰饮食之瘴;侵牟民利,以实私储,名曰贪财之瘴;盛拣艳妾,以娱声色,名曰帷幙之瘴。

校:“急”,原作“怠”,据《博闻类纂》、《袖中锦》、《能改斋漫录》改。“名”,原脱,据《博闻类纂》、《袖中锦》补。“贪”,《能改斋漫录》作“货”。“幙”,《博闻类纂》、《袖中锦》、《能改斋漫录》作“薄”。

按:《袖中锦》“仕宦五瘴”条,“拣艳”作“畜侍”。[1]《能改斋漫录》卷一四“仕有五瘴说”:“龙图梅公挚,景祐初以殿中丞谪知昭州,尝著《瘴说》,云:仕有五瘴:急催暴敛,剥下奉上,此租赋之瘴也;深文以逞,良恶不白,此刑狱之瘴也;昏晨酣宴,弛废王事,此饮食之瘴也;侵牟民利,以实私储,此货财之瘴也;盛陈姬妾,以娱声色,此帷薄之瘴也。”[2]又见于《道乡先生邹忠公文集》卷一一《读龙图梅公瘴说》题下自注等。

＊4 若要官,钱必去;若要钱,官必去。

---

① 旧题〔宋〕太平老人《袖中锦》,清《学海类编》本。

② 〔宋〕吴曾《能改斋漫录》,上海:上海古籍出版社点校本,1960 年,第 404—405 页。

＊5 有县尉入村寺食面，责状云：面若干两、葱姜盐豉等，共计钱若干，并即时请给讫。尉看毕，更令批云：面内即无乳蕈。虽若可笑，然不失为廉。

校："给"，《博闻类纂》作"领"。"蕈"，原作"簟"，据《博闻类纂》改。

＊6 积羽沉舟，群轻折轴。故君子禁于微。

按：出《类说》卷二三汉刘安撰《淮南子》"君子禁微"条。[①] 源于《淮南子·缪称》。

＊7 史疾谓楚王曰：张官置吏，必曰廉洁胜任。今盗贼公行，弗能禁止，可谓乌不为乌、鹊不为鹊也。

按：《战国策》卷二七："史疾为韩使楚……曰：'……其任官置吏，必曰廉洁胜任。今盗贼公行，而弗能禁也，此乌不为乌，鹊不为鹊也。'"[②]亦见《类说》卷三二《战国策》"乌不为乌鹊不为鹊"条。

＊8 监当官六字铭："谨出纳，严盖藏。"

按：元孔齐《至正直记》卷三"出纳财货"："古云：'谨出纳，严盖藏。'此掌事者大字铭也。"[③]

＊9 税多税少，税少税多。

＊10 应销簿历，不可用朱笔，干则当拂去，须当用墨笔也。

校："当"，《博闻类纂》无。

＊11 狱官到任，先检点牢壁及外墙，以防窜逸。仓库官亦然。

校："检点"，《博闻类纂》作"照检"。

＊12 凡被伤致死，疮有血者，是生被伤，若死后中刀者则无血也。

校："者则"，原作"则刺"，据《博闻类纂》、《永乐大典》卷九一一四[④]改。

＊13 凡有囚人能行气者，讯掠皆无所畏，只以湿布搭头上，气不能通，则伏辜矣。

校："头"，《博闻类纂》作"项"。

14 瘖者，以叫子与之，如傀儡子，粗能辩其一二，则有冤获伸。

按：出《类说》卷四五《梦溪笔谈》"叫子"条："世人以竹木牙骨之类为叫子，

---

① 《类说》有嘉堂本此卷阙，承关静老师相告，澹生堂本目录存《淮南子》，正文脱书名，故此条误入《炙毂子》中，上海图书馆藏清抄五十卷本属《淮南子》不误。

② 《战国策》，第 992 页。

③ 〔元〕孔齐《至正直记》，上海：上海古籍出版社，1987 年，第 118 页，"大"，据日本早稻田大学图书馆所藏抄本当作"六"。

④ 〔明〕解缙等《永乐大典》，北京：中华书局影印本，1986 年。

吹之能作人言。常有病瘖者为人所苦，烦冤无以自言，听讼者试取叫子，令颡之作声，如傀儡子，其冤获申，亦可记也。”

＊15 上官到任，初入廨宇内三日，勿念恶事，勿窥井厕，勿登高，勿苦役人，勿纵歌乐，勿饮酒过度。宜于房堂厨厕明灯烛三日，大吉。

校：“三”，原作“一二”，据《居家必用事类全集》改。“乐”，原脱，据《博闻类纂》、《居家必用事类全集》补。

按：《居家必用事类全集》丙集引“赵氏《拜命历》”之“初到任日杂忌第五十二”：“初入廨宇内三日，勿念恶事，勿喧哄，勿窥井厕，勿登高，勿苦役人，勿纵歌乐，勿饮酒过度。宜于堂房厨厕明烛三日，大吉。”宋赵景先所集《拜命历》一卷，赵师侠略为增益后刊行，有绍熙四年(1193)赵师侠自序。

＊16 上官三不可入，第一弟子，第二牙婆，第三师姑。人家亦然。

校：“弟”，原作“第”，据《博闻类纂》改。

按：《事林广记》庚集卷八“上官三不可入”条：“上官三不可入，第一弟子不可入宅，第二牙婆不可入宅，第三师尼不可入宅。人家亦然。居官处家有一于此，鲜有不为患也。”①

＊17 凡为大守，于公库取物，须当置历，庶无他弊。

校：“须”，《博闻类纂》杭图本误作“虽”，内阁文库本作“惟”。

18 官物不可不记年月，若重造金银之属，尤不可不于其上凿所自来。

19 凡官中令掐子辫钱，须令各人于钱贯辫头自认一钱为记，庶无推托之弊。

＊20 曾子曰：“君子有三言，可贯而佩之。一曰无内疏而外亲，二曰身不善而怨他人，三曰患至而后呼天。”

按：出《类说》卷三四汉韩婴《韩诗外传》“君子三言”条。

＊21 徐仲车言：在上者，不可以意之速，责事之迟。

按：此条误将《仕学规范》中出处不同的前、后两条抄作一条，当为晁说之而非徐积(字仲车)语。《仕学规范》卷二五首条引宋徐积《节孝先生语》：“徐仲车言：人之同官，不可不和。和则事无乖逆，而下不能为奸。必欲和，莫若分过而不掠美。”第二条引《晁氏客语》：“造意者常居尊与贤，作事者常居卑与贱。造意速，作事迟，以事之迟，副意之速，常不及。故在上者，不可以意之速，责事之迟。”

① 《事林广记》，第 361 页。

*22 李若谷言:“甚事不因忙后错了?”

按:出《仕学规范》卷二五引《晁氏客语》:“李若谷教一初官云:‘勤、谨、和、缓。’其人云:‘勤、谨、和,已闻命矣,“缓”字未谕。’李云:‘甚事不因忙后错了?’”

*23“倦”之一字最为害事,若能无倦,推而行之,以至为宰相皆可了。若倦,虽居家州县事亦不能了。

校:“了”,原作“之”,据《博闻类纂》、《仕学规范》改。

按:出《仕学规范》卷二六引尹焞《涪陵记善录》:“人有语及为政者,和靖曰:‘子张问政,子曰:居之无倦。倦最害事,若能无倦,推而行之,为尉,为邑,为郡,以至为宰相,皆可了。若倦,即虽居家至小事也不能了。’”

*24 官怠于宦成,病加于少愈,祸生于懈惰,孝衰于妻子。察此四者,谨终如始。

按:出《类说》卷三四《韩诗外传》“慎四者”。

25 稍栏僧、乞脚牙吏、五媒虔入门来便打,莫要与他言。

*26 荐员少而求者多,诺甚轻而信常寡,可付一笑。

《分门琐碎录》卷之一

陈抟佚诗考辨*

王　岚**

【内容提要】 陈抟，为宋初著名隐士，有集已佚，今人做过搜集整理，如《全宋诗》、《陈抟佚文汇编》、《宋诗纪事补正》、《全宋诗订补稿》、《全宋诗辑补》等都辑有陈抟诗，但有不少误收、可疑之作。故分门别类加以辨析，并新辑佚诗23首、残句14则、存目1首，可补《全宋诗》之遗。

【关键词】 陈抟　佚诗　《全宋诗》

陈抟（？—989），字图南，自号扶摇子，人称白云先生，亳州真源（今河南鹿邑）人。后唐明宗长兴中，举进士不第，遂隐居武当山二十余年。又移居华山云台观，止少华石室。后周召为谏议大夫，不受。宋太宗太平兴国时朝京，赐号希夷先生。端拱二年以高寿卒。著《指玄篇》八十一章，有《三峰寓言》、《高阳集》、《钓潭集》，诗六百余首。又有《入室还丹诗》五十首。皆佚。《宋史》卷四五七有传。

陈抟有诗六百余首，已散佚。今人陆续做过辑佚整理，比较集中的有《全宋诗·陈抟诗》①、李远国《陈抟佚文汇编》②、钱钟书《宋诗纪事补正·陈抟诗》③、张如安《全宋诗订补稿·陈抟诗》④、汤华泉《全宋诗辑补·陈抟诗》⑤等。

不过陈抟佚诗情况颇为复杂，上述辑佚成果中也有不少误收、可疑之作。如在陈抟名下，《全宋诗》收录16首、残句2则，而其中3首诗及两则（古体）残句皆为他人作；《宋诗纪事补正》，误收宋人诗；《全宋诗辑补》，误收唐宋人诗，

---

* 本论文为教育部高校人文社会科学重点研究基地北京大学中国古文献研究中心重大项目《〈全宋诗〉补正》（原名《全宋诗》补编下，批号06JJD870002）及《〈全宋诗〉失收诗人诗作及专卷汇编》（批号16JJD750004）阶段性研究成果。

** 本文作者为北京大学中国古文献研究中心、北京大学中文系教授。

① 傅璇琮、孙钦善等主编，北京大学古文献研究所编《全宋诗》，北京：北京大学出版社，1998年，第1册第1卷第9—11页。

② 李远国《陈抟佚文汇编》，陈鼓应主编《道家文化研究》第十九辑，北京：生活·读书·新知三联书店，2002年，第393—418页。

③ 钱钟书《宋诗纪事补正》，辽宁人民出版社、辽海出版社，2003年，第302—309页。

④ 张如安《〈全宋诗〉订补稿》，群言出版社，2005年，第2—3页。

⑤ 汤华泉《全宋诗辑补》，黄山书社，2016年，第3—10页

所收佚句有全诗，按语有误。等等。

其中李远国《陈抟佚文汇编》（以下简称李文），较早集中收集整理了陈抟的著述、佚文，分为八节，其中陈抟佚诗收录在“一指玄篇”及“八诗文类”中。

《宋史》卷四五七陈抟本传载：

> 抟好读《易》，手不释卷，常自号扶摇子。著《指玄篇》八十一章，言导养及还丹之事。宰相王溥亦著八十一章，以笺其指。抟又有《三峰寓言》及《高阳集》、《钓潭集》，诗六百余首。

《宋史》卷二〇五《艺文四》：

> 陈抟《九室指玄篇》，一卷。

《指玄篇》一卷八十一章，已佚，部分文字见宋俞琰《周易参同契发挥》、《易外别传》等所引。

张如安指出历代道士作《指玄篇》者有多家，俞琰所引《指玄篇》当为陈抟作，而引《指玄三十九章》当为钟离权作；明尹真人《性命圭旨》引《指玄篇》似均指《指玄三十九章》。李远国文未能做出区分，“多将钟诗阑入陈作中”。[①]

对照李文，所辑“邈无踪迹归玄武，潜有机关结圣胎”等 11 则残句，均出自《周易参同契发挥》，当为陈抟作。“若得心空苦便无”“人人气血本通流”“窈冥才露一端倪”“奔归气海名朱骥”等 4 首，出自《性命圭旨》，则应为钟离权作而非陈抟诗。

另外张如安还指出李远国所辑录的《无题》，实为陆游《午梦》诗，见《剑南诗稿》卷七；《赠毛女诗》，《全唐诗》卷八六三作毛女正美《赠华山游人》诗；《半酣》诗，《全唐诗》卷八五八作吕岩《六言》。[②] 除此之外，李文所辑佚诗仍有误收他人诗作等可商榷订正之处。

今将辑佚考订陈抟诗作过程中发现的问题分门别类，并标注相关论著页码，加以辨析。

一、误收唐人诗

1.《全宋诗》页 10：

与毛女游

药苗不满笥，又更上危颠。回指归去路，相将入翠烟。

---

① 张如安《〈全宋诗〉订补稿》，第 2—3 页。

② 同上书，第 3 页。

咏毛女

曾折松枝为宝栉，又编栗叶作罗襦。有时问着秦宫事，笑捻仙花望太虚。

以上宋阮阅《诗话总龟》前集卷四六引《翰府名谈》

按：二诗又见《全唐诗》卷八六三毛女正美《赠华山游人》，“回指”作“回首”，“问着”作“问却”；第二首又见宋洪迈《万首唐人绝句》卷七一，亦署毛女正美，题作《华山游人》，“问着”作“问却”。当为唐毛女正美诗。

2.《全宋诗》页11：

句(其一)

蚕月桑叶青，莺时柳花白。　　宋《锦绣万花谷》后集卷三

按：又见宋计有功《唐诗纪事》卷一三、《全唐诗》卷八二，为唐刘希夷五言古诗《孤松篇》起首二句。

3. 李文页415、《全宋诗辑补》页4：

留别山中麻衣道友(《全宋诗辑补》题作《别麻衣道人》)

华岳峰前两路分，数间茅屋一溪云。师言耳聩持知久，人是人非闻未闻。

元张辂《太华希夷志》卷上引

按：此诗已见唐韦縠《才调集》卷一，题作《赠商山东于岭僧》，首句作“商岭东西路欲分”，“数”作“两”，“聩持知久”作“重知师意”，“闻未”作“不欲”，为唐李廓诗，《全唐诗》卷四七九同。又见宋计有功《唐诗纪事》卷五八，题作《赠商山僧》，异文同前，署唐韦蟾，《全唐诗》卷五六六同。当为唐诗。

二、误收唐末五代吕岩诗

吕岩，作为民间传说的八仙之一，道教全真教北五祖之一，一般称他出生于唐德宗贞元十四年(798)，字洞宾，道号纯阳子，礼部侍郎渭之孙，海州刺史让之子，河中府永乐(今山西芮城)人。入中条山修行。游长安酒肆，遇钟离权，得道，不知所往。有诗四卷，《全唐诗》卷八五六有传。

但作为诗人的吕岩洞宾，据陈尚君考证，当为吕让留在海州(今江苏连云港)一脉之后人，出生在唐末或五代初，宋太宗时曾访丁谓、张洎。(旧题唐吕岩撰，宋夏元鼎编)《金丹诗诀》录其诗103首，很可能是“宋初那位渐次成名且仙迹尚未大彰者”(吕洞宾)的原集。[①]

吕岩、陈抟均为道教史上重要人物，但他们的生平事迹在流传过程中，生发出一些附会穿凿的内容。《宋史》陈抟本传提到“吕洞宾有剑术，百余岁而童

① 陈尚君《五代宋初几位高人的诗歌》，《古典文学知识》2021年第1期，第92—94页。

颜，步履轻疾，顷刻数百里，世以为神仙。皆数来抟斋中，人咸异之”。《太华希夷志》卷下则称陈抟“委化之年，盖百一十八岁”。其实两人应无交集，皆寿过百岁亦夸大之词。由此产生另一现象，就是他们的诗作也常发生混淆。

4.《全宋诗》页 11：

句（其二）

万顷白云独自有，一枝仙桂阿谁无。　　宋刘斧《青琐高议》前集卷八

按：已见《全唐诗》卷八五七，为吕岩七律《七言》其三十五之颔联。《四库全书总目》谓《青琐高议》“为里巷俗书……所纪皆宋时怪异事迹及诸杂传记，多乖雅驯”，列为存目，故所记未必可信。

5. 李文页 412、《全宋诗辑补》页 8（《全宋诗辑补》题作“与众道人唱酬”）：

半　酣

春暖群花半开，逍遥石上徘徊。曾捶玉勒金阙，闲踏青纱碧苔。洞中睡来几载，流霞流饮千杯。逢人莫说人事，笑指白云去来。

元赵道一《历世真仙体道通鉴》卷四七

按：核《历世真仙体道通鉴》，实为一首，“流饮”作“独饮”。此诗已见《全唐诗》卷八五八，为一首，题作《六言》，“曾垂玉勒金阙”作“独携玉律丹诀”，“洞中睡来几载”作“古洞眠来九载”，“独饮”作“饮几”，“说人”作“话他”，乃吕岩诗。《历世真仙体道通鉴》所录壶公、赤松子、吕洞宾唱酬之作，俱不见《全唐诗》，当系元人虚构。

三、误收宋人诗

6.《全宋诗》页 11：

诗一首

华阴高处是吾宫，出即凌空跨晓风。台殿不将金锁闭，来时自有白云封。

宋刘斧《青琐高议》前集卷八

按：此诗后二句又见《全宋诗》册二八卷一六三二页一八三〇八释冲邈《翠微山居诗》二十五首之十四第二联，无异文，出宋龚昱《昆山杂咏》卷中。《青琐高议》多记怪异杂传，为《四库全书》存目书籍，未可据信；而释冲邈诗乃二十五首组诗之一，故此诗后二句实乃释冲邈作，疑《青琐高议》据以伪作全诗而托名陈抟。

7.《宋诗纪事补正》页 304：

山　行

下马酌村醪，松梢日正高。转从山后去，几树野樱桃。

（旧题宋刘克庄）《后村千家诗》卷一四《山门》

按：李更、陈新《分门纂类唐宋时贤千家诗选校证》[①]已考，楝亭本漏署名，前一首为陈抟诗，此诗实为赵信庵作。

8.《全宋诗辑补》页9：

闻太祖登基吟

夹马营中紫气高，属猪人定着黄袍，世间从此都无事，我向山中睡得牢。

（宋佚名）《新编五代史平话周史平话》附录

按：此诗已见宋韦居安《梅磵诗话》，谓“余尝见潘庭坚题希夷睡图云云”，“夹”作“甲”，“定”作“已”，“世间从此”作“此回天下”，“我向”作“可是”。又见宋蔡正孙《诗林广记》后集卷九，作“潘紫岩题陈图南鼾睡图”，异文同《梅磵诗话》。潘庭坚，号紫岩，白玉蟾（1194—?）有《赠紫岩潘庭坚四首》，见《全宋诗》册六〇卷三一三六页三七五〇二，出《海琼玉蟾先生文集》卷三。此诗当为潘庭坚作，非陈抟诗。

四、误收无名氏诗

9.李文页411：

武　当

我爱武当好，将军曾得道。升举入云霄，高岭名落帽。

元刘道明《武当福地总真集》卷下引

按：此诗已见宋潘自牧《记纂渊海》卷一二，无诗题，“升举”作“蜕举”，“高岭”作“高岑”，署“无名氏”。又在宋王象之《舆地纪胜》卷八五《京西南路·均州》中凡两见，《景物下》“落帽峰”条：《图经》云，古老相传乃戴将军得道上升落帽于此峰，因名，有诗云云；《诗》下亦收录，题作《古落帽峰》，“升举”作“蜕举”，未署作者，其后一首为陈抟《题俞公岩》。当是无名氏诗，元人蒙后诗讹为陈抟作。

10.李文页418：

治口齿乌髭药方歌

猪牙皂角及生姜，西国升麻蜀地黄。木律旱莲槐角子，细辛荷蒂原注：剪荷叶心子也。要相当。

青盐等分同烧煅，研细将来使最良。揩齿牢牙髭鬓黑，谁知世上有仙方。

元张辂《太华希夷志》卷下引

按：当合为一首。已见宋释文莹《玉壶清话》卷五，原文为：“文莹丙午岁访

① 李更、陈新《分门纂类唐宋时贤千家诗选校证》，北京：人民文学出版社，2002年，第322页。

辰帅张不疑师正，时不疑方五十，齿已疏摇，咀嚼颇艰。后熙宁丁巳不疑帅鼎，复见招，为武陵之游，凡巨脔大截，利若刀截，已六十二矣。余怪而诘焉。曰：'得药固之，时余满口摇落，危若悬蒂，谩以此药试之，辄尔再固。'因求此方以疗病齿者，凡用之皆效，题曰《西华岳莲花峰神传齿药方》。序曰：'元亨在天圣中，结道友登岳顶，斋宿祈祠方已。遍游三峰，酌太上泉，至明星馆，于故基下得断碑数片，仿佛有古文，洗涤而后可辨读之，乃《治口齿乌髭药歌》一首。虑岁月寖久，剥裂不完，遽录以归。而后朝之名卿巨公访山中故事语及者，皆传之，修制以用，其效响应。歌曰云云。'""蒂"作"叶"，"研细"作"研杀"。

核《太华希夷志》："张师正年五十齿已疏摇。后十余年，巨脔大截利若刀截。尝得药方，叙曰：'元亨在天圣中登岳顶，至明星馆故基下得断碑，仿佛有古文，乃《治口齿乌髭药方歌》一首云云。'此希夷先生之方也。"

《玉壶清话》引《治口齿乌髭药歌》序文，明说是西岳明星馆故基下断碑所载古文，则作者当为无名氏。《太华希夷志》晚出，"此希夷先生之方也"当是元人揣测之词，不足为据。

五、其他

（一）佚句有全诗

句

山色满庭供画障，松声万壑即琴弦。　（宋潘自牧）《记纂渊海》卷二四

按：见《全宋诗辑补》页 10 引。核《记纂渊海》，在"华州"条下，仅二句。又见元张辂《太华希夷志》卷上，题作《答使者辞不赴诏》，有全诗"九重特降紫泥宣，才拙深居乐静缘。山色满庭供画障，松声万壑即琴弦。无心享禄登台鼎，有意求仙到洞天。轩冕浮荣绝念虑，三峰只乞睡千年。"可补全其余文字。

（二）语句非诗句

（句）

改换腥肥气脉行。　俞琰《周易参同契发挥》卷五引

按：见李文页 394 引。核影印文渊阁《四库全书》本《周易参同契发挥》，在卷中（中篇），原文作"朗然子诗云：溯流直上至泥丸，关节才通便驻颜。又云：常使气冲关节透，自然精满谷神存。岂皆虚言哉？陈希夷以为云云。韩逍遥以为转轮才一月，便契玄中玄。若有作用，实无作用。似乎静定，即非静定。盖自高上元君密传以来，递相付嘱，迄至于今，除此道外，更无别道。"当是陈抟之语，不应作为诗句收录。

(三)未据《全宋诗》第二版

〔补辑〕题西峰(补后半首)

几夜碍新月,半山无夕阳。寄言嘉遁客,此处是仙乡。 宋蔡正孙《诗林广记》后集卷九、宋阮阅《诗话总龟》前集卷四六。原按:《全宋诗》漏辑后四句。

按:见《全宋诗订补稿》页 2 引。《全宋诗》第一版(1991 年 7 月铅排)册一卷一页一〇收录《西峰》:"为爱西峰好,吟头尽日昂。岩花红作阵,溪水绿成行。"出宋阮阅《诗话总龟》前集卷四六引《翰府名谈》,确实仅有四句。但在第二版(1995 年 12 月激光照排第一次印刷、1998 年 12 月第二次印刷)册一卷一页九已经补录:"几夜碍新月,半山无夕阳。寄言嘉遁客,此处是仙乡。"后四句,出处仍是宋阮阅《诗话总龟》前集卷四六引《翰府名谈》。

《全宋诗》前五册出版之后不久,即根据各方反馈意见进行过修订,1995 年推出第二版(第 6—72 册只有第一版),故引用前五册当以第二版为准。

(四)按语有误

醉時歌

大醉坐饿卧,小醉姜香汤。一月二十九日醉,百年三万六千场。莺花无主春如客,岁月可闲人自忙。请君相就饮几日,世间穷达天茫茫。

(清阮元)道光《广东通志·金石略一四》,谓朱熹书刻于英德南山。

按:见《全宋诗辑补》页 9 引。此诗已见清翁方纲《粤东金石略》卷六。核清《(道光)广东通志》卷二一二《金石略一四》,原文曰:"三山学圃陈先生《醉时歌》云云。嘉泰元年重九日朱子更书。谨案:歌在英德南山。陈先生者,陈抟也。"谓书石者为"朱子更",而非朱熹(1130—1200),时间在南宋宁宗嘉泰元年(1201)。故《全宋诗辑补》引《广东通志》"谓朱熹书刻于英德南山",理解不确。

六、陈抟诗补遗

前已述《全宋诗》收录陈抟诗 16 首、残句 2 则,其中 3 首诗及两则残句皆为他人作,如此,剩余的可靠诗作为 13 首。今又新辑 23 首、残句 14 则并存目 1 首,补遗如下:

赠种放

鉴中有客白髭多,鉴外先生识也么。只少六年年六十,此中阴德莫蹉跎。

宋释文莹《湘山野录》卷上

《湘山野录》:初,种隐君少时与弟汶往拜陈希夷抟。陈宿戒厨仆,来日有二客,一客膳于廊。才旦,果至。惟邀放升堂,殷勤眦睨,以一绝赠之曰云云。种都不之晓。但屈指以三语授之曰:“子贵为帝友而无科名,晚为权贵所陷。”种又乞素履之术。陈曰:“子若寡欲,可满其数。”种因而不娶不媵,寿六十一。

水仙花

湘君遗恨付云来,虽堕尘埃不染埃。疑是汉家涵德殿,金芝相伴玉芝开。

宋陈景沂《全芳备祖》前集卷二一

荇

因风离甚处,随浪此中过。不定犹如此,孤根还若何。未闻流水尽,更见落花多。

同上书后集卷一二

赠种隐者

事不关身皆是累,心源未了几时闲。须将未了并身累,分付他人入旧山。

宋于济、蔡正孙《唐宋千家联珠诗格》卷三

答使者辞不赴诏

九重特降紫泥宣,才拙深居乐静缘。山色满庭供画障,松声万壑即琴弦。无心享禄登台鼎,有意求仙到洞天。轩冕浮荣绝念虑,三峰只乞睡千年。

答使者辞不赴诏诗二绝

坐逢圣代即尧年,草泽愚人也被宣。自笑形骸元懒散,才疏安敢望朝天。

调和四气凭烧药,修炼千万只要安。黄阁高官无意恋,闲居佳境胜为官。

赴召答葛守忠

鹤氅翩翩即散仙,蒲轮争忍利名牵。留连华岳伤心别,四顾云台望眼穿。涉世风波真险恶,忘机鸥鸟自悠然。三峰才欲和衣倒,又被天书下日边。

至京师于建隆观安歇夜寝偶闻禁钟响吟叹世诗二绝

千门万户锁重关,星斗排空静悄然。尘世是非方欲歇,六街禁鼓漏初传。

银河斜转夜将阑,枕上人心算未闲。堪叹市廛名利者,多应牵役梦魂间。

睡至五更闻晓钟响

玉漏将残月色沉,一声清响透寒音。能催野客思乡切,暗送离人起恨深。窗下惊开名利眼,枕前唤觉是非心。皇王帝霸皆经此,历代兴亡直至今。

答太宗

臣今得道几经年,每日常吞二气丹。仙酿饮时添漆鬓,蟠桃食后注童颜。夜深只宿云台观,晓起斋登法箓坛。陛下问臣修养法,华山深处可清闲。

答太宗

昨夜三更梦里惊,一声钟响万人行。多应又是朝金阙,臣自无官睡到明。

退官歌

道能清，道能静，清静之中求正定。不贪不爱任浮生，不学愚迷多悭吝。时人笑臣不求官，官是人间一大病。官卑又被人管辖，官高亦有人趋佞。或经秦，或经郑，东来西去似绳纲。直至百年不曾歇，算来争似臣清静。月为灯，水为镜，长柄葫芦作气命。出入虽无从者扶，左有金龟右鹤引。朝日醉，长不醒，每每又被天书请。时人见臣笑呵呵，臣自心中别有景。

退官诗

元气充餐草结衣，等闲无事下山稀。不侵织女耕夫利，犹自傍人说是非。

辞职叹世诗

南辰北斗夜频移，日出扶桑又落西。人世轻飘真野马，名场争扰似醯鸡。松篁郁郁冬犹秀，桃李纷纷春渐迷。识破邯郸尘世梦，白云深处可幽栖。

口　号

问君世上何事好，无过晓起睡当早。庵前乱草结成衣，饥餐松柏常令饱。因玩山石脚绊倒，不能起得睡到晓。时人尽道臣憨痴，臣自憨痴无烦恼。

以上元张辂《太华希夷志》卷上

按：《太华希夷志》二卷乃元代河中府知事张辂（号讷斋）"采古书所录，或谚语之谈"有关"希夷先生遗事"纂集补撰而成（张辂自序）。所载陈抟事迹明显有虚夸假托成分，所谓太宗、陈抟诸诗亦不可靠。姑录于此，以备一说。

墨　竹

莫贪枝叶亦成龙，要悟从头到底空。已遇神仙施笔力，风霜不可再磨砻。

明薛蕙《考功集》卷四《希夷先生墨竹歌序》

《考功集》：蕙家藏希夷先生墨竹之右先生大书绝句云云。后题云陈图南作就赋画。

醉时歌

大醉坐饿卧，小醉姜香汤。一月二十九日醉，百年三万六千场。莺花无主春如客，岁月可闲人自忙。请君相就饮几日，世间穷达天茫茫。

清翁方纲《粤东金石略》卷六

清阮元《（道光）广东通志》卷二一二《金石略一四》：三山学圃陈先生《醉时歌》云云。嘉泰元年重九日朱子更书。谨案：歌在英德南山。陈先生者，陈抟也。

纪英公大师篆书诗二绝

□□南来别九华，少年师号紫袈裟。惊天动地怀何艺，古□□高十八家。
上帝因成鸟迹踪，又于玉箸别□□。如今朴散浮华笔，珍重吾师绍古风。

路远《全宋诗补遗十八首——据西安碑林藏赠梦英诗刻石》

（《中国典籍与文化》2008年第三期，第58—59页）

诗一首

自隐元都不会春，几回沧海变为尘。玉阶殿里朝元始，金阙宫中礼老君。漫去驾乘千岁鹤，闲来醉卧九霄云。我今愿学长生术，谁肯流传与世人。

宋王象之《舆地纪胜》卷九八《广南东路·南恩州》

《舆地纪胜》：茹有仁，东郡人，举进士不第。因观稼，独游田野中。有鹤飞至，自语曰白鹤子……有仁拜曰："愿乘先生之逸驾。"因诵希夷先生诗云云。

诗一首

我见世人忙，个个忙如火。忙者不为身，为身忙却可。

元王恽《玉堂嘉话》卷三

句

他年南面去，记得此山名。 隐武当山 宋邵伯温《邵氏闻见录》卷七

优好之所勿久恋，得志之处勿再往。 宋江少虞《事实类苑》卷四三引《倦游杂录》

《事实类苑》：真宗时陈抟被诏赴阙下，间有士大夫诣其所，止愿闻善言以自规诲。陈曰云云。闻者以为至言。

邈无踪迹归玄武，潜有机关结圣胎。
寥寥九地移钟管，黯黯长天运斗魁。
礲磹光中扶赤子，鼓鼙声里用将军。

以上宋俞琰《周易参同契发挥》上篇引陈抟《指玄篇》

苗苗裔裔绵绵理，南北东西自合来。
一马自随天变化，六龙长驾日循环。
倏尔火轮煎地脉，愕然神瀵涌山椒。

按：《周易参同契发挥》未明言为陈抟作。明杨慎《升庵集》卷五七引作"陈希夷诗"。

必知会合东西路，切在冲和上下田。 以上同上书中篇引《指玄篇》

但能息息皆相顾，换尽形骸玉液流。
自然功绩自然偏，说自然来不自然。
多少经文句句真，流传只是接高人。 以上同上书下篇第一引《指玄篇》

齁齁四十年来睡，不觉东方日已明。闻太祖登极 元张辂《太华希夷志》卷上

莫道当今无天子，都将天子上担挑。 明洪应明《绘像列仙传》卷三

《绘像列仙传》：初兵纷时，太祖之母挑太祖太宗于篮以避乱。陈抟遇之，即吟曰云云。

【存目】

白鹤观

时传丹篆千年术，口诵黄庭两卷经。鹤绕古坛杉影里，悄无人迹户长扃。

明陈霖《（正德）南康府志》卷一〇

按：此诗已见宋江少虞《事实类苑》卷四五，谓“宿州天庆观有神仙题诗二绝于五星门扉之上，俗传云吕先生神篆，其诗云云”，“时传”作“手传”，“两卷”作“一卷”，“鹤绕古坛杉影”作“鹤观古坛槐影”；又见宋《锦绣万花谷》后集卷二七、宋阮阅《诗话总龟》前集卷四六引《古今诗话》、清《全唐诗》卷八五八，“时”作“肘”，均作吕岩诗。

七、结语

综上，见于历代古籍记载的陈抟诗作，不尽可靠，有将唐代毛女正美、刘希夷、李廓或韦蟾，五代吕岩，宋代释冲邈、赵信庵、潘庭坚，以及前代无名氏诗误作陈抟诗的，尤其与吕岩作品混淆最多。前人收集整理陈抟诗作，又往往因而袭误。今删重辨正，在《全宋诗》所收的可靠之作 13 首外，新加搜罗，整理出陈抟佚诗 23 首、残句 14 则、存目 1 首。虽然其中不乏带有传说色彩的诗歌，但它们基本能反映陈抟传世诗作的总体面貌，可供学界研究利用。

2021 年 8 月 29 日初撰于杭州

2021 年 11 月 17 日修改于北京

智圆《闲居编》在国内外的刊刻流传考述*

许红霞**

【内容提要】 智圆《闲居编》，自宋代至清代乾隆年间，国内一直流传，但目前国内除了影印日本刊本外未见其他传本，而在日本却保存有据宋本刊刻的元禄七年刊本及覆刻本等多部。本文对其在国内及日本的刊刻流传情况进行了详细的考述，考证智圆《病课集》收录在《闲居编》的具体位置，并廓清对此书版本流存的一些模糊认识。

【关键词】 智圆 《闲居编》 刊刻 流传

智圆(976—1022)，字无外，号中庸子，又自称病夫、潜夫。俗姓徐，钱塘(今浙江杭州)人。八岁时，父母舍入空门，于钱塘龙兴寺受具戒。十五知骚雅，多为唐律诗。二十一岁，闻奉先源清法师传天台三观之道，负笈前往，抠衣问辨，凡三年。源清去世后，往居西湖孤山。智圆早婴瘵疾，多杜门独居，研考经论，探索义观，有扶持台宗之志。讲道吟咏，勤于著述。与处士林逋为邻友，以诗文自娱。真宗乾兴元年二月十九日示寂，俗寿四十七。徽宗崇宁三年(1104)，赐谥号法慧大师。曾撰疏十本以通十经，世号十本疏主。事见《闲居编》卷一九《中庸子传》，①宋吴遵路撰《〈闲居编〉序》，②宋释宗鉴编集《释门正统》卷五，③宋释元敬、元复撰述《武林西湖高僧事略》，④宋释志磐《佛祖统纪》卷一〇⑤等。今传《闲居编》卷五一后写有"孤山法师撰述目录凡一百七十余卷"，但在其下所列出的智圆对佛教经论疏钞科注等著述共二十八种一百一十八卷，包括其诗文杂著《闲居编》五十一卷。他是宋初天台宗山外派重要僧人，

---

* 本文为国家社会科学基金项目《宋僧诗文集在日本的刊刻流传研究》(项目编号15BZW115)成果之一。

** 本文作者为北京大学中国古文献研究中心、北京大学中文系长聘副教授。

① [日]前田慧云《续藏经》第101册，台北新文丰出版公司影印本，1993年10月版(以下所用《续藏经》皆同此版)，第55b页上—57a页上。

② 《闲居编》卷首，第27页。

③ 《续藏经》第130册，第414a页下—416a页下。

④ 《续藏经》第134册，第237a页下—237b页上。

⑤ [日]高楠顺次郎等《大正新修大藏经》第49册，No. 2035。大正一切经刊行会，1922—1934，第204页下—205页中。

又早勤儒学，兼涉老庄，会通儒释道三教思想，认为是殊途同归。他尊奉中庸，在宋人中似为最先。[①] 又擅长作诗，学为古文，是宋初著名诗僧和文僧，无论在宋代佛学、文学、思想方面都值得深入研究。智圆《闲居编》，自宋代至清代乾隆年间，国内一直流传，但目前国内除了影印日本刊本外未见其他传本，而在日本却保存有据宋本刊刻的元禄七年(1694)刊本及覆刻本等多部，并非稀见。本文试对《闲居编》在国内外的刊刻流传情况进行探讨。

一、《闲居编》的编集及在国内的刊刻流传

(一) 编集

今传《闲居编》首有宣德郎守大理寺丞监杭州清酒务吴遵路所撰序，其次是智圆所撰《自序》，云：

> 钱唐释智圆，字无外，自号中庸子。于讲佛经外好读周、孔、扬、孟书，往往学为古文，以宗其道，又爱吟五七言诗以乐其性情，随有所得皆以草稿投坏囊中，未尝写一净本。儿童辈旋充脂烛之费，故其逸者多矣。今年夏，养病于孤山下，因令后学写出所存者，其后有所得，亦欲随而编之。非求誉于当时，抑亦从吾所好尔。[②]

其序作于真宗大中祥符九年(1016)五月十日，从中可知智圆作品最初皆以草稿形式置于坏囊中，未尝誊写整理，有些因被儿童辈拿去充脂烛之费，也佚失很多。大中祥符九年夏智圆在孤山养病，才“令后学写出所存者，其后有所得，亦欲随而编之”。吴遵路序作于乾兴元年(1022)正月，也就是智圆去世的前一个月，其末有“始自景德丙午，迄于天禧辛酉，集其所著得六十卷，题曰《闲居编》。卮言日新，方运不休之思；赏音窃抃，必期善听之聪。过此以还，请俟来者。其经论疏钞科注等，洎诸外学自成编录者，凡一百七十卷，皆从别行，不列此集”一段话，景德丙午即真宗景德三年(1006)，天禧辛酉即真宗天禧五年(1021)，也就是说其时所编《闲居编》中收录智圆作品的起讫时间是1006年至1021年，也就是智圆三十一岁至四十六岁间的作品。而且当时所编集的《闲居编》是六十卷。其中不包括经论疏钞科注等，洎诸外学自成编录者共一百七十卷。乾兴元年二月初一，智圆看到了吴遵路为其《闲居编》所撰写的序，遂于二月六日写了《谢吴寺丞撰〈闲居编〉序书》，表达对吴遵路的感谢之情，同时还阐

---

① 钱穆《读智圆〈闲居编〉》云：“盖自唐李翱以来，宋人尊《中庸》，似无先于智圆者。”《中国学术思想史》(五)，台北：东大图书有限公司，1984年，第30页。

② 《闲居编》首《自序》，《续藏经》第101册，第27b页上。

述了其平生为学的经历，特别是学习儒家《易》《书》《诗》《春秋》《论语》五经的收获及认识，还说明了编集《闲居编》的缘由：

> ……养病孤山，隐居林下，有朋自远方来者，每以编纪为勉，遂以向者之志对焉。彼曰："何伤乎？亦各言其志尔。夫三教者本同而末异，其于训民治世，岂不共为表里哉？子之所述，宜在集之以贻于后也。"于是乃从其请。故后有所得者，因而录之。而歌诗文颂错杂间出，号之曰《闲居编》，亦陆鲁望《丛书》之俦也。且欲不出户庭以贻子孙尔，敢冀偶知音而有所发挥乎？今睹寺丞所赠之序，岂不幸甚乎！谨当嘱后学辈编其所著使各从其类，而首戴雄文，用贻后代。俾儒者、释者见之而不惑，知三教之同归，且免夫诋诃之辞也。①

这段话再次说明《闲居编》是智圆在孤山养病时因友朋的建议，嘱咐其后学门徒编集的，并把吴遵路所撰序文置于卷首，也表达了智圆认为儒释道三教一致、殊途同归的思想。智圆写了《谢吴寺丞撰〈闲居编〉序书》一文后不足半月，即乾兴元年二月十九日，就去世了，其文中及吴遵路序中皆未提到《闲居编》六十卷是否刊刻。

（二）国内刊刻流传

1. 在宋代刊刻情况

智圆《闲居编》在宋代至少曾经刊刻过两次。第一次是在仁宗嘉祐五年（1060），今传《续藏经》本《闲居编》五十一卷后除列出智圆对佛教经论疏钞科注等著述共二十八种一百一十八卷外，还附有三篇题记，第一篇是宋钱唐梵天寺十方讲院了空大师浩肱（字仲辅）于嘉祐五年八月所作记：

> 自乾兴元年二月十九日，大法师讳智圆、字无外、号中庸子归寂于钱唐西湖孤山玛瑙院，平昔所著述《闲居编》，至今嘉祐不坠于地者，犹一线耳。吴待制遵路撰法师行状，云《闲居编》六十卷，虽目其言，终不能见其全集。今开之本，访诸学校及遍搜求，得四十八卷，《病课集》仍在编外。今恐遗坠，遂将添入，总成五十一卷。有求之未尽者，俟后人以续之。浩肱孤陋寡学，不能考校谬误，且贵乎先贤博达之文，存其本而免失坠耳。又得信士摇君大有因闻法师之清名，赋性雅尚，欣然愿施财，及导同人刻版模印，以广斯文。②

---

① 《闲居编》卷二二，《续藏经》第 101 册，第 59b 页下—60b 页下。

② 同上书，第 108a 页上。

从智圆去世至仁宗嘉祐五年，经过了三十八年，此时已不能见到《闲居编》最初所编集的六十卷的全编，经过浩肱的遍访搜求，仅得到四十八卷，浩肱把在编外的《病课集》也添入，总成为五十一卷。因得到信士摇大有施财，此五十一卷《闲居编》得以刊刻流传。《病课集》原单独成编，智圆有《〈病课集〉序》云：

> 吾以今年夏末炎气火炽，故疾因作而倍百于常发焉。伏枕草堂中者，凡四旬余。及其痊也，裁能扶杖徐步而已。然于瞑眩荒忽之中，亦不能默默，往往成一篇一咏以自宽。若甚困顿，则枕肱而口占，使来学而笔之。或疾少间，则隐几而起坐，自操觚而书之，无乃乐在其中矣。既成，草稿皆投竹箧内。一日，取而阅焉，得古诗及唐律五七言两韵至五十四韵，合七十首，分为三卷，题曰《病课集》。其犹儒家流修仕进之道，退而肄业，谓之过夏，执业以出，谓之夏课。吾以病中所得，病差而写出，谓之"病课"，不亦宜邪？且欲后之人知吾以贫病寂寥而自胜者欤。然而辞语鄙野，旨趣漫浪，或宗乎周孔，或涉乎老庄，或归乎释氏，于其道不能纯矣。苟君子以多爱见驳杂为讥者，吾安敢逃其责乎？然若由多爱以至于无驳杂，则亦俟知者知之耳。噫嘻！罪我其病课乎？知我其病课乎？是时圣宋天禧四年庚申八月二十六日，病夫智圆无外序。①

此序作于真宗天禧四年(1020)八月二十六日，离其去世约一年半的时间。从中我们可以看出智圆诗歌创作之勤奋，即使在病刚痊愈身体还非常虚弱的情况下，也不停歇。他以诗歌创作为乐，作为抵御消解病痛折磨的工具。其《病课集》中所收录的就是天禧四年夏末他故疾复发稍稍痊愈后所创作的古诗、五七言近体诗共七十首诗歌，分为三卷。根据吴遵路序中言"其经论疏钞科注等，洎诸外学自成编录者，凡一百七十卷，皆从别行，不列此集"，在六十卷本《闲居编》中，应无收入《病课集》，而浩肱在嘉祐五年刊刻《闲居编》时，担心其遗坠，才将其收入，与其他四十八卷合在一起成为五十一卷。在今传五十一卷本《闲居编》中，卷三七至卷五一共十五卷皆为诗，而卷四八《自勉》、《病起自叙》、《言志》等诗，可以肯定作于天禧四年，诗中有"吾今四十五"、"吾年四十五"、"行年四十五"句，结合诗意，其当为《病课集》内容。从卷四八至卷五〇卷，共录诗七十一首，其排列次序基本上是卷四八为五古、卷四九为五律(第一首为《湖居感伤五十四韵》当即智圆《病课集》序中所云之五十四韵)、五绝，卷五〇为七律、七绝的顺序，可能就是原《病课集》三卷的内容。

至南宋理宗宝祐元年(1253)，《闲居编》得到重刊。《续藏经》本《闲居编》五十一卷后所附三篇题记中，其他两篇为当时玛瑙院住持释元敬所撰写。

① 《闲居编》卷一一，第44a页下—44b页上。

其云：

元敬滥尸祖席，起废兴坠乃其职也。始来此山，荒凉特甚。首创塔亭，且新祖像。又思遗文湮没，募缘重刊，得檀越施钱计贰阡柒伯券，积两年，賙施计壹阡玖伯券，甫克就绪。经始于淳祐戊申，讫工于宝祐癸丑。吁！力微难成，迟迟若此。此编之行，盖欲彰祖道而播余芳，资微润而续余焰耳。纸墨工食之外，以其所得，为殿宇、塔亭、僧阁诸处灯油之助，收赎之士仗此亦可以发自己灵光，真所谓一举而两得矣。后之住此山者，当体此意，毋忽焉。玛瑙住山节庵元敬题

《闲居编》，孤山杂著也。岁久亡版，夷齐居士章氏乐善好施，崇孤山之行而贵孤山之文，慨然作偈，捐金贰阡缗，命工重刊于西湖玛瑙。然是编特孤山绪余耳，其扶掖宗教，诠释群经，有十疏别行于世云。淳祐戊申秋季玛瑙住山元敬书[①]

淳祐戊申即淳祐八年(1248)，宝祐癸丑即宝祐元年(1253)，第二篇题记当作于第一篇之前，为开始重刊《闲居编》时所作，第一篇则当为重刊完工时所作。综合这两篇题记可知，元敬到玛瑙院担任住持时，因《闲居编》岁久亡版，担心其遗文湮没，募缘重刊，重刊工作开始于淳祐八年，完工于宝祐元年，用了约五年的时间。这次重刊《闲居编》，仍当是五十一卷。释元敬、元复所撰述的《武林西湖高僧事略》智圆传中就称"杂著五十一卷，题曰《闲居编》"。

2. 在国内流传情况

《闲居编》在宝祐元年重刊后，直至清代，国内未见再有刊刻的记载。虽然传本不多，但也一直有流传。历代的佛教典籍等时有记录或引用，如北宋释日新所录《盂兰盆经疏钞余义》中介绍智圆时，称其"著《闲居编》六十卷"，[②]南宋释宗鉴《释门正统》卷五智圆传亦谓"门人集其平昔杂著凡六十卷，题曰《闲居编》"。南宋释宗晓《乐邦遗稿》卷下"生死本无随妄而有"题下引"孤山《闲居编》云……(引文略)"，[③]其《法华显应录》卷上在介绍"章安总持禅师"末标明出自"孤山《闲居编》"。[④] 南宋释昙秀《人天宝鉴》中介绍智圆时还引用了智圆的《自祭文》，且标明出自《闲居编》。[⑤]南宋释志磐《佛祖统纪》卷一〇智圆传介绍其所撰述，其中有"《闲居编》五十一卷杂著诗文"。元释念常《佛祖历代通载》卷

① 《续藏经》第101册，第108a页下。

② 《续藏经》第94册，第413a页下。

③ 《大正新修大藏经》第47册，No. 1969B，第242页上。

④ 《续藏经》第134册，第415b页下。

⑤ 《续藏经》第148册，第55a页下—55b页上。

一八智圆传中载录《闲居编》五十一卷，[①]元释觉岸《释氏稽古略》卷四真宗朝部分对智圆生平作了简单介绍，最后标出处就有"孤山《闲居编》"。[②] 明代释道衍(即姚广孝)在其所编《净土简要录》中有"孤山智圆法师曰……"，其中所引的《弥陀经疏序》内容，即标明出自《闲居编》。[③] 他还作有《读孤山法师〈闲居编〉》诗："孤山无复见，展卷已知心。落落潜夫咏，皇皇古剑吟。江云阴远峤，野雪霁高林。莫谓千年后，人间绝赏音。"[④]说明他确实阅览过《闲居编》，或许还收藏有此书。今存《永乐大典》卷一五〇七三亦引《闲居编》之《烛蛾诫》："有虫名烛蛾，翱翔近灯火。举手再三遮，彼意终不可。驱去复飞来，防护更劳我。汝无纵所见，自取燋肌祸。"[⑤]明代释明河《补续高僧传》卷二智圆传中谓其"有杂述五十卷，题曰《闲居编》"。[⑥] 明释无尽《天台山方外志》卷七《教观书目》在"孤山圆师"下载其著作，其中有"《闲居编》五十一卷"。[⑦] 清乾隆年间释性权在汇编整理《天台四教仪注汇补辅宏记》一书时，对其相关内容加以补充，在其补充部分，也曾引智圆《闲居编》，如卷四之上"〔补〕孤山六十四句"后引"《闲居编》言……。又《闲居编》颂言……。(以上引文略)"[⑧]而在历代公私目录的著录中，经清叶德辉考证的《秘书省续编到四库阙书目》卷一集部别集类有"僧智圆《闲居编》五十卷"。[⑨] 《宋史·艺文志》卷四子部道家类(所附释氏类)有"僧智圆《闲居编》五十一卷"，[⑩]又同书卷七集部别集类也有相同记载。[⑪] 明赵用贤《赵定宇书目》"杂目"部分载"《闲居编》一本"。[⑫] 清邵懿辰撰、邵章续录《增订四库简明目录标注》卷一六集部四别集类三著录"中庸子集五十一卷，宋钱塘僧智圆撰，赵氏小山堂有宋刊本"，[⑬]当即指智圆《闲居编》。而清厉鹗(1692—1752)有《首春连雨兼旬借阅谷林新购宋椠僧智圆〈闲居编〉用前韵》："紧薄无痕知宋纸，高人获之球璧似。开椷处处见西湖，玛瑙院僧中庸子。闲泉幽径迹

---

① 《大正新修大藏经》第 49 册，No. 2036，第 661 页下。

② 《大正新修大藏经》第 49 册，No. 2037，第 864 页上。

③ 《续藏经》第 108 册，第 105a 页下。

④ 〔明〕姚广孝《逃虚子诗集》卷六，清钞本。

⑤ 《永乐大典》卷一四〇七三第 13 页 b。又见《闲居编》卷三七。

⑥ 〔梁〕慧皎等《高僧传合集》，上海：上海古籍出版社，1991 年，第 620 页下。

⑦ 《四库全书存目丛书》史部第 232 册，影印明万历幽溪讲堂刻本，第 698 页下。

⑧ 《续藏经》第 102 册，第 228 页 b。

⑨ 《宋史艺文志·补·附编》之附编，北京：商务印书馆，1957 年，第 363 页下。其下有"辉按：《宋志》五十一卷，又道家、释氏类重出，亦五十一卷"。

⑩ 《宋史艺文志·补·附编》第 101 页中。

⑪ 同上书，第 219 页下。

⑫ 〔明〕赵用贤《赵定宇书目》，《中国历代书目题跋丛书》，上海：上海古籍出版社，2005 年，第 74 页下。

⑬ 〔清〕邵懿辰撰、邵章续录，《增订四库简明目录标注》，上海：上海古籍出版社，1979 年，第 765 页。

荒寒，湖波依旧绕孤山。春来懊恼连天雨，开落梅花湿翠间。”[①]谷林为小山堂赵氏“二林”兄弟之兄赵昱（1689—1747）之号，厉鹗所借阅的正是赵氏小山堂所购藏的宋刊本，而厉鹗所编辑的《宋诗纪事》卷九一录智圆诗五首，所标出处也是《闲居编》。其《宋诗纪事》始编自雍正三年（1725，乙巳），“历二十年之久”才完成，乾隆十一年（1746）刊刻流传。[②] 由上述可知，智圆《闲居编》自宋代至清代乾隆年间一直有传，清代赵氏小山堂还收藏有宋刊本，但此宋刊本不知所终，今未见著录。现除《续藏经》影印本外，国内各图书馆也未见有著录其他藏本。

二、《闲居编》在日本的刊刻流传

（一）传入日本的时间

智圆《闲居编》传入日本的时间未见有明确记载，但日本临济宗圣一派禅僧虎关师炼（1279—1346）[③]的诗文集《济北集》卷九有《孤山议二首》，其一有“孤山《闲居编》有《善恶有余论》一篇，盖因牛僧孺‘善恶无余’而发也。牛氏不言足矣。圆师，讲家之义虎也，何其议不正乎哉。……”其二云：“孤山作《周公挞伯禽论》曰：‘吾谓周公无挞伯禽事也，盖传之者滥耳。’又曰：‘成王日十其过则伯禽十受其挞，百其过百受其挞焉。’予谓孤山不知周公用心而发此议耳。……”[④]引用了《闲居编》中《善恶有余论》、《周公挞伯禽论》[⑤]两篇的内容，并阐述了自己的不同观点。虎关师炼一生并未到过元朝，说明智圆《闲居编》在1346年（元惠宗至正六年）前已传入日本。

（二）最早在日本刊刻的时间

《闲居编》传入日本后，最早当刊刻于元禄七年（1694，清康熙三十三年）。今日本存元禄七年刊本《闲居编》五十一卷末有沙门师点所撰《书刻〈闲居编〉后》一文，其中有云：

……予又窃以为，讲说辩论而晓谕一时者，盖樊、李、卫、霍之将尔。

① 〔清〕厉鹗《樊榭山房续集》卷三，影印文渊阁《四库全书》本。

② 〔清〕厉鹗《〈宋诗纪事〉序》，上海古籍出版社1983年6月版，第1页。

③ 生卒年据其门人龙泉冷淬所编《海藏和尚纪年录》，谓生于日本弘安元年4月16日，卒于贞和二年7月24日。［日］塙保己一编《续群书类从》第九辑下卷二三二《传部》43，东京：续群书类从完成会，1988年，第458、493页。

④ ［日］上村观光编《五山文学全集》第一卷，日本京都思文阁，1973年，第202页。

⑤ 两篇俱见《闲居编》卷一八。

其功虽大，不若孟轲、王通诸儒立言明道而为百世师法也远甚。僧之有文，亦犹如是。或兼有之者，其范仲淹欤。当欧、李之慕韩昌黎排佛，镡津毅然出而著书，雰霾为之廓清，岂不雄伟哉！其余似乎此类，历代迭出，孤山中庸子圆公，其流亚也。传天台之道，外考周、孔遗文，究扬、孟之言，以裨佛学。又能作文，盖欲以文发挥淳正之道，御侮救弊，翼卫法门耳。诗亦澹雅幽洁，山林乐道之趣，讽而可喜。用心于兹，可谓勤矣。《闲居编》五十一卷是也，一家疏钞不与焉。梓氏谒予，出旧刻宋本而力请，予检阅之以行诸世。予愿看此书久矣，因加国字旁训，令其锲之。既成，姑识所蓄于怀于后，订于有中庸子之志者，且俾后人知此书，日东之刻始于今日云。

元禄甲戌七月初吉

华阳沙门 师点谨撰[①]

元禄甲戌即元禄七年，从师点这段文字中我们除了了解到他对“僧之有文”的看法和对智圆的评价外，还可以了解到：一是此元禄刊本据旧刻宋本而来；二是字旁日文假名训点为师点所加；三是《闲居编》之日本刻本始于元禄七年刻本。

（三）目录记载及版本流存

目前所见日本元禄九年（1696，清康熙三十五年）河内屋喜兵卫刊《书籍目录》、宝永六年（1709，清康熙四十八年）增修丸屋源兵卫刊《增益书籍目录》（又称《元禄九年·宝永六年书籍目录大全》）中皆载录了“《闲居编》智圆”，且皆标明册数为“十一”，出版者为“小川太”。[②] 元禄九年刊、正德五年（1715，清康熙五十四年）修丸屋源兵卫刊《增益目录书籍大全》（又称《正德五年书籍目录大全》）也有同样的记载。[③] 元禄十二年永田调兵卫等刊《新板增补书籍目录》（又称《元禄十二年刊新版增补书籍目录》）中也载有“《闲居编》智圆”，未标册数及出版者。[④] 享保十四年（1729，清雍正七年）永田调兵卫刊《新撰书籍目录》（又称《享保十四年书籍目录》）载有“《闲居编》孤山智圆”，虽未标册数及出版者，但在书名、作者左侧有小字作者简介，云：“智圆自号中庸子，从奉先源清传天台学。居西湖孤山，与林和靖为邻友。笺注文字，虽病不废。崇宁二年赐谥法惠

① 日本龙谷大学图书馆藏。

② 庆应义塾大学附属研究所斯道文库编《江户时代书林出版书籍目录集成》第二册，井上书房，昭和三十八年（1963），第257页第一、二栏右。

③ 同上书第三册，第25页第四栏右。

④ 同上书第二册，第7页第二栏左。

大师”。① 可见《闲居编》在日本元禄、享保年间的刊刻流传。

现日本未见有宋刊本流存，诸图书馆所藏的版本都是元禄七年刊本系统，大都是五十一卷，主要有四种，一是元禄七年刊本，二是元禄七年刊本的覆刻本，三是江户写本，四是《续藏经》本。

1. 元禄七年刊本

目前所见有两种：

(1) 龙谷大学图书馆藏(索书号：265.9/112－W/1－11，以下简称龙谷A本)，共11册。第1册是序和目次，首先是吴遵路序，半页5行，行9至12字不等，四周单边，无界，版心上方写“序”字，下方写页码，为行书体字，字旁有假名训读。其次仍是吴遵路序，半页7行，行20字，四周单边，无界，版心上方写“序”字，下方写页码，为规整的宋体字，字旁亦有假名训读。再次是智圆自序，半页6行，行13字，四周单边，无界，版心上方写“闲居编”，下方写“序”字，为宋体字，稍大，字旁也有假名训读。再就是“闲居编目次”，依次列出了《闲居编》中序、自序及卷一至卷五一每卷所收的详细篇目名称。每半页8行，行18字，为楷书字体，墨色较重，字旁无假名训读。四周单边，无界，版心上方写“闲居编目次”。第2册是正文卷一至卷五，第3册是卷六至卷一〇，第4册卷一一至卷一五，第5册卷一六至卷二〇，第6册卷二一至卷二五，第7册卷二六至卷三〇，第8册卷三一至卷三五，第9册卷三六至卷四一，第10册卷四二至卷四七，第11册卷四八至卷五一。正文每卷首行顶格写“闲居编第×(卷数)”，次行上空9格写“宋孤山沙门 智圆 著”。每半页8行，行20字，四周单边，无界，字体同上目录部分，为楷书字体，墨色较重，但字旁有假名训读，版心上方写“闲居编第×(卷数)”，或“闲居第×”。第2－8册皆有5卷正文，第9－10册皆有6卷正文。第11册除了收录卷四八至卷五一4卷正文外，在卷五一之后，还依次附有以下内容：①另页顶格刻写“孤山法师撰述目录凡一百七十余卷”，其下分行详列自“文殊说般若经疏二卷”至“《闲居编》五十一卷”共二十八种一百一十八卷篇目名称。而在“《闲居编》五十一卷”次行有“宋版助刻件名仍旧不削元禄甲戌识”十五字，然后分5行列出宋版施钱助刻者及钱数：

安吉州慈感观音教寺住持比丘觉澄 助伍伯阡
垂云宝严院住持比丘智光 助壹伯阡
王司理 助壹伯阡 (以下三行在次页)
马家桥解库众 助贰拾阡
大学贯道斋黄上舍 助贰拾阡

---

① 《江户时代书林出版书籍目录集成》第三册，第119页第一栏右。

这说明其所据底本为宋版。此部分行款为半页 8 行，行 20 字，字体同前目录及正文部分，字旁无假名训读。四周单边，无界，版心上方写“闲居编述目”。②其后另页有仁宗嘉祐五年了空大师浩肱记，为宋体字，字旁有假名训读。每半页 8 行，行 20 字，四周单边，无界，版心上方写“闲居编跋”，共 1 页（ab 两面）。③浩肱记后是玛瑙院住持释元敬所撰写的题记，即前面所引“元敬滥尸祖席，……后之住此山者，当体此意，毋忽焉。玛瑙住山节庵元敬题”一文。此文乃楷书字体，字旁有假名训读。每半页 5 行，行 12 字，四周单边，无界，版心上方写“闲居跋”。此文共两页，在其第 2 页的 b 面有“京师书林茨城方道家父、梅村弥白弱女、柳田常成慈母各发心助资奉刻孤山智圆法师闲居编五十一卷，伏愿以此胜缘世世生生般若灵光现前。元禄七龙集甲戌（戌）林钟月，书林某等版刊”七十四字刊记，如下图 1：

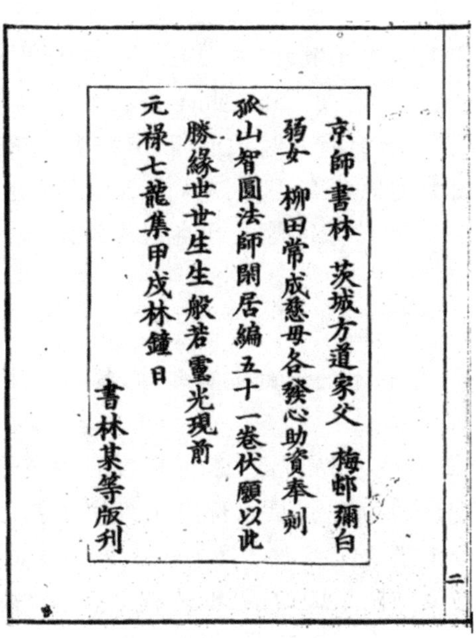
京師書林　茨城方道家父　梅邨彌白
弱女　柳田常成慈母各發心助資奉刻
孤山智圓法師閑居編五十一卷伏願以此
勝緣世世生生般若靈光現前
元禄七龍集甲戌林鍾日
書林某等版刊

图 1　龙谷大学 A 藏本刊记

由此刊记我们可以了解到此元禄七年刊本是由京都书林某人等刊刻的，并由其家人捐资助刊。“林钟”是中国古代音乐十二律之一，用以纪月，指农历六月。④其次页是玛瑙院住持释元敬淳祐八年所撰写的题记，即前面所引“《闲居编》，孤山杂著也。……有十疏别行于世云。淳祐戊申秋季玛瑙住山元敬书”一文。此文乃宋体字，稍大，字旁有假名训读。每半页 5 行，行 10 字，四周单边，无界，版心上方写“闲居编跋”。此文共 1 页（ab 两面）。⑤释元敬淳祐八年题记的次页有师点“书刻闲居编后”一文（见前引部分），文后占其署名的次两行“华阳沙门”、“师点谨撰”旁依次钤有“师点”篆文阴墨小方印、“即川”篆文阳墨方印(比前印稍大)。此跋文每半页6行,行16字,与前吴遵路序宋体字相同,字旁也有假名训读。四周单边,无界,文共四页,首页版心上方写“后”字,后3页版心无字。此本每册首页除了钤有隶书“龙谷学黉大藏书”竖长形阳印、“□源书房”竖长阳印外,第一、二册首页右下方还钤有“云壑”篆文方阴印、“所集”篆文方阳印。根据前述日本元禄九年刊、宝永六年增修《增益书籍目录》等目录中皆标明《闲居编》册数为“十一”,此11册本或是初刊时所分的册数。

(2)龙谷大学图书馆藏(索书号:265.9/5—W/1—11,以下简称龙谷B本),共11册,此本分册、内容、次序、版式、字体等基本与上述龙谷A本全同,二本当为同一来源。其不同之处是“孤山法师撰述目录凡一百七十余卷”至“大学贯道斋黄上舍 助贰拾阡”共3页的位置在仁宗嘉祐五年了空大师浩肱记后,玛瑙院住持释元敬所撰写的题记“元敬滥尸祖席,……后之住此山者,当体此意,毋忽焉。玛瑙住山节庵元敬题”一文前,而非《闲居编》卷五一后,了空大师浩肱记前。可能是装订时错页所致。此本每册首页天头钤有隶书“文学寮/图书印”方阳印,框外右下方钤有一竖长形印,但被墨色覆盖,无法辨识。

另外,京都大学图书馆也藏有11册本《闲居编》51卷(索书号:藏/24/カ/10),登录为“元禄七年 京都茨城氏等同刊本”,为贵重书,目前笔者还未见到,或亦为元禄七年刊本。

2. 覆刻本

现日本所藏元禄七年刊本的覆刻本有多种,其所分册数不同,所收录序跋内容及次序等亦有所不同。

(1)8册本,龙谷大学图书馆所藏(索书号:265.9/6—W/1—8,以下简称龙谷C本),为原写字台文库藏书,是京都净土真宗本愿寺历代宗主大谷家所收藏的图书,后大部分捐赠给龙谷大学图书馆。每册扉页背面右下角钤有“写字台之藏书”竖椭圆形篆文阳朱印,首页框外右下有“写字台之藏书”竖长形篆文阳朱印。黄色封皮,封皮上有题签写“闲居编”三字,有些册封皮上题签已脱落,如第1、5、7册。书高28厘米,书口、天头等处有虫蛀痕迹。此本共分为8册,第1册内容包括序、目录及《闲居编》正文第1卷。首有吴遵路序,行款格式、字体等皆与龙谷A、龙谷B本相同,不同之处是宋体字吴序在前,行书体吴序在后。然后是智圆自序,及“闲居编目次”,内容、行款格式、字体等也皆与龙谷A、B本相同,但在“闲居编目次”后是“孤山法师撰述目录凡一百七十余卷”至“大学贯道斋黄上舍 助贰拾阡”共3页的内容,其内容、行款格式、字体等也皆与龙谷A、B本相同,而所在位置与龙谷A、B本不同。其后是《闲居编》卷一正文。第2册是《闲居编》卷二至卷一〇,第3册是卷一一至卷一七,第4册是卷一八至卷二五,第5册是卷二六至卷三一,第6册是卷三二至卷三八,第7

册是卷三九至卷四五，第8册是卷四六至卷五一。可看出与龙谷A、B本分册不同，每册所包含的卷数亦异。其《闲居编》卷一至卷五一正文内容、次序、行款格式、字体等与龙谷A、B本同，每卷首行顶格写"闲居编第×(卷数)"，次行上空9格写"宋孤山沙门 智圆 著"。每半页8行，行20字，四周单边，无界，为楷书字体，字旁有假名训读，版心上方写"闲居编第×(卷数)"，或"闲居第×"。卷五一后依次是①华阳沙门师点撰"书刻闲居编后"文。此后记每半页6行，行16字，宋体字，字旁也有假名训读。四周单边，无界，版心上方写"后"字，与龙谷A、B本同。②仁宗嘉祐五年了空大师浩肱记。行款格式、字体同正文为楷书体，字旁有假名训读，版心上方写"闲居编跋"，共1页。③接着仍是仁宗嘉祐五年了空大师浩肱记，但为宋体字，与前吴遵路序、师点后记宋体字相同，字旁有假名训读。每半页8行，行20字，四周单边，无界，版心上方写"闲居编跋"。④玛瑙院住持释元敬淳祐八年所撰写的题记，为半页5行，行10字，宋体字，字旁也有假名训读。四周单边，无界，版心上方写"闲居编跋"，与龙谷A、B本同。可以看出这部分与龙谷A、B本不同之处有四点：一是"孤山法师撰述目录凡一百七十余卷"至"大学贯道斋黄上舍 助贰拾阡"共3页的内容此部分无，而是置于第一册"闲居编目次"后；二是跋文排列次序不同，师点跋文居前而非末尾；三是比龙谷A、B本多出楷书字体的了空大师浩肱记文；四是无玛瑙院住持释元敬所撰写的"元敬滥尸祖席，……后之住此山者，当体此意，毋忽焉。玛瑙住山节庵元敬题"一文及"京师书林茨城方道家父……书林某等版刊"七十四字刊记。

此本当是元禄七年刊本的覆刻本，对《闲居编》正文前后序文、跋文等内容的编排次序作了调整，有意去除了有玛瑙院住持释元敬所撰写的"元敬滥尸祖席，……后之住此山者，当体此意，毋忽焉。玛瑙住山节庵元敬题"一文及京师书林某所撰写的七十四字刊记的两页，故无此部分内容。虽然此本各部分字体与龙谷A、B二本相同，但若仔细辨别对比，点画之间还是有所不同，此本字的笔画粗细变化比较明显，整体感觉比较清利，而A、B两本的字的笔画相对较粗，墨色比此本浓重，字的排列稍显拥挤。(可参文后附书影)此本还比龙谷A、B本多出楷书字体的了空大师浩肱记文1页，其行款格式、字体等皆与正文相同，或许是最初就刻有此页，而龙谷A、B本因故未收录。此本的一些地方可能因刊版日久磨损，字迹稍显模糊，墨色亦变浅淡。如卷四八第10页a面第5行"相留"二字，第6行"操修"二字及"修"字下双行小注："吾于是撰净名垂裕记十卷，经疏科六帖"等字；卷四九第6、7页，卷五〇第6、7页，卷五一第1、2、5页，师点"书刻闲居编后"文第4页等处。

(2) 影印3册本，金程宇主编《和刻本中国古逸书丛刊》集部别集类(第47—48册)收有《闲居编》五十一卷，据其在书前介绍，此本是据"日本江户元禄七年(1694)茨城方道刊本影印”,未说明所收藏处。若与龙谷A、B、C本相较:①此本分为上、中、下三册,卷首至卷一六为上册,卷一七至卷三六为中册,卷三七至卷五一为下册,与A、B、C三本皆不同。②卷首吴遵路序只出现宋体字一篇,而无行书体字吴遵路序,亦与A、B、C三本不同。③“孤山法师撰述目录凡一百七十余卷”至“大学贯道斋黄上舍 助贰拾阡”共3页的内容在第一册“闲居编目次”后,与龙谷C本相同。④无玛瑙院住持释元敬所撰写的“元敬滥尸祖席,……后之住此山者,当体此意,毋忽焉。玛瑙住山节庵元敬题”一文及“京师书林茨城方道家父……书林某等版刊”七十四字刊记,与龙谷C本相同。⑤此本卷五一正文后依次有宋体字了空大师浩肱记、淳祐八年玛瑙院住持释元敬所撰写的题记、华阳沙门师点撰“书刻闲居编后”文。无楷书体字浩肱记,与龙谷C本不同而与A、B本同。其师点撰“书刻闲居编后”文置于末尾亦与龙谷C本不同而与A、B本同。

经过笔者比对,此本相应内容、行款格式等与上述龙谷大学藏本完全相同,字体亦基本相同,但若对一些相同内容的字加以仔细辨别对比,可发现笔画形状等细节还是有略微不同之处,而上述龙谷C本字迹模糊、墨色浅淡之处此本亦多有相同,字的笔画形状亦与C本更接近,故此本亦当是元禄七年刊本的覆刻本。

(3) 5册本,日本国会图书馆所藏(索书号:163—42),卷首至卷一〇为第1册,卷一一至卷二〇为第2册,卷二一至卷三一为第3册,卷三二至卷四二为第4册,卷四三至卷五一为第5册。其第1册首依次有行书体字吴遵路序、宋体智圆自序、楷书体“孤山法师撰述目录凡一百七十余卷”至“大学贯道斋黄上舍 助贰拾阡”、楷书体浩肱记、闲居编目次。卷五一后仅有宋体字师点撰“书刻闲居编后”一文。此本无宋体吴遵路序、浩肱记、淳祐八年释元敬题记,亦无释元敬所撰写的“元敬滥尸祖席,……后之住此山者,当体此意,毋忽焉。玛瑙住山节庵元敬题”一文及“京师书林茨城方道家父……书林某等版刊”七十四字刊记,与以上诸本最大不同之处是将“孤山法师撰述目录凡一百七十余卷”至“大学贯道斋黄上舍 助贰拾阡”、楷书体浩肱记置于“闲居编目次”前。此本字的墨色无龙谷A、B本浓重,字的排列亦不类龙谷A、B本密集,字的笔画间有些微不同,版面清整,亦当是元禄七年刊本的覆刻本(参文后附书影)。首页右上方钤有“日光县/校库藏”竖长方形楷书阳朱印、“东京书籍馆/明治五年/文部省创立”圆形篆文朱阳印;首行下方空白处钤有“明治八年文部省交付”竖长形楷书阳朱印,第3页首行下方空白处钤有“日元山光树院藏本”竖长形楷书阳墨印,其余各册首页皆钤有此四印,反映了此本的收藏情况。

(4) 6册本,京都大学图书馆所藏(索书号:4—05‖カ‖12),第1册是卷首至卷七,第2册是卷八至卷一六,第3册卷一七至卷二五,第4册卷二六至卷三五，第5册卷三六至卷四五，第6册是卷四六至卷五一。每册卷首，除书眉处有“京都帝国大学图书印”篆文阳朱方印外，于右下有竖椭圆形楷体“日耀”朱印，上“日”为阴刻，下“耀”为阳刻。第1册正文前依次有行书体、宋体字吴遵路序，宋体师点撰《书刻闲居编后》，宋体智圆自序，楷书体“孤山法师撰述目录凡一百七十余卷”至“大学贯道斋黄上舍 助贰拾阡”、“闲居编目次”，其版式、字体、训点等皆与龙谷A、B本同。第6册卷五一后依次有楷书体浩肱记、宋体淳祐八年释元敬题记。此本与他本最大的不同是将师点撰《书刻闲居编后》置于卷首的吴遵路序后；其将“孤山法师撰述目录凡一百七十余卷”至“大学贯道斋黄上舍 助贰拾阡”部分置于“闲居编目次”前则与国会图书馆藏5册本相同，但楷书浩肱记则在卷末。也无玛瑙院住持释元敬所撰写的“元敬滥尸祖席，……后之住此山者，当体此意，毋忽焉。玛瑙住山节庵元敬题”一文及“京师书林茨城方道家父……书林某等版刊”七十四字刊记。此本亦当是元禄七年刊本的覆刻本之一种。

另外，日本大谷大学图书馆、驹泽大学图书馆、尊经阁文库亦皆藏有6册本的《闲居编》五十一卷，根据其图书馆网站著录，大谷大学藏本所分六册的起讫与上述京都大学图书馆藏本完全相同；驹泽大学藏本则第1册是“目次”，第2册是卷一至卷一〇，第3册是卷一一至卷二〇，第4册是卷二一至卷三〇，第5册是卷三一至卷四一，第6册是卷四二至卷五一，与京都大学6册本起讫不同。因目前笔者还未得见，这三种6册本详情待考。

3. 江户写本

日本国会图书馆还藏有江户写本4卷3册。封面中间墨笔隶书体写“闲居编”三个大字，其右比“闲”字稍高以行楷体小字墨笔写“孤山智圆法师著述”，“居”字左边起以行楷体小字墨笔写“了空法师集”。扉页背面偏中上方钤有“国立国/会图书/馆藏书”篆文朱方阳印。正文首行写“闲居编序”，其下有“洛西鸣泷/长乐院藏”楷书长方印，接着是吴遵路序文内容，序文后未另行直接署“乾兴壬戌正月宣德郎守大理寺吴遵路序”，这与上述诸本及后述《续藏经》本不同，它们皆是在“闲居编序”次行署“宣德郎守大理寺丞监杭州清酒务吴遵路撰”，此写本无此行，而是把它简化为“宣德郎守大理寺吴遵路”加在末尾“乾兴壬戌正月”与“序”字之间。吴遵路序半页6行，行12至14字不等，楷书体，无界，无版框。接着是智圆自序，字体、行款与吴序同。其后有“集书《闲居编》序”云：

> 猿猴之徒常谓曰：“诗文者于佛道无益，于儒道亦不为有益。”如是人，佛曰断见，儒曰僻见玩嚣者也。爱道者所恶也。然不可以耽，耽则如贯休、无本，偏而不能遂复道也矣。瓢虽不敏，行道之路程不可不吾以辨。夫自有爱道之机至二十一二载，先学儒术，旁能诗文，而后学佛道，可深通

达焉。不然,则不可言博通。儒者亦旁不见佛书,则不明达。必能相该斟酌而可至于博通矣乎?智圆法师其人也。高识睿材,逸群拔俗,而究明台衡之宦奥,兼精儒道,旁通黄老杨墨之书,又能缀诗文,信可谓僧中龙也乎!至其高明博识之精微,非可笔墨敢能形容之焉耶。圆师字无外,自号中庸子,年八载而受具。逮于二十一载,学天台三观。而曾闲居孤山玛瑙院,不赴侯请,屏厌世纷,静默晏然也。讲经书之暇,逍遥岩畔水边而爱风景,吟咏性情作诗。厥诗也,格调清卓,辞意平淡,而不如洪觉范者也欤。盖虽范师字句最工,体格繁芜也,不可以体矣。不肖瓢窃论圆师者事实,如杜工部俊逸,拟李谪仙清雅,类苏东坡具异格妙风自天资尔。此集也,拔乎其萃、出乎其类者也。所以予叙,冀知世人尚此遗文焉。瓢耽玩熟味,仰之弥高,至于异格妙风,俊逸清雅,亦俟知者知之而已。享保七庚寅仲夏南京沙门一瓢谨书于东大寺龙松院。

此序文半页 5 行,行 9 至 11 字不等,行草体。无界,无版框。此序作于日本江户时代中期享保七年(1722,清康熙六十一年),南京指平城京,即今奈良。作者是当时在奈良东大寺龙松院叫作一瓢的僧人。文中表达了他对学习儒佛及诗文的看法,认为佛学者"先学儒术,旁能诗文,而后学佛道,可深通达焉"。儒者若不学佛书,亦不能明达。可看出他是主张贯通儒佛的。文中对智圆给以很高评价,认为他就是博通之人,是僧中之龙,特别对其诗歌给以高度评价,认为其诗"如杜工部俊逸,拟李谪仙清雅,类苏东坡具异格妙风自天资",而此集是"拔乎其萃、出乎其类者也"。

其第一册为第一卷,第二册包括第二、三卷,第三册为第四卷,选录原 51 卷中诗歌、赞、铭、碑文、赋、祭文等内容。诗歌按七绝、五绝、七律、五律、七古、五古的顺序编排。

卷一为七言绝句,共 120 首。其选录原 51 卷本次序是:①录卷四五《陈宫》至《庭鹤》共 34 首。②录卷四六《昭君辞》至《织妇》50 首,只有《柳》《牡丹》《雁》《浙江晚望》末四首未录,但此 4 首见录于卷二七言律,故此卷全选录。③卷五〇共有 24 首诗,此卷录第 11 首《君不来》、15—24 首《新栽竹》《读元结文》《戏题夜合树》《病中感体元上人见访》《寄瑞应经疏及注阴符经与体元上人》《病起自嘲》、《鹤自矜》《鹿让鹤》《犬争功》《鸡怨言》共 11 首。④卷四七录《书事》《将入石壁山作》2 首。⑤卷 37 录《挽歌词三首》。⑥卷四二录《湖西杂感诗并序》(20 首)。

卷二为五言绝句、七言律句共 62 首。其选录原 51 卷本次序是:①录卷三七《玛瑙坡四咏并序》。②录卷四〇《山中行》1 首。③录卷四八《秋病》1 首。④录卷四九《闻蛩》《湖上闲座》《池上》《病中怀石壁行绍上人》4 首。(以上共选录五绝 10 首。)⑤录卷四〇《夏日熏风亭作》《初晴登迭翠亭偶成》《李秀才以山斋早起诗见赠因次韵和詶》《对雪》《和聪上人悼梵天阇梨》《孤山闲居次韵酬会稽仁侄见寄》6 首。⑥录卷四一《赠进士叶授》至《寄曦照上人》全部 26 首。⑦录卷四五《寄天台守能上人》、卷四六《柳》《牡丹》《雁》《浙江晚望》5 首。⑧录卷四七《书山中道士壁》《山居偶成》2 首。⑨录卷五〇前 10 首即《怀南游道友》《栽花》(只有题目,未录诗句)《病起二首》《寄题虎丘山》《渔父》《水》《白莲》《暮秋》《养疾》,第 12—14 首即《扇》《新栽小松》《闲咏》,共 13 首。(以上七言律句共选录 52 首)

卷三为五言律共 131 首。其选录原 51 卷本次序是:①录卷三七《拟洛下分题并序》《松石琴荐》《茯苓人》《递诗筒》《文石酒杯》《友人元敏示以三题乃赓而和之》《烛蛾诫》9 首。②录卷三九《孤山诗二首》(其二)《赠赵璞》2 首。③录卷四〇《西施篇》《莫言春日长》《孤山诗三首》《酷热》《酬仁上人望湖山见寄次韵》《和辩才访仲微上人不遇》《次韵酬明上人》《寄同志》10 首。④卷四三《寄华亭虚己师》至《登楼怀遵易》共 29 首全录,其中《湖居秋日病起六韵》12 句,只录其前八句。⑤卷四四《赠诗僧保暹师》至《秋夕寄友僧》共 30 首全录。⑥卷四九录《读清塞集》至《谢可孜上人惠楞严般若二经并治脾药》20 首。⑦卷五一《经松江陆龟蒙旧居》至《鹭鸶》共 31 首。

卷四为七言古诗(1 首)、五言古诗(27 首)、赞(2 首)、铭(3 首)、赋(1 首)、碑文(1 篇)、自恣文(1 篇)、祭文(4 篇)。其选录原 51 卷本次序是:①录卷四七《送进士万知古》1 首(七古)。②录卷三八《送惟凤师归四明》《试笔》2 首。③录卷三九《读韩文诗》《山居招友人诗》《贻叶秀才诗》《赠简上人诗》《述韩柳诗》《孤山诗二首》(其一)《暮秋书斋述怀寄守能师》《赠诗僧保暹师》9 首。④录卷四〇《山中自叙》《讲堂书事》《鉴》《送僧》《答行简上人书》《有客》6 首。⑤录卷四五《题石壁山绍上人观风亭》1 首、卷四七《送中侄》1 首、卷四八《湖上秋日》《松风》《言志》《病中玩月》《寄林逋处士》《早秋》6 首、卷四九《湖居感伤》1 首、卷五一《远山》1 首。(以上为五古)⑥录卷一四《漉囊赞》1 首、卷一六《三笑图赞》1 首。⑦录卷三二《陋室铭并序》1 首、卷三三《故钱唐白莲社主碑文》1 篇、卷三四《病赋并序》《讲堂铭》《窗虫铭》3 首。⑧录卷三五《自恣文》1 篇、卷一七《祭祖师文》《祭孤山神文》《又祭孤山神文》《中庸子自祭文》4 篇。

根据笔者统计,诗歌部分全被选录的有:卷三九、卷四一、卷四三、卷四四、卷四六、卷五〇、卷五一。只有 1 首未被选录的:卷三七《中庸子预自铭之曰墓志》、卷四五《寄所知》、卷四九《草堂即事》未选。只选录 2 首的:卷三八。选录 3 首的:卷四〇。选录 6 首的:卷四七。选录 7 首的:卷四八。选录 20 首的:卷四二。可见此书还是以选录诗歌为主要内容。

此书每卷首第一行写"闲居编第一(二、三、四)之卷",次二、三行低四格写"支那国孤山沙门智圆著"、"扶桑国南畿沙门道彝辑"。正文每半页 7 行,行 17

至18字不等。无版框、界行。卷二、卷四首页首行下依次有“国立国会图书馆”篆文竖长印、“洛西鸣泷/长乐院藏”楷书长方印。

卷末依次有仁宗嘉祐五年了空大师浩肱记及玛瑙院住持释元敬的两篇跋文、元禄七年师点跋文，最后是享保仲夏沙门长忍所撰《跋集书〈闲居编〉之后》云：

> 宋刻旧本，元禄甲戌岁洛阳师点者令之锲板，今流布于世是也矣。余享保己亥年游洛州西山，自一见此书，爱诗词之妙，于今不能忘，驰回于胸臆而恒欲重见，不能也。或人曾持此书间，予语一阅，彼人幸见许焉。因而瓢能味高格殊体而手不弃卷，一唱三叹，深奇之矣。欲彼人于求此书，既知不予之，不能焉。依而不得已，而选其内于诗什，笔之纸，聊亦从吾于所好尔。若或乐天所谓有书不学、有田如不耕，何有益哉？可叹之甚也。瓢以为圆法师之诗，引物连类，秀杰之气活然，使笔端有口之徒读之，岂不打睥而叹哉？可信不诬矣。
>
> 享保仲夏沙门长忍题

跋文中讲述了一瓢选集抄写《闲居编》的缘起，是在享保己亥（四年，1719），他在京都西山游历时，见到此书，喜爱其诗词之妙，不能忘怀，幸得持书之人允许他阅览，就选了其中的诗歌等内容，抄录下来。他所依据的底本亦是元禄七年刊本系统的，从此书前后序跋内容看，一瓢、长忍、道彝当为同一人。

4.《续藏经》本

现在日本最常见的是《续藏经》本。《续藏经》，全称《大日本续藏经》，又称《日本藏经书院续藏经》，由日本京都藏经书院明治三十八年至大正元年（1905—1912）主持刊行，铅字印刷。日本东北大学、花园大学、龙谷大学、、驹泽大学、东洋文库等都有收藏。1923—1925年，上海商务印书馆影印了《大日本续藏经》，1976年，台北新文丰出版公司也加以影印。这两种影印本日本各公私图书馆也多有收藏。《续藏经》本[①]首依次有真宗乾兴元年吴遵路序、大中祥符九年智圆自序，接着是“闲居编目次”，依次列出了《闲居编》中序、自序及卷一至卷五一每卷所收的详细篇目名称。正文每面分上下两栏，每栏18行，行20字。字旁有假名训读。天头偶有校语，如卷三五第78页b面上栏末行“止恶防非颏捍御而显著其道甚大……”，“颏”字左边加“·”，天头有“颏字可疑”四字（而上述元禄七年刻本及覆刻本则是在本行天头用两行小字写“颏字可疑”四墨字，且字外加黑框框住，字体与正文字体相同，当为所据底本原校）。卷三六第80页a面上栏第10行“妙应诱群机降生于微尼国……”，“国”字左

① 以下所述依照上海商务印书馆影印本。

边加“·”,天头有“国疑园”三字校语,但上述元禄七年刻本及覆刻本无此校语,当为《续藏经》编校者所加。正文下时有自注、原注,如卷四第 36 页 a 面下栏第九行即《金光明经文句索隐记序》末尾有自注云:“此记于笔草稿,亟为后学所写,洎乎寻绎,颇有添削,若曹后学宜依此本。”卷四八第 102 页 a 面上栏第 13 行“涤砚勉操修”下有自注:“吾于是撰《净名垂裕记》十卷,《经疏科》六帖”;卷一七《中庸子自祭文》题下有原注:“二月十七日述,十九日寂灭。”卷五〇第 105 页 a 面上栏第八行“虚空世界都如幻”下有原注:“《楞严》曰:迷妄有虚空,依空立世界。又曰:自心取自心,非幻成幻法。”第九行“莫把闲心逐境思”下有原注:“《楞严》曰:不取无非幻,非幻尚不生,幻法云何立。”第 16 行“当时自号为声叟”下有原注:“五交切,次山道号也。”皆与元禄七年刻本及覆刻本同。每卷首行顶格写“闲居编第×(卷数)”,次行低八格写“宋孤山沙门智圆著”。卷五一后有“孤山法师撰述目录凡一百七十余卷”,其下列自“文殊说般若经疏二卷”至“《闲居编》五十一卷”共 28 种实有 118 卷。其后有仁宗嘉祐五年了空大师浩肱记及玛瑙院住持释元敬所撰写的两篇题记。《续藏经》本当从元禄七年刻本或其覆刻本而来,但删除了“孤山法师撰述目录凡一百七十余卷”下所列“《闲居编》五十一卷”后的“宋版助刻件名仍旧不削元禄甲戌识”及宋版施钱助刻者及钱数共六行文字;还删除了师点跋文。

综上所述,《闲居编》在日本有多种传本,皆属根据宋本而来的元禄七年刊本系统,其元禄七年刊本及覆刊本为日本多家藏书机构收藏,虽然国内未见有收藏,但在日本并不稀见。

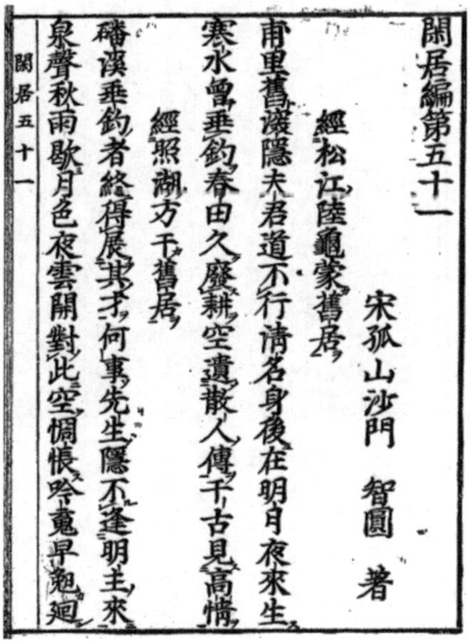
閑居編第五十一
宋孤山沙門 智圓 著
經松江陸龜蒙舊居
甫里舊濛隱夫君道不行清名身後在明月夜來生
寒水曾垂釣春田久廢耕空遺散人傳千古見高情
經照湖方千舊居
磻溪垂釣者終得展其才何事先生隱不逢明主來
泉聲秋雨歇月色夜雲開對此空惆悵吟魂早晚廻
閑居 五十一

龙谷 A 本

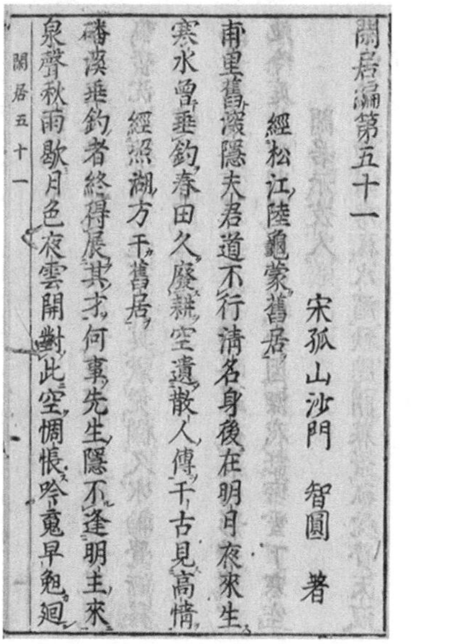
閑居編第五十一
宋孤山沙門 智圓 著
經松江陸龜蒙舊居
甫里舊濛隱夫君道不行清名身後在明月夜來生
寒水曾垂釣春田久廢耕空遺散人傳千古見高情
經照湖方千舊居
磻溪垂釣者終得展其才何事先生隱不逢明主來
泉聲秋雨歇月色夜雲開對此空惆悵吟魂早晚廻
閑居 五十一

龙谷 C 本

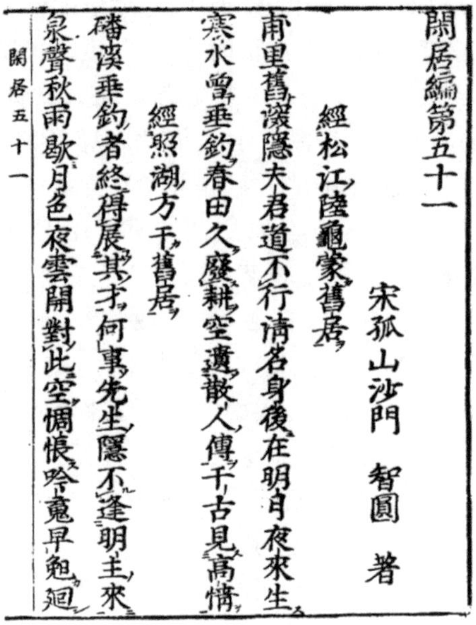

閑居編第五十一

宋孤山沙門　智圓　著

經松江陸龜蒙舊居

甫里舊谿隱夫君道不行淸名身後在明月夜來生

寒水曾垂釣春由久廢耕空遺散人傳千古見高情

經照湖方干舊居

磻溪垂釣者終得展其才何事先生隱不逢明主來

泉聲秋雨歇月色夜雲開對此空惆悵吟魂早晚迴

閑居五十一

影印本

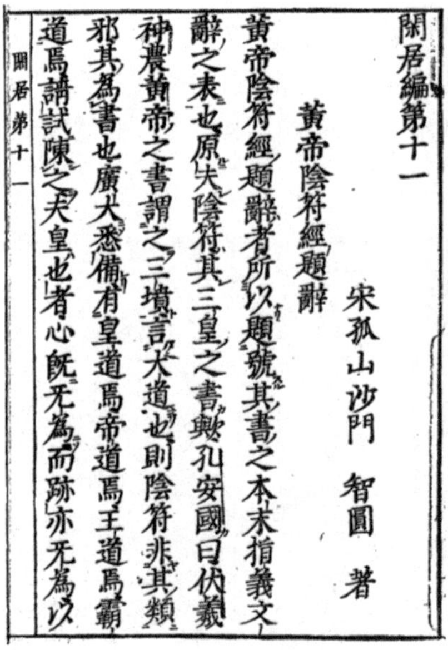

閑居編第十一

黃帝陰符經題辭

宋孤山沙門　智圓　著

黃帝陰符經題辭者所以題號其書之本末指義文

辭之表也原夫陰符其三皇之書歟孔安國曰伏羲

神農黃帝之書謂之三墳言大道也則陰符非其類

邪其爲書也廣大悉備有皇道焉帝道焉王道焉霸

道焉請試陳之夫皇也者心旣无爲而跡亦无爲以

閑居第十一

龙谷 A 本

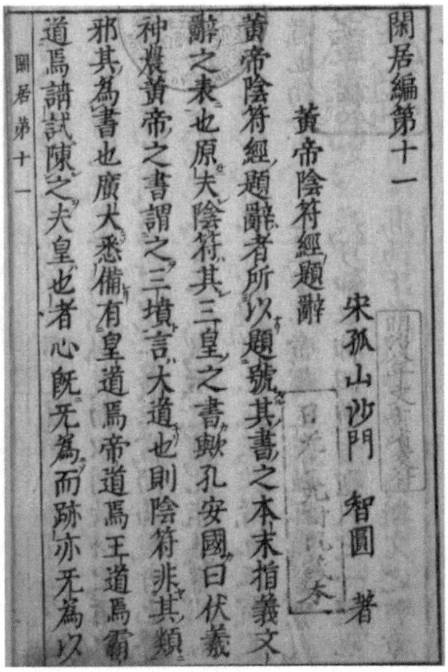

閑居編第十一

黃帝陰符經題辭

宋孤山沙門　智圓　著

黃帝陰符經題辭者所以題號其書之本末指義文

辭之表也原夫陰符其三皇之書歟孔安國曰伏羲

神農黃帝之書謂之三墳言大道也則陰符非其類

邪其爲書也廣大悉備有皇道焉帝道焉王道焉霸

道焉請試陳之夫皇也者心旣无爲而跡亦无爲以

閑居第十一

国会五册本

《全元诗》误收唐宋人诗举正[*]

韩震军[**]

【内容提要】 囿于主客观原因，《全元诗》收录了不少几无关涉元代的唐宋人诗歌。本文在已有成果基础上，新考辨出《全元诗》误收韦应物等唐人诗3首、张耒等宋人诗18首，并梳理其致误原因。读书偶见，以期对修订《全元诗》有所裨益。

【关键词】 全元诗　误收　唐宋诗　辨正

长期以来，相对唐宋诗词研究而言，学界对元代（包括蒙古时期）诗歌探讨不够。其中，除受"一代有一代之文学"观念的影响外，很大程度上与元代诗歌文献散乱、基础不足有关。21世纪以前，元诗未能像唐诗、宋词有自己的断代总集。2013年中华书局版《全元诗》问世，境况大有改观。《全元诗》在校勘和考订的基础上，收录诗人4987位，诗歌约13.2万首，纂成有元一代诗歌之总集，与之前成书的《全元文》构成双子星座，功莫大焉。它一方面为世人展现了元代诗歌创作的整体风貌，另一方面为元代文化研究者提供了一个坚实的基础平台。我们在充分肯定编者辛苦搜集整理的同时，也毋庸回避《全元诗》客观存在的问题。由于材料数量庞大、籍无统绪，所以疏漏之处在所难免。《全元诗》辑存了许多宋元、金元、元明之际的诗人诗作，与《全宋诗》《全金诗》等多有重叠，这是由易代之际的作家归属造成的，也是纂修任何断代总集都难以解决的问题，因此，这种情况并不能视为《全元诗》的失误。但除此之外，《全元诗》也误收了不少与元代无涉的唐宋人诗歌。对此，学界已有一些辨正。[①] 本文欲在时彦研究成果的基础上，继续举正《全元诗》误收唐宋人诗例，并以原作者时代先后为序胪列。聊备偶见，以飨同好。

* 本文系安徽省社科基金重点项目"《全元诗》误收考"（AHSKZ2018D21）阶段性成果。

** 本文作者为安徽师范大学中国诗学研究中心研究员。

① 如刘竞飞《〈全元诗〉收赵孟頫诗摘瑕辨误》，《长春师范大学学报》2018年第1期；石勖言《〈全元诗〉误收诗人考》，《古典文献研究》第十八辑上卷。

赵孟頫《乘月过西郊渡》

远山含紫气，春野霭云暮。值此归时月，留连西涧渡。谬当文墨会，得与群英遇。赏逐乱流翻，心将清景悟。行车俨未转，芳草空盈步。已举候亭火，犹爱村原树。还当守故扃，怅恨乖幽素。

《全元诗》第17册第305页据明赵琦美《铁网珊瑚》卷五辑录上述诗歌。

按，此诗为唐人韦应物作。宋嘉祐元年（1056）王钦臣序刊本《韦苏州集》卷六载有《乘月过西郊渡》诗，"气"作"氛"，"乖"作"乘"。高棅《唐诗品汇》卷一五、《全唐诗》卷一九一等亦收有该作，均署"韦应物"。韦应物（735—790），字义博，京兆杜陵（今属陕西西安）人，一生多为地方官。德宗建中四年（783），任滁州刺史。兴元元年（784）至贞元元年（785），罢官闲居滁州西涧，曾有《滁州西涧》等诗。西涧，在滁州城西郊。从诗句"值此归时月，留连西涧渡。谬当文墨会，得与群英遇"看，《乘月过西郊渡》似作于韦应物闲居滁州期间。赵琦美《铁网珊瑚》卷五、卞永誉《式古堂书画汇考》卷一六著录《乘月过西郊渡》诗，仅称"赵松雪帖"。此帖经明清鉴赏大家之手，皆未云赝品。法帖虽为赵孟頫所书，但诗作未必是书写者所创。《全元诗》编纂者未进一步辨识，误将书法作品与诗歌作品混为一谈，将唐人韦应物诗误归元人赵孟頫，当正之。

唐子仪《邓州》

邓侯城垒汉江干，自为深根百世安。不用三甥谋楚计，临危方觉噬脐难。

《全元诗》第66册第395页据《（乾隆）邓州志》卷二三收唐子仪《邓州》诗，小传云："唐子仪，字里不详。"

按，此乃唐人胡曾《邓城》诗，见《四部丛刊》景宋钞本《咏史诗》卷三、清编《全唐诗》卷六四七胡曾诗卷。胡曾（约840—?），号秋田，邵阳（今属湖南）人。屡举进士不第。懿宗咸通末，尝为汉南（治所在今襄阳）从事。喜游历，擅咏史，著有《咏史诗》三卷等。邓城，古县名，汉属南阳郡，唐代属襄州。该诗盖作于胡曾任汉南从事期间，所咏是"文王二年，……邓人曰'楚王易取'，邓侯不许也"[①]之史事。《（乾隆）邓州志》误将胡曾诗归属唐子仪，《全元诗》沿其误。

杜彦之《哭具韬》

交朋来哭我来歌，喜傍山家葬荔萝。四海十年人杀尽，世间埋少不埋多。

《全元诗》第65册第293页据明宋公传《元诗体要》卷一四收录杜彦之《哭具韬》诗，小传云："杜彦之，生平不详。"

按，此诗当为唐人杜荀鹤所作。《哭具韬》诗载录于宋刻本《杜荀鹤文集》

① 《史记》卷四〇，北京：中华书局，1959年，第1696页。

卷二、王安石《唐百家诗选》卷一九、祝穆《事文类聚》前集卷五九、《全唐诗》卷六九三等，“世间”作“似君”。具韬，一作“贝韬”，杜荀鹤友人。荔萝，一作“薜萝”，喻示隐士身份。杜荀鹤(约 846—904)，字彦之，池州石埭(今安徽石台)人，自称九华山人。早年曾归隐山中。昭宗大顺二年(891)登进士第，时危世乱，复还旧山。以诗名家，长于宫词，著有《唐风集》三卷。从“葬荔萝”及“四海十年人杀尽”看，该诗似作于复隐旧山期间。《元诗体要》未辨杜荀鹤名、字，把杜彦之别为一人，误归为元代。《全元诗》仍沿其误，当移正。

张师锡《喜子中第》

御榜今朝至，见名心始安。尔能俱中第，吾遂可休官。贺客留连饮，家书反覆看。世科谁不继，得慰二亲难。

《全元诗》第 65 册第 235 页据明沈易《幼学日诵五伦诗选》卷一收录张师锡《喜子中第》诗，小传云：“张师锡，生平不详。”

按，此诗为宋诗，《全元诗》误收。张师锡，开封襄邑(今河南睢县)人，工部侍郎张去华(938—1006)子，张师古之弟，曾中魁甲。宋真宗天禧间，任大理评事。仁宗朝，知同州、仕殿中丞。英宗治平间，知郁林州。卒年八十余。生平见《宋史》卷三〇六、《新雕皇朝类苑》卷三六等。祖孙三代相继及第，门庭光耀，张师锡难掩心中喜悦，故言“世科谁不继”。其《喜子中第》载录于宋吴处厚《青箱杂记》卷五、陈应行《吟窗杂录》卷四五、江少虞《新雕皇朝类苑》卷三六、阮阅《诗话总龟》卷一七、佚名《锦绣万花谷》后集卷一九等。[①] 厉鹗《宋诗纪事》卷一七亦据《诗话总龟》收录。

赵雍《为杨元诚画竹西图因题》

篱外涓涓涧水流，竹西花草弄春柔。茅檐相对坐终日，一鸟不鸣山更幽。

《全元诗》第 36 册第 151 页据明董斯张《吴兴艺文补》卷五三辑录赵雍此诗。

按，此为王安石诗，见宋刻本《临川集》卷三〇，原题作《钟山即事》，“篱外涓涓涧水流”作“涧水无声绕竹流”。王安石晚岁罢相闲居江宁，《钟山即事》即作于此间。该诗，《苕溪渔隐丛话后集》卷四、《诗林广记》后集卷二、《诗人玉屑》卷八、《(景定)建康志》卷三七文籍志五等均有引录。[②] 杨元诚(1329—?)，海盐(今属浙江)人，元代书法家，收藏家，与赵雍友善。赵雍此题，显系过录王

---

① 〔宋〕吴处厚《青箱杂记》卷五，明刻《稗海》本。〔宋〕陈应行《吟窗杂录》卷四五，明嘉靖二十七年崇文书堂刻本。〔宋〕江少虞《新雕皇朝类苑》卷三六，日本元和七年活字印本。〔宋〕阮阅《诗话总龟》卷一七，《四部丛刊》景明嘉靖本。〔宋〕佚名《锦绣万花谷》后集卷一九，宋刻本。

② 〔宋〕胡仔《苕溪渔隐丛话后集》卷四，清乾隆刻本。〔宋〕蔡正孙《诗林广记》后集卷二，清文渊阁四库全书本。〔宋〕周应合《(景定)建康志》卷三七文籍志五，清文渊阁四库全书本。

安石诗歌,并非己作。

胡宗愈《题凫鹥亭》

君为凫鹥亭,更作凫鹥亭。凫鹥为鸟虽甚微,君心仁爱乃在兹。不忍壮者弋其母,儿童捕其儿,凫鹥母子何嬉嬉。城头草静云烟迷,城下水暖菰蒲低。凫鹥朝傍云烟飞,倦来暮与菰蒲随。寄巢生子冬复夏,巢稳子大无人知。我思入境观君为,坐见三异于今时。知君官久行亦归,亭上引满伤别离。岂惟丰人惜君去,虽我亦为凫鹥悲。

《全元诗》第66册第433页据《(光绪)丰县志》卷一三收录胡宗愈《题凫鹥亭》诗,小传云:"胡宗愈,字里不详。"

按,此乃北宋人胡宗愈诗,李贤《明一统志》卷一八、《(乾隆)徐州府志》卷一八等均有载录,题作《凫鹥亭》。胡宗愈(1029—1094),字完夫,胡宿之侄,晋陵(今属江苏常州)人。仁宗嘉祐四年(1059)进士。神宗时,累迁至同知谏院,因反对王安石用李定为御史,出通判真州。元祐初,为御史中丞,曾进《君子无党论》,谏官合攻之,出知陈州。绍圣元年(1094),罢知定州。宋王称《东都事略》卷七一、元脱脱《宋史》卷三一八有其传。凫鹥亭,《明一统志》卷一八载:"在丰县东池上,宋治平间知县关景仁建,为游宴之所。"[①]关景仁,字彦长,一字子开,会稽(今属浙江)人,与胡宗愈为同年进士。英宗治平二年(1065)知丰县,多才多艺,尤长于诗。关景仁与苏轼等人皆有交往。从诗中"我思入境观君为,坐见三异于今时。知君官久行亦归,亭上引满伤别离"看,此诗当作于关氏知丰县秩满之季。《(光绪)丰县志》卷一三误将胡宗愈视作元人,《全元诗》不辨,仍沿其误,当正之。

潘景良《金山》

嵌岩穹窿,屹立乎江中。崩湍下瞰不见底,巨石崛起高摩空。混沌破来到今几万岁,雄奇秀丽胡为乎此山兮独钟。长江西来一万里,当空削出金芙蓉。上有金仙居,下有冯夷宫。宝坊栉比列霄汉,塔影倒置惊鱼龙。有时洪钟咽烟响,潮音属和驱群聋。鸟飞竞力不得到,我尝拏舟一抵其云峰。摄衣步楼阁,矫首观无穷。齐州九点落眼底,岷峨西望苍溟蒙。忽闻长风破巨浪,芥蒂一洗平生胸。山僧喜殊常,握手何从容。杯擎陆羽水,茶泛玉川风。鹤庵散仙,恒斋老翁,把臂大笑声融融。天风吹袂欲轻举,白云缥缈知何从。不知海外之三山,群仙之乐与此将异而或同。迄今别去五六载,我舟又复来掀篷。山灵偃蹇我踞傲,尘怀汩没不得追前踪。风帆一笑金山过,山头落日飞冥鸿。

---

① 〔明〕李贤《明一统志》卷一八,文渊阁四库全书本。

《全元诗》第 65 册第 259 页据明宋公传《元诗体要》卷三收录潘景良《金山》诗，小传云："潘景良，生平不详。"

按，此为宋人诗。潘景良（生卒不详），婺州金华（今属浙江金华）人，潘景宪（1134—1190）弟，吕祖谦女吕华年（1159—?）之夫。此诗载录于明张莱《京口三山志》卷四"集诗二"，列于杨万里同题诗之前。清厉鹗《宋诗纪事》卷八二亦据以收录。[①]

吴从正《戴嵩放牧图》

牧牛儿，远陂牧。远陂牧牛芳草绿，儿怒掉鞭牛不触。涧边柳古南风清，麦深蔽目田野平。乌犍砺角逐草行，老牸卧噍饥不鸣。犊儿跳梁没草去，隔林应母时一声。老翁念儿自携饷，出门先上冈头望。日斜风雨湿蓑衣，拍手唱歌寻伴归。远村放牧风日薄，近村放牛泥水恶。珠玑燕赵儿不知，儿生但知牛背乐。

《全元诗》第 68 册第 170 页据《元诗选》癸集下辑录吴从正《戴嵩放牧图》诗，其小传云："吴从正，生平不详。"

按，此乃宋人张耒诗。张耒（1054—1114），字文潜，号柯山，楚州淮阴（今属江苏）人，"苏门四学士"之一。熙宁六年（1073），进士及第。任临淮主簿，累迁著作郎、史馆检讨，擢起居舍人。绍圣初，知润州。后因元祐党争，数遭谪迁。晚居陈州。世称宛丘先生、张右史。张耒诗歌平易晓畅，不尚雕琢，对社会矛盾亦有所反映。《四部丛刊》景旧钞本《张右史文集》卷五、宋刊本吕祖谦《皇朝文鉴》卷一四、宋谢维新《事类备要》别集卷八二畜产门等载录该诗，题作《牧牛儿》。戴嵩，唐代画家，以画牛著称于世。对于戴嵩牛图，后人多有题写。张耒《牧牛儿》诗在明季已被误作元人诗。明李日华记《六研斋二笔》卷一：戴嵩《放牧图》作三子母牛，一牧儿踞其背，一壮者牵牯，笔墨极草草，得简古之趣，衰柳四五树，尤横斜纵恣有态。元人吴从正一歌亦殊洒落，歌云：牧牛儿，远坡牧……[②]今当移正。

黄宣《题巨然寒林晚岫》

巨然秃阿师，清气喷满手。触笔生天籁，寸楮敌琼玖。

《全元诗》第 67 册第 444 页据《秘殿珠林石渠宝笈合编》五册一九一六页辑黄宣《题巨然寒林晚岫》，并云："黄宣，字彦伯。"

按，此为北宋人黄伯思诗，见载于清孔广陶《岳雪楼书画录》卷一"北宋巨

---

① 〔清〕厉鹗《宋诗纪事》卷五六，文渊阁四库全书本。

② 〔明〕李日华《六研斋二笔》卷一，文渊阁四库全书本。

然晚岫寒林图轴”条等。[①] 黄伯思(1079—1118),邵武(今福建邵武)人,字长睿,别字霄宾,自号云林子。黄履之孙。元符三年(1100)进士。政和间,终秘书郎。《宋史》卷二〇二有传。黄伯思学慕扬雄,诗慕李白,文慕柳宗元。好古文奇字,篆、隶、正、行、草、章草、飞白皆至妙绝,亦能诗画。著有《法帖刊误》二卷。巨然(约937—975),江宁(今属江苏南京)人,著名山水画家,僧人。从此诗风看,与黄伯思合。另,黄彦伯无考。

周竹坡《红窗怨》

啼莺唤起纱窗梦,红日满帘花影弄。翠屏香字冷薰炉,罗衣叠损金泥凤。去年君去燕归时,今年燕来君未归。欲把相思挑锦字,夜寒懒上鸳鸯机。起来翠袖香罗薄,东风满地桃花落。

《全元诗》第65册第264页据明宋公传《元诗体要》卷六收录周竹坡《莫愁歌》《红窗怨》二诗,小传云:“周竹坡,生平不详。”

《莫愁歌》乃宋人周紫芝诗,载录于《太仓稊米集》卷二等。对此,清陈焯已有辨正,见《宋元诗会》卷三二。周紫芝(1082—1155),字少隐,宣城(今属安徽)人,自号竹坡老人。今人石勖言因之,同时认为《红窗怨》亦为周紫芝所作,[②]实误。按,《红窗怨》为宋人刘翰所作。刘翰(生卒不详),字武子,自号小山,长沙(今湖南长沙)人。绍兴间,于湖张孝祥、石湖范成大方名重一时,翰游于二公之门,诗声日著。庆元中,吴琚留守金陵,翰从其游,诗誉江湖。著有《小山集》。《红窗怨》载录于刘翰《小山集》(见宋陈起《江湖小集》卷九〇、陈思《两宋名贤小集》卷三〇五、清曹庭栋《宋百家诗存》卷二〇等)。

杨士弘《梅谷井》

茗饮贵山泉,江流亦其亚。甘寒如此井,清绝梅花舍。

《全元诗》第50册第307页据清曾燠《江西诗征》卷三二辑杨士弘《梅谷井》诗。

按,此为宋人诗。宋曾几《茶山集》卷七载有该诗,[③]题作《玉井》,“山泉”作“石泉”,“清绝梅花舍”作“未肯出汝下”。曾几(1085—1166),字吉甫,自号茶山居士。孔武仲、孔平仲外甥,其先赣州(今江西赣县)人,徙居河南府(今河南洛阳)。历任江西、浙西提刑,秘书少监、礼部侍郎等职。

吴和《对花效蜂腰体》

我丈风流元祐枝,晴轩雨雹笔端迷。从容文武一时了,赋罢木犀观水犀。

---

① 〔清〕孔广陶《岳雪楼书画录》卷一,清咸丰十一年刻本。

② 石勖言《〈全元诗〉误收诗人考》,《古典文献研究》第十八辑上卷第281页。

③ 〔清〕曾燠《江西诗征》卷二四,嘉庆九年刻本。

武林曾识最高枝，百感重逢岁月迷。向日壁笺须彩凤，如今执楯要文犀。

《全元诗》第66册第167页据《诗渊》二四八一页收吴和《对花效蜂腰体》，其小传云："吴和，生平不详。"

按，以上二首诗为宋人陈与义作，见清武英殿聚珍版丛书本《简斋集》卷一四、景宋本《笺注简斋诗集》卷二二等，题作《十三日再赋二首，其一以赞使君是日对花赋此韵诗落笔纵横而郡中修水战之具方大阅于燕公楼下也；其一自叙所感忆年十五在杭州始识此花皆三丈高木尝赋诗》。陈与义（1090—1138），字去非，号简斋，洛阳（今属河南）人。徽宗政和三年（1113）登上舍甲科，授开德府教授，除太学博士，著作佐郎。南渡后，累官至参知政事。与黄庭坚、陈师道并称为江西诗派"三宗"。著有《简斋集》。《宋史》卷四四五有其传。《全宋诗》卷一七四九收陈与义诗，这两首诗亦在其中。

吴枋《分韵得桂字》

亭午结秋阴，浮云起空际。此行殊不恶，园林信佳致。秀色上寒花，清香出古桂。回环坐小桥，拂石聊少憩。索索木叶声，亭皋舞苍翠。永怀莲花仙，碑石锁薜荔。三径虽半芜，尚有悠闲意。薄游良自娱，我本非傲世。日暮雨势来，千岩乱云气。

《全元诗》第67册第469页据张珩《木雁斋书画鉴赏笔记》书法二辑录吴枋《分韵得桂字》一首，并云："吴枋，生平不详。"

按，张珩《木雁斋书画鉴赏笔记》录吴枋《分韵得桂字》诗，并释："楷书十二行，法欧、柳，又似永兴，精雅动人，似宋人书。"①其实，吴枋，即宋人，字方木，江阴（今属江苏）人。入元后仍在世。著有《宜斋野乘》一卷，自序云："枋自四十岁以来，荣念已绝。独于嗜书一事，如饥之于食，渴之于饮，未尝一日忘情也。尝记周益公《二老（堂）杂志》，载陆务观言司马温公闻新事即录于册，且记所言之人。近时鄱阳董阜庭检阅亦然。枋不免效颦，凡耳之所闻，目之所见，口之所诵，心之所得，随手抄记，目曰《野乘》，已积成十余卷。壬午岁夏五月，钱塘金波桥遭毕方之祸，延燎数万家，储书寄留癸辛街杨和王府，尽为劫灰。七月巧夕，于里仁坊旧地作小楼二间，以庇风雨。至八月落成，始能追记一二抄录之。……甲申八月，芙蓉城人吴枋书。"②又，周密《齐东野语》卷一三"祠山应语"条记："余世祀祠山张王，动止必祷，应如蓍龟。姑志奇验数事于此，以彰神休。……壬午五月二十八日，杭城金波桥冯氏火作。次日，势益张，虽相去几

---

① 张珩《木雁斋书画鉴赏笔记》，上海：上海书画出版社，2015年，第2册，第967页。

② 〔清〕陆心源《皕宋楼藏书志》卷五七子部"《宜斋野乘》五卷、续一卷"条，光绪万卷楼藏本。

十里，而人情惶惶不自安。”[①]两处所言“壬午”乃元世祖至元十九年(1282)。吴枋自序《宜斋野乘》于“甲申八月”，即1284年8月，此距崖山覆没刚刚两年。

郑兴裔《咏扬州琼华》

琼花今日多从辩，玉蕊唐人早有诗。天上神仙曾枉驾，世间草木敢连枝。无风亦识飘香处，有眼曾看堕地时。三十年来成一梦，摩挲石刻鬓成丝。

《全元诗》第65册第427页据明杨端《扬州琼华集》卷一《琼华诗》收录郑兴裔《咏扬州琼华》二诗，小传云：“郑兴裔，字里不详。”

按，此诗为宋人郑损作。郑损(生卒不详)，开封(今河南开封)人，兴裔第三子，寓居浙东。淳熙七年(1180)，登进士甲科。嘉定十三年(1220)为淮东提刑兼知扬州。十七年，为四川制置使。宝庆三年(1227)十二月，元兵破关外诸隘，弃三关逃归。绍定二年(1229)，复以大中大夫、试工部尚书除焕章阁学士、沿海制置使、兼知庆元府。六年，被劾落职奉祠。生平见《宋史》卷四一、《宝庆四明志》卷一、《南宋制抚年表》卷上。其《咏扬州琼华》(“琼花今日多从辩”)，明别下斋本曹璿《琼花集》卷二等有录，诗有“无风应识飘香处，有眼谁看堕地时”之句，宋人楼镰赞曰：“厥今太守有父风，两句写出无双意。”郑损父郑兴裔(1126—1199)，字光锡，初名兴宗，显肃皇后外家三世孙，历事四朝，以材名结主。绍熙元年(1190)守广陵，卒年七十四。著有《琼花辨》。《宋史》卷四六五有传。郑氏父子两知扬州，前后相隔三十年。郑损《咏扬州琼华》诗云“三十年来成一梦，摩挲石刻鬓成丝”，恰与史载一致。《全元诗》误收，当移正。

李璧《太行山》

跨连燕岱压中州，秀色浮空晚未收。如此山河落人手，西风残照懒回头。

《全元诗》第66册第420页据[光绪]《永嘉县志》卷三四艺文辑录，其小传云：“李璧，生平不详。”

按，此乃宋人李壁诗，见宋叶绍翁《四朝闻见录》卷五、清钞本元陈世隆《宋诗拾遗》卷二〇等。清厉鹗《宋诗纪事》卷五六收此诗，题作《使北作》。[②] 李壁(1157—1222)，字季章，号石林，又号雁湖居士，眉州丹棱(今属四川)人，焘第六子。绍熙元年(1190)进士，除监簿。嘉泰三年(1203)，秘书少监迁宗正少卿，仍直院。四年，权兵部侍郎，俄改权礼部侍郎兼内制，兼枢密副都承旨。开禧元年(1205)使金贺生辰。二年，任礼部尚书、参知政事。三年，兼任同知枢密院事。嘉定三年(1210)，任端明殿学士、遂宁府知府。擅诗，著《王荆文公诗笺注》五十卷、《雁湖集》一百卷等。《宋史》卷三九八有传。此诗文字在宋代传

---

① 〔宋〕周密《齐东野语》，北京：中华书局，1983年，第239页。

② 〔清〕厉鹗《宋诗纪事》卷五六，文渊阁四库全书本。

写已多有异。《四朝闻见录》卷五戊集"李季章使敌诗"条记:"李季章壁,巽岩尚书之仲子。开禧初,韩欲兴兵未有间,既遣张公嗣古出使觇敌。嗣古使还,大拂韩旨,因复遣壁。……壁使金诗云:'天连海岱压中州,煖翠浮岚夜不收。如此山河落人手,西风残照懒回头。'前二句不知其指何地,既曰"煖翠浮岚夜不收",又曰"西风残照懒回头",意亦略相悖,恐传者之误也。"①

林方《戍妇词》

九月严霜塞下飞,连营回首望寒衣。将军纵上移屯奏,无奈公卿半是非。

《全元诗》第 65 册第 228 页据元汪泽民、张师愚《宛陵群英集》卷一二收录林方《戍妇词》,其小传云:"林方,宛陵(安徽宣城)人。"

按,此乃宋人刘克庄诗,见《四部丛刊》景旧钞本《后村集》卷五,原同题诗三首,该诗为其三。刘克庄(1187—1269),初名灼,字潜夫,莆田(今属福建)人,号后村居士。宋宁宗嘉定二年,以父荫入仕。后因赋《落梅》诗获罪,闲居十年。理宗淳祐六年(1246)赐同进士出身,除秘书少监兼中书舍人。又因劾相遭贬,知漳州。累官至工部尚书兼侍读、龙图阁学士。著有《后村集》。刘克庄多有感慨时事之作,特别是与战事有关的诗,如《军中乐》《国殇行》等歌颂了士兵的忠勇辛苦,揭露了时政的黑暗。此首《戍妇词》与之相类。林方,《宛陵群英集》仅录其诗一首,他籍亦无载,其名颇疑。

赵孟頫《静通庵题张虚静真人》

一庵里外锁青云,壁莹飞琼瓦叠鳞。野鸟无心一声晓,岩花有意四时春。凿开风月长生地,占得烟霞不老身。虚静当年仙去后,不知丹诀付何人。

《全元诗》第 17 册第 304 页据明张国祥等《续修龙虎山志》卷下录赵孟頫《静通庵题张虚静真人》诗。

按,此乃宋人白玉蟾诗。白玉蟾(1194—1229),南宋道人,原名葛长庚,字如晦,号海琼子,闽清(今属福建)人,后改名白玉蟾,字白叟,又字以阅、众甫,号海南翁、武夷散人等。长入名山修道。嘉定中,诏赴阙,命馆太乙宫,赐号紫清明道真人。能诗善赋,工书擅画,著有《武夷集》等。元刻本《武夷集》卷六、《石仓历代诗选》卷二二四宋诗一〇一等载有该诗,题作《靖通庵》,"一庵里"作"靖通庵","青"作"晴","占得"作"占断"。"虚静"作"虚靖"。《(雍正)江西通志》卷一一二:"靖通庵,在贵溪县龙虎山,虚靖真人建,有高似孙记。"虚靖真人即张继先(1092—1127),字嘉闻,又字道正,号翛然子。北宋末年著名高道,为龙虎山天师道教第三十代天师。元符三年(1100)嗣教,宋徽宗赐号"虚靖先

① 〔宋〕叶绍翁撰,冯惠民、沈锡麟点校《四朝闻见录》卷五,北京:中华书局,1989 年,第 197 页。

生”。此诗，赵孟頫盖曾过录，而并非其作。

高程《采莲词》

别浦潮生花梦寒，片红飞下粉痕干。预知妾面如花面，泣向西风不忍看。

《全元诗》第66册第161页据《诗渊》二五六一页辑录，其小传云：“高程，临川（江西抚州）人。生平不详。”

按，此为宋人赵崇嶓诗，见宋佚名《诗家鼎脔》卷上。[①] 赵崇嶓（1198—1255），字汉宗，号白云山人，南丰（今属江西）人，太宗九世孙。嘉定十六年（1223）进士，调金溪主簿。历知石城、淳安、乐平等县。宝祐三年（1255），官大宗丞，因上书责相而罢，寻卒。能诗，著有《白云小稿》。其诗有大历遗风。事见宋包恢《敝帚稿略》卷七《祭赵宗丞文》等。

韩松《石钟山》

吾闻海上多云气，万怪千形各殊异。人间亦有此等奇，石钟之山盖其类。高崖凌空上摩云，下有穴隙颇幽邃。料应自古水龙濯，弹空蜂房悬狮鼻。玲珑断续瘦入骨，奇怪嶙峋复苍翠。身如抵掌在灵谷，又若謦咳发深坠。笙竽金石不一音，风浪翻腾随所寄。我来天晴江面平，遂得优游访天秘。低昂壇坎复欹侧，藤蔓盘旋青覆被。遥知蓬莱隔沧海，毛羽不航人莫至。归来困卧小蓬窗，梦想高天三十二。

《全元诗》第65册第433页据明沈诏《石钟山集》卷六收录韩松《石钟山》诗，小传云：“韩松，字里不详。”

按，此诗为宋人韩松作。韩松（生卒不详），延安（今属陕西）人，蕲王世忠孙，梃弟，慈懿后家姻亲。宁宗嘉定二年（1209），由知江州任放罢。八年，为太府寺丞。生平见宋岳珂《宝真斋法书赞》卷三、《宋会要辑稿》职官七四等。该诗载录于《永乐大典》卷六六九九引《江州志》，题作《崇寿院霜钟双阁》。《江州志》云：“崇寿院，在上钟山，唐置。有李渤、苏轼记，黄庭坚书‘霜钟双阁’四字。”[②]此《江州志》不知何人何时所修，但由卷中称宋为“本朝”知，修纂者为宋人无疑。宋志何能载元诗？《全元诗》误收，当移除。

袁桷《青闺怨》

妾家住在湘江曲，门枕湘江春水绿。年年长是暮春时，两岸人家啼布谷。自君话别湘江头，独上层楼弹箜篌。蛾眉不扫远山碧，满堤芳草春正愁。举头不见君，但见湘江云。江云聚复散，妾心空如熏。举头不见君，但见湘江水。

---

① 〔宋〕佚名《诗家鼎脔》卷上，文渊阁四库全书本。

② 《永乐大典》，中华书局1986年影印，第3册，第2719页上栏。

江水去不回，妾颜为谁美。湘江云，湘江水，云水悠悠何日已。举头望君君不回，门前杨柳空依依。

《全元诗》第21册第346页据明宋公传《元诗体要》卷六辑录袁桷《青闺怨》诗。

按，此乃宋人陈允平诗，见宋陈起《江湖小集》卷一七、陈思《两宋名贤小集》卷三一五《西麓诗稿》，原题作《春闺怨》。① 陈允平（1205？—1285?），字衡仲，又字君衡，号西麓，鄞县（今属浙江宁波）人。淳祐三年（1243）任余姚令。后放情山水，往来吴淞淮泗间。咸淳九年（1273），佐郡守刘黼创慈湖书院。德祐间，授沿海制置司参议官。祥兴元年（1278），因事被捕，获释后，隐居万蝶峰。元初，以人才征至北都，托病辞归，隐居乡里。与周密、张炎等交往。才高学博，诗词皆能。方岳称其"掩有二子（黄庭坚诗、秦观词）成三人"。《全元诗》未收陈允平。另，据袁桷《先大夫行述》载，陈允平曾与袁桷先父袁洪同官。祥兴元年，允平议事，为怨家所讦入狱，经袁洪解救得释。② 抑或因袁陈两家有交，诗作互有酬赠，后人遂将陈诗误属。

罗沧洲《郊行》

桂花无主亦清秋，荞麦为谁先白头。萤不照身常隐见，鸥无求世自沉浮。

《全元诗》第65册第15页据《皇元风雅》前集卷四收录罗沧洲《郊行》诗，小传云："罗沧洲，名不详。"

按，此诗为宋人罗公升所作。罗公升（生卒不详），字时翁，一字沧洲，永丰（今属江西）人，宋末政治家、诗人。宋亡，倾资北游燕、赵，图恢复宋室，不果，回乡隐居以终。著有《沧洲集》，刘辰翁为之序。罗公升《宋贞士罗沧洲先生集》卷二、清曹庭栋《宋百家诗存》卷四〇、陆心源《宋诗纪事补遗》卷七八和清曾燠《江西诗征》卷二四均载此诗，③题作《秋日有感》。诗中"桂花无主亦清秋，荞麦为谁先白头"所述时节，恰与题合。

《全元诗》误收唐宋人诗，原因复杂。就其以上举正诸例来看，有诗人诗作归属原本无误，而因诗人生平欠考致误的，如胡宗愈《题凫鹭亭》、潘景良《金山》、吴枋《分韵得桂字》等；有父子亲朋诗作混淆的，如郑兴裔《咏扬州琼华》、

---

① 〔宋〕陈起《江湖小集》卷一七，文渊阁四库全书本。〔宋〕陈思《两宋名贤小集》卷三一五《西麓诗稿》，清钞本。

② 〔元〕袁桷《清容居士集》卷三三，《四部丛刊》景元本。

③ 〔宋〕罗公升《宋贞士罗沧洲先生集》卷二，清钞本。〔清〕曹庭栋《宋百家诗存》卷四〇，文渊阁四库全书本。〔清〕陆心源《宋诗纪事补遗》卷七八，光绪刻本。〔清〕曾燠《江西诗征》卷二四，嘉庆九年刻本。

袁桷《青闺怨》等；有将过录前人诗歌的书法作品视作本人诗作的，如赵孟頫《乘月过西郊渡》、赵雍《为杨元诚画竹西图因题》等；更多的是流传诗歌误署作者，编者仅据一种文献辑录，溯源未及而致误。总之，编纂一部完善的断代文学总集，并非易事，需要几代人的共同努力。

《无弦琴谱》的版本及文献价值

杨　洋[*]

【内容提要】 仇远是由宋入元的文学大家，属南宋格律派词人。仇远的《无弦琴谱》自元明以来流传绝鲜，直至道光九年孙尔准刊刻，世人才得以窥见全貌。由于该词集是晚出的《永乐大典》辑本，《钦定词谱》编纂时《无弦琴谱》尚未面世，且仇远本人通晓音律，因此可据《无弦琴谱》订补词律，这体现了《永乐大典》存词对词律研究、词作校勘的独特价值。因仇远词集晚出，导致仇词在文学史上长期被忽视，今人当重新认识仇远《无弦琴谱》的价值。

【关键词】 仇远　《无弦琴谱》　《钦定词谱》　词律

仇远是宋元之际的文学家、书法家。《宋史》《元史》均无传，《新元史·文苑传》记载仅寥寥数语，"仇远，字仁近。官溧阳州教授。好古博雅，楷书学欧阳率更，行书亦善。著有《山村集》《批注唐百家诗选》"。[①]《四库全书总目》卷一六六《金渊集》提要云："仇远，字仁近，一曰仁父，钱塘人。因居余杭溪上之仇山，自号曰山村民。世传高克恭画《山村图卷》即为远作也。远在宋咸淳间即以诗名。至元中，尝为溧阳教授，旋罢归，优游湖山以终。"[②]仇远与白珽合称"仇白"，"盖珽在宋咸淳中已与仇远同以诗名。入元后二人皆应荐为儒官，坎坷不达，退老湖山，出处亦略相近"。[③]

仇远的《批注唐百家诗选》已亡佚。他尚存世的作品有《金渊集》六卷、《山村遗集》一卷、《兴观集》一卷、《无弦琴谱》二卷、《稗史》一卷，以及行书《自书诗》卷（现藏于北京故宫博物院）。

单就今日的宋元文学史来看，仇远难以跻身一流。但他的诗名自宋末起就与白珽并称"仇白"，其词作在当时也有重要影响，却在后世几乎湮灭无闻，背后的原因值得深入探究。仇远在后世名气不显，有很大一部分原因必须归

---

* 本文作者为北京大学中文系古典文献专业博士研究生。

① 柯劭忞《新元史》卷二三七，上海：上海古籍出版社，2018 年，第 4530 页。

② 《四库全书总目》，北京：中华书局，1965 年，第 1428 页。

③ 同上书，第 1429 页。

结于他的词集《无弦琴谱》在整个明代和清初的"失传",直至道光年间才重见天日。整个明代与清初,他的词集未能完整流传,他的作品自然无法得到充分关注。仅以宋元论宋元,对仇远其人其作的把握必定是不准确的,而只有站在词集文献发掘的角度,才能对仇远及《无弦琴谱》有全面、客观的认识。

一、《无弦琴谱》的版本与发现

清人吴衡照《莲子居词话》卷三"仇远词止四首"下云:"文章显晦,有数存乎其间,不可强也。吾杭诗馀,后清真知名者为仇山村,而词止四首。安知海内无好事家,如张子野、姜白石二集,藏弆完好,以待流传耶?"[①]吴衡照的希望和猜想恰好暗合了本节内容。

"词止四首"指的是在道光九年(1829)《无弦琴谱》流传于世之前,明清所见的仇远词至多只有《山村遗集》中的四首完整词作,足以见得仇远词散佚情况非常严重。现将这四首词的收录情况列表如下:

表 1 仇远词作收录情况举要

仇远词作	书名					
	《绝妙好词》	《花草粹编》	《乐府补题》	《词综》	《历代诗馀》	《山村遗集》
《生查子》(钗头缀玉)	●				●	●
《八犯玉交枝》(沧岛云连)	●	●		●	●	●
《瑶花慢・雪》(疏疏密密)		●				●
《齐天乐・赋蝉》(夕阳门巷)			●	●	●	●

注 1:《山村遗集》中还有《玉蝴蝶》词牌,但有目无词。

注 2:《花草粹编》作者署名体例不统一,《八犯玉交枝》(沧岛云连)[②]署名仇远,《瑶花慢・雪》(疏疏密密)署名仇仁近。这也许是《词综》《历代诗馀》均失收《瑶花慢・雪》(疏疏密密)的原因。

注 3:查为仁、厉鹗的《绝妙好词笺》依据《花草粹编》和《乐府补题》,补辑了《瑶花慢・雪》(疏疏密密)、《齐天乐・赋蝉》(夕阳门巷)这两首仇远词。

《无弦琴谱》在元明两代的公私书目中均无记载,乾隆时期编纂《四库全书》时也未著录。今翻检书目,只有清末藏书家的藏书目录中有所记载。《善本书室藏书志》载:"《无弦琴谱》二卷,明钞本。此书卷一词六十一阕,附录一

---

① 〔清〕吴衡照《莲子居词话》,《词话丛编》本,北京:中华书局,1986 年,第 2457 页。

② 本文引及的词作均于词牌名后附首句,若首句多于四字则只取前四字。

阕。卷二词五十八阕，附录二阕。湮而复显，真不易得。山村在宋咸淳中，诗与白珽齐名，人称'仇白'，而未尝以词称，迨为诗所掩耳。今取而读之，其清丽似中仙，和雅似玉田，在三人之中未为蜂腰。原书湮没已久。嘉庆中，孙平叔从《大典》录出。此则明人钞本，晦而复显，真词苑瑰宝也。"[①]此处"明钞本""明人钞本"的说法明显有误，下文详述。《八千卷楼书目》载："《无弦琴谱》一卷，元仇远撰。劳氏抄本、西泠词萃本。"[②]陆心源《皕宋楼藏书志》载："《无弦琴谱》二卷，旧抄本。元钱塘仇远山村撰。案仇远字山村，钱塘人，著有《山村遗集》，《四库》著录。此其所作词也，《四库》未收。《千顷堂书目》亦未著录。"[③]上述种种记录都昭示着《无弦琴谱》自元代以后湮没已久的事实。

今日可见最早的《无弦琴谱》版本是国家图书馆藏道光九年孙尔准辑本，左右双边，仿宋十行本，每行二十字，校语为双行小字。此本前有序曰：

> 曩在史馆翻《永乐大典》，见有《无弦琴谱》，不著撰人名字，读其词清丽和雅，与玉田（张炎）、中仙（王沂孙）、草窗（周密）相鼓吹，证以《绝妙好词》《花草粹编》所载及贞居（张雨）、蜕岩（张翥）和作，知为仇仁近词。
>
> 仁近名远，一字仁父，自号山村民，所著有《山村集》《金渊集》《稗史》《式古堂书考》《批注唐百家诗选》。《元史》不传，《文苑》不志，《艺文》其姓名著作仅散见于他书，虽存其目类，皆遗佚，惟《金渊集》著录《四库》。其诗皆官溧阳学官时所作，地有投金濑，故取以为名，不收他什。又有《山村遗集》则项梦昶就所见编次。而《兴观集》者乃曹倦圃侍郎得仁近手书诗数十篇，倦圃以"兴观"二字题其卷首者也。二书皆掇拾残剩，非仁近之旧。
>
> 《无弦琴谱》名不经见，而数百年后出之，于弃掷销蚀之余，独完无阙，光景如新，尤足为艺林瑰宝。尔准录藏箧衍，未尝示人。今年长夏，冯云伯太史闻而索观，因与陆莱臧司马校正羼补，喜识真有人而赏心之不孤也。遂付诸剞劂氏以广其传。道光九年秋金匮孙尔准叙。

此序交代了《无弦琴谱》的发现过程、辑佚来源和校勘出版情况。孙尔准从《永乐大典》中发现了一批出自《无弦琴谱》却未署作者姓名的作品，他根据流传于世的词总集《绝妙好词》《花草粹编》和张雨、张翥的和词，考证出《无弦琴谱》的作者为仇远；《无弦琴谱》为典型的《永乐大典》辑本；根据序文及书中内容，可知《无弦琴谱》辑出后并未立即流传，而是由孙尔准私自保存，直到道光九年夏，才由嘉兴冯登府和青浦陆我嵩进行校勘付梓。

---

① 〔清〕丁丙《善本书室藏书志》卷四〇，《清人书目题跋丛刊》，北京：中华书局，1990年，第922页。

② 〔清〕丁丙藏，丁立中编《八千卷楼书目》，《续修四库全书》，上海：上海古籍出版社，1996年，第395页。

③ 〔清〕陆心源《皕宋楼藏书志》，《清人书目题跋丛刊》，北京：中华书局，1990年，第1357页。

此版本卷末还附有冯登府的跋语，内容与孙尔准序相似，可供参看：

仁父家余杭溪上之仇山，高文简（高克恭）为作《山村图》，后居虎林白龟池。咸淳间，与白湛渊（白珽）同以诗称。入元，又同应荐为儒官，不达，归老西湖，偕林昉、吴大有、胡仲弓辈七人江山跌宕，以诗酒送年。一时若张翥、张雨、莫维贤皆出其门，著有《兴观》《山村》诸集。顾其集久佚，见于孟宗宝《洞霄诗集》《湛渊遗稿》仅数首而已，后人几无复称之者。我朝四库馆臣从《永乐大典》录出《金渊集》六卷，项梦昶又辑《遗集》一卷，而山村诗始显于世。至其词清微要眇，与玉堂、草窗为近，流传绝鲜。周密《绝妙好词》、朱彝尊《词综》仅录二首。查为仁、厉鹗从《乐府补题》采《齐天乐》一首，《花草粹编》采《瑶华慢》一首，《补词综》仅载入《生查子》一首。此外诸家都未收录，亦不见于宋元艺文补志，盖《无弦琴谱》绝响久矣。金匮尚书孙先生曩于纂修史馆时，从《永乐大典》录得此谱，不著撰人姓氏，证以观月咏雪之作，知为山村作，久庋箧衍。道光己丑长夏，命为覆校，爰补蝉词一阕及伯雨、仲举四作附焉，析为二卷，仿宋十行本付锓，使六百余年遗编坠简重见于世，非艺林盛事欤？因志颠末，窃以附名简尾为幸云。小长芦冯登府。

对照此辑本与《善本书室藏书志》的记载，值得注意的是，《善本书室藏书志》虽点明《无弦琴谱》是由《永乐大典》中辑出，但存在两处值得厘清之处。其一，辑佚年代为“嘉庆中”，序末的时间是道光九年（1829），此时已是孙尔准晚年，他的辑佚活动应是嘉庆年间所为；其二，《善本书室藏书志》将其著录为“明钞本”，但丁氏所藏并非明代抄本，因其分卷与阕数与孙尔准辑本完全一致，如下：

孙尔准辑本《无弦琴谱总目》：
卷一 词六十一调 附词一调
卷二 词五十八调 附词二调

丁氏所藏应为清抄本，而且完全是依据孙尔准辑本所抄。综上，《无弦琴谱》的版本源流并不复杂，所有版本的源头均可追溯至道光九年的孙尔准《永乐大典》辑本。

仇远《无弦琴谱》中的词作有 119 首辑自《永乐大典》，1 首辑自《乐府补题》。据邓子勉《宋金元词籍文献研究》梳理，今残存的《永乐大典》中仅存仇远词《早梅芳近》（碧溪湾）一首。其实在乾隆三十八年纂修《四库全书》时，《永乐大典》已有千余册缺失，若孙尔准没有在嘉庆年间趁《永乐大典》内容保留相对完备之时及时进行辑佚，《无弦琴谱》在后世必定难以重见天日。

孙尔准辑本《无弦琴谱》中存有两条校语：《点绛唇》（千里平阑）一阕的末句“自翦镫听雨”后有“一作细听灯前语”；《燕归来》（三叠曲四）一阕的末句“除

燕知，谁能记”后有“一作燕子旧时曾记”。鉴于孙尔准等人辑佚校勘时无别本可据，此校语或原书所有，未必为孙尔准新增。孙尔准辑本还将他人和作附在仇远相关词作之后，譬如《临江仙·柳》（湘水晓行）后附有张翥的和作，《雪狮儿·梅》（武林春早）《瑶花慢·雪》（疏疏密密）后均附有张雨的和作，卷末附有张翥为仇远所作的寿词《最高楼》（方寸地）。这些词作勾连起仇远与学生的词作交流活动，丰富了读者对仇远的认识。孙尔准辑本还根据《乐府补题》将仇远的《齐天乐·蝉》附为拾遗。综上，可以说孙尔准辑本是《无弦琴谱》内容最全面的版本。

《无弦琴谱》单行以后，被诸多丛书收录，如《西泠词萃》《彊村丛书》等，尤以《彊村丛书》影响较大。朱孝臧从姚文田处得邃雅堂旧抄本。《全宋词》中仇远词的收录主要依据《彊村丛书》。首先，《彊村丛书》本《无弦琴谱》更改了部分词牌名，《玉楼春》改为《木兰花令》，《凤栖梧》改为《蝶恋花》，《鹧鸪天》改为《思佳客》。其次，《彊村丛书》本删去了孙本“一作……”的两条校语，从而导致这两条异文在《全宋词》中也未能体现。复次，当《无弦琴谱》从《永乐大典》中辑出时，就已经存在着部分词句缺字的问题。孙尔准辑本只标注了其中一部分，尚有五阕词未注明缺字，譬如《诉衷情》（渚莲香贮）“莼鲈不梦，也□归舟。家住沧洲”，《渡江云》（流莺啼怨）“□愁不尽，对乱花、芳草茸茸”，《清商怨》（黄花丹叶）“应记□、绿珠娇小。莫剪回文，玉关人未老”等，均未注意到缺字。但《彊村丛书》根据词谱与词意，将缺字一一注明。美中不足的是，《彊村丛书》本仇远词缺少《齐天乐·蝉》一首，而孙尔准辑本将其直接附于卷二之后，《全宋词》又据《乐府补题》增补。《全宋词》还据光绪刊本（即丁丙刊《西泠词萃》本）补《彊村丛书》阙文，如《探芳信·和草窗西湖春感词》（坐清昼），《全宋词》校语云：“原无题，兹据光绪刊本补。”（《全宋词》第 3405 页）《合欢带·效柳体》（令巍巍），《全宋词》校语云：“此题原无，兹据光绪刊本补。”（《全宋词》第 3408 页）后者所缺词题，孙尔准刊本原有。前者词题，当为丁丙刻《西泠词萃》时据张炎同韵词拟补。[①]

《续修四库全书》中收有《无弦琴谱》，据南京图书馆藏道光九年孙尔准刻本影印。如今通行的收录仇远词的集子主要是《全宋词》本，直接依据《彊村丛书》本《无弦琴谱》收录。此外，近年来新出的《浙江文献集成·仇远集》收录仇远其人的诗、词、小说、杂著较全，该集词部分以《彊村丛书》本为底本，以《续修四库全书》影印南京图书馆藏道光九年孙尔准刻本为参校本，附有简要校勘记。本文所引用的仇远词作皆依据中华书局 1965 年繁体竖排版《全宋词》，后文不再赘述。

---

① 张炎同韵词见《全宋词》，第 3481 页。

二、《无弦琴谱》的文献价值

《无弦琴谱》的文献价值主要源于两个方面,第一,它是《永乐大典》辑本,本身就具有珍贵的史料价值;第二,仇远精通音律,不同于以诗填词的词人,《词谱》编纂时未能引及《无弦琴谱》,今可利用仇远词作来订补词谱。

词谱在明代中后期出现,词谱之学兴盛于清代顺康时期,以万树《词律》和《钦定词谱》的出现为标志。清顺康年间,词坛重视词律,由此推动了纂谱之风,康熙中期产生了朱彝尊《词综》、万树《词律》两部巨著,前者为词谱编纂提供了大量作品参照,后者用谱式标注四声平仄。此后,官方也参与到编纂词谱的活动中来,首先完成了《历代诗馀》这部词选,具备了编订词谱的文献基础,其后诞生了《钦定词谱》,其凡例指出"宋元人所撰词谱流传者少,明《啸馀谱》诸书不无舛误,近刻《词律》时有发明,然亦得失并见。是谱翻阅群书,互相参订。凡旧谱分调分段及句读音韵之误,悉据唐宋元词校定"。① 正是由于"宋元人所撰词谱流传者少",而且《永乐大典》中的存词未能在康熙年间编纂《词谱》时尽数利用,词籍文献不足征造成了《词谱》编纂的缺憾。

利用仇远《无弦琴谱》,可从以下四个方面订补《词谱》:

(一)可补《词谱》漏收词牌之失

《词谱》失收的《睡花阴令》《阳台怨》与《荐金蕉》这三个词牌,仅存于仇远《无弦琴谱》中,无别词可校。《词谱》编纂之时,《无弦琴谱》尚未重见天日,导致了僻调的失收。《词律》《词谱》均未收这两个词牌,直到同治年间,徐本立《词律拾遗》才增补了《睡花阴令》和《阳台怨》这两个词调。就词谱编订的整体水平而言,《拾遗》不及《词谱》完备,但由于《拾遗》晚出,徐本立能够见到前代未见的词集文献,这是《拾遗》优于《词谱》之处。

睡花阴令

愁云歇雨,净洗一奁秋霁。枝上鹊、欲栖还起。曲阑人独倚。 持杯酌月,
○○●● ●●●○○△ ○●● ●○○△ ●○○●△ ○○●●
月未醉、笑人先醉。忘醉倚、木犀花睡。满衣花影碎。
●●● ●○○△ ○●● ●○○△ ●○○●△

(《全宋词》,3401 页)

此词双调 45 字,上片 22 字,下片 23 字,各 4 句 3 仄韵。上下片相同,仅下

① 〔清〕王奕清等《钦定词谱》,北京:中国书店,1983 年。

片第二句较上片添一字，作上三下四式七字句。

阳台怨

月明如白日。遮径花阴密密。未见黄云衬袜来，空伴花阴立。疑是碧瑶
●○○●△　○●○○●△　●●○○●●○　○●○○△　○●●○
台，不放彩鸾飞出。隐隐隔花清漏急。一巾红露湿。
○　●●●○○△　●●●○○●△　●○○●△

（《全宋词》第 3403 页）

此词双调 46 字，上下片各 23 字 4 句 3 仄韵。

还有《荐金蕉》（梅边当江）一阕，《词律》《词谱》均未收。《全宋词》中仅存仇词一首。

荐金蕉

梅边当日江南信。醉语无凭准。斜阳丹叶一帘秋。燕去鸿来，相忆几时休。
○○○●○○△　●●○○△　○○○●●○△　●●○○　○●●○△

（《全宋词》第 3404 页）

此词平仄韵转换，单调 28 字 5 句 2 仄韵 2 平韵。

（二）可为《爱月夜眠迟》找到别首可校

《词谱》收录了无名氏《爱月夜眠迟慢》一首，并注明“调见《高丽史·乐志》，宋词也，即赋本意”，“此调只有此词，无别首可校”。① 但仇远《无弦琴谱》中恰有《爱月夜眠迟》一阕，可与《词谱》互相参校，并非无别首可校。②

《高丽史·乐志》分为雅乐、唐乐、俗乐三类，《爱月夜眠迟》隶属于唐乐之下，现将这两首词及词谱逐句比勘如下：

爱月夜眠迟《高丽史·乐志》	**爱月夜眠迟**仇远
禁鼓初敲，觉六街夜悄，车马人稀。	小市收镫，渐柝声隐隐，人语沈沈。
●●○○　●●○●●　○●○△	●●○○　●●○●●　○●○△
幕天澄淡，云收雾卷，亭亭皎月如珪。	月华如水，香街尘冷，阑干琐碎花阴。
●○○●　○○●●　○○●●○△	●○○●　○○○●　○○●●○△
冰轮碾出遥空，无私照临千里。	罗帏不隔婵娟，多情伴人，孤枕最分明。
○○●●○○○　○○●○○△	○○●●○○　○○●○　○△●○○

① 〔清〕王奕清等《钦定词谱》，北京：中国书店，1983 年，第 2356 页。

② 徐本立《词律拾遗》以仇远词补体，然而后出的杜文澜《词律补遗》却继承了四库馆臣的陈旧说法，认为《爱月夜眠迟》无别首可校。

最堪怜、有清风，送得丹桂香微。
●○○ ●○○ ●●○●○△

唯愿素魄长圆，把流霞对饮，满泛觥卮。
○●●●○○ ●○○●● ●●○△
醉凭栏处、赏玩不忍，辜却好景良时。
●○○● ●●●● ○●●●○△
清歌妙舞连宵，踟蹰懒入罗帏。
○○●●○○ ○○●●○△
任佳人、尽嗔我，爱月每夜眠迟。
●○○ ●○● ●●●●○△

见屏山翠叠，遮断行云。
●○○●● ○●○△

因记款曲西厢，趁凌波步影，笑拾遗簪。
○●●●○○ ●○○●● ●●○△
元宵相次近也，沙河箫鼓，恰是如今。
○○○●●● ○○○● ●●○△
行行舞袖歌裙。归还不管更深。
○○●●○○ ○○●●○△
黯无言，新愁旧月，空照黄昏。
●○○ ○○●● ○●○△

（《全宋词》第3401页）

蔡国强《〈钦定词谱〉'无别首可校'考》一文指出，"《钦定词谱》中存在大量的独体词谱，在826个词牌中有373个，占了45%。这些独体词谱，除个别的情况外，都被编者钉上了诸如'本调只此一词，无别首可校'一类的标签。而实际上这些标签有不少是因为囿于编者之时代局限性而缀，其中有很多不符合实际情况"。① 该文举了《爱月夜眠迟》一例，对比无名氏词与仇远词，并得出结论，总结如下：1.关于第8句的押韵：无名氏词的"里"字与仇词的"枕"字均为仄声叶韵韵脚。由于对此句押韵情况的认识不清，《词谱》馆臣误改《高丽史·乐志》的"无私照临千里"为"照临千里无私"，《全宋词》标点仇词时也出现了失误，仇词应为"多情伴人孤枕。最分明、见屏山翠叠，遮断行云。"2.该词尾句既可以是无名氏词336的形式，也可以是仇词343的形式。3.以《词谱》之标准，仇远词当为典型的"又一体"。

（三）补充又一体

由于平仄、押韵、句法的差异，仇远词存在着大量的又一体，可用以补充《词谱》，今修订词谱不可不将《无弦琴谱》纳入参考范围。

归田乐

略彴横溪曲。映带短莎修竹。傍岸谁家屋。爱水护遥碧，林拥深绿。
●●○○△ ●●○○○△ ●●○○△ ●●○○△ ○○●△
呼布谷。东里西邻才一簇。 社鼓初鸣春酒熟。长衫方帽，翁醉扶黄犊。
○●△ ○●○○○●△ ●●○○○●△ ○○○● ○●○○△

---

① 蔡国强《〈钦定词谱〉"无别首可校"考》，《中国韵文学刊》2015年第2期，第73—87页。

断霞倦鹊，未晚先争宿。门外月明山六六。

●○●●　●●○○△　○●●○○●△

（《全宋词》第 3407 页）

《词谱》中《归田乐》共有五体，且各体差异较大，缺乏他词可校，更无此体《归田乐》。仇词此词格律与他人词作差异较大，此体双调 67 字，上片 7 句 35 字 6 仄韵，下片 6 句 32 字 4 仄韵。当补仇远此词为又一体。

另外，《词谱》中所收的《八宝妆》以李甲词为正体，以仇远词（沧海云连）为又一体，并注明“此调仅有仇远词可校”。[①] 词谱馆臣当时至多可见仇远词四首，仇词尚能为《词谱》提供又一体的例子，可见其词的文献价值。

（四）可为和韵词找到原始作者和原作

在原始作者词作散佚的情况下，根据和韵词的特殊形态推知原作韵脚，从而归纳词律，固然是一种可行的方法，但和韵词的词律应当归功于原始作者，在原作存世的情况下，应当将最原始的词作收入《词谱》，以展示其原貌。譬如《词谱》收录《雪狮儿》，注明“此调只有程词及张词”，[②]实际上所收的张雨词为《雪狮儿·赋梅次仇山村韵》，可知仇远也有此词，同时参与这次和韵的还有凌云翰。对比仇远、张雨、凌云翰的三首词作，可发现张雨的和韵词并不能完全替代仇远词的原貌。词谱在张雨《雪狮儿》后注：“此与程词同，惟前段第二句添三字异。”[③]但仇远原词以及凌云翰和词并没有在前段第二句添三字，只有张雨词采取了上三下四的折腰句法。

仇远　武林春早，乘兴试问孤山，枝南枝北。

（《全宋词》第 3405 页）

张雨　含香弄粉，便句引、游骑寻芳，城南城北。

（《全金元词》第 913 页）

凌云翰　蹇驴破帽，知是几度寻春，山南山北。

（《全金元词》第 1147 页）

此外，《词谱》收录《瑶华》，也是将张雨和仇远韵列为又一体。凌云翰同样也参与了这次和韵。《词谱》在张雨词后注：“此与周（密）词同，惟前段起句不用韵异。”[④]实际上，仇远、凌云翰的词作均符合周密体式，前段起句均用“密”韵，惟有张雨没有起句用韵。

---

① 〔清〕王奕清等《钦定词谱》，第 2493 页。
② 同上书，第 1440 页。
③ 同上书，第 1442 页。
④ 同上书，第 2181 页。

张雨　筛冰为雾，屑玉成尘，借阿姨风力。

（《全金元词》第 910 页）

仇远　疏疏密密。漠漠纷纷，乍舞风无力。

（《全宋词》第 3406 页）

凌云翰　喜深惊密。试问滕神，有多少寒力。

（《全金元词》第 1147 页）

由此可见，和韵词的句法与押韵情况并不完全等同于原词。

综上，可据《无弦琴谱》以订补《词谱》，补充《词谱》漏收词牌，更正"无别首可校"，补充"又一体"，为《词谱》所收和韵词找到原始词作。今人完善词律，不可不参考仇远《无弦琴谱》。因此，要充分重视《永乐大典》存词对词律研究、词作校勘的价值。

谢章铤在《赌棋山庄词话》中提到，"（学姜诸人）陈允平之后，宜补列仇山村，山村亦姜派者，仲举即其门下士。竹垞时，《无弦琴谱》未出，故不得论定，非有意削之也"。[①] 这种忽视仇远词作的现象一直延续到现代。现代词选对仇远词的收录数量极少，譬如上海辞书出版社唐圭璋等撰写的《唐宋词鉴赏辞典（南宋·辽·金）》仅选《齐天乐》（夕阳门巷）一首，而周密词收录了 17 首。唐圭璋主编的《唐宋词鉴赏辞典》中，仇远词一首未收。选词时未将仇词文献晚出、成就颇高的实际情况纳入考量，不利于仇远词作的传播。

试想，如果仇远的《无弦琴谱》能够在康熙年间浙西词派兴起时被及时发现问世，仇远也将像姜、张一样成为浙西词派大力推崇的对象，从而参与到词学史的建构中。但由于《无弦琴谱》的晚出，仇远其人其作只能遗憾地在词学史乃至文学史上处于长期失位的状态。这也提示我们，文献是文学研究的基础，在词学研究中应有意识地关注词学文献与词学史建构之间的关系。

① 〔清〕谢章铤《赌棋山庄词话》卷一二，清光绪十年刻《赌棋山庄全集》本。

元散曲二家新考*

都刘平　鲁玥含**

【内容提要】 本文依据新材料的发掘，考实元代散曲家高克礼、顾德润二人之身世。高克礼约生于至元二十九年，乃父是元初南下伐宋的武官，曾任镇江路总管。克礼依门荫授武职，延祐末至治初授丹徒县尹，至正八年迁庆元路推官。顾德润生年约在大德四年，卒年在洪武二十年左右。先任杭州路吏，至正初迁平江路，秩满后即退隐，筑静趣轩以自处，释宗衍、周衡、王绂等无锡、苏州籍文人均曾题咏。

【关键词】 元散曲家　高克礼　顾德润　事迹新考

一、高克礼

高克礼是元代后期著名的散曲家，"有名于时"。① 又与著名杂剧作家乔吉交往密切。《全元散曲》辑录其带过曲四首，关于其生平，《录鬼簿》记载极简略，仅知其字敬臣，号秋泉，曾任县尹。明初贾仲明补吊词云："碧桃红杏说高蟾，黄阁风流夸士廉，铨衡权准宗行俭。文章习子瞻，任县宰，才胜江淹。生子学双渐，娶妻如蔡琰。秋泉公，归去陶潜。"②按，汉代丞相官署厅门涂黄色，故称黄阁。《汉旧仪》卷上云："丞相听事阁曰黄阁。"后用"黄阁"代指宰相。如皮日休《七爱诗·房杜二相国》："黄阁三十年，清风一万古。"③贾仲明称高克礼"黄阁风流"，虽不必坐实为其父曾任宰相，但出身必定不寻常。但究竟如何，不得而知。后来门岿先生在《录鬼簿》之外发现一条新材料，即胡世佐《重建推

* 本文为2021—2022年度河北省社会科学基金项目《元曲家行状考辨及佚文辑存》(项目号：HB21ZW019)阶段性成果。

** 都刘平，河北大学文学院讲师。鲁玥含，河北大学文学院助理研究员。

① 〔元〕杨维桢编《西湖竹枝集·高克礼传》，见〔清〕丁丙辑《武林掌故丛编》第六集，清光绪丁氏嘉惠堂刻本。

② 钟嗣成《录鬼簿(外四种)》，上海：上海古籍出版社，1978年，第41页。

③ 〔清〕彭定求等编《全唐诗》卷六〇八，郑州：中州古籍出版社，2008年，第3150页。

官厅记》,知至正八年(1348)高克礼曾任庆元路总管府推官[①](详后)。此外,则知之甚少。

近来笔者翻检清人张照所编《石渠宝笈》,其中卷三有《宋陆游自书诗帖》一卷,为高克礼父亲所藏,克礼曾请郭畀、俞庸、程郇三人作跋。该三跋为破解高克礼的身世之谜提供了原始材料。现依次迻录如下。郭跋云:

> 宋南渡后,放翁先生文章,号大家数,一时学者所宗。暮年休致后,诗法圆美,盖传之于曾茶山也。此卷字画遒劲,实先生得意书。秋泉其善藏之。若夫先生出处之详,则有二南诗文盛行于世,予复何言!京口郭畀题。[②]

俞跋云:

> 放翁居绍淳讲好偃兵之时,天下休息,疆埸无事,入掖垣,出藩宣,晚年优游若耶溪上,寿八十馀。宜乎《剑南》前后续集之富,大而天地日月星辰之运行,小而昆虫草木之动植。内而朝廷,外而边徼,以至于礼乐法度刑赏兵财,凡所见闻,一寓之诗。世间妙语奇对,骚人墨客,呫哔推敲之所未到,莫不网罗蒐猎,毕尽无遗,真可以泣鬼神、袪疠瘧,读之使人倘然止、赟然立,而独未尝见翁之翰墨。秋泉高侯,暇日以巨轴示,展视乃翁所自为诗,音调谐雅,字画遒劲,犹龙跃凤翥、鹏抟鲲运,对之精爽飞越,诚见所未见也。侯蹙然曰:"先公以戎行,从太傅伯颜公战胜攻取,将校惟珠玉金帛是竞,先公独以图书文史寓意焉。凯旋,辇以逾岭,众有薏苡之疑,先公发箧示之,悉皆惊叹悦服。平定以来,往往为博雅之士夺其所好,今存无几。此卷母夫人藏之久矣,近始以畀,曰:'而父下江南所得者也,蚤暮披阅,当有益,勿废坠。'拜而受之。不啻获至宝,愿识诸左方以信后。"予闻放翁唐内相宣公之裔,二百年后,乃能以文章事业晃耀一世,振其家声。侯家传带砺,笥袭簪裳,遭圣明继继,垂拱守成,四方无战役。以恒人遇之,孰不纵恣自肆。而侯也日与繁弱忘归、鞬弭櫜鞬周旋。公退燕闲,左图右书,䌷今绎古,客至围棋投壶,且驭裨佐如严师友,抚士卒如亲子弟,虽古之名将向宠、杜元凯之流,不能过也。侯能观放翁之文章翰墨,思放翁之勋名事业,如放翁之振耀家声。行将易金菟大符,树崇牙高节,妙年未艾,为天子出于南土以成考志,以悦母颜,使功烈洸洸赫赫,吾见不止如今日之所观也。斯卷也,其殆无恤袖简也耶。卷锦之馀,因书以寓规箴

[①] 门岿《元曲百家纵论》,北京:教育科学出版社,1990年,第182页。

[②] 〔清〕张照《石渠宝笈》卷三《列朝人书画》,《秘殿珠林石渠宝笈合编》(第2册),上海:上海书店出版社,2011年,第906页。

焉。放翁姓陆氏，名游，字务观，山阴人。至治元年二月八日，永嘉俞庸题。[1]

程跋云：

放翁文章妙天下，出处大节，载之《宋史》，世庸有不知者？石湖范公帅蜀，辟为元僚，金捧玉撼，人以为醉翁门下客，轻裘缓带，雅歌酒[2]壶，当时意气何如耶！锦官城盖翁朱同乡也。东归还朝，本非素志，尝有诗云："杜鹃言语元无据，悔却东吴万里归。"其心事盖可见矣。投老会稽，世故尽绝，东村西邻，田翁野老，尔汝相忘，犹有栗里柴桑气象。余往岁长尹和靖堂，正在翁故里，尝得游历柳姑庙、道士庄，遗趾尚在，翁之高风，犹可遐想。秋泉高侯出示此卷，正归老会稽所作，时翁年已八十，字画遒劲，诗律古澹乃如此，中有"梦为孤鹤过青城"之句，盖知翁思蜀之念，未始一息忘也。余蜀人也，岷山锦水，宁不介然于怀耶？嘉泰甲子，距今岁泰定甲子，恰两周甲子矣，感今怀昔，慨前修之不作，为之太息。是岁四月望日，眉山程郇书于京口郡幕。[3]

该三文，《全元文》均失收，故不避烦琐全部录出。其中俞庸跋作于至治元年(1321)二月，程郇跋作于泰定元年(1324)四月。而冠首的郭畀跋未署时间，当在后二跋之前。其中俞庸跋所提供的信息最多：首先，通过此跋，我们知道高克礼的父亲是元初随伯颜丞相南下灭宋的汉族武官，虽为行伍，然颇好文史，志在图书，《陆游自书诗帖》就是在攻宋战争中所获。其次，俞跋作于至治元年，谓高克礼"妙年未艾"，则其时高克礼应不超过三十岁，以此逆推，其生年约在至元二十九年(1292)。其三，俞跋称"侯家传带砺，笥袭簪裳"，乃父是元初汉族武官，参与灭南宋的战争，功成后当有封官，后来官至镇江路总管，秩正三品，在元初汉人中不可谓不高。且高克礼本人也因门荫授与武官，俞跋称："侯也日与繁弱忘归、鞭弭櫜鞬周旋。……驭裨佐如严师友，抚士卒如亲子弟，虽古之名将，向宠、杜元凯之流，不能过也。"向宠、杜预(字元凯)分别是三国、西晋时名将，俞庸以之比拟高克礼，可想见其勋业与风流。这样我们方才明白贾仲明吊词所谓"黄阁风流"之所指。其四，俞跋又云克礼"行将易金菟大符，树崇牙高节，妙年未艾，为天子出于南土以成考志，以悦母颜"。又俞庸、程郇二跋中屡以"高侯"称之，此应即是《录鬼簿》所载县尹之职。按：郭畀(1280—

① 〔清〕张照《石渠宝笈》卷三《列朝人书画》，《秘殿珠林石渠宝笈合编》(第2册)，第906页。

② 原注云："应是'投'字"。

③ 〔清〕张照《石渠宝笈》卷三《列朝人书画》，《秘殿珠林石渠宝笈合编》(第2册)，第907页。

1335)，字天锡，丹徒人。曾任镇江路学录。[①] 程郇(1269—1346)，字晋辅，湖州乌程人。至治元年(1321)至泰定元年(1324)任镇江路总管府知事。[②] 题跋正是作于该任上。而镇江路总管府治丹徒。故我们推定高克礼"为天子出于南土"所任应为丹徒县尹，时间在延祐末至治初。高克礼父亲曾任镇江路总管，[③]由上引三跋知其时乃父已死，高克礼任丹徒县尹或亦因门荫，且以便养母。

乔吉有【双调·折桂令】《高敬臣病》及《秋日与高敬臣胡善甫辈饮湖楼即事》小令二首。按杨朝英延祐初年编《阳春白雪》，未收录乔吉一首作品，且卷首"选中古今姓氏"也无乔吉之名。而晚年编《太平乐府》，乔吉的作品数量居第三位。可知乔吉南游是在延祐元年(1314)以后，自此即流连辗转于江南地区，高克礼与之首次相识当在其任丹徒县尹期间。乔吉有小令【双调·殿前欢】《登江山第一楼》，与【折桂令】《秋日与高敬臣胡善甫辈饮湖楼即事》均叶寒山韵，应同作于镇江。胡善甫，名元，号容斋。邢台(今属河北省)人。至治元年任绍兴路总管，泰定间迁徽州路总管。[④]

高克礼虽出身武将，但继承乃父风范，亦嗜好读书，俞庸跋文谓其："公退燕闲，左图右书，紬今绎古，客至围棋投壶"。且有诗集，萨都剌《题高秋泉诗卷》云："美矣高夫子，能文武亦全。横琴弹夜月，洗剑动秋泉。酒熟春如海，诗闲日似年。纶巾北窗下，倦可枕书眠。"[⑤]与俞跋正可以相互印证。萨都剌，字天锡，泰定四年进士，天历元年(1328)至三年任镇江路录事司达鲁花赤。[⑥] 高克礼与之相识应即在此期间。

杨维桢所编《西湖竹枝集》，录有高克礼《竹枝词》一首。按《竹枝集》卷首有杨维桢自序，作于至正八年(1348)秋七月，知克礼《竹枝词》必作于此之前。杨维桢与萨都剌系同年，天历年间，萨都剌任镇江录事司达鲁花赤时，和萨氏《宫词》十二章，[⑦]其与高克礼相识或即因萨都剌。

《石渠宝笈》还录有明正统四年(1439)陈琏跋，云：

---

① 〔元〕俞希鲁《至顺镇江志》卷一七，《续修四库全书》(第698册)，上海：上海古籍出版社，2002年，第721页。

② 〔元〕黄溍《金华黄先生文集》卷三二《婺源州知州致仕程公墓志铭》，参见《至顺镇江志》卷一六，《续修四库全书》(第698册)，第713页。

③ 〔元〕胡世佐《重建推官厅记》，李修生主编《全元文》(第58册)，南京：凤凰出版社，2004年，第79页。

④ 《(万历)绍兴府志》卷二六《职官志二》，参见胡元《四书发明序》，〔元〕陈栎《定宇集》卷一七，影印文渊阁《四库全书》(第1205册)，台北：台湾商务印书馆，1986年，第427页。

⑤ 杨镰主编《全元诗》(第30册)，北京：中华书局，2013年，第264页。

⑥ 〔元〕俞希鲁《至顺镇江志》卷一六，《续修四库全书》(第698册)，第714页。俞希鲁《送录事司达鲁花赤萨都剌序》，李修生主编《全元文》(第33册)，第50页。

⑦ 〔元〕杨维桢《宫词十有二章》序，杨镰主编《全元诗》(第39册)，第89页。

> 镇江杨时中,元至正初为郡庠直学,有识鉴,购得高秋泉所收陆放翁亲书所作诗若干首,共为一卷,有元人永嘉俞[庸]、眉山程郁(郇)、京口郭天锡题跋。[1]

该《诗帖》是高克礼之父所藏,乃母令其“蚤暮披阅,勿废坠”,现在却售于他人,或其时已家道中落,迫于生计。乔吉【折桂令】《高敬臣病》有“赋高唐何事悲秋”“炎凉世态”句,[2]或正指此。

胡世佐《重建推官厅记》载:

> 庆元境域包山际海,……府治西偏别置厅事,为推审之所……至大八年夏五月,市燎延及皆成虚,寓迁无常,湫隘喧袭,咸谓非宜,议复未遑也。是岁之冬,济南高君、东平王君相继来为郡推官。……募工营构,不逾月而成。……高君名克礼,字敬臣,故镇江路总管亚忠公之世嫡。王君名士然,字继善,故大司徒、翰林承旨、鲁国文肃公肯堂先生之季子。家同阀阅,世同簪组,官同列,职同事,意气相孚,议论相符,或推或挽,故能职无不振,事无不举,以成可书之绩,所谓同寅协恭而和衷者欤![3]

胡文谓至大八年高克礼任庆元路推官,至大为元武宗年号,纪年仅四年,“至大”当是“至正”之误。[4] 文中所说的“肯堂先生”,即元初名臣王构,王士然乃其季子。王构官至翰林学士承旨,胡文谓高克礼与王士然“家同阀阅,世同簪组”,也进一步证实高克礼不凡的出身,与上文俞庸跋谓克礼“家传带砺,笥袭簪裳”正相符合。推官专治刑狱,高克礼在庆元路推官任上,“治政以清静为务,不为苛刻,以简澹自处”。[5] 元制,上路总管府置推官二员,庆元路属上路。故高克礼、王士然“相继来为郡推官”,谓二人同僚,非先后上任。按,王士然之兄士熙,亦散曲家,自至顺三年(1332)至至正三年(1343),先后任江东肃政廉访使、南台侍御史、中丞,在江南供职长达十馀年,萨都剌亦与之相识。高克礼或亦尝与之交往。惜文献无征,只得阙疑。

这里还有一个问题需解决,胡文谓高克礼济南人,而杨维桢《西湖竹枝集》小传却称其河间人。按《元史·地理志》载,元代河间路所辖之东南地域与济南路所辖之西北区域接壤,交界之地如齐东、宁津、临邑、青城等县的归属往往

---

① 〔清〕张照《石渠宝笈》卷三《列朝人书画》,《秘殿珠林石渠宝笈合编》(第2册),第907页。

② 隋树森编《全元散曲》,北京:中华书局,1964年,第607页。

③ 李修生主编《全元文》(第58册),第79页。

④ 按:《(成化)宁波郡志》卷五亦载此文,正作“至正八年”。明成化四年刻本。

⑤ 〔元〕杨维桢编《西湖竹枝集》,〔清〕丁丙辑《武林掌故丛编》第六集。

在彼此之间变更。[1] 高克礼籍贯或正是在此交壤之处，故时人或称济南，或称河间。

二、顾德润

顾德润同样是元代后期著名散曲家，今存带过曲八首、套数二套。增订本《录鬼簿》小传云：

> 顾德润字君泽，道号九山，淞江人。以杭州路吏，迁平江。自刊《九山乐府》《诗隐》二集，售于市肆。[2]

天一阁本"九山"、"《九山乐府》"，分别作"九仙"、"《九仙乐府》"。贾仲明增补【凌波仙】吊词云：

> 君泽德润住云间，路吏杭州称九仙，迁平江当领驱公案。乐府共诗集，开板刊。售文籍，市肆停安。情恬淡，心懒坦，九仙在尘寰。[3]

从"路吏杭州称九仙"句来看，似顾德润以"九仙"为道号是在杭州任吏期间。但从释宗衍为顾德润在平江（今苏州）所筑"静趣轩"赋诗"道人非避世，偶此住山阿"句看（详后），顾德润是在平江路吏任满，人至中年而仕途无望之后，托身黄冠。其散曲也有"四海飘蓬，半生歌咏"[4]这样的感叹。顾德润系松江人，其乡有九峰山，钱惟善《送顾君泽迁平江》其二即有"君家九峰下"句。故顾德润道号当以"九山"为是，其自刊集为《九山乐府》。按《（万历）杭州府志》卷二四"山川"条载：杭州城有九仙山，在县西十五里，高十八丈，传说乃葛洪、许迈炼丹之地。贾仲明或因德润系黄冠之身，而妄改"九山"为"九仙"。

顾德润生卒年文献不载，朱晞颜、钱惟善二人有寄德润诗，孙楷第《元曲家考略》以为顾与朱、钱二氏年辈相若，推测其亦元贞至至正间（1295—1368）人。按，《明史》卷二八五《钱惟善传》未载惟善享年若何，孙《考略》据惟善延祐、至治间与贯云石交，洪武十二年己未（1379），犹为沈易作《五伦诗序》，进而推断其"盖生大德初。至洪武己未，年殆逾八十"。[5] 现在我们再补一新证，以进一步确定钱惟善的生卒年。陶宗仪《辍耕录》卷五载："武林钱思复先生惟善尝

---

① 〔明〕宋濂《元史》卷五八《地理志一》，北京：中华书局，1976 年，第 1364 页。参见谭其骧主编《中国历代地图集・元明时期》，北京：中国地图出版社，1982 年，第 9—10 页。

② 〔元〕钟嗣成《录鬼簿（外四种）》，第 89 页。

③ 同上书，第 41 页。

④ 〔元〕顾德润【仙吕・点绛唇】套，隋树森编《全元散曲》，第 1073 页。

⑤ 孙楷第《元曲家考略》，上海：上海古籍出版社，1981 年，第 81 页。

言:年十六七时,以诗见息斋李公于州桥寓居。"[1]息斋李公即李衎(1245—1320),字仲宾,号息斋。考苏天爵《滋溪文稿》卷一〇《李文简公神道碑》,李衎皇庆元年(1312)以常州路总管迁吏部尚书,明年,请致仕,不允。久之,以疾辞,俾使护送南归。延祐七年(1320)卒于维扬。其致仕南归在延祐初。钱惟善以诗拜谒李衎当在此时,其时钱仅十六七岁,其生年当在大德四年(1300)左右。洪武十二年己未,已是八十老翁。

钱惟善《江月松风集》卷八有《送顾君泽迁平江》诗二首:

> 旧识黄堂掾,风流见逸才。秋莼鱼蟹郡,春树鹿麋台。迁檄邮亭送,离尊客棹催。有诗须寄我,握手更徘徊。
>
> 君家九峰下,作吏擅时名。隐语中郎学,歌章大雅声。江云龙庙湿,山雪虎丘明。回首片帆远,桃花春水生。[2]

按该诗位居卷八最后一篇,位列其前的分别是《送陈众仲之官翰林应奉》《兼柬张仲举征君》。陈众仲即陈旅(1287—1342),元统二年(1334)除江浙儒学副提举,后至元四年(1338)入翰林应奉。钱送诗应作于后至元初。而《兼柬张仲举征君》诗有"国史马迁赞""东观征博士""愧无双南金,赠此千里行"等句。考《元史》卷一八六《张翥传》,张翥(1287—1368,字仲举)至正初召为国子助教,寻退居淮东,至正三年三月,诏修辽金宋三史,起为翰林国史院编修官。五年十月,三史成,迁太常博士。[3] 钱氏送行诗正是作于三史修成,张翥北上拜太常博士之时。再者,钱惟善至正元年(1341)八月中江浙行省乡试,次年会试失利。[4] 玩味《送顾君泽迁平江》之辞,毫无下第沮丧之意,应作于至正元年乡试之前(诗有"桃花春水生"句)。故得知顾德润由杭州路吏迁平江当在至正初年。[5]

门岿先生曾找到一条新材料,即钱仲益《题云间顾德润静趣轩》诗,云:

> 虚阁宜秋色,层檐起夕阴。端居捐末虑,宴坐爽初心。火息寒灰冷,

---

① 〔元〕陶宗仪《辍耕录》卷五"先辈谦让"条,北京:中华书局,1959年,第66页。

② 〔元〕钱惟善《江月松风集》卷八,《四库全书》(第1217册),第837页。

③ 辽金宋三史,诏修于至正三年三月,五年十月修成。见《元史》卷四一《顺帝本纪四》。

④ 元制:乡试在八月,次年二月会试,三月廷试。考《元史·顺帝本纪》,至正二年三月戊寅,廷试。钱惟善会试不第南归,吴师道、宋褧等均赋诗送行。见吴师道《礼部集》卷三《送钱师(思)复下第归杭分得屈字》、宋褧《燕石集》卷七《送钱思复下第还杭州分得秋字》。

⑤ 今存《江月松风集》卷首有后至元四年陈旅与五年夏溥序,孙楷第《元曲家考略》以为"集中诗作于至正中者殊少。疑此二诗作(即《送顾君泽迁平江》)尚在后至元四五年以前。"不确。按文中所考,《兼柬张仲举征君》必作于至正五年十月后。或《江月松风集》后至元四年初次结集,后又有增补,卷一一《庚辰腊日大雨雪,至明年元日,承普安善卿、刘环翁、赛甫思诚、韩思学四卿元洎袁鹏举、朱子昭同酌抵暮而归,三日纳复礼,谓当作诗以纪,因缀七言律一首》、《至元六年庚辰十又二月庚辰朔己亥大雨雪,戊申复雨雪。至七年辛巳正月朔旦己酉雨雪大作,癸丑甲寅复大雪,因赋诗以记》即为其证。

波澄皎月沉。寂寥便野兴,恬然抱冲襟。扶老凭斑策,陶情托素琴。庭空芳草积,门掩落花深。酒熟呼邻饮,诗成据槁吟。翻怜营利客,底事费追寻。①

沿着这条线索,我们在元明人别集中又找到数首题咏顾德润静趣轩的诗,对进一步考证顾氏生平大有裨益。释宗衍《静趣轩》云:

躁动失本静,滞寂圣所诃。不有止观功,欲静动愈多。道人非避世,偶此住山阿。幽侣不到门,况闻车马过。闲云谢冗迹,止水无惊波。山花明户庭,定起聊婆娑。扰扰奔竞者,闻风意如何。②

"道人非避世,偶此住山阿",与顾德润道号九山的身份正相合。"山花明户庭"句与钱仲益赋诗"门掩落花深"句同义。又宗衍(1309—1351),中吴(今苏州)人,至正初,住石湖楞伽寺,与顾德润迁平江的时间相合,知该诗必为德润作。

周衡《忆赏菊吟呈静趣先生》云:

雨窗闲忆旧吟诗,静趣轩中赏菊时。满座清香浮太白,拂帘佳色醉西施。年光冉冉嗟余老,人事纷纷乐者谁。闻说床头新酿熟,不妨重约会东篱。③

"雨窗闲忆旧吟诗""闻说床头新酿熟"句,与钱仲益《题云间顾德润静趣轩》诗"酒熟呼邻饮,诗成据槁吟"句,写的正是同一情景。按:周衡字士平,梁溪(今江苏无锡)人。至正中,参与吴县徐达左耕渔轩之会。

据上文所考,顾德润迁平江路吏在至正初,释宗衍即平江人,至正初住吴县楞伽寺。周衡虽为无锡(元代隶常州路)人,常州路与平江路相邻,且至正初周衡曾至吴县。二人为顾德润静趣轩赋诗时间殆相近,也即说顾德润平江路吏秩满后,即退隐入道,筑静趣轩以"避世"。顾散曲【仙吕·点绛唇】《四友争春》套首曲云:"四海飘蓬,半生歌咏。嗟尘冗,世事匆匆,苦被年光送。"④又【越调·黄蔷薇过庆元贞】《御水流红叶》借待宠宫女之口说道:"几年月冷倚阑干,半生花落盼天颜。"⑤则其时顾德润应已年过四旬,几经宦场沉浮后,意识到仕途已无望,入道以托馀生。以此逆推,其生年大致与钱惟善(约1300年生)相若。此外,也进一步证实顾德润并非在杭州路吏任上即已入道,贾仲明所改"九仙"系妄加推测。

---

① 〔元〕钱仲益《锦树集》卷五,《三华集》卷一五,影印文渊阁《四库全书》(第1372册),第157页。

② 〔元〕释宗衍《碧山堂集》卷一,转引自杨镰主编《全元诗》(第47册),第317页。

③ 杨镰主编《全元诗》(第52册),第144页。

④ 隋树森编《全元散曲》,第1073页。

⑤ 同上书,第1072页。

又王绂《王舍人诗集》卷四《静趣轩为顾德润题》云：

竹树阴森映短墙，萧然绝俗似僧房。出城相去路三里，闭户独眠书半床。风暖林花飘几席，雨晴沙鸟入池塘。惭余扰扰红尘客，到此犹能百虑忘。①

王绂（1362—1416），字孟端，无锡人。洪武戊午（1378），征天下罢闲弟子员，登其能者仍授以官，公亦与焉。未几，以事累谪戍山西朔州十馀年。无何，籍其养子以代之。既而归乡里，隐居教授。“尤好黄老清虚之术，及佛氏之学，亦皆闯其奥窔”。② 能诗善书，“尤工画山水竹石，每酒酣对宾客，着黄冠服，意气傲然，伸纸攘袂，挥洒奇怪跌宕、不可名状画，已徐吟五字诗。萧然有风人之致，然不可意者。”③王绂因自身的宦场经历，亦托身于黄冠，因而与顾德润可谓意气相投，朱晞颜《顾君泽真赞》即谓其“谑浪笑傲，睨世而不废啸歌者”。④ 王绂拜访顾德润静趣轩并为之赋诗当在自朔州贬所归乡之后，时间约在洪武二十年（1387）左右，其时顾德润已年近九旬，享年可谓高矣。王绂是钱仲益的同乡后进，与后者有多首唱和诗，⑤与顾德润的相识或由钱仲益引介。

又刘溥《草窗集》卷下《静趣轩为顾德润赋》云：

端居恒守默，林下敞茅茨。万籁不鸣处，一心无事时。雨庭回宿草，风幔卷晴丝。妙契还由动，非关预有期。⑥

由“雨庭回宿草”句，知其时顾德润早已逝世。按：刘溥字原博，长洲（今苏州）人。医术世家，而以研读经史为好，兼通天文、历数。宣德时（1426—1435）以文学征，有荐其善医，授惠民局副使，调太医院吏目。溥耻以医自名，日以吟咏为事。与汤胤勣、苏平、苏正、沈愚、王淮、晏铎、邹亮、蒋忠、王贞庆号“景泰十才子”，溥为主盟。⑦

综合以上排比考证，可以对顾德润的生平作一概括性描述：顾德润字君泽⑧，松江（今属上海市）人。约生于元大德四年（1300），卒于明洪武二十年（1387）后。在讲究出身“根脚”的元代，作为汉族文人，入仕机会某种程度上说

① 〔明〕王绂《王舍人诗集》卷四，《四库全书》（第1237册），第151页。

② 〔明〕章昞如《故中书舍人孟端王公行状》，《王舍人诗集》附录，《四库全书》（第1237册），第174页。参见钱谦益《列朝诗集》（第5册），北京：中华书局，2007年，第2449页。

③ 〔明〕王洪《王孟端小传》，《王舍人诗集》附录，《四库全书》（第1237册），第172页。

④ 〔元〕朱晞颜《瓢泉吟稿》卷五，影印文渊阁《四库全书》（第1213册），第425页。

⑤ 〔明〕王绂《王舍人诗集》卷四《和钱博士先生除夕感怀韵》，卷五《写家山图寄翰林钱仲益先生》。

⑥ 〔明〕刘溥《草窗集》卷下，《四库全书存目丛书》（集部32册），济南：齐鲁书社，1997年，第381页。

⑦ 〔清〕张廷玉《明史》卷二八六《文苑传》，北京：中华书局，1974年，第7341页。

⑧ 〔明〕朱权《太和正音谱》作“均泽”，从诸人赋诗来看，俱作“君泽”，“均”应是与“君”音同致误。

仅剩科举一途，顾德润青年时期壮志踌躇，应也曾参加过科举，只是未能如愿。【南吕·骂玉郎过感皇恩采茶歌】《述怀》云："蛛丝满甑尘生釜，浩然气尚吞吴，并州每恨无亲故。三匝乌，千里驹，中原鹿。走遍长途，反下乔木。若立朝班，乘骢马，驾高车，常怀卞玉，敢引辛裾。"①无奈之下，以儒入吏，先任杭州路吏。在任期间与诗文名家钱惟善相交。至正初迁平江路，任吏首领。② 此时已进入人生中年，在仕途绝望的情况下，秩满后即隐居平江，筑静趣轩，着道士服，寄情于诗酒。与当地文僧宗衍、文士周衡、钱仲益等交游往返。半生沉浮于宦途，也看清其中之玄机，终于变用世之志为玩世之心，"漫仕犹隐"，"谑浪笑傲"。③ 善隐语，能作诗，生前曾自刊《九山乐府》《诗隐》二集，惜今已不传。

按，张仲深也有《静趣轩》诗：

> 轩楹俯晴渌，颇觉远市嚣。鲜翠散清旭，淑景通阒寥。幽人澹无为，默处恬盘遨。永怀同心侣，重缔忘刑交。临流天在缨，据梧风奏韶。玩此静中趣，嗤彼世上豪。晨曦翛阴翳，炎氛似云高。勋庸虽足贵，介胄终贤劳。何如静者心，投分偕渔樵。尘海屡变迁，斋居自消摇。淑问弥里曲，浮名谢中朝。抚楹独忘言，明月生秋涛。④

张仲深字子渊，鄞县（今浙江宁波）人。一生未仕，"漫游湖海"，⑤与杨维桢、乌斯道兄弟、夏庭芝、张可久、张雨、韩性等人均有唱和酬答，与迺贤交谊尤深。其《子渊诗集》结集于后至元五年（1339），《静趣轩》不见于《诗集》，应是至元五年以后作，时间上与顾德润筑静趣轩能对得上。惟张仲深自身即是隐士，《题张小山君子亭》自谓："我尝西湖谋卜居，前有水竹后芙蕖。羃红縻翠眩人目，云锦倒映青珊瑚。"⑥细绎《静趣轩》诗用辞，亦有夫子自道之意。故是否为顾德润赋，尚不敢遽断。

叶德均先生曾揭出元代还有另一顾德润，名辉，鄞县人。见宋濂《宋学士文集》卷八《〈守斋类稿〉序》与郑真《荥阳外史集》卷五〇《九皋处士传赞》。⑦ 今按：元代还有第三个顾德润，见杨维桢《武林弭灾记》：

---

① 隋树森编《全元散曲》，第1070页。

② 贾仲明吊词有"迁平江当领驱公案"句，孙楷第以为"当领"系"首领"之误（繁写"當"与"首"形近）。按：《中国历史大辞典》辽夏金元卷"首领官"条载："掌管案牍、管辖官员，协助长官处理政务的官员通称。金、元遍设于各级衙门。包括经历、都事、主事、知事、典簿、照磨、管勾（以上为从五品至九品）、提控案牍、都目、吏目、典史（以上为流外职）等职。多由吏员升任。"

③ 〔元〕朱晞颜《瓢泉吟稿》卷五《顾君泽真赞》，《四库全书》（第1213册），第425页。

④ 杨镰主编《全元诗》（第52册），第72页。

⑤ 〔元〕郑奕夫《〈子渊诗集〉序》，《子渊诗集》卷首，《四库全书》（第1215册），第308页。

⑥ 〔元〕张仲深《子渊诗集》卷二，《四库全书》（第1215册），第328页。

⑦ 叶德均《元代曲家同姓名考》，《戏曲小说丛考》卷上，北京：中华书局，2004年，第336页。

至正二年四月一日，杭城大灾，毁民庐舍四万有奇。明年五月四日，又灾作于车桥，火流如乌孛，如棓冲，所指即炎，势且逼西湖书院。在官正徒奔走莫遑救，武守、府守虽庀，而无所于用。肃政司在院东，于时宪副高昌斡栾公、覃怀李公，宪佥大名韩公，暨知事广平张公、照磨睢阳张公，齐面火叩首曰："火宁焚予躬，勿民灾也。"言一脱口，风从西北转东南，若有神帜熵而返者，郁攸焰及院北垣即销灭沉去，又若金支赤盖度河而溺也。由是院与司皆安堵如故，而城郭郊保赖以安全。院之山长毗陵钱琼，偕城中高年寻余西湖之阴，请记其事，辞弗获，则为之言。……赐进士出身、承事郎、前台州路天台县尹兼劝农事杨维桢撰文，文林郎、江浙等处儒学副提举陈遘书，奉政大夫、江浙等处儒学提举班惟志篆盖。至正三年十二月望日，……耆老……顾德润……等立石。①

该文作于至正三年(1343)，此顾德润时已是"耆老"，其生年约在至元十年(1273)，与曲家顾德润年岁相差太大。此其一。其二，据上文的考察，曲家顾德润暮年隐居平江，而非杭州。故此杭州"耆老"顾德润非曲家。

① 〔清〕倪涛《六艺之一录》卷一一一，影印文渊阁《四库全书》(第832册)，第310页。

王世贞集外书画题跋补遗辨误十六则*

高　震**

【内容提要】 作为明嘉靖、万历时期文坛艺苑的风雅主盟者，王世贞生平留下的艺术品骘类文字颇为可观。尽管《弇州四部稿》《弇州续稿》集中收录其书画碑刻题跋二十二卷，然仍有部分书画题跋、书画记序散见于诗文总集之外。尤其是明清时期见录于书画文献以及国内外公藏、私藏传世书画作品上的王世贞题跋之作，内中不乏为《弇州四部稿》《弇州续稿》所失收者。充分利用明清书画文献和传世书画作品，就王世贞散佚之作予以钩沉辨伪，对推进王世贞全集整理工作以及相关学术问题的探讨自不无裨益。

【关键词】 王世贞　书画题跋　辑佚　辨误

王世贞(1526—1590)，字元美，号凤洲，又号弇州山人、天弢居士等，是有明一代才情甚高、博洽诸艺的文人。他不仅是嘉靖、隆庆、万历时期文学复古运动的领袖，同时也是明代中后期艺苑的风雅主盟者。王世贞一生酷嗜法帖名画，对书画之道尤为醉心，其生平留下的艺术品骘文字数量颇为可观，仅《弇州四部稿》《弇州续稿》就集中收录其书画碑刻类题跋二十二卷。此外，他还创作各类题画诗、论书诗三百馀首，并辑有《王氏画苑》《王氏书苑》《古今法书苑》等书画学文献传世。尽管近四百卷的《弇州四部稿》《弇州续稿》集中收录了王世贞的诗文作品，然仍有不少书画题跋记序类文字散见于诗文集外。① 尤其是明清以来见录于书画文献，以及国内外公藏、私藏传世书画作品上的王世贞题跋之作，内中不乏未被《弇州四部稿》《弇州续稿》等诗文总集所收录者。本文在充分利用明清书画学文献和传世书画作品的基础上辑佚辨伪，共辑得王世

* 本文系山西大同大学博士科研启动经费资助项目“王世贞游艺活动及文艺理念研究”(2019—B—27)阶段性成果。

** 本文作者为山西大同大学文学院讲师。

① 学界对于王世贞诗文集之外散佚作品的关注并不太多，目前已知者仅有孙梦迪《王世贞散佚作品研究》(上海交通大学2015年硕士学位论文)。该文第二章第三节由明清书画文献中辑出王世贞散佚题跋作品共计十一则，然其中第二则《褚临右军曲水序(世称天历兰亭)》经考察应系明人董其昌所作，具体考辨详见下文“署名王世贞之书法题跋辨误一则”。

贞集外书画题跋十四则，另辨误、辨伪各一则，以期供学界参考。

一、辑补王世贞集外书画题跋十四则

(一) 品弈赠李君时养

支公称弈曰手谈、曰坐隐，其亦晋清言之馀习乎？自宋文帝雅好此伎，而羊玄保以赌得宣城郡，士林艳之。然其品在第三，不知谁当为第一者。吴郡褚胤七岁入高品，及长，冠绝当时。坐从父荣期死，何尚之固请。不得意者，其胤乎？明帝尤酷嗜之，用建安王休仁为大中正，品王抗第一，褚思庄次之。思庄称巧迟好斗子，不如抗速也。顾师言品第不甚著，说者记其行子至三十三胜神头国王。按弈手品一曰通神，二曰坐照。师言其在坐照上乎？然考诸史不见神头国及其王朝觐事，似未可据。大抵抗、胤国手，褚、顾雁行，其他如休仁、玄保、尚之、齐萧子良、梁朱异、柳恽，皆士大夫铮铮者也。唐弈者以开元王积薪为第一，其自叙得诀孤山老姥甚奇，毋乃托之仙以高其术所自欤？不知行唐山诸仙弈甚劣，石室山诸仙弈甚迟，天上类多有拙于手者，宁独弈也？自一行僧见积薪局，竟遂为敌手。段柯古传之，而宋儒遂传为陆子静事，欲以张皇子静之能悟耳，非实录也。继积薪者为宋江右刘仲甫，继仲甫者三衢祝不疑，继不疑者明江阴相子先。正德中，四明范洪奕奕有声公卿间，然不如永嘉鲍一中。鲍稍晚出，思甚玄。李中又晚出，周源又晚出于李，徐希圣又晚出于周。周、徐皆骎骎角鲍，惜蚤死耳，此所谓永嘉派也。婺汪曙不及鲍者半子馀，程汝亮晚出胜之，此所谓婺派也。颜伦善决局，又时能覆局，或谓出鲍上。李釜时养亦晚出于颜，与颜角，此所谓京师派也。外史王先生曰："余所见颜、鲍及李时养弈，忘寝食者数矣，皆国手也。"第之用兵，鲍如韩淮阴，颜如孙吴，李如武安君。虽奇正时变、攻守异势，要之善为师者矣。然李时时为余言未尝不逊颜，以为今幸值其瑕耳。其持重决策，有指间国士风云。丁卯正月，吴郡王世贞书于陈湖舟中。

钤"凤州子""天弢居士"白文印二方。

按：嘉靖四十五年(1566)冬，吴门画家尤求为京师派围棋"国手"李釜(字时养)绘《秋窗博弈图》。《品弈赠李君时养》系隆庆元年(1567)正月王世贞于陈湖舟中为李釜所藏《秋窗博弈图》手书之行书题跋。《秋窗博弈图》卷，绢本，设色，画 31.5 厘米×127.5 厘米，跋 31.5 厘米×468.5 厘米，私人藏品。2010 年 12 月 5 日北京匡时国际拍卖有限公司 2010 五周年秋季艺术品拍卖会古代绘画专场上，该图卷曾以人民币 3752 万元的成交价拍出。2018 年 6 月中旬，该手卷再次出现于中国嘉德2018春季艺术品拍卖会。

明代京师派棋手李釜曾依王世贞门下，世贞视其如友，故而李釜同王世贞朋友圈内的尤求等画士书家多有交游，自是情理中事。李釜得此画卷后即先后邀请太仓文人曹昌先（？—1597，字子念，世贞从甥）、扬州名士陆弼（1528—1613，字无从），以及王世贞、王世懋（1536—1588，字敬美）昆仲为之题跋。其中长达六百馀字的论弈之作《品弈赠李君时养》乃系世贞所书，此文不见于弇州诸集，然考其行文论述，不难发现与万历间王世贞在《弇州四部稿》中所录的《弈旨》《弈问》二文内容颇多相同之处。就成文的先后顺序而言，《弈旨》《弈问》当由早年所作之《品弈赠李君时养》敷衍而来。或许因为《弇州四部稿》中已经收录了论述弈事更为详备的《弈旨》《弈问》二文，故世贞在其自编诗文集中不再收入《品弈赠李君时养》。王世贞在该篇跋文之后另有行草所书《后围棋歌赠时养》《吴门别时养二绝句》诗作三首，亦分别见录于《弇州四部稿》卷一九《后围棋歌赠李时养》、卷五〇《吴门别李时养二绝》。《秋窗博弈图》在明清三百年间经数代文人珍秘递藏，至清光绪八年（1882）蜀中书家江维瑛获睹此卷，且于卷后题楷书跋文称王世贞等诸家书迹"苍劲得王、褚笔意"，堪称的评。因《秋窗博弈图》卷递藏有序，再验以明清诸家题识之笔法、印章，可以判定卷中王世贞题跋当非赝作，故《品弈赠李君时养》一文不失为考察王世贞早期棋学思想的重要文献。

（二）题《赠王十岳诗》卷后

余以止观法门留仲房不得，仲房翻笑予恋恋庭户，不则谓予坐驰也。翼日倘更为仲房牵引，蹑一屐山水间，不又为仲房大笑也。天弢居士王世贞病中书。

钤"王元美氏""天弢居士"白文印二方。

按：王世贞行草《赠王十岳诗》卷（纸本，25.8厘米×135厘米，故宫博物院藏）系书赠友人王寅（生卒年不详，字仲房，一字亮卿，号十岳山人，南直隶徽州府歙县人）之作，王寅生平以文武之才自负，曾辞家远游、寻道访药，中年又颇好禅。王世贞于卷中所书《王山人自称十岳先有二诗见寄极国士之许千里命驾曾未淹日欲留金陵长篇见贻拂衣北首聊此和赠》五言古诗已收录于《弇州四部稿》卷一五，观行草手卷可知此段题识文字紧承诗后，然《弇州四部稿》未收，显系王世贞散佚文字。

（三）跋《薛绍彭杂书卷》

思陵称北宋时，唯米襄阳、薛河东得晋人遗意。虞道园则谓黄长睿有书学无书笔，仅河东兼之。襄阳、长沙而下，不论也。此卷结法多内擫，锋藏不露而古意时溢毫素间，不作倾险浮急态。噫！虞言岂欺我哉！

琅邪王世贞收藏题。

钤“元美”“天弢居士”白文印二方。

按：此系嘉靖四十三年（1564）王世贞行书题写《薛绍彭杂书卷》跋文。万历七年（1579）王世贞重装该卷并再次题跋，跋文见录于《弇州续稿》卷一六一，即《薛道祖墨迹》。《薛绍彭杂书卷》，纸本，26.1 厘米×303.5 厘米，台北“故宫博物院”藏。

（四）跋自作古乐府行草册

古乐府衰于晋、绝于唐久矣，近李献吉、何仲默稍稍为之，尚未甚合也。仆之不量，乃与于鳞辄有所拟。海庄投素册索书，漫探以酧，幸毋示人。人且谓海庄[illegible]（该字未能识别）太公九府钱也。嘉靖戊午，吴郡王世贞书于使宅之兼隐斋。

钤“凤洲”朱文印一方。

按：《王世贞写乐府词行草册》，金笺 24 开，34 厘米×44.2 厘米，湖北省博物馆藏。该行草册上，王世贞所书自作古乐府均已见收于诗文集中，如《步出夏行》四首、《对酒》、《精列》、《天马歌》二首、《王子乔》、《平陵东》二首见录于《弇州四部稿》卷四，《秋胡行》五解、《相逢行》、《长干行》、《艳歌》（《弇州四部稿》题作“妍歌”）、《西门行》、《东门行》、《燕歌行》二首见录于《弇州四部稿》卷五，《仙人篇》、《艳歌何常行》（《弇州四部稿》题作“艳歌行”）、《白苎词》二首、《秋闺曲》二首则见录于《弇州四部稿》卷六，然乐府之后所书跋文却未见录于世贞诗文集。由题跋可知王世贞以上乐府诗作系应友人海庄（生平不详）之请而书，“戊午”即嘉靖三十七年（1558），时年三十三岁的王世贞于青州兵备副使任上书此跋语，故将所寓“兼隐斋”称作“使宅”。是年秋，李攀龙（1514—1570，字于鳞）辞陕西提学副使而归鲁，世贞与之过从甚密，故在跋文中亦有所提及。

（五）跋尤求摹《睢阳五老图》册

琅琊王世贞曰，壬子之岁，懋鲁先生过我东仓，出其家藏《五老图》赐阅。其五老模写逼真，满堂动色嗟神妙。杰哉尤子！天下几人画斯画哉？首跋复借大司寇贞翁笔，真郑重矣。但翁云：“宋元本朝名公硕儒，各有题识通考，遍阅五百馀年故实，宛然在目。”及后独列宋名贤续和者十八首，馀者弗及此。懋鲁之先君以诸皆原本具备，唯此不载。后为宪副公续得，故乞进士郑公特识之，以付后人。然尚未绘图，追懋鲁先生绘图成帖，并列郑笔，盖承父志也。诚有如贞翁所谓是皆不贤而能之乎？三生何幸，叨睹名词，披览腾踊，谨白其由于纸末。

钤“王氏世贞”朱文印一方、“江左王郎”白文印一方、“渔羊”白文印一方。

按：此跋系嘉靖三十一年（1552）王世贞为朱希曾（字懋鲁）家藏尤求摹宋人《睢阳五老图》册所作题跋，题跋图册今藏上海博物馆（绢本，设色，24.9厘米×35.2厘米）。王世贞等人所作跋文亦见录于清人陆心源所编《穰梨馆过眼录》卷二十三《尤凤洲临睢阳五老图册》，[①]然《穰梨馆过眼录》所载王世贞等人跋语存在缺字、误字情况，均不若今存题跋图册上的文字完整。

（六）陈闳《十八学士春宴图》跋

安阳李彦广过予弇山园，登万卷楼观彝器图史，因出示唐人所画《十八学士春宴图》，且索题语。木落霜高，天风凌厉，予且被酒矣。走笔短赋，因以归之，风流盛事又在今日吟樽清影中也。琅琊王世贞记。

按：此跋见录于明人张丑（1577—1643）所撰《真迹日录》，[②]题跋前录有王世贞《题十八学士春宴图》七言古诗一首，该诗已收入《弇州四部稿》卷一八。由跋文可知唐人所画《十八学士春宴图》系河南安阳人李彦广（生卒年不详）所藏，李氏访弇山园特请王世贞为之题跋。王世贞弇山园建成于万历五年（1577），故该跋文题写时间当不早于1577年。出生于吴中收藏世家的张丑不仅与王世贞同为苏州人，且时代亦相近。由张丑于世贞跋文后所注“真迹”二字，可知该题跋图卷曾经张氏目验。

（七）跋朱夫子昼寒诗卷

观晦翁书，笔势迅疾，曾无意于求工，而点画波磔无一不合书家法度，岂所谓动容周旋中礼者耶？翁书自言初学魏武，为蔡端明所诮曰：“余学鲁公，乃唐忠臣；公所学，汉奸相也。”及考《魏武本传》云汉世安平崔瑗与子寔、弘农张芝与弟昶并善草书，而操亚之，则魏武之善书信不诬矣。今此诗帖真有汉魏风骨，视唐宋以下自别。何物俗儒将元人题品尽行屏弃，岂非艺林中杀风景者哉？展卷再三，不胜慨惜。吴下王世贞题。

---

① 〔清〕陆心源纂辑，陈小林点校《穰梨馆过眼录》，上海：上海书画出版社，2018年，第466页。

② 〔明〕张丑《真迹日录》，卢辅圣主编《中国书画全书（修订本）》（第六册），上海：上海书画出版社，2009年，第19页。

按:此跋最早见于晚明书画家汪砢玉(1587—?)所撰《珊瑚网》法书题跋卷七,[①]且诗卷真迹曾经汪氏目验。之后清初著名书画鉴藏家卞永誉(1645—1712)纂辑《式古堂书画汇考》一书,于"书卷十四"之《朱考亭昼寒诗卷》亦录有王世贞此跋。[②]

(八)跋祝枝山书《东坡记游卷》

祝京兆书清圆秀媚,在大令下、北海诸君之上,然草书易得而真楷不可多见。余尝于文休承所见其十九首,心窃爱之,闻以桂玉故鬻之他人,每恨明妃嫁呼韩。今见此卷不觉雄心勃勃,置之几案间,可当阮公数斗美酒。琅琊王世贞跋。

按:该跋最早见录于清初卞永誉纂辑《式古堂书画汇考》书卷二五。[③] 由《式古堂书画汇考》相关记载可知明代大书法家祝允明(1461—1527,字希哲,号枝山老樵)于正德八年(1513)八月十二日所写《东坡记游卷》为楷书粉笺,正德十六年吴门书家王宠(1494—1533,字履吉,号雅宜山人)曾览此卷并题写观款。由《式古堂书画汇考》所载明清文人跋语可知该卷一度为王世贞所得,世贞题识之后复邀吴中名士张凤翼(1527—1613,字伯起,号泠然居士)品鉴并题写跋语。

(九)跋范文正公与尹师鲁二札卷

范文正公与尹师鲁舍人二札,盖家人寒暄语耳。未几而为师鲁经纪身后志其遗行,至今为士林所称。则君臣父子朋友之道此实基之,故不当以书家论也。跋者如宋洪文敏迈之博学,楼宣献钥、杨文节万里、明吴文定宽之学行,元柳待制贯、黄文献溍之词艺,汪文节泽民、泰不华忠介之死节,皆卓然名搢绅,与二公风猷节概固有相感异代者。敬为识之。考胡古愚跋称尤、楼、洪、杨,尤是文简公袤,锡人也,以秘监终,得谥"文简"。岂瞶池脱落时佚之耶?万历乙(己)卯秋日,后学王世贞敬书。

按:该跋系王世贞于万历七年(1579)秋日所作,最早见录于清初吴昇编纂

① 〔明〕汪砢玉《珊瑚网》,卢辅圣主编《中国书画全书(修订本)》(第八册),上海:上海书画出版社,2009年,第65页。

② 〔清〕卞永誉纂辑《式古堂书画汇考》,卢辅圣主编《中国书画全书(修订本)》(第九册),上海:上海书画出版社,2009年,第82页。

③ 〔清〕卞永誉纂辑《式古堂书画汇考》,第321页。

的《大观录》卷四。[①] 此则跋文虽与《弇州四部稿》卷一三〇所录《范文正与尹舍人书》题跋文字有重合之处，但较后者为详。吴昇字子敏，明末清初吴郡人，生平以古董为业，由吴氏所纂《大观录》二十卷可知其颇精于书画品鉴之道。据《大观录》中吴昇所云，《范文正公与尹师鲁二札卷》"牙色绵纸本，二札俱一尺高。……骑缝有弇州诸印"。[②] 可知《范文正公与尹师鲁二札卷》及王世贞题跋墨迹亦曾获吴氏目验。

(十)跋明文裕公诗卷

上海陆文裕公俨山书，真得晋人骨髓，摩运二王，更历年久，下笔有不可端倪者焉。出入李北海、赵吴兴，直公游戏耳。我吴中祝京兆名高一时，要之不能执书家牛耳盟。文待诏小楷，为弘、正、嘉三朝独步，他亦玩世也。俨翁造诣辟之禅宗，竟臻最上一乘。惟公持己端峻，卒莫有以货取之，所以墨迹流传人间似不多得。得之岂惟视若珙璧而已哉！余兄弟平生最好文裕书，收藏不满十卷轴，更无有佳逾此。间有一二散在好事家，无怪乎其孙三山君常出重帑购之以归，可谓善存其祖矣。吴兴吴昊初此卷，是公为故人徐奉化伯臣书，极为得意。余伯臣所逮今凡四见，展阅不忍释手。隆庆己巳，距今已廿一年久。余老矣，再见不知又是何年？第想文裕临池之日，以宋经笺、凤尾笔试东坡遗砚，居然是翰林气象，奚啻李供奉倚金花笺书《清平调》时耶？歆艳久之。昊初之先灵璧君逊甫，实亡弟敬美戊午同年，昊初诣白下，乞余传逊甫，携此索题，因走笔记之。惧昔文休承跋祝希哲《十九首》后，有几欲夺之之语，余不敢作是念，昊初善护持之。万历己丑十月望日，琅琊王世贞撰。

钤"弇翁""大司寇章"二印。

沙溪曹昌先书。

钤"曹氏子念"印。

按：此跋见录于清代文人陆时化所撰《吴越所见书画录》卷二。[③] 陆时化(1724—1789)字润之，为清代著名鉴藏家、书画家，与王世贞同为江苏太仓人。跋文系王世贞万历十七年(1589)十月十五日应吴兴文人吴昊初之请而撰，由世贞从甥曹昌先(? —1597)代为题写。王世贞晚年因衰病而不胜为人题跋，万历十七年(己丑)正系世贞逝世前一年，故口授曹昌先代为书写亦属情理中

---

① 〔清〕吴昇编纂《大观录》，卢辅圣主编《中国书画全书(修订本)》(第十一册)，上海：上海书画出版社，2009 年，第 541 页。

② 〔清〕吴昇编纂《大观录》，第 540 页。

③ 〔清〕陆时化撰，徐德明校点《吴越所见书画录》，上海：上海古籍出版社，2015 年，第 147—148 页。

事。此外，据《吴越所见书画录》所录印鉴可知世贞跋语之后复钤有"弇翁""大司寇章"二印，"沙溪曹昌先书"落款之后则钤有"曹氏子念"之印。考世贞生平，万历十七年六月迁南京刑部尚书，八月履任，十月钤"大司寇章"正合情理。曹昌先传世书迹不多，印章亦少见；然对照今存《秋窗博弈图》卷内曹昌先跋文后所钤"曹氏子念"印章，正与《吴越所见书画录》所载曹氏印文款式相同，进一步证明王世贞此跋不伪。

(十一)跋明吴文定公匏庵楷书诗册

眉山小样见青冰，雁塔高题最上层。今日墨池无限色，春波一派到江陵。

吴文定小楷诗一册，为题寄江陵张先辈。此公礼部、廷试皆第一也，勉之勉之。吴人王世贞。

按：王世贞该题识见录于清人方濬颐所辑《梦园书画录》卷九。[①] 另，清人梁章钜(1775—1849)在《题长州吴文定公诗稿册后》诗前小序中亦曾提及王世贞上述跋语，但未曾著录世贞题诗。吴文定即吴宽(1436—1504)，字原博，号匏庵，明苏州府长洲人，成化间会试、廷试均为第一，弘治朝累官礼部尚书，卒赠太子太保，谥文定。其生平耽于文艺，尤善书法。针对王世贞题诗中的"张先辈"，梁章钜云："王元美诗作于文定没后。元美与张太岳为嘉靖丁未进士同年，唐人称应试举子为先辈，或寄此以赠嗣修、懋修兄弟也。"[②]张居正(1525—1582)，字叔大，号太岳，湖广荆州府江陵人。张居正仲子张嗣修为万历五年(1577)一甲第二人进士及第，季子张懋修为万历八年(1580)一甲第一名状元。结合王世贞题诗中"雁塔高题""勉之勉之"诸语，可证梁章钜所言不无道理，同时亦可知世贞此跋当作于万历年间。

(十二)古今法书苑小引

夫书法之源流，自庖牺氏观天地人物，始作《易》以垂象焉。及苍颉见鸟兽蹄迒之迹初作书，象形而有文，形声相益而有字，字孳浸多，著于竹帛而有书，迄五帝三王。周礼八岁入小学，因教以六书，斯其盛矣乎。迨宣王太史籀著大篆，以至孔子书六经，左丘明述《春秋传》，其后车府令赵高作《爰历篇》，太史令胡毋敬作《博学篇》，皆取史籀大篆少省改之，谓为小篆。是时秦灭经书，隶卒务繁，初有隶书，以趣约易。及汉许慎撰《说文》，用篆书为正，以为体例最新。

---

① 〔清〕方濬颐辑《梦园书画录》，卢辅圣主编《中国书画全书(修订本)》(第十七册)，上海：上海书画出版社，2009年，第422页。

② 〔清〕梁章钜《退庵诗存》卷一五，《续修四库全书》(册1499)，上海：上海古籍出版社，1996年，第575页。

上谷王次仲始作楷法，梁鹄弟子毛弘教于秘书，为八分体。魏初有钟、胡二家为行书法，汉兴而有草书，至张伯英克称精巧，而书之体斯备矣。然书之法，历秦汉魏而下皆有用笔至诀。而书之品，首自伯英而杀等级，昭昭可鉴。其评论比拟，错综优劣，如指诸掌。或见诸文，或征诸诗，玩索可得。再稽传记所自之由来，伏览墨迹今昔之神妙，上自周穆王而下逮秦、汉、隋、唐、五代，外至四海九州、名山大泽、穷崖绝谷、荒林破冢，为汤盘孔鼎、岐阳石鼓、桓碑彝器、铭诗序记。古文籀篆分隶诸家之字书，皆诡怪至宝，伟丽工妙，悉采取之，阐幽搜奇，继绝表微，该唐宋元以至圣朝名臣贤士碑帖，靡不毕集。渔艺猎稗，积有岁月，爰汇斯编，凡七十六卷。甫欲命管，病魔以复，力至是而绵，帙至是而成，题曰《古今法书苑》。或因本备载，或删芟紊乱，搜谢氏之碎金于丽砂的砾，索琅琊之群玉于玄圃峥嵘。第时代、续典籍，使学书者如学文，必先览经籍子史，以之袭故而弥新。模拓成章，是亦书家之一助云。

弇州山人王世贞题，云间后学陆万里书。①

按：陆万里，字君羽，南直隶松江府华亭（今上海松江）人，在晚明华亭书坛颇有盛名。其时华亭书家莫是龙早逝而董其昌未起，故万里允称独步墨林。《古今法书苑》七十六卷虽为王世贞所撰，然世贞生前未能刊行，殁后松江文人王乾昌始为刊刻印行。《古今法书苑》卷前《古今法书苑小引》《古今法书苑初序》二序本系王世贞所撰，刊行时分别由华亭书家陆万里、孙孟芳书文。其中《古今法书苑初序》已见录于《弇州四部稿》卷七一，即《古今法书苑序》。

（十三）古今法书苑后跋

有物必有则，则，法也，书何独无法哉？书法而至于斯备矣！顾临池者，狎为布帛菽粟而不知鉴也。盖书，心画也。传千里之信，志千秋之事，故文字作而鬼神夜泣，蛟龙遁藏。辄一运斤，星辰转，风雨飞，纵横玉藻，洒落金笺。得法于舞剑之馀，擅名于用笔之后，使人欣然忘其忧而废其寝食，则书之神妙，故难与俗人言矣。书法岂易鉴耶？不佞累成是集，而为之次其简编：曰源、曰体、曰法、曰品、曰评、曰拟、曰文、曰诗、曰传、曰迹、曰金、曰石，既悉分解，仍加增葺，卷凡七十有六，而古今书法之渊薮尽于此。抑惟天实生才无限，或曰乃兹集以为未尽，以俟后之君子。

天弢居士再题。②

---

① 〔明〕王世贞编《古今法书苑》，卢辅圣主编《中国书画全书（修订本）》（第七册），第1页。

② 〔明〕王世贞编《古今法书苑》，第712页。

(十四)古法书苑小序

余所梓书画二家，皆自六季以后五季以前语，置之襄南郡斋，闻且散佚不存。余购仅得画家数卷，以授光禄王君孟起重梓行之矣。后又购得书家数卷，光禄君复请梓，而先后属序于余。余惟书之有系于人间世大矣，迩者宣上德，达下情，寄遥悰，伸契阔，非书无以传；远者左纪言，右纪事，叙君臣，昭文献，非书无以述，若是乎不可已也。顾书之为致，大较有六，大小篆得其体而分，及古今隶得其用，今隶居其实，而行草居其华。夫书至于华而极矣，其体转乖，其实转鲜，然而鉴赏者骎骎据古文辞之上而扬翊之，不亦盛哉？余所纂《画苑》未成而罢，《书苑》几九十卷凡三十万言，度无能为行者，鐍之箧笥中。今所刻虽不能三十之一，然皆斐然临池之一助云。

弇州山人王世贞撰。[①]

二、署名王世贞之书法题跋辨误一则

褚临右军曲水序　世称天历兰亭

唐相褚河南临《禊帖》，白麻墨迹一卷，曾入元文宗御府，有天历之宝及宣政、绍兴诸小玺。宋景濂小楷题跋，吾乡张东海观于曹泾杨氏之衍泽楼，盖云间世家之藏也。笔法飞舞，神采奕奕，可想见右军真本风流，实为希代之宝。琅琊王世贞。

按：明汪砢玉《珊瑚网》法书题跋卷一将此则跋语系之王世贞名下，[②]清人卞永誉《式古堂书画汇考》承其旧，[③]实误。此则题跋乃系明人董其昌作，《画禅室随笔》卷一《跋禊帖后》云："唐相褚河南临禊帖白麻迹一卷，曾入元文宗御府，有天历之宝及宣政、绍兴诸小玺。宋景濂小楷题跋，吾乡张东海先生观于杨氏之衍泽楼，盖云间世家所藏也。笔法飞舞，神采奕奕，可想见右军真本风流，实为希代之宝。余得之吴太学，每以胜日展玩，辄为心开，至于手临不一二卷止矣，苦其难合也。昔章子厚日临《兰亭》一卷，东坡闻之，以为从门入者不是家珍。东坡学书宗旨如此。赵文敏临禊帖最多，犹不至如宋之纷纷聚讼，直以笔胜口耳。所谓善《易》者不谈《易》也。"[④]另，《石渠宝笈》卷三所录董其昌跋

---

① 〔明〕王世贞辑，詹景凤补辑《王氏书苑》，《四库全书存目丛书》(子部册 71)据中国科学院图书馆藏明万历十九年王元贞刻本影印，济南：齐鲁书社，1995 年，第 430—431 页。

② 〔明〕汪砢玉《珊瑚网》，第 16 页。

③ 〔清〕卞永誉纂辑《式古堂书画汇考》书卷之五，第 658 页。

④ (明)董其昌撰，叶子卿点校《画禅室随笔》，杭州：浙江人民美术出版社，2016 年，第 33—34 页。

语除个别字外，基本同于《画禅室随笔》，且有“己酉中秋重题”落款，[1]据此可知该跋系董其昌于万历三十七年(1609)中秋所题。

三、署名王世贞之画跋辨伪一则

2014年6月22日，中国嘉德国际拍卖有限公司“嘉德四季第38期”中国古代书画专场出现一拍品为明仇英《春游图》(绢本，设色，立轴，84厘米×32厘米)。该图左上方有王世贞款行书题跋云：

> 青绿设色至赵吴兴而一变，宋人刻画之迹，运以法深出之理得中，灵气洞目，所谓绚烂之极，仍归自然，后学无言之师。仇实父静悟，始于用色至妙处，自然心开。观其渲染，数年未曾有也。庚子六月王世贞题。

按：此则署名为王世贞的题跋实系后人伪造。王世贞生平所历庚子年唯有嘉靖十九年(1540)，时年方才十五岁，实无题跋评骘之可能。就笔法而言，该题识同王世贞传世墨迹亦存在明显差异；同时，观其文理亦不甚畅达，如“运以法深出之理得中”等表述颇令人费解。至于伪作的文献来源，应系清初著名书画家恽寿平(1633—1690，号南田)为友人王翚(1632—1717，字石谷)《群峰春霭图》卷所题跋语。《群峰春霭图》卷，清康熙十九年(1680)王翚绘，绢本，设色，26厘米×449.2厘米，上海博物馆藏。恽寿平于该图卷所题跋文云：“青绿设色至赵吴兴而一变，洗宋人刻画之迹，运以沉深，出之妍雅；秾纤得中，灵气洞目。所谓绚烂之极，仍归自然，真后学无言之师。石谷王子十年静悟，始于用色秘妙处爽然心开，独契神会。观其渲染，直欲令古人歌笑出地，三百年来所未有也。此卷全宗赵法，盖赵已兼众家，拟议神明，不能舍赵而他之矣。庚申初夏，毗陵恽寿平题。”将两篇题跋文字进行对照，不难发现署名王世贞的跋语实袭自恽氏。

---

① 〔清〕张照、梁诗正等撰《石渠宝笈》，《景印文渊阁四库全书》(册824)，台北：台湾商务印书馆，1986年，第89页。

琉球官话课本编写语料来源考*

范常喜**

【内容提要】 语料是编写语言教材的基本材料，教材的编写过程即对原语料进行加工裁剪的过程。琉球官话课本的语料来源较为复杂，普通会话类课本中的语料多取自当时的交际对话、圣谕宣讲和曲辞等。专用会话课本则取自与飘风难人的对话实录和琉球人跟中国册封史之间的外交对话记录。副读本式的课本语料则源自中国的拟话本小说。词句集类的课本有些内容取自会话课本，有些则源于当时中国福建地区使用的官话正音书。公文写作类范文集取自当时正在使用的各类呈禀公文。总体来看，琉球官话课本中的语料来源丰富多样，实用性、真实性很强，充分展现出其世界汉语教育史与中琉交流史价值。

【关键词】 琉球　官话课本　语料

引　言

琉球官话课本是明清时期琉球(今日本冲绳县)人学习汉语官话的课本，皆以抄本形式流传，保存至今的代表性课本有《官话问答便语》《白姓官话》《学官话》《琉球官话集》《广应官话》《人中画》等。大部分琉球官话课本缺少成书时间与作者姓名，仅有个别课本署有作者信息。从课本的内容和琉球与中国的关系史推测，现存课本除了个别是明代晚期的抄本外，其他大部分课本应编写于“官生”和“勤学人”活跃的时期，即清代中叶1750年前后。① 已经发现的琉球官话课本以日本天理大学附属天理图书馆收藏最多，共计6种13个抄本。日本的其他单位也有收藏，如法政大学冲绳文化研究所(4种5册)、关西大学图书馆(4种4册)、京都大学文学部(2种6册)、东京大学综合图书馆(1

* 本文为教育部哲学社会科学研究后期资助项目“琉球官话课本整理与研究”(项目号：16JHQ042)阶段性成果。又，本文曾在“世界汉语教育史研究学会第十届年会”(2018年10月19—23日・日本大阪)上宣读，得蒙与会专家赐正，特此谨致谢忱。

** 本文作者为中山大学中文系教授、博士生导师。

① [日]濑户口律子《琉球官话课本の研究》，宜野湾：榕树书林，2011年，第7—23页。罗小东、濑户口律子《明清时期琉球国的汉语教育》，《世界汉语教学》2007年第1期，第136—142页。

种 4 册)、冲绳县石垣市八重山博物馆(3 种 5 册)、冲绳县立博物馆(1 种 1 册)等。

琉球官话课本可分为会话课本、分类词句手册、阅读辅助课本、公文写作课本四个大类。会话课本多以情景功能为纲进行编写,采用问答式对话体语言,生动有趣,有着很强的针对性和实用性。这类课本又包括日常会话课本与专用会话课本两个小类。现存日常会话课本有 3 种,分别是:《中国语会话文例集》《官话问答便语》《学官话》。专用会话课本有 2 种,分别是:《白姓官话》《条款官话》。分类词句手册或以"～字话"的形式编写,或以分类词汇集编辑,并间以实用对话的形式。现存此类课本共有 7 种,分别是:《广应官话》《琉球官话集》《琉球二字官话集》《官话三字口》《官话(楚南家文书)》《官话(新本家文书)》《拾口》。阅读辅助课本改编自我国清代的拟话本小说,故事性强,极富趣味性。现存此类课本仅《人中画》1 种,不过篇幅较大,共包括 5 个故事,分别是:《风流配》《狭路逢》《自作孽》《终有报》《寒彻骨》。公文写作课本实际上属于应用公文范文集,由当时使用的呈文、禀文等应用文整合而成,可模仿性和实用性极强。现存此类课本至少 2 种,分别是《呈禀文集》《汉文集》。

语料是编写任何语言教材的基本材料,教材的编写过程即对原语料进行加工裁剪的过程。琉球官话课本自然不会例外,然而以往的研究基本上忽略了这一问题。[①] 本文主要从汉语教材编写的角度考察琉球官话课本的语料来源问题,以此展现其世界汉语教育史价值与中琉交流史价值。需要说明的是,文中所引课本抄本中的简俗字、异体字等统一转写为规范简体字,仅个别容易引起误会之字才存其旧貌,所标句读也改为新式标点。课本抄本原无页码,为引述方便,我们按今人阅读习惯给正文编了页码,将原抄本一叶的正反两面分别用 a、b 表示,如"1a"即正文第一叶正面,"1b"即正文第一叶反面。

一、普通会话课本中的语料来源

(一) 来源于交际对话实录

现存琉球官话课本以普通会话类课本为多,如《中国语会话文例集》《学官话》《官话问答便语》等。这些会话课本以情景功能为纲进行编写,采用问答式对话体语言,其语料的主要来源应是当时各种情境下的对话实录。例如:

(1)《中国语会话文例集》:阮先生,今日大老爷驾到天妃宫,要看门生

① 范常喜《百年来琉球官话课本研究综述与展望》,《域外汉籍研究集刊》第 17 辑,北京:中华书局,2018 年,第 457—500 页。

们讲书，如今都讲完了，念诗听如何？门生去大家商量罢。长史老爷，今日小弟大家都欢喜了。小弟年幼，大老爷面前考试，惟恐讲错，如今行礼都完了，故此欢喜。禀上各位老爷，如今学生们念唐诗一首么，老爷听一听。刚才先生说大老爷面前念诗，那时候读得不好听，可笑可笑。(13a)

《中国语会话文例集》本段对话发生在琉球的久米村天妃宫学堂，话题主要涉及"大老爷"们到学堂考察官话学习者的学习情况。早期久米村人的官话教学主要有私塾和公塾两种形式。[①] 公塾设在天妃宫进行，万历年间，作为官费留学生而曾在中国国子监学习的郑迵归乡后也曾在天妃宫一室内集合久米村子弟进行儒学教育。[②] 1718 年，在程顺则的建议下，久米村设立了专属学校明伦堂，久米村的子弟在此学习。除了学习官话外，还要学习儒家经书、诗文、表奏文、咨文等外交文书。明伦堂设有讲解师匠、训诂师匠等教职，还设立唐荣总司为司教，每旬三、六、九三日到学堂检查学生的学习情况。[③] 据此看来，《文例集》中的本段对话应当是司教"大老爷"到天妃宫学堂检查学生学习情况的对答片段。

(2)《学官话》：(琉球病人)门生这几时，身上有些贱恙，特来求先生看看脉。药撮一剂，带回去吃。(福州医生)你这身上什么意思？说给我知道，我好加减。(琉球病人)我这身上觉得四肢无力，脚手酸软，腰又痛，头又晕，茶饭又不爱吃，肚子又饱胀，心口里只管发恶膻，口水长淌的，浑身好不难过的。(福州医生)大便、小便有么？(琉球病人)大便、小便是有的。(福州医生)小便红不红呢？(琉球病人)小便有些红。(福州医生)身上有发潮热么？(琉球病人)早起头都好，到下半晚，就发潮热。(福州医生)这个病无妨事，你是冒着风失表的，如今寒深了，我撮一剂药，带回去吃，今晚表得些汗出来就好了。(琉球病人)多谢先生，药资明日送来罢。(福州医生)好，不打紧。请了。(24a—24b)

《学官话》的场景设在福州，主要是为了应对琉球人在福州的生活而编写的。明清时期，福州作为琉球进贡登陆的起点和离开中国大陆的起点，在整个进贡贸易和文化交往中起到了极为重要的作用。福州河口一带设有琉球馆，

---

① 那霸市企画部市史编辑室《那霸市史·资料篇·第 2 卷中の7·那霸の民俗》，那霸：那霸市企画部市史编辑室，1979 年，第 658—659 页。

② 参见[日]菊地藤吉《儒教と琉球に于ける教育文化の影响》，《第三届中琉历史关系国际学术会议论文集》，台北：中琉文化经济协会，1991 年，第 679 页；[日]濑户口律子《明清时期日本琉球的汉语教学》，《大东文化大学外国语学研究》第 3 号，2002 年，第 66 页；崔军锋《儒学与明清琉球教育事业的发展》，《福建师范大学学报(哲学社会科学版)》2005 年第 3 期，第 137—138 页。

③ [日]真境名安兴、岛仓龙治《冲绳一千年史》第 5 版，那霸：冲绳新民报社，1966 年，第 393 页。

在中国的官方文献中则作“柔远驿”。该馆驿始建于明成化八年(1472),重建于清康熙六年(1667),明代至清末用于接待琉球国赴华朝贡的宾客和商人等。琉球贡使在福州登陆后一般先住在柔远驿,再到京城觐见中国皇帝。当时有大量从事进贡贸易的琉球商人以及“勤学人”(自费留学生)随贡船来到福州,或从事贸易,或学习官话和礼数以及各种生产技艺。上引对话应当是琉球人在福州生病后看中医时的对话情景。

1947年,福州人傅衣凌教授等到水部河口一带调查琉球通商史迹,调查到一位曾经给琉球人看过病的医生,傅先生谓:“于是以友人徐吾行君之介,访问当地名医高润生先生,探求口碑史料。高先生世居水部,年已七十余,谈于少年时,曾为琉人医病,当时情形仿佛可忆。”[①]可见,当时琉球人在福州的确有求医问药的事实。此外。王振忠对于上述对话也曾指出:“‘表’,在福州方言中是指用药物将人体内所感受的风寒发散出来。而‘撮一剂药’,则为福州人之通俗常言。旧时人看病,多到中药铺中开药,药铺老板往往即坐堂医生,无论什么病,‘小便红不红’(‘红’的意思并非确指尿的颜色,而只是与通常的颜色相比是否有所不同),从来就是坐堂医生问得最多的一句话。”[②]由此亦可证《学官话》中本段琉球病人与福州医生对话的真实性。

(二)来源于早期的会话课本

由于对话交流的情境和功能具有较高的一致性,所以不同时期不同作者编写的汉语会话课本内容多有承袭之处,琉球官话课本亦是如此,后面编写的会话课本往往直接利用前代课本的语料,或者在前面课本语料的基础上稍作更新修改。如:

(3)天理本《学官话》:昨日京都有人回来,说是在苏州碰着我们上京的人。他替我们带信回来,说是他们一路平安。想今年的公事办得快,到十二月里就得回来,我们大家都欢喜了。(18b)

▲《中国语会话文例集》:上京的昨日有人带书来了,说道是一路平安,而今已到苏州了。想今年公事做得快,十二月间可以回家,我们大家都欢喜了。(3b)

(4)天理本《学官话》:昨晚好几个朋友到楼上去玩耍,大家坐在那里吃茶,谈谈些闲话,差不多到三更时候才回来睡觉,今日身上好不自在,坐

① 傅衣凌《福州琉球通商史迹调查记》,萨士武、傅衣凌、胡寄馨编著《福建对外贸易史研究》,福州:福建省研究院社会科学研究所,1948年,第59页。

② 王振忠《清代琉球人眼中福州城市的社会生活——以现存的琉球官话课本为中心》,《中华文史论丛》2009年第4期,第55—56页。

着就要打盹，做不得事情。(9a)

▲《中国语会话文例集》：昨晚同朋友去某人家里吃茶，大家谈谈顽顽，差不多三更的时候回来睡觉，今日身上不自在，坐着就打盹，读不得书。(5b)

据考证，《中国语会话文例集》编成于明代晚期，[①]是目前所知最早的琉球官话课本，《学官话》则很可能编成于清代中期，[②]后者语料多有承袭前者之处自可理解。不过由于二者的编撰时代相差较远，使用对象、使用场景甚至对话实际也变得不同，所以《学官话》在利用这些语料时都多多少少做了一些修改。

（三）来源于圣谕宣讲内容

圣谕宣讲是贯穿明清两代的社会教育运动。明代宣讲的内容是明太祖“圣谕六言”，清代宣讲的则是康熙“圣谕十六条”和雍正“圣谕广训”。自渊源论，清代的圣谕宣讲是在明代基础上的继承和发展。[③] 当时琉球人为了学习官话和中国礼数，曾把《六谕》《圣谕》等书作为课本。1708年，琉球人程顺则将明末清初时期的学者范鋐所作、约成书于康熙年间的《六谕衍义》刊行后带回琉球。程顺则在该书跋文中谈到：“然六经四书，多微言奥旨，只可自喻之于心，何能日日宣之于口。惟是编字字是大道理，却字字是口头话，男女老幼莫不闻而知之，教者省力，学者易晓，导之之术，其有善于此者，虽然更有说；稗官野史皆里巷常谈，然无关风俗，无补人心，不如此书，既可以学正音，兼可以通义理，有明心之乐，无梗耳之言，一举两得。予所以重梓而传之，俾国中俊秀、可备贡使之选者，日而讲，月而熟。他年咨津吏而咨贡务，语语正音，流似江河，运若血气，是则予之所厚望也夫。”[④]由此可知，程顺则刊刻此书目的是为了琉球子弟官话(正音)及伦理的教导和学习。

琉球官话会话课本中，有些内容当出自《六谕》《圣谕》类说解内容，试比较下列两段内容：

(5)《官话问答便语》：我想人生在世，君臣、父子、兄弟、夫妇、朋友，这五伦的道理不可不知。蜂蚁尚重君臣，为人岂不尽道？当思君恩山重海

---

① [日]内田庆市《关西大学长泽文库藏琉球官话课本集》，吹田：关西大学东西学术研究所，2015年，第3—14页；范常喜《新见琉球官话课本〈中国语会话文例集〉文献价值试论》，《北京大学中国古文献研究中心集刊》第十六辑，北京：北京大学出版社，2017年，第261—273页。

② [日]濑户口律子、李炜《琉球官话课本编写年代考证》，《中国语文》2004年第1期，第77—84页。

③ 赵克生《从循道宣诵到乡约会讲：明代地方社会的圣谕宣讲》，《史学月刊》2012年第1期，第42—52页。

④ 徐玉虎《〈六谕衍义〉流布琉球与日本之情形》，联合报文化基金会国学文献馆主编《第二届中国域外汉籍国际学术会议论文集》，台北：联合报文化基金会国学文献馆，1989年2月，第330—331页。

深,民溺同于己溺,民饥同于己饥。在官者月縻廪禄,荣宗荫子,待下何等优厚? 求其正心忠君爱国者少,不过苟且职任而已。这是为臣之道大有亏了。羊有跪乳之恩,鸦有反哺之谊,尚知父母,为人岂不尽道? 当思父兮生我,母兮育我。十月怀胎,三年乳哺,未寒而加子以衣,未饥而加子以食,稍有疾病,父母日夜心中不安。如此深恩,昊天罔极,求其真心实意爱慕父母者少,不过奉养无缺,他就自称能孝顺,岂知那不孝顺处还多哩。这是为子之道大有亏了。(26a—26b)

▲《六谕衍义》第一条:圣谕第一条曰孝顺父母。怎么是孝顺父母? 人在世间,无论贵贱贤愚,那一个不是父母所生的? 而今的人与他说父母,他也知有父母;与他说孝顺是好事,他也知孝顺是好事。争奈孝顺的少,不孝顺的多,是何缘故? 这不是他性中没有孝顺的良心,只是亏损久了,如人在梦中无人叫醒他。试想,父母十月怀胎、三年乳哺,受了多少艰难,担了多少惊怕。偎干就湿、出入提携,儿子有些疾病,为父母的祷神求医,恨不得将身替代。未曾吃饭,先怕儿饥,未曾穿衣,先愁儿冷。巴的长大成人,就定亲婚娶,儿子出门远行,牵心挂意,蚤去迟来,倚门悬望。

木津祐子对此指出:“这样看来,虽然没有找到跟《官话问答便语》完全相同的底本,不过讲五伦道德时所需要的一些套语表述法,很可能在广泛场合已被普遍接受。也许可以这么说:琉球人在编课文时,只要把自己的认同意识放在中华传统方面,那么,所需要的述说方式就都是在他们的眼前早被准备好的。……朝鲜通事编的官话课本《老乞大》也有跟《官话问答便语》相似的讲五伦道德的章节,而且出现得几乎没有脉络(前后不连续),这很可能反映了中国域外学徒的普遍心态。就是说,要学习官话、编写课本时,他们的关心不仅在写纯粹的语言课本上,而且要将中国文化知识(即五伦道德或格言汇集等)也放在课本里面。”[①]

此外,清代来华西人同样十分重视《圣谕广训》类官话宣讲内容,他们不仅借此了解中国民众的心态,还对其翻译注释,作为学习中国话的教本。1859 年威妥玛在其《寻津录》一书中对《圣谕广训》作了节译,以便来华西人学习汉语之用。鲍康宁翻译《圣谕广训》的诠释本也是为了同一目的。[②] 显然西人将《圣谕广训》中的内容用作学习汉语材料的做法,与琉球官话课本编写者如出

① [日]木津祐子撰,吴正岚译《琉球的官话课本、“官话”文体与“教训”语言——〈人中画〉、〈官话问答便语〉以及“圣谕”》,《域外汉籍研究集刊》第 4 辑,北京:中华书局,2008 年 5 月,第 31 页。

② 周振鹤《圣谕、〈圣谕广训〉及其相关的文化现象》,周振鹤撰集,顾美华点校《圣谕广训:集解与研究》,上海:上海书店出版社,2006 年,第 618—620 页;司佳《传教士缘何研习〈圣谕广训〉:美国卫三畏家族档案手稿所见一斑》,《史林》2013 年第 3 期,第 90—97 页;刘珊珊《西方传教士眼中的〈圣谕广训〉》,《历史档案》2015 年第 2 期,第 96—103 页。

一辙。

(四)源于戏曲唱词[1]

《中国语会话文例集》抄本末尾录有“曲座”唱词 11 首,显然是作为该会话课本的辅助语料来用的,估计是为了给学习者提供一些相对有难度的官话材料。例如:

(6)《中国语会话文例集》:青山的在,绿水的在,我的冤家不在。风常的来,雨常的来,书信儿不来。病不的害,灾不的害,我的想思常害。春去我的闷不去,花开我的闷不开。想思儿病,醉难挨,倒在牙床起不来,反来覆去的满膧〈瞳〉泪好伤怀。泪珠儿的汪汪冤家,滴满了十个东洋海,东洋海。(14b—15a)

例(6)是我国明代较为流行的民歌俗曲,调名《急催玉》,明万历年间流传。万历三十九年(1611)刊《摘锦奇音》第一卷之上层,特录一首:“青山在绿水在,冤家不在;风常来雨常来,情书不来。灾不害,病不害,相思常害。春去愁不去,花开闷未开。倚定着门儿,手托着腮儿,我相我的人儿,泪珠儿汪汪滴满了东洋海,满了东洋海。”[2]

据此可以看出,《中国语会话文例集》末尾所收“曲座”歌词当为明代传入琉球的民歌唱词,这些唱词在当地流传较广,于是官话学习者将之采入官话课本以助学习。元明时期,朝鲜半岛的官话课本《老乞大》《朴通事》《训世平话》等也曾将当时元杂剧和明代南戏的内容改编到教材当中;[3]《五伦全备谚解》更是直接改编自我国明朝丘濬所作传奇戏曲《五伦全备记》。[4] 1886 年出版的英国人威妥玛编写的《语言自迩集》第二版亦曾请中国人将《西厢记》改编成《践约传》作为其教材的一部分。[5] 由此看来,将人们喜闻乐见的曲词编入官话教材是早期此类课本的共同选择。

---

① 详参范常喜《琉球官话课本〈中国语会话文例集〉所存“曲座”资料述略》,《文化遗产》2019 年第 2 期,第 49—53 页。

② 姜彬主编《中国民间文学大辞典》,上海:上海文艺出版社,1992 年,第 917 页;〔明〕冯梦龙编著,陆国斌、吴小平校点《冯梦龙全集 · 挂枝儿山歌等五种》,南京:江苏古籍出版社,1993 年,第 29—30 页。

③ 林彬晖、艾初玲《14、15 世纪朝鲜汉语教材与元明时期的戏曲小说——以〈老乞大〉、〈朴通事〉、〈训世评话〉为中心》,《阅江学刊》2011 年第 4 期,第 121—126 页。

④ 林彬晖《域外汉语教科书编选中国古代小说戏曲作品研究》,长沙:湖南人民出版社,2010 年,第 202—206 页。

⑤ 参见林彬晖《〈践约传〉对〈西厢记〉的改编及其文化意义——兼论清末西人所编汉语教科书的价值》,《东南大学学报(哲学社会科学版)》2011 年第 2 期,第 109—113、125 页。

二、专用会话课本中的语料来源

琉球官话专用会话课本现存2种，分别是:《白姓官话》《条款官话》。《白姓官话》中的语料取自琉球人与中国飘风难人的对话实录，《条款官话》中的语料则采自琉球人跟中国册封史等人之间的外交对话记录。

(一)《白姓官话》中的语料来源

《白姓官话》是一部琉球人为了救助中国清朝海上飘风难人而编写的专用汉语会话教材。这部教材基于真实的历史事件编写而成。课本的主要内容是叙述山东省登州府商人白世芸雇船前往江南卖黄豆，途中不幸遭遇台风，漂流到了琉球国，在琉球受到上至琉球国王，下至琉球通事等人的热情款待和帮助，一年后乘贡船返回福州一事。因此，它不仅是一部汉语教材，也是研究中琉交流史的重要参考资料。试比较下述相关内容:[①]

(7)《白姓官话》问:老兄，贵处是那里人。答:弟是山东人。问:山东那一府那一县。答:是登州府莱阳县。问:老兄尊姓。答:弟贱姓白。问:尊讳?答:贱名世芸。问:尊号?答:贱字瑞临。问:宝舟是何处的船?答:是江南苏州府常熟县的。问:兄是山东的人，怎么在他船上?答:因他的船在弟敝处做买卖，弟雇他的船，载几担豆子，要到江南去卖，故此在他船上。问:兄们是几时在那里开船呢?答:是旧年十二月十八日，在本省胶州地方开洋的。问:怎么样驶到敝国来呢?答:不知道驶到半洋，忽然遇着暴风，把大桅杉板、船梢、篷舵尽行打坏，船里的货物都丢吊去，那些没有丢的，也给海水打滥了。现今船上柴米水都没有了，这个时候总是会死。谁想皇天保佑，十二月二十九日，漂到贵国大岛地方，狠蒙地方老爷可怜我们，天天赏给柴米，才得活命。(1a—1b)

(8)《白姓官话》:(飘风中国难人)水夫，朱三官没干了，快去请通事来。(飘风中国难人)通事请坐。(琉球通事)呵。有坐，他不好了么?(飘风中国难人)不好了。(琉球通事)嗳!可怜可怜。你们快写一张报故的呈子，我去报知老爷，奏明国王知道，好去备办棺材衣衾、殡殓埋葬的事情。(飘风中国难人)呈子该怎样写?求通事教导。(琉球通事)也没有别的意思，只是这样说:他的病是几时起的，蒙这里老爷怎么样请医生替他

---

① 关于《白姓官话》所记史实的考证，参见[日]松浦章著，杨蕾、王亦铮、董科译《清代上海沙船航运业史研究》，南京:江苏人民出版社，2012年，第115—121页;濑户口律子、李炜《琉球官话课本编写年代考证》，《中国语文》2004年第1期，第78—79页。

调治，总不见效，某月某日死了，求老爷奏明王爷，可怜中国异乡人，赐下棺木埋葬，感恩不尽的意思，就是这样写去就是了。（飘风中国难人）具呈难人瞿张顺，为据实报明，更乞怜悯事切。顺船上水手朱三官，因去岁在洋被风，艰苦受惊，染成痨症。今年三月间，在奇界岛内吐血数次，奈无医生药治。四月初七日到运天港，蒙该地老爷延请医生药治，未见稍愈。本月十七日送至泊村，又蒙本地老爷赐下两位医生，效脉服药，并赐人参调治。奈因病根太深，不能见效，不幸于七月初七日酉时身亡。恳乞老爷更加哀怜，奏知王爷，赐棺收殓，庶免尸骸暴露，择地埋葬，得安魂魄于泉下，顺等不胜急切，待命之至，上呈。（飘风中国难人）通事你看看，就是这样罢。（琉球通事）写完了么？我拿去送给老爷。列位请了，我去就来。(42b—43b)

▲乾隆十五年(1750)十一月十八日琉球国中山王给中国福建布政史司的咨文中说：①

乾隆十五年四月初七日据大岛地方官报称，旧年十一月二十九日海船一只飘到本地。其船户瞿张顺等口称，张顺等一十三名系江南苏州府商人，本年十一月初七日山东开船……行到洋中陡遭飓风，十二日到胶州，十八日胶州开船□□洋中忽遇暴风，失舵断桅，二十九日飘到大岛地方，即蒙地方官修理船只，发给米盐菜烟等项。十五年二月十九日彼地开船，讵料洋中又逢大风，二十一日□到奇界地方……彼地方官给予廪饩收养，随将所飘难民瞿张顺等一十三名并捞□对象四月初四日送到山北运天地方，彼地方官转送既至中山泊村地方……难民水梢朱三官□十二月间在奇界地方身染吐血病症。……医生尽心，用人参等种。奈病根已深，十二月初八日酉时身故……乾隆十五年五月初七日据麻姑山地方官报称，旧年十一月二十二日□船一只飘到本地。其船户蒋长兴等口称，长兴等二十七名系福建福州府闽县商人……将所飘难民蒋长兴等二十七名并□□对象送到中山泊村地方，发馆安插，给予廪饩收养……兹逢进贡之使，附搭二号贡船，都通事郑徐庆等解送……

该咨文末尾开列了两船的人员名单，其中苏州商船人员中有“常熟县船户瞿张顺……客人白瑞临”，福建商船人员中有“客商潘顺观”。乾隆十六年九月“礼部为奉谕优奖护送内地遭风商民之琉球贡船事致内阁典籍厅移会附上谕一”专门就琉球国“将闽县遭风船户蒋长兴等、常熟县船户瞿长顺等留养二年，

① 台湾大学编《历代宝案》，台北：台湾大学，1972年，第2622—2624页。

给予口粮,随船护送来闽"之事特别嘉奖了国王尚敬及"其在船之官伴水稍人等"。[①] 两相对比可知,《白姓官话》中的语料应当是当时琉球通事集团与中国飘风难人瞿张顺、白世芸等的对话实录。[②]

(二)《条款官话》中的语料来源[③]

《条款官话》是琉球通事对答中国使节的问答手册,具有指南书的性质,与《白姓官话》性质相似。该书作者不详,从书中内容、书后记载(同治五年丙寅六月)以及当时琉球的社会情况综合判断,其成书时间应在赵新、于光甲等清朝册封使一行前往琉球的同治五年(1866)以前。

1609年,日本萨摩藩入侵琉球后遂将琉球作为该藩的附庸国纳入自己的统治之下,并推行"隐蔽政策",对中国隐瞒统治琉球的事实。在隐蔽政策开展过程中,萨摩岛津氏通过琉球的进贡贸易获得所需的中国物品。另一方面,为了维持王国体制,使受治于萨摩的事实不被中国发觉,琉球国首里王府也自发地贯彻实施隐蔽政策。有清一代,中国遣使往封琉球八次,使节一行人数多达四五百人,逗留期也长达四五个月。在使节一行逗留期间,首里王府为了防止日琉关系败露进行了种种隐蔽工作。此外,及至琉球王国末年,王府认为除要隐瞒日琉关系外,还有必要对敕使(册封正副使)可能问及的有关琉球外交、内政的种种问题进行设想,并将提问的标准回答向通事作出指示。

《条款官话》正是在这一历史背景下出现的。抄本末尾写有"右は敕使样御寻之节御返答之条　官话组仕候事"等字句,说明正是为应对清廷册封正副使的种种提问而编写。因此,与其说《条款官话》是一本学官话的课本,倒不如说是一部意在对通事做出隐蔽应对指示的问答指南。正因如此,其中的问答语料应即当时的外交对话实录。如:[④]

(9)问:我听见说番洋的人飘到这里,你们琉球报知留在长崎。西洋的人叫他带了那难人一齐回本国去。又听见说那长崎的人因有洋船,顺便托他寄信在球日本的人,我看起来,琉球替日本原有交际往来,这事真真不错了?答:我们敝国原没有替他交际往来,那报知的事有些缘故,他

---

① 中国第一历史档案馆编《清代中琉关系档案三编》,北京:中华书局,1996年,第51页。

② 参见[日]木津祐子《"白姓"の成立と传承—官话课本に刻まれた若き久米村通事たち—》,《东方学》第115卷,2008年,第123—140页。

③ 关于《条款官话》的编写背景参见[日]喜舍场一隆《"条款官话"について》,《国学院杂志》第98卷第8号,1997年,第34—56页;[日]赤岭守《〈条款官话〉初探》,冯明珠主编《盛清社会与扬州研究》,台北:远流出版事业有限公司,2011年,第117—130页。

④ [日]高津孝、陈捷主编《琉球王国汉文文献集成》第35册,上海:复旦大学出版社,2013年,第16—19,32—33页。

飘来时节，那度佳喇的人留在这里，他明明知道难人的事情，他回国之日，把那洋人的事讲给日本的人知道，那日本的人传知洋人，可就这样么！那书信到来的事，也有些缘故，那度佳喇的人在敝国染病，请医生调治，所以那长崎的朋友把个书信寄给病人问候，并没有替他结交往来。

(10)问：我听见西洋的人说你们琉球从服日本，是真的么？答：不是这样的，我们敝国地方褊小，物件不多，原来替那日本属岛度佳喇人结交通商买办，进贡物件又是买得日用物件。那度佳喇的人在日本收买那些东西，卖给敝国。想必那西洋的人看得这个举动，就说琉球在那日本的所管。我们敝国原来天朝的藩国，世世荷蒙封王。此恩此德，讲不尽的。哪有忘恩负义，从服日本的道理。

三、副读本式课本的语料来源

副读本式的琉球官话课本语料源自中国的拟话本小说《人中画》。《人中画》本为中国明末清初的话本小说，共有《风流配》《狭路逢》《自作孽》《终有报》《寒彻骨》5个故事，现存最早版本为啸花轩本。琉球人将其改编为课本用于当时的官话学习，其改编保留了原话本的回目、诗词、故事情节，主要是将其中的白话语言改编成了更利于口语交际的官话对话。至于改编的年代及作者，研究者多认为可能是18世纪中期，琉球的通事们根据《人中画》的最初刊本修改而成。改编以后的《人中画》可能作为副读本或阅读课本用于官话教学，但也有资料证明《人中画》还用于当时的口语教学。在所有现存琉球官话课本当中，《人中画》篇幅最大，字数最多，故事性最强，是一种十分特殊的官话课本。若将小说原文与琉球改写本进行对比，能明显看出其语料的来源及改写痕迹，如：

(11)琉球本《人中画·风流配》：第一回：司马玄感义气赠功名，吕翰林报私恩窃柯斧。诗曰："一男一女便成俦，那得人间有好逑。虞舜英皇方燕婉，香山蛮素始风流。莫夸夜月芙蓉帐，羞杀春风燕子楼。美不愧才才敌美，一番佳话自千秋。"话说四川成都府有个秀才。两个字的姓司马，名字叫做玄，号叫子苍。生得清秀，生得好白，聪明伶俐，一见都晓得。十八岁就中了四川解元。父母要替他娶老婆。他想讲，蜀中一块小地方，那有生得好女人。古称燕国赵国，有生得好的女人。且等上京去会试过，遍处细细察访，有没有再来议论。娘老子也没奈他何，由他去了。一路上遇着的朋友，见他后生没有娶老婆，骗他去婊子家顽。那里晓得他年纪虽然小，眼睛却高。看得这些婊子，就像屎尿一样，全不动心。到了京里，寻个房子住下。(1a)

▲啸花轩本《人中画·风流配》：第一回：司马玄感义气赠功名，吕翰林报私恩窃柯斧

林报恩私窃柯斧。诗曰："一男一女便成俦，那得人间有好逑。虞舜英皇方燕婉，香山蛮素始风流。莫夸夜月芙蓉帐，羞煞春风燕子楼。美不愧才才敌美，一番佳话自千秋。"话说四川成都府有个秀才。复姓司马，名玄，表字子苍。生得骨秀神清，皎然如玉，赋姓聪明，一览百悟。十八岁就中了四川解元。父母要与他议亲。他想道：蜀中一隅之地，那有绝色？古称燕赵佳人。且等会试过，细访一遍有无，再议不迟。父母强他不过，只得听他入京。一路上，遇着的朋友见他少年未娶，都诱他到花街去顽耍。谁知他年纪虽幼，眼睛却高。看得这些妓女就如粪土一般，全不动念。到了京师，寻个寓所住下。

两相比较可知，作为副读本的琉球官话课本《人中画》中的语料当源自母本啸花轩本系统，[①]在母本基础上做了进一步的改写，使其更加适合当时的官话学习者使用。如把"复姓司马，名玄，表字子苍"改成"两个字的姓司马，名字叫做玄，号叫子苍"，把"生得骨秀神清，皎然如玉，赋姓聪明，一览百悟"改成"生得清秀，生得好白，聪明伶俐，一见都晓得"。改写之后，令语言尽脱其文言色彩，更加口语化、交际化。

明清时期朝鲜半岛的汉语教科书《老乞大》《朴通事》《训世平话》等也都有大量语料采自我国的古代小说。日本江户时代的唐话课本《闹里闹》《养儿子》《唐话纂要》等同样也吸收了话本小说的内容和形式。清末西方人编写的汉语课本《中文学习指南》《汉语入门》等也选录了《今古奇观》《聊斋志异》等小说篇章。[②] 当下的国际汉语教材中，文学作品仍然是其主要的语料来源。由此可见，利用口语小说编写汉语课本，古今中外皆是寻常现象。

四、词句集类课本的语料来源

分类词句手册类琉球官话课本或以"～字话"的形式编写，或以分类词汇集编辑，并间以实用对话的形式，富有现代性与实用性。现存此类课本共有 7 种，分别是：《广应官话》《琉球官话集》《琉球二字官话集》《官话三字口》《官话（楚南家文书）》《官话（新本家文书）》《拾口》。其中《广应官话》可单独划为一类，《琉球官话集》等 6 种可划为一类。《琉球官话集》等 6 种课本内容多寡不一，相互承袭，其最初语料来源尚不易考索，故本节暂不述及。下面主要考察《广应官话》中部分语料的来源。《广应官话》现存两个抄本，分别是天理大学

① 参见［日］木津祐子《琉球本"人中画"の成立：併せてそれが留める原刊本の姿について》，《中国文学报》第 81 号，2011 年，第 36—57 页。

② 参见林彬晖《域外汉语教科书编选中国古代小说戏曲作品研究》，第 56—193 页。

藏本和法政大学赤木文库藏本。《广应官话》中的主体语料目前尚未考察清楚其具体来源，但有部分语料取自普通的琉球会话课本，也有部分语料来源于当时中国福建地区使用的官话正音书和一些中琉交往文书。

（一）来源于会话课本语料

(12)天理本《广应官话》：今日三月三，上己[巳]吉日，大家行到山边踏青耍一耍。我邀几个知己朋友到山边去玩。你买两壶酒，办几个碟小菜，同到郊外踏青，效古人王羲之兰亭故事曲水流觞。大家玩玩，也是一年好景，不可虚度，多少是好。我们那边到三月三也有到水边去玩的，也有到青草处铺毡吃酒。那百姓的人，也有这样的。也有带婊子去弹唱的。这一日人人都去郊外踏青，热闹有趣。(8a—8b)

▲天理本《学官话》：今日是三月三，我们邀几个知己的朋友，打上两三壶酒，备办几个小菜碟，到那个好玩的所在踏青，学那古时王羲之在兰亭曲水流觞的故事，大家快乐快乐，也不虚度了一年的时光好么？好的，如今就来修拾，趁早来去，若是晏了，就没趣。不知道你们那边这三月三也有人去郊外踏青没有？有的，我们那里这一日也有到水边去玩的，也有到青草坡地方铺毡吃酒的，也有带着婊子去弹唱的，来来往往，好不热闹的。(21b—22a)

▲《中国语会话文例集》：今日是三月三，大家去游春，到郊外踏青玩耍，带些酒去，也不虚度时光。(6b)

通过比较可以看出，《广应官话》中的部分语料应该源自会话课本《学官话》和《中国语会话文例集》，不过在这些语料基础上作了些修改罢了。尤其是在早期明本《中国语会话文例集》当中只有一句话，但在《广应官话》当中则扩充为了一大段对话，足见其修改增补之痕迹。

（二）来源于官话正音书[①]

赤木本《广应官话》在“身体门”末尾比天理本多出的内容中，还有一部分对列了官话与乡谈的词语，如“假头鬃正假头发”“壳心无毛正露顶”“头无毛正秃了”等 14 对，另有 18 个词语混列一起，未用“正”字区别。除此之外，还附列了四幅图，分别为：“人面图”“背面图”“背身图”“人身图”。这四幅图上详细标示了人体各器官的名称，有些部位还同时对列了“乡谈”与“官话”两种说法，具体如图 1 所示。通过比对可知，以上这些内容显然是直接借鉴移植了当时福

① 详参范常喜《赤木文库藏琉球官话课本〈广应官话〉中三则清代闽琉交流史料考述》，《海交史研究》2016 年第 2 期，第 81—92 页。

建地区流行的官话正音书中的相关部分，具体如图 2 所示。这些内容同见于以下三书：《新刻官话汇解释义音注》《新刻官话汇解便览》《较正官音仕途必需雅俗便览》。前两书由福建漳浦人蔡奭所撰，《较正官音仕途必需雅俗便览》是张锡捷在蔡奭之书基础上编撰而成的。[①] 这些书都是清代雍正、乾隆时期在闽地推广官话正音的产物。[②]

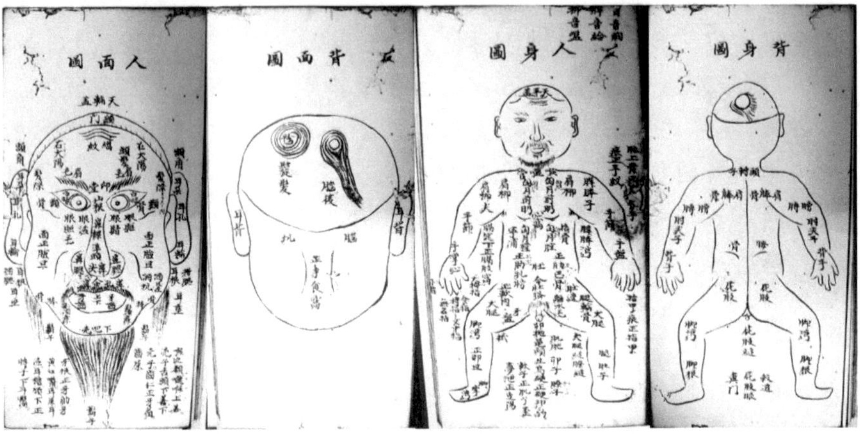

图 1　赤木本《广应官话》“身体门”所录图文

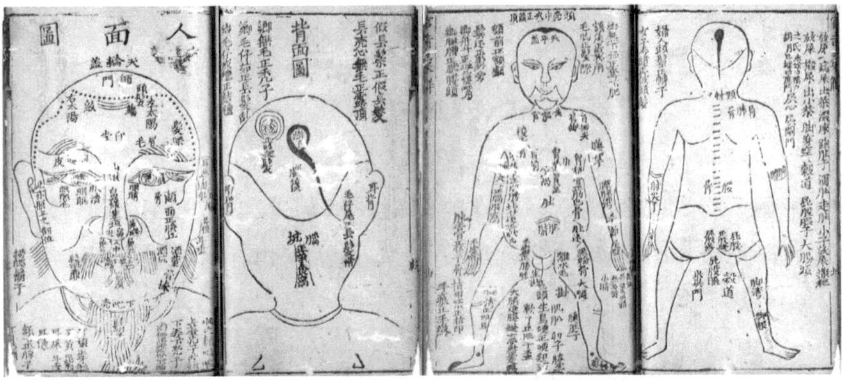

图 2　《新刻官话汇解释义音注》卷首所录图文

上述三种官话正音书在日本法政大学冲绳文化研究所均有收藏，是“楚南家文书”中旧藏的琉球古文书，其中两种尚存“魏掌政”的签名。这些正音书应

① 关于此三书的编写背景、作者、版本及现藏等情况，详参木津祐子《〈新刻官音汇解释义音注〉から〈新刻官话汇解便览〉へ》，载高田时雄编《明清时代の音韵学》，京都：京都大学人文科学研究所，2001 年，第 65—88 页。

② 清雍正六年（1728），清政府重点针对闽粤两省不通官话的官员们，颁布了“谕闽广正乡音”谕令，这促使闽粤两地遍设教授官话的正音书院，正音读本也随之应运而生。参见邓洪波《正音书院与清代的官话运动》，《华东师范大学学报（教育科学版）》1994 年第 3 期，第 79—86 页。

即魏掌政家族学习官话时所用。[①] 据此亦可知，当时在闽地流行的官话正音书已经流传到了琉球，并被当地人用作了学习官话的参考书。同时，琉球人也顺便将这些正音书中的部分语料直接移植到自己所用的官话课本当中。

（三）来源于商船的杠棋清册

赤木本《广应官话》下卷目录有“船册集”一项，在形式上与天理本上卷目录中的“船身门、船上杠棋”两项相对应，编入的意图也相一致，均是为应付当时中琉海上往来所涉及的船舶术语而设。赤木本“船册集”在正文中题作“商船杠棋”，所收内容实际上是一艘商船的杠棋清册。此清册题为“闽县商船主林合兴今将本船长阔丈尺并大小杠棋等项备造清册”。内容为“计开：本船奉祀天后圣母宝像全堂。烛台一对，琉璃灯一架，船身长八丈三尺五寸，含檀阔一丈九尺五寸五分，油婆阔二丈，龙骨长，梁座全樟，梁十九仓内五仓全樟，水底全杉木，船面全杉木，上下樟极共四十二个，……”（下册 72a—73a）。

通过考察可知，该清册即《历代宝案》中所录林合兴商船杠棋清册。[②] 试比较开头所记内容“商船杠棋，闽县商船主林（合兴）今将本船长阔丈尺并大小杠棋等项备造清册须至册者，计开：本船奉祀天后圣母宝像全堂，烛台一对，琉璃灯一架，船身长八丈三尺五寸，含檀阔一丈九尺五寸五分，油婆阔二丈，龙骨长，梁座全樟，梁十九仓内五仓全樟，水底全杉木，船面全杉木，上下樟极共四十二个，……”[③]

对比可见，除了存在部分文字讹误之外，赤木本《广应官话》收录的“商船杠棋”清册内容与《历代宝案》所收内容几乎完全一致。因此，我们可以确定，赤木本《广应官话》收录的“商船杠棋”清册，即林合兴商船杠棋清单。琉球的官话学习者为了更好地掌握船上杠棋的官话名称，直接将其作为学习材料编入了课本。

五、公文写作类课本的语料来源

琉球官话写作课本实际上属于应用公文范文集，由当时使用的禀文、呈文

① 此外，据木津祐子先生的研究，法政大学冲绳文化研究所藏楚南家文书中的《官音简要拣选六条》，也是琉球人魏掌政模仿清代福建地区的正音书而作的官话课本，其内容相对粗糙简略，是魏氏尚未完成的自编自用之稿本。参见：木津祐子《琉球稿本“官音简要拣选六条”について》，东方学研究论集刊行会编《东方学研究论集：高田时雄教授退职记念：日英文分册》，京都：临川书店，2014 年，第 105—118 页。

② 详参范常喜《赤木文库藏琉球官话课本〈广应官话〉中三则清代闽琉交流史料考述》，《海交史研究》2016 年第 2 期，第 81—92 页。

③ 台湾大学编《历代宝案》，台北：台湾大学，1972 年，第 2137—2139 页。

等应用文整合而成，可模仿性和实用性极强。现存此类课本已发现2种，分别是《呈禀文集》《汉文集》。

(一)《呈禀文集》语料来源

呈禀是下级官衙官员向上级官衙官员提交的上行文书。琉球人入华朝贡时，存留通事要在福州处理各种公务，与当地政府官员打交道，故而需要熟练掌握写作呈禀文的技巧，琉球官话写作课本《呈禀文集》正是因此而编集。《呈禀文集》现存抄本已发现2种，分别为日本冲绳县立博物馆藏本和法政大学冲绳文化研究所藏楚南家文书本。

值得注意的是，楚南家文书本《呈禀文集》[①]所录禀呈文绝大部分都见于冲绳县立博物馆藏本，但从书中所收禀呈文自题年号来看，楚南家文书本《呈禀文集》基本上都属于康熙、雍正、乾隆三朝，应当属于较早期禀呈文的选本。冲绳县立博物馆藏本为梁必达在福州时的自用本，其中除了康熙、雍正、乾隆三朝的禀呈文之外，还收录了几篇嘉庆和道光时期的公文，而道光时期的公文正是梁必达在闽自书之文。据此亦可以看出，这类公文写作范文会根据使用者个人的需要进行增删加工，这也是课本文献注重实用性的一个表现。兹录楚南家文书本《呈禀文集》所收禀帖和呈子各一例如次：[②]

(13)楚南家文书本《呈禀文集》第1·10篇：百总看馆呈：具禀 琉球国存留通事△等，为恳柔远人，以全馆驿事。切，△等，向蒙副老爷天恩，令陈百总巡查，一应闲杂人等，不敢进驲骚扰。今陈百总身故，诚恐营厮无知，进馆骚扰，盗折楼板杂物，难以阻止。叩乞副老爷始终全恩，遴委百总巡视，以全馆驿，以柔远人，恩同二天。切禀。康熙 年 月 日具禀。

(14)楚南家文书本《呈禀文集》第1·12篇：求入京进贡事：具呈 琉球国正议大夫郑思善等，为仰体皇仁，府循旧例，谨陈衷悃，以便再贡进京事。盛朝德意浩荡，怀柔万国。琉球向化已久，顺治十三年至今，历二十余载，愧贡物不腆，难酬大德。敝国主惟有表文，效顺献诚之仪。命△等亲赍觐圣，以将恭敬，罔敢怠玩。三年两贡，新赍表文。旧例昭然可考。近奉俞旨，免赴京师。又蒙大老爷躬膺大命抵闽，礼优宴赐。此乃朝廷怜恤之中，复加优奖。善等踧踖难安，何敢惮劳，敢不趋阙拜谢。但天朝煌

---

① [日]木津祐子《乾隆二年八重山难民浙江省漂着事件における官话讯问について—"呈禀文集"及び"八重山家谱"を中心に—》,《アジア文化交流研究》第3号，2008年，第33—50页。

② 日本法政大学冲绳文化研究所编《楚南家文书"呈禀文集"》，东京：法政大学冲绳文化研究所，2015年，第14页。

煌，眷念微臣，有加无已。若循例进京，恐效顺献诚之心，转为违旨获戾之举。合情备陈苦衷，叩乞大老爷恩赐超拔，俾善等循例进京，足见圣人有道，无远弗届，庶国主效顺之心，使臣得以上达，洪恩造就，薄海颂德不替。切呈。康熙五年十月　　日。

(二)《汉文集》语料来源

《汉文集》或名《汉文》，抄本 1 册，现存抄本已发现 3 种，分别为日本八重山博物馆藏竹原家文书本《汉文》、同馆藏庆田城家文书本《汉文集》、琉球大学附属图书馆藏宫良殿内文库本《汉文集》。《汉文集》是当时琉球人遭到海难时，为请示清政府地方官员的救护而备集的各类文书范例。文书中包括说明难民的身份、船只货物情况、遭风遇难的原因，请求官员给予安顿、发给粮米、医治疾病、修理船只，并请送到福州返乡等，它是当琉球人来华时常备的公文写作范本。兹录宫良殿内文库本《汉文集》所收公文两篇如次①：

(15)《汉文集》第 1 篇：具报琉球国属八重山岛难民某等，为据实报明事。切难夷△等，要装载贡米，投纳王府，率领水梢△十余名，△月△日本岛开船，不想驶到半洋，遇着暴风，所载大米杂项，抛弃海中，破篷折桅，任其飘流。正在万死一生之秋，幸赖后天福庇，飘到贵地，共得活命，伏乞贵官垂怜难民，转禀大老爷，发馆安稳，给食养赡，则戴鸿恩于无既矣。切禀。同治六年丁卯八月△日，琉球国难民△等顿首拜。

(16)《汉文集》第 6 篇：具禀难人△等，为解送福州，以便回国事。切难民△等，装载贡赋，前赴那霸，不意途遇飓风，随波逐浪，而任其漂流。幸邀天眷，指引生路，△月△日飘至贵国洋面。奈本船伤损已多，不堪修理，尚或淹留日久，恐不副贡船返棹之期，而失搭归之便。伏乞大老爷垂怜远人，恩准拊搭贵地便船，护送福州，以便回本籍，则感佩覆载再造之德矣。切禀。同治△年△月△日，琉球属岛八重山难人谨具。

可以看出，无论是《呈禀文集》还是《汉文集》，其中的范文均当取自当时的实用文书，这与英国人威妥玛于 1867 年编写的汉语公文写作教材《文件自迩集》，②日本明治时期的《清国公文一斑》(关口隆正编，村田直景 1902 年版)、《支那交际往来公牍》(金国璞编，泰东同文书局 1902 年版)、《日清往来尺牍》(吴泰寿编，博文馆 1904 年版)等公文书信教本，以及当下出版的《实用汉语写

---

① 徐艺圃《来华琉球难民的“急救篇”——〈汉文集〉内容评述》，第五届中琉历史关系学术会议筹备委员会编《第五届中琉历史关系学术会议论文集》，福州：福建教育出版社，1996 年，第 119—120、123 页。

② 程龙《威妥玛〈文件自迩集〉浅析》，《中国文化研究》2012 年第 1 期，第 206—212 页。

作教程》《汉语应用文写作教程》等各类留学生写作教材均有着惊人的相似之处。

结 语

语料是编写语言教材的基本材料，琉球官话课本中的语料来源较为复杂多样，普通会话类课本中的语料多取自当时的交际对话、圣谕宣讲和曲辞等。专用会话课本则取自与飘风难人的对话实录和琉球人跟中国册封史之间的外交对话记录。副读本式的课本语料则源自中国的拟话本小说。词句集类的课本有些内容取自会话课本，有些则源于当时中国福建地区使用的官话正音书。公文写作类范文集则取自当时正在使用的各类呈禀公文。

语料的真实性、实用性、趣味性一直是国际汉语教材编写者遵循的基本原则。琉球官话课本的语料不仅来源丰富，而且极具实用性、真实性与趣味性。无论是普通会话课中的交际对话，还是专用会话课本中的海难求助、外交沟通，以及实用写作课本中的呈禀公文等，无不体现出语料的真实性和实用性。副读本式的课本语料直接取自我国的话本小说，完整地保留了故事情节与叙事结构，从而很好地实现了课本语料的趣味性和生动性。

明清时期，无论是东亚朝鲜的汉语教科书、日本的唐话课本，还是西方外交官、传教士等编写的汉语教材，都将交际对话、小说戏曲、实用公文作为语料编入其中。直至今日，这些语料仍然是国际汉语教材编写的主要来源。琉球官话课本编写者不仅与同时代的东西方汉语课本编写者有着共同的语料选择旨趣，而且与当今正在使用的教材的编写者也有着相似的语料选择理念，因此，这些官话课本也充分展现出其在国际汉语教材史及中琉交流史上的价值。

“文本旅行”与“角色扮演”
——汉文化视域下的朝鲜古代代言文创作及其意义*

王　成**

【内容提要】 朝鲜古代代言文以中国历史、文化等为取材对象，将自我代入异域异代他人，营造出一个今古转化的场域，个人情感与前人经历相互交融，实现角色扮演，形成作者、被代言者与读者的沟通与交流。代言文不仅反映出朝鲜古代文学对中国历史、文化等的受容程度，更与中国相关史实存在“互文性”，形成对话、互动的联效机制。代言文不仅锻炼了朝鲜文人科文的创作技法，提高了整体文学创作水平，也带动诗法类著作、文章在朝鲜王朝的普及与流行。

【关键词】 朝鲜　代言文　“文本旅行”　“角色扮演”　“互文性”

现代社会，商家为了商品能够畅销或形成轰动效应，往往请娱乐明星或社会名流为之宣传，称为代言。其实，在古代文坛也存在着文学“代言”现象，汉魏六朝开始出现大规模拟代诗文，《文选》(卷三〇、卷三一)列有“杂拟”类，收录拟代诗歌六十多首，这种文学现象贯穿中国古代文学发展始终。拟代文或以“拟”为题或以“代”为题，但“拟”与“代”有所不同，“拟”通常指模拟前代既有的题目，“承袭前人作品抒情主体的身份进行创作，因而其视角是被限定的，只是生活情境可由作者创造性的构想”。[①]“代”指假托而代其对象立言，“所代言的内容和形式俱无具体规范可循，于是只能根据自己对所欲代言之对象的了解，以‘设身处地’‘感同身受’的方式，来替他说话”。[②]

古代东亚形成了以中国为中心的“汉文化圈”，用汉字书写的文献典籍在东亚诸多国家流布，中国历史、文化、艺术、文学因此被广泛接受、学习。代言这一文学样式也影响到了域外，朝鲜古代文人就创作了大量代言文。目前关于朝鲜古代代言文的研究成果只有卞东波《“以文为戏”与“文学扮演”——东

* 本文为国家社科基金项目“韩国古典散文与中国文化之关联研究”(项目编号：14CZW038)阶段性成果。

** 本文作者为黑龙江大学文学院副教授，硕士生导师。

① 蒋寅《古典诗学的现代诠释》，北京：中华书局，2003年，第163页。

② 梅家玲《汉魏六朝文学新论——拟代与赠答篇》，北京：北京大学出版社，2004年，第11页。

亚汉文学中的“拟代文”》[①]一文有所涉猎，该文第三部分选择奇大升《拟李太白与杜子美书》、尹推《代顾荣送张翰归江东序》、崔忠成《拟送张舍人归江东序》等进行解析，论述虽不够全面、透彻，却有很大的启示性。朝鲜古代文人大量创作代言文，并非只是对中国历史、文化、文学的简单接受，而是一种不容忽视的文学现象，具有鲜明的本民族特色，也有着特殊的文学史意义。

一、朝鲜代言文创作概览

在古代东亚各国文化交流中，书籍扮演了重要角色，除传播知识用途外，还承担着沟通、交际的功能。中国历史、文化、艺术、文学等经由“书籍之路”传到域外，尤其对一衣带水的朝鲜半岛影响更是深远。朝鲜人士通过阅读传入本土的汉文典籍，了解到中国的政治、历史、文化、文学等。汉文书籍不再受国家、民族的限制，旅行到域外后，融合本民族的品格，使中国文化本土化，在新的土壤生根发芽，结出灿烂的果实。朝鲜半岛通过“书籍之路”拓展了文化生存的空间，架起了与中国思想、文化传播交流的桥梁，实现了“文本旅行”，引发东亚汉文化圈内的文化认同。“文本”并非仅指用文字书写的文学作品，它包括历史、文化、艺术等一切相关的事物。“旅行”主要借用爱德华·萨义德“理论旅行”概念，强调理论、文本等在不同文化主体之间的传播、受容以及在新时空中的新位置、新用途等变异情况。通过贯穿东亚的“文本旅行”，中国与朝鲜半岛实现了“文化转移”，文本的旅行也为朝鲜古代代言文创作提供了可能。

顾名思义，代言文即代他人立言之文，[②]从创作到完成，代言作者在假设的某种特定场景下扮演一个特定角色（或者是为角色配音），不断进行着由读者到作者的创作性转化，实现“角色扮演”，提炼自我的审美经验与生命体验。创作时，因有作者现时经验的融入与拣择，因此每一个情感抒发瞬间，都是基于真实性历史的艺术再创造，融入了历史与现实的互动。代言文的“角色”的选择是要受到一定限制的，文题一旦确定，“角色”也就相应固定下来。朝鲜古代代言文多采取以下几种表现形式：

第一种是自上而下式，主要是拟古代君王对臣子下诏等。如朴世堂《拟汉文帝勿营露台诏 课制》、郑士兴《汉求贤良方正直言极谏之士诏 丁丑庭试》《汉文帝赐吴王几杖诏》《唐太宗奖谕安市城主将诏》《唐肃宗拜杜甫为左拾遗制》、姜沆《拟宋仁宗开天章阁诏》等。诏又称诏书，是古代朝廷下令给臣属或者告

① 卞东波《“以文为戏”与“文学扮演”——东亚汉文学中的“拟代文”》，《古典文献研究》第十九辑，南京：凤凰出版社，2016年，第66—82页。

② 还有一种代言文是受人所托而代他人着笔，也就是代笔，不在本文讨论范围。

示天下的公文。明代吴讷云:"三代王言,见于《书》者有三:曰诰,曰誓,曰命。至秦改之曰诏。"[①]汉文帝刘恒是一位颇有作为的皇帝,西汉开国之初,社会动荡不安,天灾不断,吏治不修,为迅速恢复生产、整饬吏治,汉文帝颁布了很多解决社会现实问题的诏令。朝鲜文人了解有关汉文帝的史实,创作了多篇代汉文帝发布诏令的文章,如朴世堂《拟汉文帝勿营露台诏 课制》,突出汉文帝的体恤百姓、一心为民,文章开篇曰:"朕惟帝王之德,在于节俭爱民而已,易称节以制度,不伤财,不害民。传言道千乘之国,节用而爱民。"[②]汉文帝懂得节俭爱民是立国之根本这一道理,因此认为"不可以循耳目之娱,侈游观之乐,糜财费用而不恤赤子之困悴"。[③] 关于修建露台,他咨询匠师得知需用百金后,深感惊恐,"念此百金者,乃中人十家之产耳。朕受天所付,为生民主,尚虑夫匹夫匹妇间有不获而无以塞天之意。今彼十家得此则生,失此则死,而吾顾不为天下惜财。是朕用十家之命,以筑一台也"。[④] 于是下诏不再修建露台,减轻百姓的负担。诏令虽然不长,却句句深情,充分体现出了汉文帝体恤百姓的执政思想。

第二种是自下而上式,主要是拟臣属对君王的上奏、上表等,也有部分文章涉及门客对公卿的上书。奏、表、笺作为臣属向君王上书陈述政见、诉说心曲的常用文体,被朝鲜此类型代言文频繁使用。奏如申景浚《拟白起请勿伐赵奏》、宋微殷《拟东汉司徒掾班彪请依旧制置护羌校尉奏》、姜锡圭《拟宋开封府推官苏轼请勿买浙灯奏》《拟宋知滨州吕夷简请勿税农器奏》等,表如石之珩《拟伏羲群臣贺炼石补天表》、郑士兴《拟燧人氏之民贺教人火食表》、郭说《拟宋翰林学士欧阳修请勿以柿木成文太平字宣示中外表》、金龟柱《拟宋留正谢拜丞相表》、金得臣《拟汉太常桓荣谢下车拥经亲问起居表》等,笺如郑士兴《拟汉萧何请养民以致贤才笺》、郭说《拟纳醢堂上谢恩笺》、石之珩《拟孟子请勿毁明堂笺并引》、金龟柱《拟汉群臣贺项羽至固陵吹箫散楚兵笺》等。此类型代言文代言对象不固定,完全根据作者的实际需求进行设计,文章长短不一,有三五百字者,也有二三千字者(如申景浚《拟白起请勿伐赵奏》)。我们以姜锡圭《拟宋知滨州吕夷简请勿税农器奏》为例,对此类型代言文作简要阐释。吕夷简(978—1044),字坦夫,北宋政治家,昭勋阁二十四功臣之一。历官通州通判、滨州知州、礼部员外郎、集贤殿大学士等。姜锡圭以吕夷简任滨州知州时的身份,代其向北宋朝廷奏表,文章核心观点是施政要以农为本,要减轻农民

---

① 〔明〕吴讷著,凌郁之疏证《文章辨体序题疏证》,北京:人民文学出版社,2016年,第231页。

② [朝鲜王朝]朴世堂《西溪先生集》,韩国民族文化推进会编《影印标点 韩国文集丛刊》(第134辑),汉城:景仁文化社,1999年,第155页。

③ 同上。

④ 同上。

的负担，休养生息。开篇直接强调了农业的重要性："臣窃以食为生人之大命，故民者以足食为急，农为天下之大本，故王者以劝农为先。"[①]民以食为天，决定了农业是立国之根本。文章又以神农氏、虞舜氏为例，并引用孟子的话语，指出"田且不税而耕之，况其耕之之具"，[②]话题由上面重视农业转移到了要表述的中心——免除农器之税。过渡自然，衔接紧密。前代暴君"视民如仇，横敛无艺，割剥之害，至于鸡豚，渔夺之利，及于锥刀，吮甚永蛇，噬酷泰虎，荷耒者出粟，带锄者出钱，以至钱镈之细，襏襫之微，亦皆有税"，[③]百姓深受其害。宋太祖赵匡胤建国之初，"知民疾苦，法天仁义，苏残濯痍，煦濡乳哺。如周武王之反商政，如汉高祖之除秦苛，凡所以害于民者，一皆革以新之"，[④]取得了积极成效，社会发展稳定，百姓安居乐业。虽然采取了一系列英明举措，但农器之税却保留了下来。"吕夷简"认为这样做不够妥当，他引用商鞅、汉武帝进一步阐说："夫以残忍刻薄之商鞅，犹且不税而劝之。堂堂圣朝，以仁厚立国，而忍为商鞅之所不忍为者乎？汉武帝敛民榷利，不遗锱铢，征税之法，至算商车，故史氏书之，后人讥之。而然当时不闻有农器之税，岂不以生民之本在于此，而不忍侵夺而然哉。"[⑤]在"吕夷简"看来，就连施行严苛刑法的商鞅与"敛民榷利，不遗锱铢，征税之法，至算商车"[⑥]的汉武帝都没有施行农器之税，本朝更不应该实行，所以上奏希望免除农器之税，以减轻百姓负担。

第三种是平级式，主要是拟文人士子"朋友圈"之间的交流。此类型代言文多采用书信、赠序的文体形式，以点对点式的沟通，体现某种情谊。如奇大升《拟李太白与杜子美书》、金锡胄《代顾荣送张翰归江东序 月课代人作》、金得臣《代张旭寄吴道子书 月课代人作》、金安国《拟送韩愈贬潮州序》、苏斗山《代顾荣送张翰归江东序 庚子月课》等。以金得臣《代张旭寄吴道子书 月课代人作》为例，对此类型代言文略作论说。张旭是唐代书法家，擅长草书，喜欢饮酒，世称"张颠"。吴道子是唐代画家，长于壁画创作，被尊称为"画圣"，他曾随张旭学习书法，后来改攻绘画。金得臣这篇代言之作主要是书写张旭对吴道子弃书法而学绘画的不理解，"今子学旭之草圣之法，而不抵通神之域，又徙业于画。虽蹴鞠之戏、博塞之技，乐之不厌，以成爬蛘然后其业成，况于学书法乎？况于

① [朝鲜王朝]姜锡圭《聱齖斋集》，韩国民族文化推进会编《影印标点 韩国文集丛刊》(第 38 辑)，汉城：景仁文化社，2004 年，第 144 页。

② 同上。

③ 同上。

④ 同上。

⑤ 同上。

⑥ 同上。

学画法乎?"[①]此段类比手法的运用以及一连串的发问展示出了"张旭"对吴道子不能专心攻于一技的痛惜之情。金得臣借"张旭"之口道出了他对绘画的认识:"若以画一水画一石,自以为善于画物象之妙,不知有画工之用笔之心法,而徒事乎笔踪之点点画画之区区,则是固依样者流尔。必得画工之心于弄笔之际,而体认乎方寸中,或应其心,或运其腕,可臻于神妙。"[②]"张旭"强调绘画的核心要素并非是依样画葫芦的形似,而是要注重心法,在一笔一画中体现出画工之心,才能臻于神妙境界。

以上所列,基本上可以含括朝鲜古代代言文的主要表现形式,从中可以看到其丰富性、多样性以及深厚的文化意蕴,值得我们深入探讨。

二、朝鲜古代代言文创作的特色生成

朝鲜古代代言文不仅继承了中国古代拟代文的创作技法、表现形式等,同时更融合了本民族精神,成为东亚汉文学的一道亮丽风景线,呈现出以下鲜明的艺术特点。

第一,以奏、表、诏、笺、书牍、赠序等文体为主,其中又以奏、表等实用性文体居多。

关于朝鲜古代代言文的主要表现形式,前文已作交代,不再赘述。不同的文体对于叙述语言、文章风格等的要求也有区别,下面重点考察赠序、书牍,以管中窥豹。赠序是专门为送别亲友而创作,与诗文序跋有区别。"赠序一体,一般以述友谊、叙交游、道惜别为主,而某些优秀作品,往往表达作者的思想、识见,以及师友亲朋之间互相劝勉和真挚赤诚的情感,成为叙事、说理而又兼抒情的散文。"[③]朝鲜古代赠序代言文较多的是代东晋顾荣送张翰,如苏斗山《代顾荣送张翰归江东序 庚子月课》、金锡胄《代顾荣送张翰归江东序 月课代人作》、崔忠成《拟送张舍人归江东序》、尹推《代顾荣送张翰归江东序》、尹善道《送张翰归江南序》、洪柱国《代顾荣送张翰归江东序》、赵根《拟顾荣送张翰归江东序》等。这些文章均站在顾荣的立场上,抒发对张翰的送别之情,但叙述侧重点有所不同。如尹推《代顾荣送张翰归江东序》抒发自己("顾荣")不能追随张翰一同归隐的遗憾之情;尹善道《送张翰归江南序》开篇云"士君子生斯世,出与处而已矣",全文即围绕这一基调敷衍生发,俨然一篇论述"出与处"辩证关系的议论文;崔忠成《拟送张舍人归江东序》则突出"志"的重要意义,指出

① [朝鲜王朝]金得臣《柏谷集》,韩国民族文化推进会编《影印标点 韩国文集丛刊》(第104辑),汉城:景仁文化社,2002年,第184页。

② 同上。

③ 褚斌杰《中国古代文体概论》(修订版),北京:北京大学出版社,1990年,第385页。

“事业不一，志趣各异，而要其致则一也”，[①]并想象张翰归隐后的一系列情景，等等。

书牍是比较常用的一种应用文体，“书信是人与人之间的交际工作，最具有实用价值；而书信所涉及的内容，又几乎无所限定，无论是军国大事，讨论学术，评述人物，推举自荐，倾诉个人境遇，以至日常所感所思，皆可入书，其内容可以包罗社会生活、个人生活的各个方面”。[②]《文心雕龙·书记》篇云：“详总书体，本在尽言，言以散郁陶，托风采，故宜条畅以任气，优柔以怿怀；文明从容，亦心声之献酬也。”也就是说，书牍的最大特点是涉猎范围广与“尽言”，尽情地表达情感、想法等。朝鲜古代书信体代言文如奇大升《拟李太白与杜子美书》、金得臣《代张旭寄吴道子书 月课代人作》、李建昌《拟客上平津侯书》等，都颇具特点。李建昌《拟客上平津侯书》开篇交代了背景：“汉武帝时，丞相弘，居中用事，得人主意，当世莫敢望。然弘每休沐归第，中若有不释然者，子弟亲宾以间请，皆不应。客之在东阁者，知弘意，乃上书于弘。”[③]平津侯即公孙弘，汉武帝时以文学征，对策第一，拜博士，后为丞相、平津侯。“客”认为公孙弘不开心的原因是“天子简君侯，而不以宰相礼之”，[④]他因此为平津侯公孙弘献计：“今吾为君侯计者有三：及君之未怼，辞荣避利，保全终始，一也。陈善闭邪，从容中道，以盖前日之愆，二也。辱之不为耻，侮之不为愠，专专为妇寺之忠，而不恤其他，三也。君侯深思而择处之，惟不为天子所怼，而天下后世笑，则可矣。”[⑤]事情最后的结果是：“弘览书，怃然而太息曰：谨闻命矣。乃上书，归丞相印，告老于家。东方朔闻而善之曰：吾闻善导人者，伺其心之发，而纳之以言，客之谓也。”[⑥]李建昌《拟客上平津侯书》与通常代言文有一定区别，作者并未完全让被代言者成为真正的主角，他于文章开头、结尾介入了整个虚拟的故事中，一定程度上干预着叙事。

第二，作者和被代言者成为“双声的言语”，这是朝鲜古代代言文最突出也最具文学意义的特点。

代言文兼具两个不同时空的向度，它为文中主人公的经历和作者的审美体会构建了交流、交汇的渠道，促发二者的互动与交融。作者身兼两个角色，他代言另一个时空人物的话语，实则是以隐喻、折射的方式来传达自己的思想

① [朝鲜王朝]崔忠成《山堂集》，韩国民族文化推进会编《影印标点 韩国文集丛刊》(第16辑)，汉城：景仁文化社，1988年，第593页。

② 褚斌杰《中国古代文体概论》(修订版)，第388页。

③ [朝鲜王朝]李建昌《明美堂集》，韩国民族文化推进会编《影印标点 韩国文集丛刊》(第349辑)，汉城：景仁文化社，2005年，第116页。

④ 同上。

⑤ 同上。

⑥ 同上。

意图,是一种"双声的言语"。"这个言语成为'双声的言语'(double-voiced discourse),它替两个说话人服务,同时表达两种意图:说话者的直接意图和被折射出来的作者意图。这个言语中有两个声音,两种意义和感情。而两种声音也同时有对话关系,它们仿佛彼此认识,……仿佛真正地彼此对话。双声言语总是有内在的对话。"[①]作者与被代言者(文章中的角色)构成主客体的关系,从读者到作者的转变,在心境、情感上互映互照,形成"近似的再演",展示出丰富的想象世界。我们以金安国《拟送韩愈贬潮州序》为例来分析代言文这一特点。

李翱(772—841),唐代文学家、哲学家,与韩愈于贞元十二年(796)相识,对韩愈的学识、人品非常钦佩,"我友韩愈,非兹世之文,古之文也;非兹世之人,古之人也。其词与其意适,则孟子既没,亦不见有过于斯者"[②]。李翱曾从韩愈学习古文,并与韩愈共同推进了古文运动的发展,二人亦师亦友,友谊保持了近三十年。元和十四年(819),唐宪宗派遣使者去凤翔迎接佛骨,京城掀起了崇佛狂潮。韩愈不顾自身安危,毅然上《谏迎佛骨表》,痛斥佛之不可信,要求将佛骨"投诸水火,永绝根本,断天下之疑,绝后代之惑"。[③] 宪宗震怒,欲将韩愈处以极刑。宰相裴度与朝中大臣极力求情,韩愈才得以免死,被贬为潮州刺史。金安国代李翱送韩愈往潮州任上,作《拟送韩愈贬潮州序》。

昔者圣人以道治天下,道行而天下无异俗。其功化之极,至于天地位、万物育。夫又何以加之哉?然其道不出乎人伦饮食日用之间,不外乎仁义礼智礼乐刑政之中。由体以达用,沿流而溯源,上以是为教,下以是为学,尧舜禹汤文武相传,愈久而无弊。数圣人既没,是道不复行于世。夫子生于衰周之末,慨然以行道为己任,栖栖四方,卒不得志,乃退而删诗书、赞周易、修春秋、述礼乐,六经作而道之大全,其在是乎?当是时,唱而和之者颜、曾、游、夏七十子之徒相与扶持之,故异端不兴焉。孔子没,七十子死,六经之文微妙而至深,盖识者寡焉,邪说并起,蔓延于天下,涂生民之耳目。先王之所谓光明正大简易明白之道,郁而不彰,其为害可胜言哉?赖孟轲氏盖尝辞而辟之廓如也。孟轲氏没,历秦、汉、晋、隋之间,老佛之道复显行于世,清净寂灭广大慈悲之说盈于天下,弥近理而大乱真,

① 马耀民《作者、正文、读者——巴赫金的对话论》,载吕正惠主编《文学的后设思考》,台北:正中书局,1991年,第68页。

② 〔唐〕李翱《李文公集》,清钱曾述古堂抄本。

③ 迟文浚、宋绪连主编《唐宋八大家散文:广选·新注·集评》,沈阳:辽宁人民出版社,1997年,第397页。

不有圣贤出而正之,几何其不至于夷狄禽兽,而生民之类或几乎息矣。[①]

用身份的转化行文,无疑考察了作者对历史、文献等的掌握程度,同时也折射出作者的语言表达能力、思维反应能力。《拟送韩愈贬潮州序》就是典型代表。金安国抓住了李翱思想讲究道统的核心,开篇就提出“道”,并指出“道”的重要价值、意义,“昔者圣人以道治天下,道行而天下无异俗,其功化之极,至于天地位、万物育”。“李翱”历数了“道”的发展轨迹,圣人没,“道不复行于世”,孔子适时出现,“以行道为己任”,但不得志于世,于是“退而删诗书、赞周易、修春秋、述礼乐”,在孔子与众多弟子的共同努力下,异端不兴。孔子与七十弟子去世后,邪说并起,孟子适时出现。孟子去世后,历秦、汉、晋、隋,老佛之道“复显行于世”,此时需要有担当的人出现,力挽狂澜,救大厦于将倾。“李翱”之所以历数“道”的衰微演变,就是为韩愈的出现作铺垫。“然上下数千载间,溺于见闻,卒无有一人敢倡言排斥之者,子今独喟然引圣,争四代之惑,虽蒙讪笑,跋而复奋,自非见道不惑,勇往直前,自任以先王之道之责者,其何以至此哉?”[②]皇帝下令迎佛骨,韩愈坚决反对,最终获罪,被贬潮州。“李翱”对韩愈的行为给予了高度评价:“昔者孟轲氏扶之于未毁之前,子乃救之于既乱之后。其为道则同,而其功过于孟轲氏远矣”,[③]“而数千载斯道之望,其在子乎?百世之下,必有神会默识而兴起者焉,圣人之道绵绵续而不绝,子之功于是为愈大矣”。[④] 这篇赠序既体现出了李翱的核心思想主张,又反映出李翱与韩愈的真挚情谊,以及李翱对韩愈的高度评价。虽是代言,却给人强烈的现场感与代入感。

第三,在语言运用、表达功用等方面,朝鲜古代代言文与中国古代代言文存在一定差异,具有鲜明的半岛特色。

这种半岛特色主要体现在文题形式上,并由此引出了一系列相关问题。朝鲜古代代言文题目多带有“月课”“殿试”“庭试”“应制”“御考”等字样,据笔者所及,中国古代代言文尚未发现有如此标注者。金锡胄《代顾荣送张翰归江东序 月课代人作》、金得臣《代张旭寄吴道子书 月课代人作》、苏斗山《代顾荣送张翰归江东序 庚子月课》《拟宋崇政殿说书程颐请俟初秋即令讲官轮日入侍 庚子月课表》《拟本朝弘文馆进朱熹救荒状 庚子月课笺》、苏斗山《拟宋崇政殿说书程颐请立尊贤堂以延天下道德之士 庚子殿试表》、郑士兴《汉求贤良方正直言极谏

---

① [朝鲜王朝]金安国《慕斋集》,韩国民族文化推进会编《影印标点 韩国文集丛刊》(第 20 辑),汉城:景仁文化社,2004 年,第 216 页。

② 同上。

③ 同上。

④ 同上。

之士诏 丁丑庭试》等，表明代言文这一文体形式在朝鲜古代科举中发挥着指挥棒的功能，各级书院、学堂、乡校等注重强化代言文写作的训练，目的就是为了提高应考能力。君王在考察群臣时也常以代言文作为测试要求，如赵秉铉《拟唐舍人贾至谢朝朝染翰侍君王表 禁直应制》、姜彝天《拟唐群臣贺龙虎榜 庚戌六月泮制御考》《拟齐闾丘老人谢出猎社山之日谕以愿请先生为相 甲寅泮制御考》等，很多人也取得了优异成绩，如郑士兴《拟本朝礼曹请于讲经时兼讲近思录笺 应制二中》、姜彝天《拟周召虎请天子万年 癸丑三月泮制御考居第二》等，说明代言文在朝鲜得到了很好的操作实践与现实回应。

中国古代代言文常体现出"以文为戏"的创作倾向，这已得到学界的普遍认可。如刘克庄以管城子毛颖（笔）、陈玄（墨）、楮知白（纸）、石乡侯石虚中（砚）"文房四友"为对象创作出《代毛颖谢表》《代陈玄谢启》《赐楮知白诏》《代石乡侯石虚中除翰林学士诰》等文章。郑持正编有《文章善戏》一书，包括文房拟制表、岁寒三友除授集、无肠公子除授集、拟封花王册等名目，收录《毛颖封管城子诰词》《管城子毛颖谢上表》《拟乔松可特授大夫制》《拟进芹表》等大量代言文章。这些虚构的人物鲜明地体现出了中国古代代言文"以文为戏"的创作倾向。由于科举考试的影响，朝鲜文人堂而皇之、大规模地进行创作，鲜有文人别集不含代言文者，甚至很多文人别集中存有整卷各种类型的代言文，如郑士兴《晚洲先生集》（卷三卷四）、姜锡圭《聱齖斋集》（卷六卷七）、姜沆《睡隐别集》（"课制"卷）、金龟柱《可庵遗稿》（卷一八）等都收录了数十篇代言文。朝鲜文人摆脱了"以文为戏"的创作倾向，代言文渗透着较为强烈的政治因素。既然是应试或应制之作，就不能随心所欲，而是要在规则下构思行文，故其在为历史人物代言时，很难抒发出作者的情感体验，无法做到中国古代代言文那样，"别人的言语在别人的言语中"（巴赫金语）。

三、朝鲜古代代言文创作的意义

代言文作为朝鲜文学的一种文体形式，不仅借鉴、吸收了中国文学的有益营养，同时结合本民族文学的实际情况，呈现出较为突出的创作意义。

首先，提高了朝鲜科文创作水平，也带动诗法类著作（文章）在朝鲜的普及与流行。

朝鲜科考偏重文章的写作，如文科初试三场都为制述，"初场五经四书疑义或论中二篇，中场赋颂铭箴记中一篇、表笺中一篇，终场对策一篇"（卷三《礼典》）。[①] 复试亦是制述，殿试为对策、表、笺、箴、颂、制诏中一篇。朝鲜朝时期

① ［朝鲜王朝］崔恒等《经国大典》，汉城：亚细亚文化社，1983 年，第 210—213 页。

的科考，表、赋文体所占比重很大，如奎章阁韩国学研究院藏手抄本《取大》(共3册)，收录2600多篇科考的表体文，内容分为贺体、谢体、请体和进体，每项内容里再按照文题内容以时间顺序排列。朝鲜古代代言文也可按照贺体、谢体、请体和进体等进行划分，如姜沆《拟燕将乐毅辞封齐王表》、高敬命《拟净妃郭氏谢赐御制乐府表》等。朝鲜重视科文写作的训练，也由此产生了很多文法类著作、文章，并在朝鲜朝得到普及、流行。如李植《示儿孙等》(含《科文功夫》部分)、金允植《八家涉笔》、林象德《读书规模》《作文蹊径》《通论读书作文之法》《小儿读书次第》《幼学读书规模》、尹耆《读书次第》《教小儿》、洪柱世《示乡校诸生文》等，都是讲授如何读书、如何应对科举考试的专门文章。以林象德《读书规模》为例：

> 士苟有志为学，不可不读书。而读书，先须识得一个规模。今世科学之士，志趣不远，徒务寻摘，欲求捷径，故终身勤劳，枉费功力，不但识业鲁莽，并与其科场末艺，而无所成。殊不知学术与文章非二歧，古文与科文为一贯，良可慨也。夫人不学则已，学则当先读《小学》，以立根基，志向既端，则聪明自生，见解自高，然后甘和白采，始有可受之地。次读《大学》《论》《孟》，以博其义理。夫然后上通《诗》《书》《庸》《易》，以极其精微。旁究《左》《国》《纲目》，以达其事变。读书至此，方是四达之衢，由是而进焉。则高可希圣贤，中可为文章，下不失为科学中善士，道岂远乎哉？术岂多乎哉？[①]

林象德明确指出“今世科学之士”各种学习态度上的弊病，以及由此带来的后果，他认为“学术与文章非二歧，古文与科文为一贯”，因此提出“先读”“次读”以及“上通”“旁究”等学习次第顺序，指导后学阅读，进而提高科文的创作。

其次，体现出了中国对域外影响之深远，反映出朝鲜文学对中国历史、文化、文学等的受容情况。

朝鲜文学对中国政治、历史、文学、文化等的接受是多方面的，已有大量成果论及于此。代言文即是其中一种重要的受容形式，朝鲜古代代言文对象多为中国古代历史人物，或为帝王、臣子，或为文人、学者，如孟子、乐毅、白起、贾谊、张良、萧何、汉文帝、霍去病、班彪、夏侯胜、贡禹、颜驷、吕后、桓荣、顾荣、唐太宗、唐肃宗、李白、张旭、李翱、李翰、郭子仪、魏叔玉、贾至、郑綮、宋仁宗、欧阳修、苏轼、李纲、吕夷简、程颐、寇准、郑侠、留正、洪皓、张九成等；亦有普通百姓或不知名姓者，如伏羲群臣、燧人氏之民、平津侯门客、汉群臣、唐河朔使者、

① [朝鲜王朝]林象德《老村集》，韩国民族文化推进会编《影印标点 韩国文集丛刊》(第206辑)，汉城：景仁文化社，1998年，第88页。

唐群臣等，涉及范围非常广泛。这些人物或于历史进程起到了一定的推动作用，或丰富了文坛的发展。代言文对于朝鲜学子们是一种考验，只有熟读、精通中国古代政治、历史、文化、文学、艺术等相关史实，具备扎实的语言表达能力，在多方面因素共同作用下，才能写出符合要求、高质量的科考文章。

再次，朝鲜古代代言文与中国相关史实存在“互文性”，可以形成对话、互动的联效机制。

以顾荣与张翰作为代言对象、内容的文章，就很好地体现了这一点。张翰字季鹰，善属文，放任不拘，时人号为“江东步兵”。诱发朝鲜文人积极代顾荣立言送张翰的，是源于《晋书·张翰传》的一段内容：“齐王冏辟为大司马东曹掾。冏时执权，翰谓同郡顾荣曰：‘天下纷纷，祸难未已。夫有四海之名者，求退良难。吾本山林间人，无望于时。子善以明防前，以智虑后。’荣执其手，怆然曰：‘吾亦与子采南山蕨，饮三江水耳。’翰因见秋风起，乃思吴中菰菜、莼羹、鲈鱼脍，曰：‘人生贵得适志，何能羁宦数千里以要名爵乎！’遂命驾而归……俄而冏败，人皆谓之见机。”[①]朝鲜文人以此段叙述作为想象、发挥的基础，所创作的代言文各具特色。苏斗山《代顾荣送张翰归江东序 庚子月课》扩充了有关顾荣与张翰的文本内容，可与《晋书·张翰传》所载形成“互文性”：

> 太安元年壬戌之秋，大司马掾张公季鹰，将挂冠归江东。余乃出祖东门外，肉于俎、酒于觞以送之曰：
>
> 贤大夫哉！若人。传曰：达人知几；又曰：乱邦不居。子乃学古训者欤。呜呼！张公，江东之望也。倜傥不羁，放浪江湖，本不达于危行，又无意于仕禄，优游渔钓之间，惟意是适，人以为“江东步兵”者良以此也。一逢贺循之弹琴，听为伯牙之子期，同舟入洛，因被齐王之辟，此岂张公之所欲哉？遇知己之主，立不世之功，泽流于民，名昭于时者，乃张公之志。而遭时不淑，命与仇谋，不可幸而致也。趋走王门，情不称于曳裾；弹铗悲歌，奏苦声而思归。浩然有遗世之志，未尝不慨然于怀也。一朝就余，扣其所蕴，以吾与之同郡，而情又最密故也。其言曰：天下纷纷，祸难未已。人神惨酷，玉石俱焚。才智之士，虽有如汉之祢衡者，而其如魏武黄祖何？吾本山林间人，无望于乱世，有意于退保者久矣。安能蹩躠风尘，以要名爵乎？秋风乍动，搅起乡心，则曰：江乡风味，此时方好。水葵香于兰汀，玉尺肥于镜面，采于江莼可羹，钓于水鲈可脍，人生贵得适志，何必羁官数千里外，孤负沧洲之兴乎？与其慕禄履危，自投祸网，曷若逍遥物外，渔钓是甘？于是遂命驾而归。余闻其言而怆然，执其手而戏欷曰：张公真不羁

① 《晋书》，北京：中华书局，1974年，第2384页。

士也。古人所谓明哲保身者，其斯人之谓欤？吾亦将挂吾冠而膏吾车，与子同归，采南山蕨、饮三江水耳。君其归语江东父老曰：把钓待三秋也。[①]

苏斗山增加了顾荣、张翰的对话容量，如“天下纷纷，祸难未已”后增加的一段内容。“人神惨酷，玉石俱焚”是对祸难未已的进一步补充说明，增强了批评的力度；引用祢衡的典故，则要说明不重视人才、浪费人才的现象非常严重。再如秋风起而思归一段，苏斗山作了精彩的演绎、补充，文学色彩浓厚，对环境的描写也能够衬托出思归心情之切，相比《晋书》所载更具文学性，也更为耐读、发人深思。顾荣愿与张翰同归一段相比于《晋书》，苏斗山的叙述信息含量更大。苏斗山《代顾荣送张翰归江东序庚子月课》补充的文字使顾荣、张翰的形象更为丰满，也与《晋书》形成了某种程度上的“互文性”。

结 语

朝鲜古代代言文的每一个角色扮演，都是对原事物（史实）的再认识。作者同时也是读者，需要站在被拟者的位置去思考、去衡量，不但要“赋形”，更要做到“神入”，“由于该文本乃出自于特定作者的创作，因此对拟作者而言，先透过作品及相关资料去观察、思考、体验、并认同原作者的情意感受，再回到拟作者的立场，设身处地、感同身受地以他的口吻发言，用类于原作的文字语言撰结成篇，就成为其所必经的两个阶段。前者，可谓之‘神入’；后者，则谓之‘赋形’”。[②] 朝鲜古代代言文与科考有着密切关系，代言文是文人士子们学习属文的重要方法之一，通过“月课”代言文的训练，能迅速掌握科文的创作技巧，勤加练习才会越来越熟练，科考时才能取得好成绩。朝鲜古代代言文拓展了汉语的表达空间，也是对中国文化、历史等的特殊受容与积极反馈，并与中国相关史实形成了跨界对话，值得我们高度重视与深入探讨。

---

① [朝鲜王朝]苏斗山《月洲集》，韩国民族文化推进会编《影印标点 韩国文集丛刊》（第127辑），汉城：景仁文化社，2005年，第286—287页。

② 梅家玲《汉魏六朝新论——拟代与赠答篇》，第31页。

赵元方藏书考

赵瑶瑶[*]

【内容提要】 赵元方是近代著名藏书家，其目录版本学师承吴江沈兆奎，而购书则多从琉璃厂处，尤其是多得文禄堂主人王文进的襄助。赵氏在抗战时期以自家房产抢救散乱古籍，并在新中国成立后多次将所藏精刻、精抄及明活字本捐献给北京图书馆。赵氏藏书不但以明活字印本有名，而且多藏明清精刊初印、罕见抄本，又针对同种书广储异本以校勘异同与判断优劣。赵元方在藏书上常用朱笔批校题跋，其中多有判定版本与真伪情况的内容，也有与当时学者交往的记录，从中可窥见其学术交游和读书意趣。其所用藏书印有三十余方，印文内容也反映了藏书家的藏书志趣。

【关键词】 藏书家　赵元方　藏书题跋　藏书印

赵元方（1905—1984），名钫，字元方，以字行。光绪朝军机大臣荣庆之孙，姓鄂卓尔氏，蒙古正黄旗人。赵元方早年受业于吴江沈兆奎，遂通版本目录之学。深于历代官制之学，著作有民国二十五年（1936）石印本《汉官仪总例》传世。历任天津中南银行副理、中国人民银行参事室参事等职，为名门之后，家境殷实，有雄厚财力收藏古籍与文物。与琉璃厂书商王文进交谊深厚，并委托他代为采集旧本，相互切磋版本之学。又与学者陆宗达、汪孟涵等为密友，经常交换在书肆中搜访的珍秘之本。赵元方的藏书中有珍贵的唐写本和金元著名刻本，如敦煌唐写本《老子》和《南华真经》，金刻本《南丰曾子固先生集》，元刻本《渊颖吴先生集》等；富藏明活字印本，如《容斋五笔》《吴中水利通志》《颜鲁公文集》等十数种。赵氏藏书量虽不太多，但以收藏名家精刻、精印、精抄本著称。藏书室名“无悔斋”，匾额为书法家魏广洲所书。新中国成立后，择其精本捐献给北京图书馆（1998 年更名为中国国家图书馆）。

对于赵元方藏书的研究，同时代的学者已有介绍文章，如雷梦水《北京藏书家赵元方》一文，[①]简单介绍了赵氏所藏唐写本、金刻本、明活字印本和其他

---

* 本文作者为北京大学古典文献学专业博士研究生，现就职于中国农业博物馆。

① 雷梦水《北京藏书家赵元方》，《中国典籍与文化》，1994 年第 1 期，第 46 页。

藏书情况，及其所用十八方藏书印的印文情况。其后相关研究文章多在雷氏的基础上，或列举更多赵氏的藏书，如《冀淑英古籍善本十五讲》中介绍了赵氏捐给北京图书馆的古籍二十余种；[①]或以亲身经历记录赵氏的交游情况，如陆昕《祖父陆宗达及其师友》中有《赵钫》一篇，篇末附赵氏收藏的古籍和文物清单。[②] 但是对于赵元方的购书藏书情况、藏书特色、藏书题跋以及藏书用印等问题，前人研究较为欠缺。而赵氏作为近代著名藏书家，是古籍收藏流传史上的重要一环；其所藏古籍有珍贵的唐金元本，还有为数众多的明清稀见刻本、抄本，这些古籍在版本校勘学上往往有重要价值。因此有必要对赵元方的藏书进行深入考察，以补书史之阙。

一、藏书聚散

（一）藏书起始及购书

赵元方的藏书爱好自有其家学渊源。赵氏祖父为光绪朝军机大臣荣庆，从《荣庆日记》的相关记载来看，“其生活方式主要有两方面，一是上衙门，办公事，应酬师友同僚；另一方面是逛琉璃厂买书，收集字画文物”。[③] 据记载，荣庆收藏的名人字画包括何绍基、董其昌、王守仁、王烟客、恽南田等人，因此他与张之洞、严范孙、宝熙、端方等著名鉴赏家和收藏家过从甚密，虽未有藏书家之名，但应该有一些基础的古籍收藏。赵氏应该也继承了一部分来自父辈的藏书。

赵元方的藏书经历可追溯到其弱冠之时。中国社会科学院世界宗教研究所（以下简称“社科院宗教所”）有赵氏藏书《蔡中郎文集》，首册扉页有其蓝字题跋：

> 此本即重刻王乾章本也，亦不多见。校笔甚精，题云嘉庆丁丑忠校，或是吴志忠笔也。余弱冠得之隆福寺书店，其时但欲读《中郎集》耳，不知版本，遑言校笔。迨近十年以来，颇收善本精钞、名人校录诸书，所藏亦颇可观。发箧陈书，忽见此本，廿年旧事，如在目前。即今思之，或可为收书之先河也。丁亥（1947）端午元方记。[④]

---

① 冀淑英著，李文洁插图《冀淑英古籍善本十五讲》第十讲《吴梅、朱偰、赵元方的捐赠》，北京：国家图书馆出版社，2009年，第163—178页。

② 陆昕《祖父陆宗达及其师友·赵钫：“想看书就不能怕臭”》，北京：人民文学出版社，2011年，第106—135页。此外陆昕还有《祖父晚年三密友：赵元方、汪绍楹、马巽》一文介绍赵元方与陆宗达的交游情况，载《博览群书》，2009年第2期，第29—37页。

③ 谢兴尧整理点校注释《荣庆日记》，西安：西北大学出版社，1986年，序言第7页。

④ 〔汉〕蔡邕《蔡中郎文集》十卷，清康熙三年（1664）刻本，一函四册，社科院宗教所藏，索书号ZJSGJA00159—A00162。

由此可知，赵氏藏书始于弱冠之年。此书未钤藏书印，盖当时购书时只欲读书，未有藏书之志，因此并未治藏书印，后来翻检时亦未补钤。其后藏书日积月累所得甚多，遂成当时有名的藏书家。赵氏藏书题跋中多记载购书、读书的时间，从中也可以探寻其古籍收藏的过程。

赵元方所藏古籍有的直接从其他藏书家手中购得。如傅增湘致赵氏书札询问是否购买《马氏绎史》一书：

> 元方仁世兄阁下：昨闻沈七先生语及敝友所存《马氏绎史》一部，执事意欲购藏，兹特送上一阅。此书原装，印本亦清晰，值四十八元，良不为昂。兄大可列之插架也。此候吟绥。弟增湘拜启。十五日。[1]

虽未知最后赵氏是否购买此书，但是此种藏书家之间的古籍交换与流通情形应当不在少数。

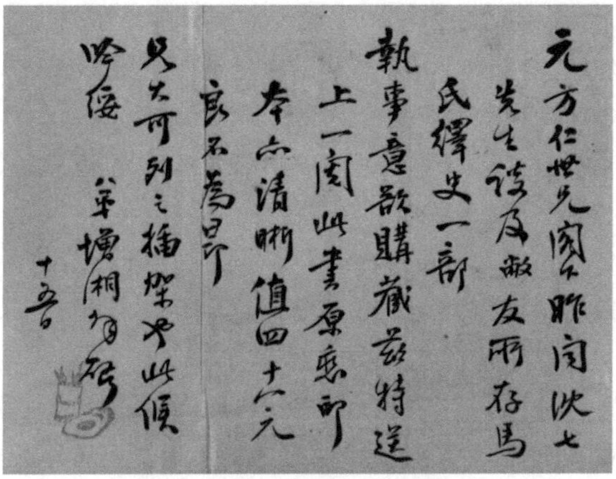
元方仁世兄閣下昨聞沈七先生語及敝友所存馬氏繹史一部執事意欲購藏茲特送上一閱此書原裝印本亦清晰值四十八元良不為昂兄大可列之插架也此候吟綏弟增湘拜啟十五日

图 1　傅增湘致赵元方书札

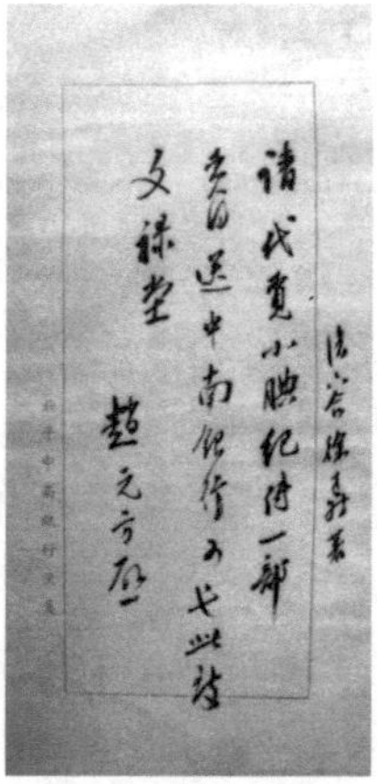

图 2　赵元方致文禄堂书札

赵元方藏书多购自琉璃厂，其中从文禄堂主人王文进处购买最多。雷梦水在《北京藏书家赵元方》中记载他“夙爱古籍，喜收藏，因而与书林王晋卿友谊最厚，故委托之代为采集，并相互切磋板本之学，甚得王晋卿臂助”。[2]其后学者相关研究中多采用这种说法，但对赵氏从王文进手中购书情况和数量则论述甚少。今参考孙殿起《琉璃厂小志》与王文进《文禄堂访书记》，以及前辈学者相关记载与笔者经眼之赵氏藏书，对从王文进处购书的情况与二人藏书交谊做简单梳理。

王文进（1894—1960），字晋卿，别号梦庄居士，河北任丘人。民国十四年（1925）设文禄堂书店于东南园，二十二年迁至琉璃厂。笃学好古，勤于钻研，

① 傅增湘致赵元方书札，中国嘉德 2016 春季拍卖会，笔墨文章——信札写本专场。

② 雷梦水《北京藏书家赵元方》，第 46 页。

深通目录之学，在琉璃厂旧书从业人员中堪称佼佼者。伦明《辛亥以来藏书纪事诗》赞曰："书目谁云出邵亭，书场老辈自编成。后来屈指胜蓝者，孙耀卿与王晋卿。"[①]著有《文禄堂访书记》，辑有《毛氏写本书目》一卷等，并选辑《文禄堂书影》行世。王文进与当时各大藏书家如缪荃孙、陈清华、姚华、邢之襄、周叔弢、秦更年、郑振铎、傅增湘、赵万里等往来频繁。北京师范大学图书馆 20 世纪 60 年代初入藏的《文禄堂藏各家手札》十一册，记录了王文进与数十位藏书家的往来情况，内容以访书、购书、售书为主。其中收录了一通赵元方写给王文进的书札：

> 请代觅《小腆纪传》一部，清六合徐鼒著，觅得送中南银行可也。此致文禄堂。赵元方启。[②]

此书札为赵元方在北平中南银行任职时写给王文进的。而陆昕《祖父陆宗达及其师友・赵钫》一篇附录的《赵元方的文物收藏》(以下简称"陆《目》")中有"《小腆纪年》《纪传》，清刻本，三十余本"的记载，[③]当是王文进为赵元方所觅之书，恰可与雷梦水所说"委托之代为采集"互相验证。

除此之外，根据《琉璃厂小志》《文禄堂访书记》和前辈学者的记载，以及笔者经眼的赵元方藏书，可考者尚有以下数条：

1.《琉璃厂小志》第三章《书肆变迁记》"一〇号多文阁"条记载："一九四八年由文奎堂得开花纸影宋钞本《古灵先生文集》一部，计二十五卷，宋陈襄撰，售于文禄堂王搢青先生，其后又转归赵元方先生。"[④]

2.《文禄堂访书记》(以下简称"《访书记》")卷三"《一角编》不分卷"条记载版本为"鲍以文抄本"，[⑤]冀淑英记国家图书馆赵元方捐赠(以下简称"赵捐")的《一角编》为"鲍廷博抄本"，[⑥]当为一书。

3.《访书记》卷四"《忠愍公诗》三卷"条记载："宋寇准撰。明谢在杭钞本。半页十行，行二十字。黑格。版心下刊'小草斋钞本'五字。"[⑦]社科院宗教所藏明嘉靖十四年(1535)刻本《忠愍公诗集》三卷，扉页有赵氏批语说明版刻及校勘情况："《忠愍诗》宋凡两刻，而著录无闻。明刻中以此本为最前，详其序跋，

---

① 伦明等著，杨琥点校《辛亥以来藏书纪事诗(外二种)》，北京：北京燕山出版社，1999 年，第 125 页。

② 杨健编著《民国藏书家手札图鉴》，郑州：大象出版社，2019 年，第 265 页。

③ 陆昕《祖父陆宗达及其师友・赵钫："想看书就不能怕臭"》，第 121 页。

④ 孙殿起《琉璃厂小志》，上海：上海书店出版社，2011 年，第 118 页。

⑤ 王文进著，柳向春整理，吴格审定《文禄堂访书记》，北京：中华书局，2019 年，第 214 页。

⑥ 《冀淑英古籍善本十五讲》第十讲《吴梅、朱偰、赵元方的捐赠》，第 172 页。第 174 页有该书书影。

⑦ 《文禄堂访书记》，第 343 页。

知王氏录藏于弘治庚申，刻成于嘉靖己未。莫郘亭以弘治刻本目之，或未见后跋也。余先藏一钞本，又得此本，以其为刻本之祖也。今又得谢在杭小草斋钞本，乃取以参校。”[①]可知赵氏共藏三本《忠愍公诗》，其中一本为谢在杭小草斋钞本，当为此本。

4.《访书记》卷五“《渊颖吴先生集》十二卷附录一卷”条记载：“又明初宋璲写刻本。首题曰：‘嘉靖丙戌秋日，陈淳读于双桂轩。’钱氏手跋曰：‘《渊颖集》传本颇稀，此为项氏天籁阁中旧物，余于己巳得之梁溪。庚午夏，曝书检阅一过，漫书岁月。蒙叟书于荣木楼下。’”又记陈道复、项子京、钱谦益、金星轺、黄丕烈、李兆洛诸家藏书印。[②] 按此本当为元至正二十六年（1366）宋璲写刻本，与宗教所藏赵氏藏书《渊颖吴先生集》版本、跋语及藏印皆同。[③]

5. 社科院宗教所藏《金仁山先生文集》第四册封面有赵氏朱笔跋语：“丙申（1956）之夏书友王晋青为我收之。元方题。”[④]

6. 陆《目》中记载赵氏藏书亦有《文禄堂访书记》四本和《文禄堂书影》，[⑤]当为从王文进处购得或受赠。此外赵氏所藏明活字印本亦多从王文进处购得，详下节。

图3　社科院宗教所藏《渊颖吴先生集》陈道复、钱谦益跋及卷末护页赵元方题跋

除从文禄堂主人王文进处购书外，《琉璃厂小志》中还记载了赵元方从琉璃厂其他书肆购书之事。第三章《书肆变迁记》“七六号丽生书局”条记载：

---

① 〔宋〕寇准《忠愍公诗集》三卷，明嘉靖十四年刻本，社科院宗教所藏，索书号 ZJSGJA00278—A00280。

② 《文禄堂访书记》，第 412—413 页。

③ 〔元〕吴莱《渊颖吴先生集》十二卷，元至正二十六年宋璲写刻本，一函六册，社科院宗教所藏，索书号：ZJSGJA00001—A00006。

④ 〔宋〕金履祥《金仁山先生文集》四卷，清雍正三年（1725）春晖堂刻本，一函四册，社科院宗教所藏，索书号 ZJSGJA00184—A00187。

⑤ 陆昕《祖父陆宗达及其师友》，第 128 页。

“《南丰曾子固先生集》三十四卷，宋曾巩撰，金板金印，白麻纸，订六册，售价一千元。”[①]版本册数皆与国家图书馆赵捐之书同，当为售归赵元方。“四号宝铭堂”条记载：“一九四三年，李氏与李纯如及修绠堂伙购李盛铎家藏书，多钞校本。”[②]社科院宗教所藏赵氏藏书《支离子诗集》抄本一册，[③]卷首目录页下钤有“李盛铎印”白文方印、“木犀轩藏书”朱文方印，或为从此批书中购得。此外，社科院宗教所藏《拜经楼藏书题跋记》第一册内夹有纸条，上题：“乙酉(1945)十月以伪钞四百为元方兄购于松筠阁，时驼牌纸烟已售二千六千廿枝也。”[④]为赵氏从松筠阁购书之明证。

当然，以上有迹可循的十数种只是赵元方从琉璃厂购书之一斑，正如冀淑英所介绍：“赵先生……买书比较多的时候是抗战以后，那时北京琉璃厂有很多书，他看如果没人收购，很可能被日本人买走，就卖了一所房子，用所得的钱专门买书。”[⑤]可见其总体数量远不止于此。以自家房产抢救古籍不致外流异域，堪为书林一段佳话。

(二) 藏书捐赠及流散

新中国成立之后，赵元方多次将所藏古籍中的精本捐献给当时的北京图书馆。其后在“文革”中赵氏所藏古籍尽数流散，有的辗转入藏于社科院宗教所等公共藏书机构，有的则出现于拍卖公司，再次成为私人藏书之一种。

赵元方捐给国家图书馆的古籍是其藏书中最珍贵的部分，如唐写本、金刻本、《永乐大典》以及明活字印本等。从目前国家图书馆披露出来的资料以及前人研究文章可知赵氏捐书情况的一鳞半爪，[⑥]从中窥见其与国家图书馆的不解之缘和对公共藏书事业的贡献。赵氏捐献古籍有以下几次：

1. 1951 年 10 月 16 日，赵元方捐赠《永乐大典》1 册，由北图典藏。[国家图书馆档案，039 第 2—(1)—3 卷(上)][⑦]赵爱学《国图藏嘉靖本〈永乐大典〉来源考》对此本有详细考证，赵元方所捐为“卷 2277、2278：湖 湖州府三 四(藏号：

---

① 孙殿起《琉璃厂小志》，第 115 页。

② 同上书，第 111 页。

③ 〔宋〕黄姬仲《支离子诗集》不分卷，抄本，一函一册，社科院宗教所藏，索书号 ZJSGJ02924。

④ 〔清〕吴寿旸辑《拜经楼藏书题跋记》五卷，清道光二十七年(1847)刻本，一函三册，社科院宗教所藏，索书号：ZJSGJ03275—03277。

⑤ 《冀淑英古籍善本十五讲》，第 165、167 页。

⑥ 国家图书馆档案中有赵元方捐献古籍的相关记录，但因文献性质不允许调阅而无法全部得见。

⑦ 李致忠主编《中国国家图书馆馆史资料长编(1909—2008)》第六章《全国解放 平馆新生(1949.1—1958.7)》，北京：国家图书馆出版社，2009 年，第 417 页。此外，李致忠主编《中国国家图书馆百年纪事(1909—2009)》“1951 年”条下亦载“10 月 16 日 赵元方捐赠《永乐大典》1 册”。北京：国家图书馆出版社，2009 年，第 45 页。

4093)”，并记载捐赠和入藏经过：

> 馆藏采访卡片的记录为“赵元方先生捐赠 1952.8.11”。馆藏档案存1951 年 10 月 16 日赵元方致北京图书馆函：“兹将敝藏明抄本永乐大典卷二二七七至二二八八共一册捐赠贵馆。”(国家图书馆档案，039/2—(2)—3—007)次日，北京图书馆报文物局备案并为其申请褒奖状。北京图书馆于 1952 年 8 月与他册统一登记入藏。[①]

2.“1952 年赵元方先生将一批珍藏的善本书捐赠给北京图书馆”，[②]其中有明铜活字本《曹子建集》。1953 年 4 月 20 日，文化部社管局 420 号通知，拨交赵元方、邢之襄、刘少山、潘世滋、翁之熹、瞿凤起等捐赠善本图书计 886 种，6440 册，由北图典藏。[国家图书馆档案，039 第 2—(1)—3 卷(上)] [③]

3. 1956 年 5 月 11 日，赵元方捐赠善本图书 285 种，1326 册，由北图典藏。[国家图书馆档案，039 第 2—(1)—3 卷(上)] [④]此外，据冀淑英记载，是年北京图书馆“又买了赵元方的一批书”。[⑤]

4. 赵爱学《国图藏嘉靖本〈永乐大典〉来源考》记载赵元方的捐书：“据馆藏档案，曾于 1952 年 9 月、1959 年 5 月、1967 年 9 月分别捐赠，共计 326 种 1604 册，多明清刻本、抄本及部分活字本。”[⑥]

5.“1984 年赵元方先生又向北京图书馆捐赠善本图籍二十一种”，[⑦]其中有铜活字本《杜审言集》。

由所见资料可知，赵元方至少向北京图书馆六次捐献藏书，数量超过六百种三千册。其所捐献藏书不但丰富了北京图书馆古籍藏书的种类和数量，其中敦煌卷子、金刻本、铜活字印本等也成为图书馆古籍展览的重要组成部分。

赵元方的藏书和文物在“文革”期间被抄走。“文革”后为追回古籍文物，赵氏曾手写书目及文物清单，请陆宗达帮助追询。这份手稿现藏陆昕处，陆昕

---

① 赵爱学《国图藏嘉靖本〈永乐大典〉来源考》，《文献》，2014 年第 3 期，第 52 页。

② 王玉良《明铜活字本〈曹子建集〉与〈杜审言集〉赵元方题跋》，《文献》，1991 年第 3 期，第 207 页。赵爱学《国图藏嘉靖本〈永乐大典〉来源考》据馆藏档案记载赵元方“曾于 1952 年 9 月”捐书当为此次。

③ 《中国国家图书馆馆史资料长编(1909—2008)》，第 415—416 页。《中国国家图书馆百年纪事(1909—2009)》“1953 年”条下亦载：“4 月 20 日 文化部社管局第 420 号通知，拨交赵元方、邢之襄、刘少山、潘世滋、翁之熹、瞿凤起等捐赠善本图书计 886 种 6440 册，由北图典藏。”见是书第 47 页。

④ 《中国国家图书馆馆史资料长编(1909—2008)》，第 418 页。《中国国家图书馆百年纪事(1909—2009)》“1956 年”条下亦载：“5 月 11 日 赵元方捐赠善本图书 256 种 1326 册。”见是书第 53 页。

⑤ 《冀淑英古籍善本十五讲》，第 171 页。

⑥ 赵爱学《国图藏嘉靖本〈永乐大典〉来源考》，第 52 页。

⑦ 王玉良《明铜活字本〈曹子建集〉与〈杜审言集〉赵元方题跋》，第 207 页。

将其整理发表在《祖父陆宗达及其师友·赵钫》一篇的附录中。[①] 其中记载了赵氏所藏明代刻本79种约587册，其中1种未记册数；清代刻本、抄本、手稿本178种约1550册，其中24种未记册数。此外尚有民国间影印、铅印、石印、木印及日本铜版巾箱本等123种约5761册，其中37种未记册数。社科院宗教所藏书中有数十种赵元方藏书，上多钤有"北京市文物管理处藏书"朱文方印，其中不少在陆《目》中有著录，当为"文革"后赵氏所藏古籍流散，部分辗转归于社科院宗教所存藏。此外赵氏藏书还偶尔出现在各大拍卖会上，作为私人藏书继续流传下去。[②]

二、藏书特色

（一）富有明活字印本[③]

关于赵元方的现有研究和介绍，多称其富藏明铜活字本。韦力径称赵元方为"明铜活字本收藏第一大家"。[④] 那么赵元方所藏明活字印本到底有多少种，现又在何处呢？

赵元方藏明万历元年（1573）木活字蓝印本《越吟》一卷，卷末有三则题跋

① 《祖父陆宗达及其师友》，第117—134页。

② 如韦力《芷兰斋书跋》记载："辛卯年秋拍期间，有三家拍场公司同时出现赵元方旧藏之本，看来是同出一源者。赵元方旧藏吾本已备，然预展时前往瀚海翻看原物时，见有光绪十七年蝶园刻本《宋艳》十二卷，一函六册，其中四册封面上有朱笔题识，鲜艳可喜，遂与众藏家逐鹿，是书以一万二起拍，最后以四万落槌归吾囊中。"韦力《芷兰斋书跋 赵元方题识〈宋艳〉十二卷》，《收藏家》，2013年第5期，第42页。

③ 关于明铜活字的字钉材质问题，学界现在仍有争议。辛德勇《论所谓明铜活字印书于史初无征验——附论明代的金属活字印本》，认为"所谓'铜版'只是表明承放活字的'字板'系用铜制作，而它与字钉的材质本来毫不相干。比较可靠的历史文献记载表明，明代曾经盛行一时的金属活字印刷，应当是锡活字，而且锡也是明代以前中国金属活字印刷所用字钉的主要材质。"载《北京论坛（2008）文明的和谐与共同繁荣——文明的普遍价值和发展趋向："传统与现代的国家建构与政治文化"历史分论坛论文或摘要集（下）》，2008年，第633页。其后有学者反驳辛说，认为明代存在铜活字的说法不能轻易否定。见汪桂海《谈明代铜活字印书》，《中国典籍与文化》，2010年第4期，第109—113页。以及李洪波《明代铜活字问题献疑》，《图书馆建设》，2017年第10期，第95—100页。明活字印本的材质问题不是本文的讨论重点，因此文中对于明活字印本的版本判定仍采取旧说。赵元方在关于明活字印本的判定中对材质也有误记之处，如明万历元年（1573）木活字蓝印本《越吟》一卷有赵跋称："此本是木活字。丙午（1966）三月。"而在《杜审言集》题跋中称："予自收书以来，颇留意明铜活字本……1952年以其十七种献之文化部北京图书馆。馀二种：一种为万历活字包大炣《越吟》，一即此本。"则又以《越吟》为明铜活字本。这种情况可能是题跋时间不同对版本的认识有所改变，也可能是将所收藏明铜活字与较少的几种木活字笼统称为明铜活字本。因此本文中将明铜活字印本与木活字印本统称为明活字印本，不对材质作过多关注。

④ 韦力《赵元方无悔斋：明铜活字本收藏第一大家》，《收藏》，2016年第3期，第102—106页。

称:“癸巳(1953)二月,与孟涵同坐无悔斋中读此。余所藏明活字本凡十五种,以其十四献之北京图书馆,余此书以自娱。元方。/乙未(1955)元日观此因题。/此本是木活字。丙午(1966)三月。”[①]则赵氏在1952年收藏有明活字印本十五种,捐赠给北京图书馆十四种。又1984年赵捐《杜审言集》题跋称:“予自收书以来,颇留意明铜活字本,顾其排比多局,流布遂罕。二十年来,重价酬书,所得不过十九种……1952年以其十七种献之文化部北京图书馆。馀二种:一种为万历活字包大炣《越吟》,一即此本。”[②]则记载共收藏十九种明活字印本,1952年捐献了十七种。由这两则题跋可知赵氏所藏明活字印本的数量、入藏的前后时间,对于考察其古籍收藏历程具有重要意义。但这两则题跋所记明活字印本收藏数量和捐书数量都不一致,《越吟》卷末题跋离1952年捐书日期较近,当较为准确。另考《北京图书馆善本书目》的著录“以建国十年来新入藏书为主”,[③]著录的赵捐明活字印本有十五种,其中十四种或为1952年所捐,另外一种可能为1956年所捐之书。此外见于记载的赵氏藏明活字印本还有明安国铜活字零本《锦绣万花谷》。[④] 又北京大学藏明铜活字本《曹子建集》十卷,卷末有“元方手校”藏书印,护页又有赵氏跋语考证版本与校勘情况,当为赵氏藏明铜活字印本之一种。[⑤] 此足赵氏所记“所得不过十九种”之数,但未知十九种的书目与赵氏所说是否完全相同。关于赵氏所藏明活字印本的数量还有二十种及三十种的说法,未知根据为何。[⑥] 此外,见于记载的赵元方所藏清代木活字本有两种,分别是《荆驼佚史》和《儿女英雄传》。[⑦]

表1 赵元方捐献北京图书馆的明活字印本(1958年之前)[⑧]

书名	著者	版本	册数	索书号
吴中水利通志十七卷		明嘉靖三年安国铜活字印本	六册	5846

① 〔明〕包大炣《越吟》一卷,明万历元年(1573)木活字蓝印本,一函四册,国家图书馆藏,中华再造善本二期收录,书号ZHSY100129。

② 王玉良《明铜活字本〈曹子建集〉与〈杜审言集〉赵元方题跋》,第208页。

③ 北京图书馆善本部编《北京图书馆善本书目》卷首“编例”,北京:中华书局,1959年。

④ 陆昕记家藏有赵元方旧籍《明清笔记丛谈》一本,为谢国桢赠送给赵元方,书末有赵元方跋:“刚主住东四三条九号,今日来惠我此书,以安国铜活字《锦绣万花谷》零本报之,元方记,一九六一年元月识。”见《祖父陆宗达及其师友》,第111页。

⑤ 〔魏〕曹植《曹子建集》十卷,明铜活字本,一函二册,北京大学图书馆藏,典藏号SB/810.31/5544.3。

⑥ 韦力《赵元方无悔斋:明铜活字本收藏第一大家》,第103页。

⑦ 《祖父陆宗达及其师友》,第121、123页。

⑧ 资料来源为北京图书馆善本部编《北京图书馆善本书目》中著录为“赵捐”的明活字印本。

续表

书名	著者	版本	册数	索书号
容斋随笔十六卷续笔十六卷三笔十六卷四笔十六卷五笔十卷	〔宋〕洪迈撰	明弘治八年华燧会通馆铜活字印本(四笔序目、卷一至八配清抄本)	二十册	5847
古今合璧事类备要前集六十九卷后集八十一卷	〔宋〕谢维新辑	明安国安氏馆铜活字印本	三十册	5848
庄子鬳斋口义十卷释音一卷	〔宋〕林希逸撰	明正德十三年贾咏铜活字印本(释音为明正德十三年贾咏刻本)	十册	5850
曹子建集十卷	〔魏〕曹植撰	明铜活字印本	二册	5851
王勃集二卷	〔唐〕王勃撰	明铜活字印本	一册	5852
杨炯集二卷	〔唐〕杨炯撰	明铜活字印本	一册	5853
骆宾王集二卷	〔唐〕骆宾王撰	明铜活字印本	一册	5855
颜鲁公文集十五卷补遗一卷年谱一卷附录一卷	〔唐〕颜真卿撰;〔宋〕留元刚撰	明嘉靖安国安氏馆铜活字印本	四册	5856
白氏长庆集七十一卷目录二卷	〔唐〕白居易撰	明正德八年华坚兰雪堂铜活字印本	二十四册	5857
栾城集五十卷目录二卷后集二十四卷三集十卷	〔宋〕苏辙撰	明活字印本	二十四册	5859
渭南文集五十卷	〔宋〕陆游撰	明弘治十五年华理铜活字印本	十册	5860
西庵集十卷	〔明〕孙蕡撰	明弘治十六年金兰馆铜活字印本	二册	5862
凤洲笔记二十四卷	〔明〕王世贞撰	明隆庆三年黄美中活字印本	六册	5863
玉台新咏十卷	〔陈〕徐陵撰	明五云溪馆铜活字印本	四册	5864

赵元方所藏明活字印本也多是从王文进处购得。考《文禄堂访书记》卷三“《庄子鬳斋口义》十卷”条记载:“又明正德刻活字本。补钞卷一、二。半页十行,行十八字。”且记卷末有汪伟刊书跋语:“祭酒临颍贾公藏善本,偶诸生胡旻

有活字印，因命摹之以代钞写。”[①]国家图书馆所藏赵捐赠之《庄子鬳斋口义》十卷《释音》一卷，其版本为明正德十三年贾咏铜活字印本(《释音》为明正德十三年贾咏刻本)，[②]当为此本。

《访书记》卷四“《曹子建文集》十卷”条记载：“又明华氏刻活字本。半页九行，行十七字。线口。”[③]考诸家著录之《曹子建集》无明华氏刻活字本，此活字本当为明长洲徐氏所印，即国家图书馆赵元方捐或北京大学所藏的《曹子建集》十卷。[④] 历代藏书家著录此本常有失误，至傅增湘始根据明正德五年(1510)舒贞刻本序认为其时间当在正德以前，赵元方跋认为“刻于宏(弘)、正之间，非明初也”。[⑤]

《访书记》卷四“《颜鲁公文集》十卷《补遗》一卷”条记载：“明安国铜活字本。首本传、行状、年谱、碑铭。半页十三行，行十六字。白口。版心上刊‘锡山安氏馆’五字，下记刊工姓名。”[⑥]国家图书馆藏赵捐之《颜鲁公文集》十卷《补遗》一卷《年谱》一卷《附录》一卷，版本为明嘉靖安国安氏馆铜活字印本，[⑦]即为此本。

《访书记》卷四“《白氏长庆集》七十一卷”条记载：“明华氏兰雪堂刻活字本。半页八行，每行双行十六字。白口。版心上刊‘兰雪堂’三字。”[⑧]国家图书馆藏赵捐《白氏长庆集》七十一卷《目录》二卷，版本著录为明正德八年华坚兰雪堂铜活字印本，[⑨]即为此本。

《访书记》卷五“《西庵集》十卷”条记载：“明孙蕡撰。明弘治金兰馆刻活字本。半页十行，行二十一字。白口。板心上右刊‘弘治癸亥金兰馆刻’八字。”[⑩]

---

① 《文禄堂访书记》，第 290—291 页。

② 《北京图书馆善本书目》卷五“子部下 道家类”，第 28b 页。

③ 《文禄堂访书记》，第 297 页。

④ 《北京图书馆善本书目》卷六“集部上 汉魏六朝别集类”，第 3a 页。按，北京大学所藏《曹子建集》卷末护页赵元方跋说：“余亦有一本为朱子儋旧藏，取以相校……知活字排印亦非一次也。”可知赵氏所藏铜活字印本《曹子建集》有此两种。再对比此两种书中赵跋所列举的诸本对校的文字异同情况，可知国家图书馆藏赵氏捐赠本当为朱子儋旧藏本，但未知《访书记》所载为哪一种。

⑤ 刘明《明活字本〈曹子建集〉初探》，《许昌学院学报》，2016 年第 6 期，第 21 页。又王玉良《明铜活字本〈曹子建集〉与〈杜审言集〉赵元方题跋》载赵元方题跋甚详(《文献》1991 年第 3 期第 207 页)。《冀淑英古籍善本十五讲》亦介绍此书，第 171 页有该书书影。

⑥ 《文禄堂访书记》，第 310 页。

⑦ 《北京图书馆善本书目》卷六“集部上 唐五代别集类”，第 11b 页。《冀淑英古籍善本十五讲》亦介绍此书，第 172 页有该书书影。

⑧ 《文禄堂访书记》，第 310 页。

⑨ 《北京图书馆善本书目》卷六“集部上 唐五代别集类”，第 21b 页。《冀淑英古籍善本十五讲》亦介绍此书，第 168 页有该书书影。

⑩ 《文禄堂访书记》，第 443 页。

国家图书馆藏赵捐《西庵集》十卷，明弘治十六年(1503)金兰馆铜活字印本，[①]即为此本。

赵氏所藏活字本还有从琉璃厂其他书肆购得者。《琉璃厂小志》第三章《书肆变迁记》"一〇号多文阁"条记载："一九四一年由文殿阁得明铜活字本《凤洲笔记》一部，原装六册，计廿四卷，海虞黄美中校，售于赵元方先生。此书系文奎堂、文殿阁、松筠阁、文禄堂等合伙集资购自天津张氏家藏书一大批，皆为明清善本，此书即其中之一。"[②]"甲一九二号邃雅斋"条记载："一九四二年，由上海得明兰雪堂仿宋活字本《容斋五笔》，宋洪迈撰，黄棉纸，有严元照批校并题跋，归天津赵元方先生收藏。"[③]考《访书记》卷三"《容斋随笔》十六卷《续笔》十六卷《三笔》十六卷《四笔》十六卷《五笔》十卷"条，[④]其版本及所录严元照手跋与此本正同，当与《古灵先生文集》情况相似，由王文进得自邃雅斋，再转归赵元方。后由赵氏捐赠给北京图书馆，版本定为明弘治八年(1495)华燧会通馆铜活字印本(四笔序目、卷一至八配清抄本)。[⑤]

(二)多藏明清稀见本

赵元方并非是同时代藏书最多的藏书家，藏书亦不以宋元本为重，但是其藏书特别留意版本，多藏精刻、精抄、精校本，尤其对明清稀见版本非常重视。其藏书中有不少均为传世较少的稀见版本甚至是孤本。如所藏明弘光元年(1645)文来阁刻本《春秋存俟》十二卷，[⑥]有钱谦益题词，又为清代禁毁之馀，极为稀见。稀见南明史料还有佚名撰《存信录》三卷，[⑦]清抄本，为天壤间孤本，朱希祖对此书评价较高。又如明嘉靖十八年(1539)芙蓉泉书屋本《韩诗外传》，[⑧]黄裳、潘景郑皆谓此本罕传，国内存藏也极少。此外还有童初仙馆抄本《马令南唐书》三十卷，[⑨]童初仙馆是乾隆时蒋元枢的室名，则此本为乾隆蒋元枢抄本，又有清人三色校语，十分难得。

---

① 《北京图书馆善本书目》卷七"集部中 明别集类"，第22a页。《冀淑英古籍善本十五讲》亦介绍此书，第169页有该书书影。

② 《琉璃厂小志》，第118页。

③ 同上书，第109—110页。

④ 《文禄堂访书记》，第229—230页。

⑤ 《北京图书馆善本书目》卷四"子部上 杂家类"，第57b页。

⑥ 〔明〕余光、余扬《春秋存俟》十二卷，明弘光元年文来阁刻本，一函六册，社科院宗教所藏，索书号：ZJSGJA00234—A00239。

⑦ 佚名撰《存信录》三卷，清抄本，一函五册，社科院宗教所藏，索书号：ZJSGJA00136—A00140。

⑧ 〔汉〕韩婴《韩诗外传》一卷，明嘉靖十八年芙蓉泉书屋本，一函四册，社科院宗教所藏，索书号：ZJSGJA00250—A00253。

⑨ 〔宋〕马令《马令南唐书》三十卷，清童初仙馆抄本，一函二册，社科院宗教所藏，索书号：ZJSGJA00134—A00135。

赵元方留意明活字印本亦是因其稀见，有重要的版本价值。国家图书馆藏赵捐明铜活字本《杜审言集》前后有赵元方朱笔题跋三通，其前跋云："予自收书以来，颇留意于明铜活字本，顾其排比多局，流传遂罕……其中如安国活字《吴中水利通志》《古今合璧事类》不见藏家著录。华珵活字《渭南文集》，金兰馆活字《西庵集》，五云溪馆活字《玉台新咏》，今日藏弆亦鲜，皆邻于孤本者也。"①则其收书的重点在于前代藏家所未见之本或稀见之善本。

除此之外，赵元方还收藏不少影宋刻本、抄本和手稿本。影宋刻本如社科院宗教所藏清士礼居影宋刻本《仪礼郑注》十七卷等；②影宋抄本如国家图书馆所藏清初影宋抄本《孟子注》十四卷、《孟子音义》二卷，清初毛氏汲古阁影宋抄本《闲斋琴趣外篇》六卷，清钱曾述古堂影宋抄本《杜工部集》二十卷《补遗》一卷，清嘉庆二年(1797)顾广圻影宋抄本《和靖先生诗集》等，以及社科院宗教所藏《春秋五礼例宗》十卷。③这些影宋刻本与抄本都具有相当的版本价值，尤其是宋本已佚之本的价值尤高。此外还有清卢文弨家抄本《大金国志》四十卷、清鲍氏知不足斋抄本《徐霞客游记》等亦为知名藏书家所抄，不但难得且具有较大的校勘价值。而陆《目》中著录的"《荣庆日记》，手稿本，一木箱二十余本，自光绪起至1915年"，"《髫龄日记》，手稿本，一大册页，有吴重熹跋及多人跋"和"《寒云日记》，手稿本，三本"，以及《吕葆中殿试册》《荣庆殿试策》等，④不但是最珍贵的原始资料，而且洵为海内珍稀孤本。冀淑英在介绍了赵元方的一些稀见藏书后评价："他的书看起来不算什么，但明代早期的活字印本都收了。藏书中的抄本，比如释就堂抄的书也非常少见。还有鲍廷博抄本、顾广圻影宋抄本、劳抄劳校等都是比较难得的。"⑤说明了赵元方多藏稀见版本的特点。

此外，赵元方在购书之时就对初印本、精刊本和有批校题跋的版本极为留意并优先选购。这些版本也多为流传稀少、价值较高的版本。如其所藏清雍正年间刻本《金仁山先生文集》第一册封面有朱笔题跋："此春晖堂刻本初印精好，又曾为越缦先生所藏，弥足珍视。元方。"⑥可见赵氏藏书重视初印精刻本，尤其是经名家递藏、流传有绪之本。又道光年间刊本《重论文斋笔录》第一册

① 王玉良《明铜活字本〈曹子建集〉与〈杜审言集〉赵元方题跋》，《文献》1991年第3期，第208页。

② 〔汉〕郑玄注《仪礼郑注》十七卷，清士礼居影宋刻本，一函二册，社科院宗教所藏，索书号：ZJSGJA00295—A00296。

③ 〔宋〕张大亨集《春秋五礼例宗》十卷，清抄本，一函四册，社科院宗教所藏，索书号：ZJSGJA00141—A00144。

④ 《祖父陆宗达及其师友》，第125、126页。

⑤ 《冀淑英古籍善本十五讲》，第178页。

⑥ 〔宋〕金履祥《金仁山先生文集》四卷，清雍正三年(1725)春晖堂刻本，一函四册，社科院宗教所藏，索书号：ZJSGJA00184—A00187。

封面朱笔题跋："丙戌(1946)得于天津，以其旧装初印收之。庚子(1960)十二月题于腊梅花下。无悔。"[①]也是因其为初印本、旧装帧而收购。又清乾隆年间刊本《矢音集》首册封面有朱笔题跋："己亥(1959)元月得此，盖赏其初印草装也。"[②]该书只用两个纸捻固定而未订成线装，装帧形式较为罕见。

在陆《目》的著录中，书名、版本、册数、藏印之外，著录最多的就是版本是否为初印精刊、是否经名家递藏或者有无名家批校题跋，由此也可以看出赵元方对版本的留意和购书的偏好。注明为初印、精印本的就有"《玉台新咏》，明刻本，二本"为小宛堂初印，"《雍正朱批谕旨》，清刻本，四十余本"和"《古文渊鉴》，清刻本，二十余本"为开化纸精印，"《益戒堂集》，清刻本，八本"为殿版开化纸初印等。[③] 注明为名家递藏的如"《鼓山志》，明刻本，四本"为八千卷藏书楼旧藏，"《续博物志》，明刻本，一本"有傅增湘印，"《碑传集》，清刻本，二十余本"和"《续碑传集》，清刻本，二十余本"等书有东木印、辅臣印等。[④] 批校与题跋更是记载的重要内容，如"《边华泉集》，明刻本，四本"有王渔洋批校，"《列女传》，明刻本，四本，有图"有吴兔床校，"《曹子建集》，明刻本，二本"有前人以宋本校，"《光绪乡试会录》"有端方、吴重熹题跋等。[⑤] 而笔者所见社科院宗教所藏清康熙五十五年(1716)刻本《月泉吟社》，首册有赵氏朱笔题"康熙精刊本"，[⑥]亦是因其为初印精刊本且传世较少而入藏。

赵元方留意初印精刊本不但因为初印本流传较少，且有审美价值在内。赵氏与同时代的天津藏书家周叔弢交往较多，时常互通书籍的消息或互相欣赏考订所得善本，周叔弢藏书的"五好"标准，[⑦]可能也对赵氏有所影响。周叔弢在清康熙内府刻《全唐诗》本《杜审言诗》题识：

> 甲申(1944)十月十七日，赵元方兄自北京携示明活字本《杜审言集》二卷，取校一过，佳处每与宋书棚本合，盖源出宋刻，故为书林所珍视，惟以五、七言分体，紊乱旧序，乃明人刻书之恶习，不足怪矣。活字本每半叶

---

① 〔清〕王端履《重论文斋笔录》十二卷，清道光二十六年(1846)受宜堂刻本，一函四册，社科院宗教所藏，索书号：ZJSGJ10789—10792。

② 〔清〕梁诗正《矢音集》十卷，清乾隆二十年(1755)清勤堂刊初印本，一函二册，社科院宗教所藏，索书号：ZJSGJA00128—A00129。

③ 《祖父陆宗达及其师友》，第117、120、122页。

④ 同上书，第117、119、120页。

⑤ 同上书，第118、119、121页。

⑥ 〔宋〕吴渭《月泉吟社》一卷，清康熙五十五年刻本，一函二册，社科院宗教所藏，索书号：ZJSGJA00132—A00133。

⑦ 所谓"五好"就是：一、版刻好，等于一个人先天体格强健；二、纸张好，等于一个人后天营养得宜；三、题跋好，等于一个人富有才华；四、收藏印章好，宛如美人薄施脂粉；五、装潢好，像一个人衣冠整齐。见周珏良《我父亲和书》，《文献》，1984年03期，第163页。

九行，每行十七字，亦与宋本不同。十月十八日晨起记。老弢。[1]

记载了与赵元方校勘评点明活字印本《杜审言集》的情况。在其后致赵万里的书札中亦提及“赵元方兄来津已晤谈，《赵清献集》渠无意收之”，[2]并委托赵万里代为收购此宋本。可见赵元方并不以财力与同时期的大收藏家争宋本，而是独辟蹊径，注重收藏一些稀见的明清版本。赵元方从最初购书时但欲读书，“不知版本，遑言校笔”，到其后“颇收善本精钞、名人校录诸书，所藏亦颇可观”，可见其藏书史亦为藏书家开阔眼界、增长见闻的成长历史。

三、藏书题跋

赵元方在藏书上批校题跋时多署名“元方”“无悔”或“无悔斋”，也有署名“闲闲”者，如《艺芸书舍宋元板书目》一卷书封有朱笔题跋“丁亥(1947)春中题于故都。闲闲”。[3] 这与陆昕记载赵氏“空闲时间很多，所以他作书写跋，常自署‘闲闲’”正同。[4] 赵元方批校题跋的内容非常丰富，有的是判定版本时代和刊刻者，有的是判断版本真伪及作伪情况，有的是版本间对校及判断版本优劣，有的则记载了当下的读书意趣及与其他藏书家和文人学者的交谊。

(一) 判定版本与真伪情况

赵元方藏书题跋多为判定古籍的版本。有的只简单判定版本的时间和刊刻者及批校者，如明刻本《鬼谷子》首册封面题“明藏修馆刊鬼谷子”，[5]明刻本《孟东野集》下册封面题“明弘治刻十卷本，无悔”。[6] 明刻本《列女传》两种，一种下册书封题“黄鲁曾刻本”，[7]一种书末题“丙戌(1946)嘉平得于天津。兔床所校黄本盖指黄鲁”。[8] 清刻本《瘗鹤铭考》封面墨笔题字“康熙刻本，庚子

---

① 《弢翁藏书年谱》，第 28 页。

② 《弢翁藏书年谱》，第 159 页。

③ 〔清〕汪士钟藏并撰《艺芸书舍宋元板书目》一卷，清同治十二年(1873)刻本，一函一册，社科院宗教所藏，索书号 ZJSGJ03282。

④ 陆昕《祖父晚年三密友：赵元方、汪绍楹、马巽》，《博览群书》，2009 年 02 期，第 30 页。

⑤ 《鬼谷子》一卷，明代藏修馆刊本，一函一册，社科院宗教所藏，索书号：ZJSGJA00079。

⑥ 〔唐〕孟郊《孟东野集》十卷，明弘治刻本，一函二册，社科院宗教所藏，索书号：ZJSGJA00075—A00076。

⑦ 〔汉〕刘向《列女传》八卷，明嘉靖三十一年(1552)刻本，一函二册，社科院宗教所藏，索书号：ZJSGJA00107—A00108。

⑧ 《列女传》八卷，明万历三十四(1606)刻本，一函四册，社科院宗教所藏，索书号：ZJSGJA00084—A00087。

(1960)嘉平题”。[①]《六研斋二笔》第二册封面有“丙申(1956)春季元方自题。此是明人书帕本,盖自刻赠人以求利市者。眉公亦同”。[②]

有的详细说明书籍内容、版刻时间及判定依据。如《大清职官迁除题名录》首册封面朱笔题跋:“清代编刻《缙绅》,同时亦编《中枢要览》以载武职,而流传者以《缙绅》为多,盖考藏者不重武也。此本独易《缙绅》之名而又兼列武职,颇便检阅。又添入内务府职名,尤为一般所无,足为考史之助。凡内府官籍只注其为正黄、正白、镶黄、白等旗,不分满、蒙、汉、奉天字字样,视其与外八旗有别也。翰林院庶吉士列止己丑科,知刻于乾隆三十四年己丑(1769)之后,三十七年壬辰之前也。壬寅(1962)八月元方识。”[③]

有的不但判定版本时代,兼判断版印真伪,以及指出作伪方法和作伪之人。

元刊本《渊颖吴先生文集》书末护页有赵元方朱笔、墨笔两通题跋,其中朱笔题跋内容为考订书中之伪印与作伪者:“卷中白阳、墨林、眉公诸印皆似赝品,盖芙川作伪也。余别有《道园学古录》亦为芙川旧藏,伪印累累,彼此互证,可以知之。癸巳(1953)二月元方识。距前题九年矣。”[④]清士礼居影宋刻本《仪礼郑注》第八卷末有赵元方识语考辨书估作伪之法:“此士礼居景宋严州本摹刻精绝,复翁又觅旧薄绵纸印之以孚蝉翼点漆之目,固以为好之者赏弄之资,非使人眩于黎邱也。当时若此印本必无多作,盖佳纸难得。如此本上下阑外所余无几,即可想见乃后之书估撤去首尾,伪印图记,其意盖以充宋刊也。旧时此种欺妄屡见不鲜。前睹涵芬楼藏《周易程传》残本,目为宋刊,细审之乃益《古逸丛书》刻版染以似此书之纸印之,故为残阙,复无收藏印记,其作伪之工又加一等矣。乙巳(1965)十二月十四日病中镫下题记。元方。”[⑤]

有的则介绍一书的存世和流传情况。《渊颖吴先生集》书末护页墨笔题跋内容为版本流传、聚散与购书情况:“此本流传颇少。予所见及此凡三本:一藏萧山朱氏,曾以借诸涵芬楼影印者也;一藏故宫,绝无题识及收藏印章;一即此本,元藏天津李氏,甲申(1944)中秋流出,得之于来熏阁。尚有《傅与砺集》,已

---

① 〔清〕汪士鋐编《瘗鹤铭考》一卷,康熙五十三年松南书屋刻本,一函一册,社科院宗教所藏,索书号:ZJSGJ02983。

② 〔明〕李日华《六研斋笔记》四卷《二笔》四卷《三笔》四卷,明崇祯三年刻本,一函六册,社科院宗教所藏,索书号:ZJSGJA00017—A00022。

③ 佚名编《大清职官迁除题名录》,清乾隆间崇寿堂刻本,一函六册,社科院宗教所藏,索书号:ZJSGJ08812—08817。

④ 〔元〕吴莱《渊颖吴先生集》十二卷,元至正二十六年(1366)宋璲写刻本,一函六册,社科院宗教所藏,书号:ZJSGJA00001—A00006。

⑤ 《仪礼郑注》十七卷,清士礼居影宋刻本,一函二册,社科院宗教所藏,索书号:ZJSGJA00295—A00296。

为建德周氏收去矣。元方识。”来熏阁为南宫县人陈连彬于民国元年(1912)开设,至二十年,其侄杭继其业。《琉璃厂小志》记载来薰阁“一九三八年曾购天津李善人家古书一批,约两大卡车,其中宋元版数种”。[①] 此本可能即为其中一种。

(二)校勘异同与版本优劣

赵元方藏书注重收藏同一种书的不同版本,如陆《目》中所载《韵语阳秋》有明刻明抄各一种,《曹子建集》有明刻“前人以宋本校”和“明李调阳写刻本”两种,《盐铁论》有明涂祯刻十行本和清张敦仁刻本,《笠泽丛书》则有清代碧筠山房、水云书屋、大叠山房、许琏刻本四种等。[②] 一书广储异本的目的自然是为了版本对校和判定版本优劣,相关的批校题跋在赵氏藏书中也比比皆是。

如明嘉靖锡山安国铜活字印本《颜鲁公文集》卷末有赵氏跋,谓:“以此本校安国刻本,此本绝胜。是以知活字本之可贵者,不仅以其传印之少也。元方校竟识。”[③]按《北京图书馆善本书目》著录有另一种《颜鲁公文集》十五卷《补遗》一卷《年谱》一卷《附录》一卷,版本为明嘉靖二年安国安氏馆刻本,六册,索书号11152,[④]亦有赵元方跋,即为此跋中赵元方所谓以铜活字所“校安国刻本”。可见其一书收藏版本往往不止一种,用以对校版本,比较优劣。

又明刻本《忠愍公诗集》三卷扉页有赵元方批语说明版刻及校勘情况:“《忠愍诗》宋凡两刻,而著录无闻。明刻中以此本为最前,详其序跋,知王氏录藏于弘治庚申(1500),刻成于嘉靖己未(1559)。莫郘亭以弘治刻本目之,或未见后跋也。余先藏一钞本,又得此本,以其为刻本之祖也。今又得谢在杭小草斋钞本,乃取以参校。此本卷中佚诗二十六首,误刻于卷下。又诗七首,钞本有而此本无,知其来源不同矣。钞本时有误字、阙字,皆赖此本补足。其两歧者,亦以此本为善。是此本虽有佚诗,固仍可称善本也。壬午(1942)五月八日校竟跋。元方。”[⑤]则赵元方以三个版本对校,辨析刻本与抄本的版本差别与异文情况,并判断版本优劣。

又明铜活字《曹子建集》有赵元方朱笔跋云:“至郭云鹏本,行款悉与此同,而缺字皆以意补,不与宋同,不知何据?所谓不如不刻者也。季弟得一本,为

---

① 《琉璃厂小志》,第110页。

② 《祖父陆宗达及其师友》,第118—121页。

③ 〔唐〕颜真卿《颜鲁公文集》十五卷《补遗》一卷,明嘉庆锡山安国铜活字印本,中华再造善本二期收录,索书号:ZHSY100159。

④ 《北京图书馆善本书目》卷六“集部上 唐五代别集类”,第11b页。

⑤ 〔宋〕寇准《忠愍公诗集》三卷,明嘉靖十四年(1535)刻本,一函三册,社科院宗教所藏,索书号:ZJSGJA00278—A00280。

王惕甫旧藏，取以相较……知活字本排印亦不只一次，当再假他本校之。”[①]而明郭云鹏刻本《曹子建集》十卷中有赵元方朱文批校，记录此本与活字本（一为王惕甫藏，一为铜活字本，一不知为何本）、宋本的异文、阙字、卷次不同以及其他校勘情况。卷一〇末总结与活字本、宋本对校的情况：“活字本所阙字，此本皆有，然与宋本亦不同，不知郭据何本也。凡活字本阙字，宋本大都均有，然细勘颇似补刻者，活字本必据别一宋本也。癸未（1943）九月十三日校毕。元方识。”[②]则《曹子建集》的对校版本有五种，而赵元方藏郭云鹏刻本虽较晚出，但因有与明活字本和宋本的校勘记录，故大大提高了版本价值。

（三）读书意趣与翰墨因缘

赵元方的跋语除了记录版本和校勘等相关内容外，还常常记录读书时的季节变迁和心境沉浮，以及与前辈学者、知交好友的翰墨因缘，使人读之想见其藏书、读书之意趣。

有的记读书之季节与天气。《忠愍公诗集》卷末有“壬午（1942）五月初八日午后校毕。时久不雨，郁蒸弥甚。坐无悔斋中，校此却暑”。[③] 以读书却暑，颇有古人“寒读之以当裘”的精神遗韵。读《矢音集》之时则为“上元日风和景融，花香扑面，闲窗弄笔”。[④]

或记一书入藏时间与际遇，如《六研斋笔记》第一册封面批语曰：“己卯（1939）庚辰间得此书，未之重视。其后得珍本亦多，遂益置之簏衍。今年书贵，而吾书亦垂空。暮春感寒疾，以之自遣。丙申（1956）清明无悔识。”[⑤]

或记与友人的翰墨因缘，如《双鉴楼善本书目》上册封面朱笔题跋记病中为颖公书扇：“丙子（1936）七月二十二日感寒疾在家多卧，思为颖公书扇，强起试朱，不亲笔砚者盖几一年矣。腕尚可使而目颇昏，右军所谓不知老之将至也。元方记。”[⑥]《金仁山先生文集》卷末朱批云：“丙申（1956）十月二日，晴窗弄

---

① 王玉良《明铜活字本〈曹子建集〉与〈杜审言集〉赵元方题跋》，第 207 页。

② 〔魏〕曹植《曹子建集》十卷，明郭云鹏刻本，一函二册，社科院宗教所藏，索书号：ZJSGJA00163—A00164。

③ 〔宋〕寇准《忠愍公诗集》三卷，明嘉靖十四年（1535）刻本，社科院宗教所藏，索书号 ZJSGJA00278—A00280。

④ 〔清〕梁诗正《矢音集》十卷，清乾隆二十年（1755）清勤堂刊初印本，一函二册，社科院宗教所藏，索书号：ZJSGJA00128—A00129。

⑤ 〔明〕李日华《六研斋笔记》四卷《二笔》四卷《三笔》四卷，明崇祯三年刻本，一函六册，社科院宗教所藏，索书号：ZJSGJA00017—A00022。

⑥ 傅增湘《双鉴楼善本书目》四卷，民国十八年（1929）刻本，一函二册，社科院宗教所藏，索书号：ZJSGJ03273—03274

笔,迟客不至。"[①]《仪礼郑注》第八卷末有识语:"此书曾为陆子颖明所借,书中句读具有师法,但惜其未竟耳。他年退闲,当俾完此墨汁因缘。无悔再识。"[②]由此知书中句读为陆宗达所加。可见藏书与读书非但成为人生一乐,亦成为生活的一部分,但有感慨,便记于书端,使后世读之心有戚戚焉。

赵元方的题跋偏好"好写朱书衣"在其题跋中也有所体现。其所藏光绪年间刻本《宋艳》第三册有题跋曰:"以朱书于磁青纸上,不惟采色相宜,而亦适笔,未审好写朱书衣者得此趣否。试乾隆丁巳朱锭。"[③]笔者经眼的赵元方所藏古籍,凡有书封题跋,用朱笔为多,用蓝笔或墨笔者较少。赵元方不仅好写朱书衣,文中校字也多用朱笔。陆《目》中载赵元方所藏墨中朱墨尤多,有曹素功朱墨"千秋光"两小块、御制小朱墨两块、乾隆丁巳大朱墨六十四两、残朱墨一匣、龙绕柱朱墨一块、小云蝠朱墨两块、金脸龙朱墨一方小朱一方,[④]其好写朱书衣自有渊源和物质条件。

赵元方在其所藏古籍上的题跋,对版刻及时间的判定基本准确,对真伪的推断又补足了一些后人无法得知的情况,与其他版本的对校文字大大提高了古籍的版本价值,尤其是对铜活字本印制时间的判定,历来为研究者所借重。因此陆昕说赵氏的题跋"考察版本,辨析异同,校勘文字,见识精当,功力深厚",[⑤]并非过誉。

四、藏书印

关于赵元方的藏书印,陆《目》中以文字和图形记载了 19 方,林申清《中国藏书家印鉴》收录了 4 方。[⑥] 而笔者据前人记载及翻检赵元方藏书,搜集其所用藏书印共计 33 方,有图像者 30 方,其中多有不见于文献记载者。赵氏藏书印根据内容可分为姓名章、藏书楼和闲章三部分。其中不乏名家手刻者,如"钫"朱文方印、"赵元方藏"朱文竖方印为现代著名书法篆刻家王福庵所治。印文内容也反映了藏书家的藏书志趣,闲章如"一廛十驾"显示其得书之不易与聚书之不懈;"人生一乐"则表达了藏书读书的怡然自得。据陆《目》所载,赵元方收藏石料多青田、冻石、田黄、寿山、鸡血石,[⑦]故其印章所用石料也多为这

---

① 〔宋〕金履祥《金仁山先生文集》四卷,清雍正三年(1725)春晖堂刻本,一函四册,社科院宗教所藏,索书号:ZJSGJA00184—A00187。

② 《仪礼郑注》十七卷,清士礼居影宋刻本,一函二册,社科院宗教所藏,索书号:ZJSGJA00295—A00296。

③ 韦力《芷兰斋书跋 赵元方题识〈宋艳〉十二卷》,第 42 页。

④ 《祖父陆宗达及其师友》,第 131—132 页。

⑤ 同上书,第 111—112 页。

⑥ 林申清编著《中国藏书家印鉴》,上海:上海书店出版社,1997 年 11 月。

⑦ 《祖父陆宗达及其师友》,第 132—133 页。

几种。现根据陆《目》中所载形状和朱白文等描述文字，以及在古籍中的具体钤盖和使用情况，判断印文相同的藏书印中，哪些藏书印可能对应陆《目》中所载，哪些不见于陆《目》记载，列表如下（表2）。

表2 赵元方的藏书印[1]

印文	印章	备注	印文	印章	备注
赵/钫		白文 白寿山（方形）	赵/钫		
元/方		朱文 白寿山（方形）	赵钫	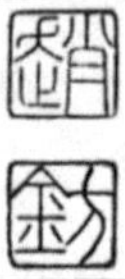	
元/方			元方		
赵氏/元方			赵氏/元方		
钫		田黄福厂[2]刻（方形）	赵钫/珍藏		阴文 白寿山（方形）（林申清亦收）
赵元方藏		白寿山福厂刻（竖方）	赵元方/藏书		
赵元方/考藏善/本书籍		朱文 鱼脑冻（方形）	元方藏书		

① 表中备注内容来自陆昕《祖父陆宗达及其师友》第135页著录的赵元方藏书印，印章形状原书以图形记载。“林申清亦收”为笔者所加。

② 即王福庵。王福庵（1880—1960），原名禔、寿祺，字维季，号福庵，斋名麋研斋。浙江杭州人。现代书法篆刻家，“西泠印社”创始人之一。

续表

印文	印章	备注	印文	印章	备注
元方/手校		朱文 冻石猫纽（方形）	元方/藏书		朱文 冻石 有纽（方形）（林申清亦收）
元方/审定		朱文 象牙（方形）	元方/心赏		
元方千万			无悔/藏书		象牙（方形）
曾在赵元方家		朱文 白寿山（竖长方）（林申清亦收）	曾在赵/元方家		朱文 田黄（竖长方）
无悔斋藏书	未见	朱文 白寿山（竖长方）	无悔斋藏		
无悔斋校读记	未见	象牙（竖长方）	无悔/斋校/读记		
无悔斋		田黄 有纽（椭圆）	无悔斋		白青田（竖长方）
曾居无悔斋中		朱文 象牙（竖长方）	依绿/轩印		白文 绿青田（方形）

续表

印文	印章	备注	印文	印章	备注
一廛/十驾		(方形) (林申清亦收)	人生/一乐		朱文(方形)
晚红室[①]	未见				

综上所述,赵元方是近代著名藏书家,对其藏书史实的钩稽考证,是对近代藏书史、文化史缺环的重要补充。赵元方的藏书中有一些珍贵的唐写本、金元刻本和明活字印本,还有较多明清稀见版本,因此研究其藏书的版本和校勘价值,也会对旧藏典籍的相关研究起到推动作用。在近代特殊的动荡环境中,在中国传统古籍大量流散之际,赵元方及其同时代藏书家所表现的爱书、护书的精神,值得今天的读书人继承和发扬。

① 《祖父陆宗达及其师友》记载:"赵先生就在那时也有了一部《红楼梦》,以红笔小字,批得密密麻麻,还在几个笔记本上做了详细的笔记。并刻了一方图章,名'晚红室'。"(第 111 页)

征稿启事

《北京大学中国古文献研究中心集刊》由教育部人文社会科学重点研究基地北京大学中国古文献研究中心主办。本刊从第七辑（2008 年）开始，一直是中文社会科学引文索引（CSSCI）来源集刊。自 2019 年始，为半年刊，每年六月底左右和十二月底左右各出版一辑。举凡古文献学理论研究、传世文献整理与研究、古文字与出土文献研究、海外汉籍与汉学研究等中国古文献研究相关领域的学术论文，均所欢迎。来稿内容必须原创，不存在版权问题。

来稿格式要求如下：

一、文章请用 microsoft word 文档格式。

二、文章一律横排、用通行规范简化字书写和打印。

三、作者姓名置于论文题目下，居中书写。作者工作单位、职称等用“＊”号注释在文章首页下端。

四、每篇文章皆需 500 字以内“内容提要”以及关键词 3—5 个。

五、文章各章节或内容层次的序号，一般依一、（一）、1、（1）等顺序表示。

六、文章一律使用新式标点符号。凡书籍、报刊、文章篇名等，均用书名号《》；书名与篇名连用时，中间加间隔号，如《论语・学而》；书名或篇名中又含书名或篇名的，后者加单角括号〈 〉，如《〈论语〉新考》。

七、正文每段第一行起空两格；文中独立段落的引文，首行另起空四格，回行空二格排齐，独立段落的引文首尾不必加引号。独立段落的引文字体变为仿宋体。

八、注释一律采用当页脚注，每页单独编号，注释号码用阿拉伯数字①、②、③……表示。

九、注释格式与顺序为著者（含整理者、点校者）、书名（章节数）、卷数（章节名）、版本（出版社与出版年月）及页码等。如：〔清〕钱大昕撰，吕友仁校点《潜研堂文集》卷三八《惠先生士奇传》，上海：上海古籍出版社，1989 年，第 687 页。

十、为避免重复，再次征引同一文献时可略去出版社与出版年月，只注出著者、书名、卷数、页码。

十一、每篇稿件字数原则上不超过 3 万字。

本集刊上半年辑的截稿日期为前一年的 11 月 30 日，下半年辑的截稿日期为当年5月31日。

本集刊实行双向匿名审稿制度，编委会根据评审意见，决定是否采用。来稿无论是否采用，编辑部都将在统一审稿后通知作者。

本集刊每辑正式出版后，编辑部将向论文作者寄赠样刊两册，并薄致稿酬。

欢迎学界同仁积极投稿。

《北京大学中国古文献研究中心集刊》编辑部通信地址：

北京市海淀区颐和园路5号北京大学哲学楼三层《北京大学中国古文献研究中心集刊》编辑部

邮编：100871

E-mail：gwxzx@pku.edu.cn